100

| 한국장로교총회창립 100주년기념 표준주석 |

로마서

대한예수교장로회총회교육자원부 편

한국장로교출판사

발간사

본 주석서는 대한예수교장로회총회의 신앙과 신학 이념을 따라 평신도와 신학생, 목회자와 신학 교수들이 성경을 바르게 이해하도록 도움을 주는 데 그 목적이 있다.

대한예수교장로회 교단은 1934년 희년에 즈음하여 성경전서 주석의 간행을 총회에서 결의한 바 있다. 그리하여 1937년부터 총회표준주석(1937년, 「욥기」, 「시편」, 「잠언」, 「전도서」, 「아가」 ; 1939년, 「로마서」, 「고린도전 · 후서」, 「갈라디아서」)이 간행되기 시작하였다. 그러나 제2차 세계대전의 발발과 일제강점기의 한국 교회 탄압으로 주석 발간 사업은 일시 중단되었다. 1945년, 해방은 되었으나 38선으로 남북이 분열되고, 1950년 6 · 25한국전쟁의 비극을 겪어야 했다. 1953년, 휴전된 후 총회표준주석 사업이 재개되어 1954~1957년(1954년, 「이사야」 ; 1955년, 「요한복음」 ; 1956년, 「창세기」 ; 1957년, 「레위기」, 「민수기」)에 출판이 있었으나, 1959년에 교단의 분열로 오늘에 이르기까지 총회표준주석 사업은 불가한 형편이었다.

대한예수교장로회 제90회기(2005) 총회는 총회창립 100주년(2012)기념 사업의 일환으로 교단 신학의 정체성 확립과 한국장로교회의 신학적 표준을 제시할 총회표준주석을 출판하기로 결의하고, 총회 산하 신구약성경 신학자들에게 집필을 위촉하게 되었다.

2005년 12월 한국장로교총회창립 100주년기념 표준주석편찬위원회가 조직된 후 집필 원칙을 정하고 집필자를 선정하여, 그 원칙에 충실할 것을 서약하게 하였다. 지난 7년 동안 집필자들의 깊은 기도와 연구의 산고 끝에 이제 그 실체가 드러나 장로교 총회표준주석이 출판되었다. 편찬위원회는 수차례 모임을 갖고 50여 명에 이르는 많은 집필자들을 격려하고 집필 목적과 방향 제시를 수시로 하여 주석서의 통일성과 진정성을 유지하게 하였다. 집필된 원고가 제출된 경우, 검독위원회가 총회의 신학과 신앙에 맞는 주석을 출판하기 위해 내용을 수정 또는 추가할 것을 요청하기도 하였다.

이 주석서가 빛을 보기까지 집필자는 물론이고, 총회교육자원부 김치성 총무와 한국장로교출판사의 수고가 있었고, 전국 교회들의 기도 지원이 있었다. 무엇보다도 출판비 및 연구비 전액을 이름 없이 지원해 준 교회가 있었다. 이에 독자 여러분과 함께 하나님께 찬양을 드리며, 이 일에 헌신하신 분들께 감사를 드린다.

유사 이래 성경보다 더 긴 세월 동안 연구되고 읽혀진 책은 없다. 그렇기 때문에 해석 방법도 시대와 지역에 따라 다양하게 나타났다. 에스라 시대까지 거슬러 올라가서 사용된 미드라쉬(Midrash) 주해 방법부터 시작하여 중세의 종교개혁자들과 현대 비평주의자들의 해석 방법 등 수많은 해석학적 이해가 있어 왔고, 여러 언어로 번역되어 하나님의 말씀인 성경은 읽혀졌다. 그러나 하나님의 말씀은 (해석자들이나 번역자들에게) 매이지 않는다(딤후 2 : 9). 성경 주석가와 번역자들은 자기 시대와 문화 속에서 어떤 전제(presupposition)를 갖고 성경을 읽기 때문에 언제나 해석의 한계가 있음을 인정할 수밖에 없다. 그런 의미에서 본 주석서도 예외는 아닐 것이다. 그럼에도 불구하고 본서는 그 한계를 최소화시키기 위해 다양한 신학적 입장, 다른 해석들, 교회사적 해석들, 지리적 상황을 포함하려고 노력했다.

우리의 전제는 신구약성경 66권이 하나님의 영감으로 특별 계시된 말씀이라는 대한예수교장로회의 신앙고백을 준거(準據)로 했다. 그러므로 본서는 집필자 자신의 신앙고백과 신학도 내포되었지만, 그보다 총회의 신앙과 신학의 표준적 입장에서 성경을 주석한 것이다. 즉, 사도신경, 웨스트민스터신앙고백서, 장로교신앙고백을 따르는 개혁주의 신학과 신앙 전통을 따른 것이다.

집필을 하는 데 있어서 학문적 깊이를 외면할 수는 없으나 목회자나 평신도가 성경을 이해하는 데 도움을 주기 위해 설교를 위한 묵상을 삽입하기도 하였다. 그러나 각 권의 기록자, 기록 연대, 문학적 특징, 책의 목적 등을 설명하는 개론적 연구를 할 때에는 그것이 학문적 연구에 꼭 필요하다고 여겨지는 경우에 한하여 최근 많은 성경학자들이 사용하는 비평적 방법도 가설(假說)로는 소개하였으나 결론은 따르지 않았다. 그것이 교회의 신앙적 지도를 위한 적절한 방법은 아니기 때문이다.

영감으로 된 하나님의 말씀인 성경의 해석은 성령의 조명이 가장 중요한 조건이다. 따라서 본서의 집필자들은 종교개혁자들이 채택했던 문법적, 역사적, 신학적 원리를 주된 해석 방법으로 채택하고, 기도하면서 하나님의 계시된 말씀의 원의를 알기 쉽게 해석하려고 힘썼다. 외래어 사용은 가급적 줄이되 히브리어나 헬라어와 같은 원어를 반드시 읽어야 할 경우에는 음역화해서 누구나 원어의 발음으로 읽게 했다. 각주(脚註)도 가급적 줄이되 문장 뒤에 참고로 넣었다. 또한 각 절이 아닌 단락별로 주해를 하여 전체적 파악을 도왔다.

주석 앞에는 대한성서공회가 출판한 개역개정 성경(4판)을 단락별로 제시했다. 히브리어 성경은 BHS(Biblia Hebraica Stuttgartensia)를, 헬라어 성경은 United Bible Societies가 출판한 The Greek New Testament(4^{th}ed)를 각각 원문으로 채택하여 사용하였다. 특히 개역개정 성경의 번역에 대한 문제가 있다는 의견을 총회가 받아들여 본 편찬위원회에 수정 의뢰를 하였고,

집필자들이 원문을 바로 번역하여 대한성서공회에 제시함으로 수시 교정 제도를 따라 수정하도록 했다.

우리의 생명이시며 찬양의 대상이 되신 우리 주 예수 그리스도를 계시하시고, 하나님의 공의와 사랑을 그의 십자가를 통하여 실현시켜 우리를 구원하신 하나님의 깊은 뜻을 알게 해 주는 신구약성경을 더 많은 사람들이 더 깊이, 더 분명하게 이해하고, 믿게 하기 위하여 대한예수교장로회총회 창립 100주년을 기하여 한국 교회와 세계 교회 앞에 겸손한 자세로 이 주석을 내어 놓는다.

"내가 온 것은 양으로 생명을 얻게 하고 더 풍성히 얻게 하려는 것이라" (요 10 : 10b).

Soli Deo Gloria!

한국장로교총회창립 100주년기념
표준주석편찬위원회
위원장 이 종 윤

추천사 1

할렐루야! 2012년은 대한예수교장로회(통합)총회가 창립 100주년을 맞이하는 해입니다. 총회가 창립된 이후 1세기가 지난 지금까지 우리 한국 교회를 세계가 주목할 만큼 눈부시게 성장할 수 있도록 도와주신 에벤에셀의 하나님께 모든 찬송과 영광과 감사를 드립니다.

이와 같은 한국 교회의 놀라운 부흥 가운데서도 마음 한구석에 늘 안타까움이 자리하고 있었는데, 그것은 바로 우리 한국 교회만의 권위 있는 주석이 없다는 사실이었습니다. 현재 목회현장에서 사용되는 우리말 주석들은 대부분 오래되었거나 현대의 한국 교회 상황에 맞지 않는 서구 교회의 해석, 또는 성서학 전문가들의 주석이 아닌 짜깁기식 주석이 대다수를 차지합니다.

이러한 현실 가운데 이번 총회창립 100주년기념사업의 일환으로 본 교단에서 「한국장로교총회창립 100주년기념 표준주석」을 출간하기로 결의하고, 주석서를 출간하게 된 것은 대단히 자랑스럽고 의미 있는 일이 아닐 수 없습니다.

이번 「표준주석」의 출판으로 한국 교회는 이전보다 더욱 '개혁주의 신학과 신앙 전통'을 따르는 성경 해석의 기초를 확립하게 될 것이며, 많은 목회자들이 이 주석서를 통해 하나님의 말씀에 중심을 둔 목회를 실천할 수 있을 것으로 기대합니다. 더 나아가 이 「표준주석」은 한국 교회의 신앙을 더욱 견고히 하는 성경 해석의 표본이 될 것입니다.

아무쪼록 이번 「표준주석」 출간을 계기로 우리 한국 교회가 당면한 갖가지 위기를 극복하고 더욱 하나님 말씀으로 충만하여, 평화통일은 물론 주님의 지상명령인 땅끝까지 복음을 전하는 사명을 보다 잘 감당하는 교회로 거듭나게 되기를 기대하며, 한국의 모든 교회와 성도님들께 자랑스럽게 이 주석서를 추천하는 바입니다. 샬롬!

장로회신학대학교

전 총장 장 영 일

추천사 2

「한국장로교총회창립 100주년기념 표준주석」의 발간을 축하합니다. 한국 교회 역사에서 중요한 자리를 차지하고 있는 「총회표준주석」은 한국 교회에 큰 영향을 끼친 박윤선 박사님께서 박형룡 박사님을 도와 「표준주석」의 고린도후서 주석 집필에 참여하면서 평생을 주석 집필에 헌신하게 했던 뜻깊은 주석이었습니다.

그러나 그동안 중단되었던 표준주석 사업을 재개함에 있어 편집위원장 이종윤 목사님이 밝힌 대로 성경이 성령으로 영감된 정확 무오한 하나님의 말씀이라는 분명한 신앙고백 위에 집필토록 하였다는 편집 원칙을 통해 「표준주석」의 맥을 잇고자 하는 의지를 보여 줍니다.

이런 맥락에서 비평적 성서연구가 교회의 신앙적 지도에 적합하지 않다는 인식을 가지고 전통적인 개혁주의 해석 방법을 채택할 뿐만 아니라 복음적이고 목회적인 관심을 드러낸 점도 환영할 만한 일입니다. 또한 성경 자체에 대한 전문적인 지식뿐만 아니라 한국 교회와 성도를 체험적으로 알고 있는 성경학자들이 오랜 기도와 연구 끝에 발간하였다는 점도 높이 사고 싶습니다.

아무쪼록 본서가 많은 이들에게 풍성하고 깊이 있는 신학적 성찰을 제공하는 귀한 책이 되길 소망합니다.

합동신학대학원대학교
총장 성 주 진

로마서

차 례

로마서

서 론

A. 저 자

B. 저작 시기와 저작 장소

C. 저작 동기와 목적

D. 수신자

E. 내용 구조와 주제 해설

F. 문학적 통일성

G. 전승과 자료

H. 종교사적 배경

I. 기본 신학 사상

| 로마서 |

서 론
로마서의 개론적인 문제

성경 각 권을 주석할 때 본문 주석에 앞서 그 책의 개론적인 문제를 살펴보는 것은 피할 수 없는 과제이다. 왜냐하면 신약성경 각 권의 개론적 주제들은 본문을 전체적으로 이해하고 각 단락을 주석하는 데 중요한 관련 의미가 있으며, 때로는 애매모호한 본문의 진의(眞義)를 파악하는 데 결정적인 역할도 하기 때문이다. 이런 점에서 개론적 이해는 본문 해석과 전체적인 이해의 방향을 결정한다.

그러므로 어떤 책이든 주석에 앞서 개론적 문제에 대한 올바른 이해가 필요하다. 로마서의 개론적인 문제를 저자, 저작 시기, 저작 장소, 저작 동기와 목적, 수신자, 내용 구조와 주제 해설, 문학적 통일성, 전승과 자료, 종교사적 배경, 기본 신학 사상으로 나누어 살펴보면 다음과 같다.

A. 저 자

로마서의 저자에 대해서는 석의자들 사이에 거의 이견(異見)이 없다. 저자는 사도 바울이다. 이는 로마서의 서두(1 : 1)에서 바울 자신이 써서 보낸 편지임을 밝히는 내증(內證)을 굳이 증거로 삼지 않는다 하더라도, 로마서의 외형적 문체(文體)나 내용적 사상이 바울의 친필 서신인 갈라디아서나 빌립보서와 다르지 않기 때문이다. 이런 점에서 로마서가 더디오를 통해 대필(代筆)되기는 하였지만(16 : 22), 바울이 보낸 편지라는 점은 일치된 견해이다.

B. 저작 시기와 저작 장소

그러면, 바울은 로마서를 언제 저술하였을까? 로마서의 종결단락(15 : 14-16 : 27)에 언급된 바울의 선교여행 계획 진술에 근거하여 추정한다면, 바울은 자신의 선교 활동에서 대전환점이 되었던 세 번째 선교 여행(주후 52-56년)을 마칠 무렵에 로마서를 기록하였을 것이다. 그는 광대한 로마 제국의 동편에서 자신의 선교 사역이 일단락되었다고 생각하고, 그 일을 로마 제국의 서편에서도 계속해야겠다고 다짐하였다(15 : 23-24). 그리고 그 일을 하기 전에 마게도냐와 아가야 지방에서 걷힌 모금을 전달하도록 예루살렘으로 가야만 했다(15 : 25-29). 이를 고려한다면, 로마서의 저작 시기는 주후 56년 오순절 직전일 것이다(행 20 : 2-3, 16 참조). 그때 바울은 세 번째 선교여행에서 석 달 동안 고린도에 머무르고 있었다. 고린도에서 로마서를 기록하면서 바울은 로마 교회의 성도들에게 고린도 교회를 돕는 가이오의 문안(16 : 23 ; 참조. 고전 1 : 14)과 고린도 성의 재무장관 에라스도와 그 형제 구아도의 문안을 함께 전하였다. 따라서 로마서는 바울에 의해 그의 세 번째 선교여행 말기인 56년 초, 고린도에서 기록되었다.

C. 저작 동기와 목적

어떤 이는 로마서를 "복음의 요약"(summa evangelii)으로 여겨, 시대와 무관한 복음의 해석으로 여긴다(E. Lohse, "Summa Evangelii", 1993, 89–119). 그러나 시대를 초월하여 진리를 전하는 로마서 역시도 주후 1세기 그리스–로마 세계라는 역사적 정황에서 기록된 '상황서신'임을 부인할 수 없다. 무엇보다도, 특정한 역사적 상황에 처해 있던 로마 교회 성도들에게 바울이 권면한 '특별권면' 단락(14 : 1–15 : 13)은 글라우디오(Claudius) 황제가 제국의 수도 로마에서 유대인에게 추방을 명하는 칙령과 관련하여 로마 교회 내 이방인 기독교인만 남게 된 당시 상황을 모르고는 바울이 권면하는 말씀의 올바른 의미를 이해하기 어렵다(장흥길 역, 「페터 슈툴마허의 로마서 주석」, [2]2005, 24–34 참조). 로마서 역시 주후 1세기 지중해 주변 세계의 역사적 상황에서 기록되었고, 일차적으로 바울이 로마 교회 성도들에게 진리의 복음을 전하려 했던 상황서신이라면, 로마서 저작의 목적을 단순히 복음을 전하려고 했다는 시대 초월적 동기(動機)에서만 찾는 것은 본문의 본래 의도를 명확하게 밝힐 수 없게 한다. 이런 점에서 로마서 저작의 동기나 목적은 당시 역사적 상황과 밀접하게 관련되어 있으며, 그것도 바울이 언급하는 지리적 장소와 불가분(不可分)으로 연관되어 있다.

로마서 저작의 동기와 관련하여 바울이 로마서에서 언급하는 지리적 장소로는 '예루살렘', '로마', '서바나'(Spain)를 들 수 있다. 이런 지명과 관련하여 로마서 저작 동기 내지는 그 목적을 살펴보면, 그것은 다음 세 가지로 요약될 수 있다. 첫째, 바울은 마게도냐와 아가야 성도들로부터 예루살렘 성도들을 위해 모금한 헌금을 예루살렘 교회에 전달할 때 일어날 수 있는 대립이나 갈등 시 로마 교회의 중보 기도와 지원을 바라는 마음으로 로마서를 썼다(15 : 25–27). 둘째, 바울은 예루살렘뿐 아니라 로마에서도 고려해야 하는 유대주의적 적대자들의 선동과 반대에 대처하려는 의도로 이 편지를 썼다(9–11장,

14-15장). 셋째, 바울은 예루살렘으로부터 일루리곤에 이르기까지 제국의 동편에서 행했던 자신의 선교 사역을 일단락 짓고, 당시 제국의 서편인 서바나 선교 활동을 위해 로마 교회의 기도와 지원을 받고자 하는 의도를 가지고 로마서를 저술했다(15 : 22-23, 28). 예루살렘, 로마, 서바나의 지명과 관련된, 이러한 로마서 저작 동기 외에, 내용적인 면에서 로마서의 깊이 있는 신학과, 분량적인 면에서 당시 서신 관습을 넘어서는 서신의 길이(총 16장)를 고려할 때, 바울은 세 번째 선교 여행을 마감하면서, 자신의 선교 사역에서 일대 전환기가 되는 시점에 자신의 신학을 총 정리하고 이를 로마 교회에 전하려는 의도도 가지고 있었다. 더욱이, 로마 교회는 바울 자신의 복음 전파 활동에 의해 세워진 교회가 아니었기 때문에, 그는 자신이 전하는 복음을 로마 교회에 체계 있게 정리하여 전하려고 했을 것이다.

그 외에 바울의 '유언(遺言)적 동기'(G. Bornkamm), 예루살렘과 로마 간의 고조된 긴장을 해소하고 완화하려고 한 '화해의 동기'(K. Haacker), 유대주의자에 대한 '변증적 동기'(M. Kettunen, P. Stuhlmacher) 등 다른 동기들도 로마서의 저작 동기로 추정되기도 한다. 이들은 부분적으로는 모두 고려될 수 있는 로마서 저작의 동기들이다. 이런 점에서, 로마서 저작 동기 해명 문제에서 대부분의 신약학자들이 일치한 결론처럼, 로마서 저작의 동기를 어느 하나로 단정 짓는 것은 로마서 전체의 메시지를 축소시킬 위험에 이를 수 있다. 요약하면, 로마서의 저작 동기나 목적은 한 시각이 아니라 다각도로 바라보아야 로마서를 전체적으로 이해할 수 있다.

D. 수신자

로마서의 첫 번째 수신자는 로마서의 서두와 말미에 있는 문안 인사에서 찾을 수 있다. 먼저, 서두에서 로마서의 수신자는 특정 지역 교회로 지칭되지 않고 일반적으로 묘사되어 있다. 곧, 그들은 "예수 그리스도의 것으로 부르심을 받은 자"(1 : 6)이며, "로마에서 하나님의 사랑하심을 받고 성도로 부르심을 받은 모든 자"(1 : 7)이다. 바울이 이처럼 로마 교회 성도들을 우회(迂回)적으로 표현한 것은 아마도 로마 교회가 자신의 전도에 의해 세워진 지역 교회가 아니었기 때문으로 추정된다. 물론 그렇기는 하지만, 바울이 로마 교회의 형편과 실정을 전혀 몰랐던 것은 아니었다. 이는 로마서 말미의 문안 인사에 잘 나타나 있다. 특히, 바울은 '문안 인사' 단락(16 : 3-16)에서 1~15장에 전혀 사용하지 않았던 '교회'(ekklēsia)라는 용어를 무려 다섯 번이나 사용하였다(16 : 1, 4, 5, 16, 23). 이때 '에클레시아'란 유대인의 회당이나 이교도 신전처럼 독립된 건물을 가지고 있는 교회가 아니라 교회에서 중추적 역할을 했던 성도의 집에서 모였던 '가정 교회'를 의미한다. 이런 가정 교회와 관련하여 로마서 말미에 바울이 문안하는 사람 26명의 이름이 나타난다. 그 이름의 유래를 살펴보면, 이들 중 12명은 로마 제국의 동편에서 제국의 수도 로마로 이주해 온 자들이었다. 또 그중 10명은 여성이었는데, 여성 이름의 경우 대개 "너희를 위하여 많이 수고한"(16 : 6), "주 안에서 수고한"(16 : 12), "주 안에서 많이 수고하고 사랑하는"(16 : 12)의 어구처럼 '수고'와 관련된 수식어와 함께 언급되었다. 발견된 당시 비문(碑文)들과 16장의 문안인 명단을 비교해 보면, 로마서 말미뿐 아니라 비문에서도 발견되는 13명의 이름 중 4명은 자유인 신분이었고, 나머지 9명은 예속된 자였다.

또 바울이 로마 교회 성도에게 권면하는 '특별권면' 단락(14 : 1-15 : 13)에서 찾을 수 있듯이, 로마 교회는 특정한 어떤 상황에 놓여 있었다. 디오 카시우스의 기록(Dio Cassius LX 6 : 6)에 의하면, 글라우디오(Claudius, 주후 41-54년 재위)는 황제 즉위 원년에 제국의 수도 로마에서 유대인의 수가 불어나자 유대인들에게 집회금지령을 내린 적이 있었다. 그로부터 9년 뒤(주후 49년), 로마의 역사가 수에톤(Sueton)이 집필한 「글라우디오 전(傳)」(Claudius 25 : 4)의 기록, 곧 "그는 크레스투스로 인하여 계속된 소요를 진정시키기 위해 유대인들을 로마에서 추방하였다."(Iudaeos impulsore Chresto assidue tumultuantis Roma expulit)에 의하면, 글라우디오가 영을 내려 유대인을 제국의 수도 로마에서 추방하였다. 이때 로마 교회에 두 가지 중요한 변화가 일어났다. 그 하나는 로마 교회가 로마에 있는 유대인 회당으로부터 독립하게 된 점이며, 다른 하나는 로마에서 유대교인뿐 아니라 유대인 기독교인도 함께 추방됨으로써 로마 교회가 이방인 기독교인에 의해 유지되었다는 점이다. 로마서의 '특별권면' 단락에 묘사된 '강자'와 '약자'와 관련된 권면은, 글라우디오의 사후 황제의 칙령이 무효화되어 유대인 기독교인들이 로마 교회로 복귀하였을 때 일어난, 로마 교회 내 유대인 그리스도인과 이방인 그리스도인의 점유 비율 변화라는 역사적 상황과 밀접하게 관련되어 있다.

요약하면, 본래의 로마서 수신인은 바울이 설립한 교회의 신자는 아니었지만, 바울 자신이 어느 정도 알고 소식을 주고받았던, 다양한 계층에 속한 그리스도인들이었으며, 글라우디오 황제의 유대인 추방 칙령으로 인하여 로마 교회 구성원 점유율의 변화와 그로부터 야기되었던 갈등을 경험했던 성도들이었다.

E. 내용 구조와 주제 해설

로마서를 외형적으로 살펴보면, '서신'의 양식(様式)으로 기록되었기 때문에, 로마서는 머리말인 '서두'와 서신의 본체인 '몸말', 마감말인 '서신 말미'로 구분된다. 그러나 내용적으로는, 로마서의 핵심주제인 '하나님의 의'와 관련하여 '교리'와 '권면'이라는 거시(巨視)적 양분(兩分) 구조를 보여 준다. 그 주제의 전개에 따라 로마서는 다음과 같은 단락으로 구분될 수 있다.

1. 서신의 머리말(1 : 1-17)

1 : 1-7	전문(前文)
1 : 8-15	서신체의 감사말과 자기소개의 서문(序文)
1 : 16-17	주제 제시

2. 서신의 몸말(1 : 18-15 : 13)

교리 1 : 18-11 : 36	**이신칭의(以信稱義)에 대한 가르침**
1 : 18-3 : 20	하나님의 의가 필요한 절망적인 세상
3 : 21-4 : 25	예수 그리스도에 대한 믿음의 의로서 하나님의 의
5 : 1-8 : 39	이신칭의로 말미암아 이루어진 하나님의 의의 효과
5 : 1-21	죽음 권세로부터의 자유
6 : 1-23	죄 권세로부터의 자유
7 : 1-25	율법 권세로부터의 자유
8 : 1-39	성령 안에서의 자유
9 : 1-11 : 36	하나님의 의와 이스라엘

권면 12 : 1-15 : 13	**칭의자에게 요구되는 삶**
12 : 1-13 : 14	일상생활에서 나타나야 할 하나님의 의('일반 권면')
14 : 1-15 : 13	로마 교회 특정 상황에서 나타나야 할 하나님의 의 ('특별 권면')

3. 서신의 마감말(15 : 14-16 : 27)

15 : 14-29	바울의 로마 방문 예고
15 : 30-33	종결 권면
16 : 1-23	종결 문안 인사
16 : 24(?)	종결어(?)
16 : 25-27	종결 송영

로마서 전체의 주제는 '하나님의 의'다. 곧, 예수 믿는 자를 의롭다 여기시는 '하나님의 의'(선물적 의미의 의)와 그 의롭다 여김 받은 자에게 요구하시는 '하나님의 의'(능력적 의미의 의)가 로마서의 주제이다. 그러니까 로마서는 예수 그리스도 안에 나타난 '하나님의 의'에 대한 해설이다. 죄인 된 인간은 예수 그리스도를 믿음으로 말미암아 하나님께로부터 의롭다 여김을 받으며, 의롭다 여김을 받은 자는 교회와 세상의 일상생활에서 자신을 하나님께 드려 하나님과 동행함으로써 의롭게 살아야 한다. 이것이 바로 바울이 전하려 했던 '그 복음'(to euangelion)이다. 이는 로마서를 크게 구분한 거시적 이분(二分) 구조에서 잘 나타난다. 로마서는 '사람이 어떻게 하면 구원받을 수 있는지'(구원의 직설법)를 가르치는 '교리' 부분(1 : 18–11 : 36)과 '구원받은 자가 어떻게 살아야 하는지'(구원의 명령법)를 권하는 '권면' 부분(12 : 1–15 : 13)으로 대별(大別)된다. 이는 두 번째 큰 단락을 시작하는 머리말(12 : 1)의 '내가 권하노니'에서 확실하게 드러난다. 물론, 이런 이분 구도를 지나치게 도식(圖式)적으로 이해하는 것은 적절치 않다. 왜냐하면 '교리' 단락에도 '권면'이 나타나기 때문이다(6 : 11–12, 19). 이런 점에서 '신앙적 교리'와 '윤리적 권면'은 단순히 인과(因果) 관계에 놓여 있는 것이 아니라, 서로 불가분으로 결속되어 있는 통합 관계 안에 놓여 있다. 즉, 윤리적 권면은 단지 신앙적 교리를 뒤따르는 후속(後續) 조치가 아니라, 신앙적 교리와 함께 따라야 하는 병행(竝行)적 내지는 공속(共屬)적 조치이다.

로마서의 주제를 제시한 다음(1 : 16–17), 바울은 '하나님의 의가 필요한 절망적인 인간'을 묘사한다(1 : 18–3 : 20). 그러고 나서 '예수 그리스도 안에 나타난 하나님의 의'(3 : 21–4 : 25)를 다룬다. 유대인이나 이방인이나 죄인 된 인간은 오직 예수 그리스도를 믿음으로써만 의롭다 여김을 받는다. 이어서 바울은 칭의자(稱義者)에게 일어난 '하나님의 의'의 효과를 다룬다. 이신칭의의 결과, 그리스도인은 '죄의 권세'로부터 자유하며(5장), '죽음의 권세'로부터 자유하고(6장), '율법의 권세'로부터도 자유하며(7장), '성령 안에서' 자유하다(8장). 5~8장이 한 단위의 큰 본문 단락이라는 것은 예수 그리스도를 믿음으로 말미암아 실현된 하나님의 의가 미치는 결과를 다루는 5~8장이 일종의 고리 구조를 보여 준다는 점에서 분명하게 알 수 있다. 다시 말하면, 5장의 서두 단락에 언급된 '소망'(5 : 4, 5 ; 8 : 24), '생명'(5 : 10 ; 8 : 2, 6), '사랑'(5 : 5, 8 ; 8 : 35, 39), '성령'(5 : 5 ; 8 : 2, 5, 6, 9, 10, 13, 14, 15, 16), '죽음'(5 : 10 ; 8 : 2, 6) 주제는 8장에서 다시 나타난다.

무엇보다도, 로마서 구조에서 유의해야 할 점은 9~11장에 대한 구조적 이해이다. 다시 말하면, '하나님의 의와 이스라엘'의 주제를 다루는 9~11장은 전통적인 관점을 지지하는 자들에 의해 칭의론 전개에서 벗어난 '주제이탈' 내지는 '보충삽입'(interpolation)으로 여겨졌다. 그러나 이 단락은 결코 '하나님의 의' 주제를 벗어난 '부록'이 아니다. 이 단락은 주제를 이탈하는 것이 아니라, 오히려 예수를 주와 그리스도로 믿음으로써 의롭다 여김을 받는다는 기독론적 이신칭의의 가르침이 하나님의 백성으로 택함 받은 유대인에게는 어떻게 적용이 되어야 하는지를 보여 주는 지극히 논리적인 주제 전개를 보여 준다. 유대인 역시도 이방인들처럼 예수 그리스도를 믿어야 의롭다 여김을 받을 수 있다. 바울이 1~8장에서 유대인이든 이방인이든 칭의가 믿음으로 말미암는다고 구원에 대하여 가르쳤다면(구원론), 9~11장에서 이미 하나님의 택함을 받은 유대인들은 하나님의 인류와 세상 구원의 역사에서 어떤 의미를 지니고 있는지(구속사)를 보여 주는 것은 당연한 논리적 귀결이다.

이어지는 후반부(12 : 1-15 : 13)에서는 믿음으로 의롭다 여김 받은 그리스도인에게 요구된 의로운 삶, 곧 '권면'이 다루어진다. 우선, 성도가 교회와 세상의 일상적 삶에서 나타내야 할 '하나님의 의'에 대한 '일반권면'(12 : 1-13 : 14)이 언급되고, 그러고 나서, 로마 교회가 처해 있는 특정 상황에서 로마 교회 성도들이 나타내야 할 '하나님의 의'에 대한 '특별권면'(14 : 1-15 : 13)이 전개된다. 그런 다음, 바울은 서신의 말미(15 : 14-16 : 27)에서 자신의 '로마 방문 예고'(15 : 14-29), '종결 권면'(15 : 30-33), '종결 문안 인사'(16 : 1-23)와

'종결 송영'(16 : 25-27)으로써 서신을 마감한다.

로마서의 이런 내용 구조를 볼 때, 이 위대한 바울의 서신은 그가 로마 교회에 자신의 형편이나 의도를 알리려고 기록한 단순한 '상황서신'이 아니다. 오히려 그는, 비록 자신이 세우지는 않았지만 이미 세워져 있던 로마 교회에, 제국 동편에서 사역했던 자신의 복음 전파 활동을 일단락 지으면서, 자신이 전한 복음을 독자(獨自)적인 방식으로 체계 있게 서술하고자 하였다. 이런 점에서 로마서는 로마 교회 성도들을 '격려하고 설득하는 말씀'(logos pro-treptikos)을 담은 '교육서신'(D. E. Aune)으로 여겨지기도 하였고, 바울이 전한 복음을 해명한 '해명서신'(P. Stuhlmacher)으로 평가되기도 하였다. 동일한 맥락에서 로마서는 '공한(公翰)적 서신'(A. Deissmann)이나 '서신적 평론'(D. Zeller), 또는 '교리서신'(W. Schmithals)으로 여겨지기도 하였다.

F. 문학적 통일성

로마서의 본문을 사본들과 비교하여 살펴보면, 초기 기독교 이단인 마르시온(Marcion)이 전해 준 로마서(14 : 23로 끝남.)를 제외하고는, 순서가 약간 다르기는 하지만 현재의 로마서 본문이 모든 사본에서 나타난다. 그러나 16 : 24은 아주 소수의 사본(Codex Boernerianus 등)에서만 발견된다. 따라서 한글개역성경 본문에서 '(없음)'으로 표시되고, 아래 여백에 "어떤 사본에, 24절 '우리 주 예수 그리스도의 은혜가 너희 모든 이에게 있을지어다 아멘'이 있음"으로 난하주가 달려 있는 24절은 원래 로마서에는 없었을 것이다. 또 '종결 송영'(16 : 25-27)의 위치가 사본에 따라 14 : 23 뒤나 15 : 33 뒤, 또는 16 : 23 뒤에 나타나기도 한다. 어떤 경우에는 종결 송영이 두 번 사용된 사본(Codex Alexandrianus)도 있어, 이 마지막 석 절은 원래 로마서에는 없었던 단락으로 추정되기도 한다. 이에 대해서는 본문 주석 해당 단락에서 자세하게 다루기로 하자.

G. 전승과 자료

로마서에서 바울이 전해 받았던 초기 '예루살렘 기독교 전승'으로 세 군데가 지적된다. 그 첫째는 예수 그리스도를 '육신으로는 다윗의 혈통에서 나신 분, 성결의 영으로는 죽은 자들 가운데서 부활하여 능력으로 하나님의 아들로 선포되신 분'으로 보는 '유대 기독교 전승'(1 : 3하–4상)으로, 바울은 1 : 3 서두에 '그의 아들에 관하여'를 삽입함으로써 영원 전부터 계셨던 예수 그리스도의 선재(先在) 기독론을 나타내려 하였다. 둘째는 "이 예수를 하나님이 그의 피로써 화목 제물로 세우셨으니 이는 하나님께서 길이 참으시는 중에 전에 지은 죄를 간과하심으로 자기의 의로우심을 나타내려 하심이니 곧 이 때에 자기의 의로우심을 나타내사 자기도 의로우시며"(3 : 25–26상)라는 '유대 기독교 세례 전승'인데, 바울은 여기에 '믿음으로 말미암는'이란 어구(語句)와 '또한 예수 믿는 자를 의롭다 하려 하심이라'를 삽입함으로써 이 전승을 자신의 핵심 논점인 칭의론 안에 통합시켰다. 바울에 의하면, 예수 그리스도를 믿어 세례 받을 때 수세자에게 하나님의 의가 계시되어 그 죄가 사함 받으며 의롭다 여김 받는다. 마지막으로, 로마서에 나타나는 바울 이전의 초기 기독교 전승은 "예수는 우리가 범죄한 것 때문에 내줌이 되고 또한 우리를 의롭다 하시기 위하여 살아나셨느니라"(4 : 25)라는 다른 '세례 전승 공식문(公式文)'이다. 이처럼 바울은 자신의 이신칭의론 전개에 전해 받은 전승들을 사용함으로써 초기 예루살렘 교회의 기독교 신앙과 자신의 신앙 사이의 공통성과 연속성을 주장하고, 또 이를 적절하게 해석함으로써 자신이 전하는 복음의 정당성을 입증하려 하였다.

H. 종교사적 배경

로마서에서 종교사적으로 비교될 수 있는 사상은 주로 두 가지로 지적되었다. 그 하나는 그리스도와 수세자의 연합을 언급하는 구절(6 : 3-4)과 밀의교(密儀教)와의 관련성 여부이고, 다른 하나는 '특별권면' 단락에서 다루어지는 '강자'와 '약자' 간의 갈등에서 제물로 바친 음식 금지에 대한 밀의교와의 연관성 문제이다. 전자(前者)의 경우, 밀의교도나 수세자가 일종의 세례의식을 통하여 신(神)과 하나 되는 운명공동체 사상이 공통적으로 나타난다. 그렇기는 하지만, 그 경우에는 차이가 있다. 다시 말하면, 밀의교도는 비밀스런 종교집회에 참여할 때마다 세례와 비슷한 비밀스런 의식에 반복적으로 참여해야 했던 반면, 수세자는 단번에 행해지는 일회적인 세례 행위를 통해서 포괄적인 구원에 참여하였다. 또 후자(後者)의 경우, 밀의교에서는 특정 음식을 금하는 '제의적 문제'와 관련되어 있었으나, 로마서의 경우 음식 먹음으로 인한 '강자'와 '약자' 간의 갈등 문제는 '먹을 수 있느냐 없느냐'의 문제가 아니라 교회 안에서 덕을 세우는 '윤리적 문제'였고(14 : 19 ; 15 : 2), 형제를 사랑함으로 말미암아 권리를 유보함의 문제였다(15 : 7).

I. 기본 신학 사상

로마서의 기본 신학 사상은 서두의 주제 제시절인 1 : 16~17에 요약되어 있다. 구원을 주시는 복음 안에서만 하나님의 의가 유대인이든 이방인이든 예수 그리스도를 믿는 모든 자에게 나타난다. 하나님께서 자신의 의를 피조세계를 통해 알리셨지만, 알지 못했던 이방인에 대해 하나님은 우상 숭배와 정욕대로 행하도록 내버려 두셨다(1 : 18-32). 선민(選民)인 유대인 역시 믿음과 행함이 불일치함으로 인하여 하나님의 의에 이를 수 없었다(2 : 1-3 : 20).

그러나 이런 절망적 세상에 하나님의 의가 예수 그리스도 안에 나타났다(3 : 21-4 : 25). 예수를 믿는 자는 죽음의 권세로부터 자유하게 되며(5 : 1-21), 죄와 율법의 권세로부터 자유하게 되고(6 : 1-7 : 25), 성령 안에서 자유하게 된다(8 : 1-39). 이어서, 바울은 로마 교회의 유대인 그리스도인으로부터 제기될 수 있는 '이스라엘의 선택과 약속'의 문제를 다룬다(9-11장). 바울이 논의에서 문제 삼는 것은 이스라엘의 그릇된 선민(選民)의식과 잘못된 특권(特權)의식이었다. 여기서 바울이 유대인에게 보여 주고자 한 것은 이스라엘의 신실하지 못함이었으며, 또한 그와 반대로 하나님의 신실하심이었다. 선택 받은 인간의 신실하지 못함에 대하여 예수 그리스도 안에 나타난 하나님의 신실함이 바울이 강조하는 하나님의 신성(神性)이다.

후반부인 윤리적인 '권면' 단락(12 : 1-15 : 13)은 두 가지 주제를 다룬다. 그 하나는 교회 내 공동체 생활과 대(對) 국가관에 대하여 그리스도인에게 주는 '일반권면'이며(12 : 1-13 : 14), 다른 하나는 하나님의 칭의를 경험한, 특정 상황에 처해 있는 로마 교회 성도들에세 요청하는 형제사랑의 원칙에 따른 '특별권면'이다(14 : 1-15 : 13). '강자'든 '약자'든 그리스도의 사랑 때문에 살고 있기에, 서로 용납해야 한다(15 : 7). 이어지는 '종결 단락'(15 : 14-16 : 27)에서 바울은 로마 제국의 동편에서 자신이 행한 복음 전파 활동에 로마 교회의 동의를 구하며, 그들에게 장차 제국의 서편에서 복음을 전하려는 자신의 소원을 알리면서 중보 기도를 요청한다.

본문 주석

로마서 1–16장

A. 서신의 머리말(1 : 1–17)

B. 하나님의 의가 필요한 절망적인 세상(1 : 18–3 : 20)

C. 예수 그리스도에 대한 믿음의 의로서 하나님의 의(3 : 21–4 : 25)

D. 이신칭의(以信稱義)로 말미암은 죽음 권세로부터의 자유(5 : 1–21)

E. 이신칭의로 말미암은 죄 권세로부터의 자유(6 : 1–23)

F. 이신칭의로 말미암은 율법 권세로부터의 자유(7 : 1–25)

G. 이신칭의로 말미암은 성령 안에서의 자유(8 : 1–39)

H. 하나님의 의와 이스라엘(9 : 1–11 : 36)

I. 그리스도인의 일상생활에 나타나야 할 의 : '일반 권면'(12 : 1–13 : 14)

J. 로마 교회 내 성도 간에 나타나야 할 하나님의 의 : '특별 권면'(14 : 1–15 : 13)

K. 종결 단락(15 : 14–16 : 27)

| 로마서 1–16장 |

본문 주석

A. 서신의 머리말(1 : 1–17)

로마서의 '서두' 단락(1 : 1–17)은 바울서신의 서두 양식에서 일반적으로 나타나는 3요소인 서신의 '전문'(前文, 1 : 1–7), 서간체 감사말을 담은 '서문'(序文, 1 : 8–12), 서간체의 '자기 소개말'(1 : 13–15)과 '주제 제시' 단락(1 : 16–17)으로 구성되어 있다.

이러한 로마서의 독특한 서두 구조는 로마서가 단순히 의사소통을 위한 통신 수단일 뿐 아니라, 신학적으로 비중 있는 주제를 다루는 '교리서신'이라는 데서 말미암는다. 이런 특징을 지닌 로마서의 서두 단락을 세부 단락으로 나누면, 다음과 같다.

1 : 1-17 서신의 머리말
- 1 : 1-7 전문(前文)
- 1 : 8-15 서신체의 감사말과 자기소개의 서문(序文)
- 1 : 16-17 주제 제시

1. 전문(前文, 1 : 1-7)

1예수 그리스도의 종 바울은 사도로 부르심을 받아 하나님의 복음을 위하여
택정함을 입었으니 2이 복음은 하나님이 선지자들을 통하여 그의 아들에 관
하여 성경에 미리 약속하신 것이라 3그의 아들에 관하여 말하면 육신으로는 다
윗의 혈통에서 나셨고 4성결의 영으로는 죽은 자들 가운데서 부활하사 능력
으로 하나님의 아들로 선포되셨으니 곧 우리 주 예수 그리스도시니라 5그로
말미암아 우리가 은혜와 사도의 직분을 받아 그의 이름을 위하여 모든 이방
인 중에서 믿어 순종하게 하나니 6너희도 그들 중에서 예수 그리스도의 것으
로 부르심을 받은 자니라 7로마에서 하나님의 사랑하심을 받고 성도로 부르
심을 받은 모든 자에게 하나님 우리 아버지와 주 예수 그리스도로부터 은혜
와 평강이 있기를 원하노라

주후 1세기 당시 신약의 주변 세계였던 그리스-로마 세계에서 서신의 전문 양식은 세 가지 구성요소, 즉 '발신인 진술'(superscriptio), '수신인 진술'(adscriptio), '문안 인사말'(salutatio)로 이루어져 있었다. 이러한 전문 양식은 지역적 서신 관습에 따라, 그리스 양식에서는 '발신인이(주격) 수신인에게(여격) 문안한다.'라는 3분 구조를 띠고 있으며, 동양적 양식에서는 발신인이 생략된 '수신인에게'나 또는 '발신인으로부터 수신인에게'라는 전문 전반부와 대개 '평강이 있기를'(shalom)로 끝나는 문안인사로 구성된 전문 후반부라는 2분 구조를 보여 준다. 지중해 동편 지역에서는 가끔 동양적 서

신(히브리어나 아람어 서신)의 서두 전문 양식이 헬레니즘의 영향을 받아 혼합 양식으로 나타나기도 하였다. 바울서신의 서두를 살펴보면, 바울은 2분 구조의 전문을 사용하기는 하지만, 여격의 수신인 앞에 주격의 발신인을 언급함으로써 혼합 양식을 사용하였다. 로마서의 경우, 발신인 진술은 1절에 나타나고, 수신인 진술은 7절 상반절에, 문안인사는 7절 하반절에서 찾을 수 있다.

로마서 서두의 전문은 바울이 기록한 다른 서신들과는 구별되는 특징을 보여 준다. 다음의 네 가지 점에서 그러하다. 첫째, 로마서의 전문은 바울서신의 전문 중에서 가장 길다(고전 1 : 1-3 ; 고후 1 : 1-2 ; 갈 1 : 1-5 ; 빌 1 : 1-2 ; 살전 1 : 1 ; 살후 1 : 1-2 등 참조). 대개 바울서신의 전문은 짧게 두세 절로 이루어져 있으나, 로마서의 경우 무려 일곱 절이나 된다. 둘째, 편지를 보내는 발신인의 자기 소개말이 길다. 셋째, 전문에 신학적으로 중요한 용어(사도, 복음, 하나님의 아들, 주, 은혜, 평강 등)들이 등장한다. 넷째, 문장의 연결이 부자연스럽고 바울의 언어 관습과는 차이가 나는 비(非)바울적인 문체를 보여 준다. 로마서 전문에서 이러한 특징이 나타나는 이유는 무엇일까? 그것은 다음에 언급되는 다섯 가지 점에서 찾아볼 수 있다. 첫째, 바울은 로마서를 다른 서신과 달리 여러 면에서 조심스럽고 어려운 위치에서 기록하였다. 로마 교회는 바울의 복음 전파로 설립된 교회가 아닐 뿐더러, 그의 신학에 대한 사전(事前) 이해도 충분하게 가지고 있지 않았다. 둘째, 바울은 본서의 첫 부분인 개론에서 언급한 특별한 목적을 가지고 기독교 신학 전반에 대해 집약적으로 로마서를 썼다. 셋째, 바울은 당시 지중해 주변 세계의 중심이었던 로마 제국의 수도 로마에 있는 교회에 있는 성도들을 향해 이 편지를 보냈다. 넷째, 바울은 이 전문에서 기독교 선교 초기 예루살렘 교회의 신앙고백문을 인용하였다(3하-4절상). 이로 인하여 전문은 길어지고, 전문에 인용을 연결하는 이음매("그의 아들에 관하여 말하면", "곧 우리 주 예수 그리스도시니라", "그로 말미암아")가 보이는 부자연스러움이 나타났다. 마지막으로, 바울은 자신을 이방인의 사도로 소개하고 이를 알리기 위해 공적(公的)으로 신중하게 이 편지를 쓰며, 자신이 기록한 이 서한이 로마 교회에서 낭독될 것을 예상하면서 기록하였다. 이런 여러 가지 이유에서 앞서 언급된 전문의 특징이 나타났다. 로마서 서두의 전문을 구성하고 있는 로마서의 첫 일곱 절을 세부적으로 주석하면 다음과 같다.

[1 : 1] 이는 서신 머리말의 전문 양식에서 '발신인 진술'에 해당된다. 여기서 로마서의 저자 바울은 자신을 이 편지의 수신인인 로마 교회 성도들에게 세 가지로 소개한다. 첫째, 바울은 스스로를 '예수 그리스도의 종'으로 이해하고 이를 알린다. '종'은 바울의 자의식(自意識)을 보여 주는 명칭이다. 구약에서 '하나님의 종'이나 '주님의 종'이란 명칭은 하나님께서 주신 특별한 임무와 관련되어 있었다. 쿰란 문헌에서도 이는 '하나님의 사람'을 나타내는 명예로운 호칭이었다. 주전 3세기 중엽 히브리어로 된 구약성경을 헬라어로 번역한 칠십인역본(LXX)에서 이 명칭은 하나님 앞에 선 인간이 스스로에 대해 일컫는 호칭으로 사용되기도 하였다(제4에스라서 참조). 바울이 자신을 '예수 그리스도의 종'으로 소개하는 것은 자신이 하는 일이 '하나님의 일'일 뿐 '자신의 일'이 아니라는 것을 보여 준다. 바울은 하나님 앞에서 예수 그리스도의 종으로서 있다. 그는 자신의 직무를 '하나님의 일'을 하는 것으로 알고 있다. 구속사적 관점에서 볼 때, 그의 직무는 하나님께서 자신을 보내신 뜻을 이루고, 택정하신 임무를 실행하는 것이었다. 둘째로, 이런 맥락에서 바울은 자신을 '사도'로 부르심을 받은 자로 말한다. 바울에게 있어서 '부르심'이란 인간에게 속해 있는 일이 아니라, 항상 하나님께서 하시는 일이었다. 바울은 하나님에 의해 사도로 부르심을 받은 자이다. 여기서 '사도'란 원어로 '아포스톨로스'(apostolos)인데, 이는 특정한 임무를 수행하기 위해 '보냄 받은 자'라는 뜻을 지닌 명칭이다. 셋째, 바울의 자기 진술은 특정 임무, 곧 '하나님의 복음 전파를 위하여 택정함을 입은 자'라는 언급이다. 바울은 복음을 전하기 위해

하나님에 의해 따로 구별된 자이다. 이러한 성별(聖別)은 '종'과 '사도'라는 두 명칭 모두에 관련되어 있다. 여기서 바울신학에서 핵심 개념인 '복음' 용어가 로마서에서는 처음으로 등장한다. '복음'(euangelion)이란 자구(字句)적으로는 '좋은 소식'(good news)을 의미하는데, 곧 하나님께서 인간에게 주신 '구원의 소식'이다(사 40 : 9 ; 52 : 7 등). 이때 '하나님의'라는 수식어와 함께 '하나님의 복음'이란 어구(語句)가 나타난다. 이는 복음의 기원과 출처가 하나님이심을 보여 준다.

[1 : 2] 이제 '하나님의 복음'을 위하여 택함을 받은 바울은 그 복음의 유래(由來)를 밝힌다. 이를 위해 바울은 '복음'과 이전에 주어진 '약속' 간의 관계를 언급한다. 복음은 하나님께서 선지자들을 통하여 그의 아들 예수 그리스도에 관하여 성경(1세기 당시 '구약성경'을 가리킴.)에 미리 약속하신 것이다. 선지자들을 통해 미리 말씀하신 이 약속은 하나님께서 주셨으며, 또한 하나님께서 이루실 것이다. 그러므로 '복음'은 '약속'의 성취이며, "로마서 4장과 갈라디아서 3장에 의하면, 율법이 복음의 반대명제인 것처럼 약속은 복음의 원형이다"(E. Käsemann, *An die Römer*, [4]1980, 7). 복음이 하나님께로부터 나온 것이라면, 그 복음의 내용은 무엇인가? 이는 이어지는 다음 구절들에서 해명된다.

[1 : 3-4] 바울의 선포에서 핵심이 되는 복음의 내용은 하나님의 아들, 예수 그리스도다. 이때 바울은 자신이 전해 받은, 초기 예루살렘 교회 신앙전승을 자신의 선재(先在) 기독론과 관련지었다. 곧, 바울은 2절을 초기 기독교 신앙전승을 잇는 이음매인 '그의 아들에 관하여'와 분사구문('나셨고', '선포되셨으니')으로써 연결하고, 짧은 신앙고백문인 "곧 우리 주 예수 그리스도시니라"로써 마감하였다. 복음의 내용은 바로 하나님의 아들, 예수 그리스도인데, 이미 바울 이전의 원시교회 신앙전승에서 예수 그리스도의 양성(兩性), 즉 신성과 인성은 대구(對句)적 평행 구절로써 공식화되어 있었다(E. Lohse, *Die Entstehung* *des Neuen Testaments*, [4]1984, 18). 즉, 예수 그리스도는 '육신으로는'(인성) 다윗의 혈통에서 나셨고, '성결의 영으로는'(신성) 죽은 자들 가운데서 부활하여 능력으로 하나님의 아들로 선포되셨다. 3절 하반절과 4절 상반절을 학자들이 비바울적인 초기 기독교 전승으로 여기는 근거는 세 가지다. 첫째, 두 번의 분사 구문을 통한 연결, 둘째, 셈어 용례인 동사의 전진(前進) 배치법, 셋째, 대립적 대구(對句) 평행법이 그것이다. 내용적으로 볼 때, 예수를 '다윗의 혈통'으로 묘사한 것은 확실히 비 바울적 용례이다. 바울에 의하면, 예수의 하나님 아들 되심은 부활 후에 비로소 시작된 것이 아니라 영원 전부터다. 하나님은 영원 전부터 그 아들과 함께 계셨으며, 그와 함께 온 세상을 구원하실 것이다. 이 점에서 아들의 선재(先在)가 강조된다(M. Theobald, *Römerbrief*, 1992, 35). 여기서 한글개역성경에서 '혈통'으로 번역된 용어 '스페르마'(sperma)는 '씨' 또는 '후손'을 의미한다. 또 이 전승을 마감하는 짧은 신앙고백문인 "우리 주 예수 그리스도시니라"는 당시 바울이 복음을 전파할 때 핵심적인 신앙고백 양식문(樣式文)이었다. 바울은 예수께서 유대인에게는 '메시아', 곧 '그리스도'가 되시며, 열방의 사람들에게는 그들의 '주님'이 되심을 강조하였다.

[1 : 5–6] 이어서 바울은 교회로 눈을 돌린다. '그로 말미암아', 곧 부활하고 승천하신 예수 그리스도로 말미암아 바울은 사도의 직분을 받았다. 여기서 '우리'란 '작가적 복수(複數)'(literary plural)로 바울이 자신을 주격으로 표현할 때 흔히 사용한 문어체(文語體)적 표현으로, 바울은 이런 표현기법을 통해서 독자들로 하여금 자신의 생각이나 행동에 마음으로 동참하도록 유발한다. '은혜'(charis)와 '사도직'(apostolē)은 두 개념 중 하나가 다른 하나에 의존되어 있는 '중언(重言)법'(Hendiadyoin)으로, '은혜와 사도의 직분'이라는 뜻이라기보다는 둘이 불가분으로 결합되어 있는 '사도직이라는 은혜'라는 의미이다. 사도의 직분은 하나님께서 바울에게 선물로 주신 은혜이다. 바울은 하나님의 은혜로 복음 전파의 임무를 받았다. 복음을 전하는 바울의 사도 직분에

하나님의 구원이 나타난다. '그의 이름을 위하여'에서 바울의 복음 전파 임무가 예수의 이름을 온 세상에 전하는 것임이 드러난다. 구원에 대한 바울의 가르침에 의하면, 예수의 이름 아래 있는 자는 구원 받을 수 있다. 10장에서 바울이 강조하는 것처럼, 로마서의 구원론은 주의 이름을 부르는 것과 관련되어 있다. '모든 이방인 중에서'란 단지 이방인 신자만을 지칭하는 말이 아니라, 예수를 믿는 유대인과 이방인, 모두를 포함한 '열방 중에서'를 의미한다. 이는 바울이 사용하는 '모두, 모든, 다'(all) 용례에 잘 나타나 있다. 바울은 '모든' 용어로써 열방 가운데 유대인을 포함시킨다(15 : 11 참조).

5절 마지막 어구인 '믿어 순종하게 하나니' 해석에서는 학자들 간에 의견이 나누어진다. 원문에서는 자구(字句)적으로 '믿음의 순종을 위하여'인데, '믿음의 순종'에서 '믿음의'라는 수식어를 문법적으로 어떻게 이해하는가에 따라 다른 해석이 가능하다. 이는 주석가들에 의해 세 가지로 해석되었다. 첫째 입장은 '믿음의'를 '목적격(대격)적 속격(屬格)'(genitivus objectivus)으로 보아 '믿음의 순종'을 '믿음의 메시지에 대한 순종'으로 이해한다(O. Michel, H. Lietzmann, K. Barth). 둘째 입장은 '믿음의'를 '주격적 속격(屬格)'(genitivus subjectivus)으로 여겨 '믿음의 순종'을 '믿음이 행하는 주체적 순종'으로 해석한다. 마지막 입장은 '믿음의'를 '동격(해설)적 속격(屬格)'(genitivus exegeticus/apositionis)으로 보아 '믿음의 순종'을 '순종하는 믿음'으로, 곧 믿음과 순종을 동일하게 여긴다(R. Bultmann, E. Käsemann, H. Schlier ; Th. Zahn). 바울은 "믿음을 일차적으로 순종으로 이해하였다"(R. Bultmann, *Theologie des Neuen Testaments*, [9]1984, 315). 이는 바울이 로마서 서두(1 : 8)에서 온 세상에 전파된 로마 교회 성도들의 '믿음'을 감사하였으나, 말미(16 : 19)에서는 로마 교회 성도들의 순종을 기뻐했다는 점에서 잘 드러난다. 바울은 자신이 받은 사도 직분의 목적을 묘사하기 위해 믿음과 순종을 하나로 결합할 수 있었다. 따라서 로마서에서 '믿음'은 곧 '순종'이요, '믿지 않음'은 곧 '불순종'이다. '불신앙'이 '불순종'이라면(10 : 21 ; 11 : 30 ; 15 : 31), 위의 세 가지 해석 입장 중 로마서에 가장 적절한 설명은 세 번째 입장이다. 곧 '신앙의 행위'는 '순종의 행위'로 나타난다. 이는 단지 사도로 부름 받은 바울뿐 아니라, 그리스도인으로 부름 받은 로마 교회 성도들의 경우도 그러하다.

[1 : 7] 이 단락의 마지막 절은 로마서 전문의 둘째와 셋째 구성요소인 '수신인 진술'(adscriptio)과 '문안인사'(salutatio)로 짜여 있다. 로마서의 수신인은 '로마에 있는 교회에게'라는 직접적 표현 대신 "로마에서 하나님의 사랑하심을 받고 성도로 부르심을 받은 모든 자에게"라는 우회(迂回)적 표현으로 묘사되었다. '하나님의 사랑하심을 받고 성도로 부르심을 받은 모든 자'란 하나님께서 구원하신 이에 대한 완곡한 표현이다. 이는 바울 자신이 직접 세우지 않았던 로마 교회의 성도들에게 편지를 보내는 바울의 부담감에서 기인된 것일 수 있다. 어떤 사본(Codex Boernerianus)에는 '로마에 있는'이란 어구(語句)가 생략되어 있다. 이는 아마도 로마서가 모든 교회에서 읽혀야 한다는 필사자의 의도에서 비롯되었을 것이다. '수신인 진술'에 이어 바울은 '문안인사'로써 신학적으로 비중 있는 긴 전문을 마감한다. 헬라세계에서 문안인사는 단지 '문안하노라'로 끝난다. 그러나 바울서신은 고대 지중해 세계 기독교 예배에서 널리 읽혔다. 이런 이유에서 바울은 문안인사에 세심한 주의를 기울였다. '은혜'란 예수 그리스도 안에서 이루어진 하나님의 구원 행위로 말미암아 하나님께서 베푸신 선물이며, '평강'(eirēnē)은 히브리어 '샬롬'(shalom)을 번역한 말로 예수 그리스도를 통하여 교회에 선사된 하나님의 선물이다. 구약과 유대교에서 '은혜와 평강'은 하나님으로부터 말미암았으나, 바울의 경우 원시 기독교에서처럼 이러한 하나님의 은혜와 평강은 하나님 아버지뿐 아니라 그의 아들 주 예수 그리스도로부터 비롯된다는 것이 나타난다.

요약하면, 로마서 1 : 1~7의 전문(前文)은 바울서신의 전문 가운데서 신학적으로 가장 의미 있고 중요한 전문 단락이다. 이 단락에서 바울은 로마 교회 성도들에게 자기소개를 진술함으로써 자신의 정체를 밝히고, 자신의 사도직과 관련하여 자신이 전하는 선포의 핵심 개념인 '복음'의 기원과 내용을 알리며, 여러 가지 이유를 고려하여 세심한 주의를 기울여 문안인사를 한다.

2. 서문(序文, 1 : 8–15) : 서간체의 감사말과 자기소개

> 8먼저 내가 예수 그리스도로 말미암아 너희 모든 사람에 관하여 내 하나님께
> 감사함은 너희 믿음이 온 세상에 전파됨이로다 9내가 그의 아들의 복음 안에
> 서 내 심령으로 섬기는 하나님이 나의 증인이 되시거니와 항상 내 기도에 쉬
> 지 않고 너희를 말하며 10어떻게 하든지 이제 하나님의 뜻 안에서 너희에게로
> 나아갈 좋은 길 얻기를 구하노라 11내가 너희 보기를 간절히 원하는 것은 어떤
> 신령한 은사를 너희에게 나누어 주어 너희를 견고하게 하려 함이니 12이는 곧
> 내가 너희 가운데서 너희와 나의 믿음으로 말미암아 피차 안위함을 얻으려
> 함이라 13형제들아 내가 여러 번 너희에게 가고자 한 것을 너희가 모르기를
> 원하지 아니하노니 이는 너희 중에서도 다른 이방인 중에서와 같이 열매를
> 맺게 하려 함이로되 지금까지 길이 막혔도다 14헬라인이나 야만인이나 지혜
> 있는 자나 어리석은 자에게 다 내가 빚진 자라 15그러므로 나는 할 수 있는
> 대로 로마에 있는 너희에게도 복음 전하기를 원하노라

이 단락은 '발신인', '수신인', '문안인사' 진술로 구성되는 서신의 전문과 달리 주로 편지를 보내는 사람의 감사 말이나 자기소개로 이루어진 서신의 서문(Proömium)에 해당한다. 바울은 이 단락에서 먼저 로마 교회 성도들에 대한 감사의 말을 전하고(1 : 8–12), 이어서 편지를 보내는 자신을 전문과는 다른 방식으로 소개한다(1 : 13–15). 세부적으로 보면, 8절에서 바울은 세상에 알려진 로마 교회의 평판에 대하여 감사하고, 9~10절에서 그들을 방문하고자 하는 바울의 기도와 바람을 알린 다음, 11~12절에서 자신이 로마 교회에 바라는 바를 언급하고, 13~15절에서 여러 번 무산되었던 자신의 로마 방

문 계획과 의도를 밝힌다.

[1 : 8–10] 8절로써 시작되는 서신의 서문에서 바울은 먼저 로마 교회에 대한 세상의 평가를 화제로 삼는다. 그는 로마 교회를 세상이 좋게 여기는 평판에 대하여 하나님께 감사드린다. 물론, 이 감사하는 마음은 예수 그리스도로 말미암아 생긴 것이다. 이어서 9~10절에서 바울은 다른 곳에서처럼 제국의 수도 로마에서도 복음을 전하기 위해 쉬지 않고 기도하였으며, 그것도 그 좋은 기회를 붙잡으려고 늘 간구하였음을 밝힌다. 이 기도에 대한 증인은 사람이 아니라 기도를 들어주시는 하나님이시다. 하나님은 바울 자신이 심령으로 예배하는 분이시다. 이때 바울은 1절에 언급했던 '하나님의 복음' 대신에 '그의 아들의 복음'에 대해 언급한다. 바울은 다메섹 도상에서 부활하신 예수를 만난 이후로 철저하게 그리스도 중심적으로 생각하고 행동하였다. 그러므로 바울은 하나님 아들의 복음 안에서 하나님을 만났다.

[1 : 11–15] 11~12절에 의하면, 바울이 로마에 있는 성도들을 만나기를 간절히 바라는 첫째 이유는 서로 유익하게 하기 위함이었다. 바울은 자신의 로마 방문으로써 로마 교회 성도들에게 어떤 신령한 은사를 나누어 주어 그들을 견고하게 세우려 하였다. 이때 '어떤 신령한 은사'란 특정한 재능을 받은 은사가 아니라 섬기기 위한 일반적 은사를 가리킨다(K. Haacker, *Der Brief des Paulus an die Römer*, 1999, 33). 게다가 바울은 신령한 은사를 나누어 줌으로써 자신도 서로의 믿음으로 인하여 함께 위로를 받고 싶어 한다. 바울이 로마 성도들에게 가기를 간절하게 바라는 두 번째 이유는 13~15절에 언급되어 있는데, 그것은 다른 이방인의 경우처럼 로마 교회에서도 그들에게 열매가 맺히도록 하기 위함이었다. 물론, 이 일은 바울이 로마서를 보낼 때까지 이루어지지 않았다. 그는 로마 제국 동편의 이방인 가운데서 행했던 자신의 복음 전파 사역을 자신의 업적이나 공적으로 이해하거나 말하지 않고, 자신이 예

수 그리스도를 믿음으로써 하나님의 은혜로 구원받은 것처럼 하나님의 부르심을 받아 예수 그리스도의 종으로서 자신이 행했던 모든 선교 활동 역시 하나님의 은혜에 의해 맺혀지는 '열매'로 생각한다.

한 걸음 더 나아가, 바울은 자신의 선교 활동을 마땅히 갚아야 할 빚으로 여긴다. 물론, 이러한 채무 상환 의식은 갚기 위해서 행하는 율법적 의식에서 비롯된 것이 아니다. 오히려, 그것은 바울이 자신의 어떤 행위로도 갚을 수 없는 구원의 '빚'으로 여겼으므로 자신이 할 수 있는 최선을 다하는 자세에서 비롯된 것일 뿐이다. 은혜로 구원받은 바울은 지식이 있는 헬라인이나 그렇지 못한 야만인에게 동일하게 '빚진 자'이다. 여기서 '헬라인'이란 원래는 언어, 문화, 종교적으로 그리스 도시국가의 시민을 가리키는 말이었지만, 헬라 시대에는 그리스 언어를 사용하고 그리스 교육을 받은 자들을 의미하였다. 바울은 유대인이 아닌 사람들 중에서 헬라어를 구사하며 헬라 교육을 받은 문화적 소양이 있는 사회 계층에 속한 사람들을 지칭하여 '헬라인'으로 불렀으며, 반대로 '바(bar), 바, 바'라고 헬라어를 어눌하게 말하며 교육 수준이 헬라인에게 미치지 못하는 지식 없는 자들을 "'바, 바, 바'라고 말하는 자들"에서 유래된 '바르바로이'(barbaroi), 곧 '야만인'으로 불렀다. 유대인이지만 선민(選民)의식의 장벽을 깨고 '열방의 사도'가 된 바울은 유대인이 아닌 헬라인이나 야만인에게, 지혜 있는 자나 어리석은 자에게 차별 없이 복음을 전하는 전도자임을 밝힌다. 그러므로 바울은 할 수만 있으면 로마에 있는 그리스도인들에게도 복음을 전하기 원한다.

여기서 바울이 복음 전파 의식에서 자신을 '빚진 자'로 이해하는 것은 원시 기독교가 전해 받았던 예수의 가르침과 무관하지 않다. 예수께서 산 위에서 제자들과 무리에게 가르쳐 주신 '산상설교의 주기도'(마 6 : 9-13) 중 "우리가 우리에게 죄 지은 자를 사하여 준 것같이 우리 죄를 사하여 주시옵고"라는 네 번째 간구가 헬라어 원문 성경상으로는 "우리가 우리에게 빚진 자를 탕감하여 준 것같이 우리의 빚도 탕감하여 주시옵고"(한글성경 개역개정판 난하주 참조)인 점을 고려한다면, 초기 교회에서 '죄 사함', 곧 구원은 '빚 탕감'으로 이해되었다. 초기 교회 이전에 있던, 용서에 관한 예수의 말씀(마 18 : 21-35) 중 '만 달란트 빚진 자와 백 데나리온 빚진 자' 비유에서도 '죄'는 '빚'으로, '죄 사함'은 '빚 탕감'으로 묘사되었다. 이런 점을 감안할 때, 바울이 자신을 복음에 '빚진 자'로 여긴 것은 전승사적으로도 고려해 볼 만하다. 아마도 바울은 자신을 갚을 수 없는 '만 달란트의 빚진 자'이지만 하나님의 은혜로 '빚'을 탕감 받은 자로 이해하여, 할 수만 있으면 '빚' 탕감을 받은 '빚진 자'로서 하나님의 복음을 전하려 했을 것이다. 이처럼 복음에 '빚진 자'로서 바울은 헬라인에게든, 야만인에게든 그리스도로 말미암아 하나님께로부터 사도의 직분을 받은 자로서 복음 전파의 직무에 대한 거룩한 부담을 가지고 있었다.

3. 주제 제시(1 : 16-17)

> [16]내가 복음을 부끄러워하지 아니하노니 이 복음은 모든 믿는 자에게 구원을 주시는 하나님의 능력이 됨이라 먼저는 유대인에게요 그리고 헬라인에게로다 [17]복음에는 하나님의 의가 나타나서 믿음으로 믿음에 이르게 하나니 기록된 바 오직 의인은 믿음으로 말미암아 살리라 함과 같으니라

로마 교회에 대하여 인사와 감사와 자기소개를 한 다음, 바울은 이제 로마서 서두의 마지막 두 절에서 로마서의 몸말에서 다룰 주제를 제시한다.

[1 : 16] 바울은 복음을 부끄러워하지 않는다. 주제 제시 단락의 서두에 주제와 관련된 핵심어인 '복음'이란 용어가 나타난다. 1절에 이어 복음 용어가 두 번째 나타나는데, 여기서는 관사와 함께 나타난다. 관사 다음에 단수 형태의 '복음' 용어가 쓰인 이런 용례는 신약성경 외에 바울 이전과 당시의 다른 어떤 고대 헬라어 문헌에서도 나타나지 않는다. 이는 신약의 다른 저자의 경우와

같이 바울의 경우도 예수 그리스도가 진정한 복음이며, 그분 외에는 다른 복음이 없음을 나타낸다. 다시 말하면, 예수 그리스도가 바로 '그 복음'이란 점에서 신약의 '복음' 용례는 다른 고대 문헌에 대하여 차별성을 보여 준다. 여기서 복음을 '부끄러워하지 않다'란 어떤 심리적 표현이나 감정적 표현이 아니다. 오히려 이는 '고백하다'라는 뜻과 동일한 의미를 지닌 신앙고백 양식문이다(O. Michel, *Der Brief an die Römer*, 1955, 42). '복음'이란 모든 믿는 자에게 구원을 주시는 하나님의 능력이다. 복음은 교회를 섬기는 자에 의해 선포되는 메시지, 그 이상이다. 복음은 선포하는 인간이 마음대로 할 수 있는 어떤 것이 아니라, "성령을 힘입어 선포될 때 늘 새롭게 실현되는 세상에 대한 하나님의 구원선포"(E. Käsemann, *Römer*, 19)이다. 그러므로 복음은 믿는 자에게 구원을 주시는 '하나님의 능력(dynamis)'이다. 여기서 '믿다'란 선교 상황에 관련된 의미로 사용되었다. 곧 '믿다'란 '복음을 받아들이다'와 동일한 의미이다. 복음은 이를 믿는 자를 구원하시는 하나님의 능력이며, 구원은 복음을 받아들이는 자에게 임하는 하나님의 선물이다.

이것은 유대인뿐 아니라 헬라인에게도 마찬가지다. 바울의 경우 '유대인과 헬라인'은 어떤 용례로 사용되었는가? 앞서 14절에서 바울은 '헬라인'을 '야만인'과 함께 언급하였다. 이는 그가 '이방인의 사도'(갈 1 : 16)로서 '헬라인'에게나 '야만인'에게나 복음을 전해야 하는 '빚진 자'였기 때문이다. 여기서 바울은 '헬라인'을 '유대인'과 나란히 언급한다. 이때 '헬라인'은 이방인을 대표하는 의미로 사용되었으며(3 : 9, 29 ; 9 : 24 ; 10 : 12 등), 유대인과 함께 그 바로 뒤에 언급된 것은 구속사(救贖史)적 순서와 관련되어 있다. 바울은 구속사에서 선택받은 유대인의 우선권을 인정한다. 복음이 구원을 주시는 하나님의 능력이라는 것은, 모든 믿는 자에게, 곧 '먼저'는 유대인에게 해당되며, 또한 헬라인에게도 그러하다. 여기서 유대인과 헬라인이 언급되는데, 바울의 다른 서신인 고린도전서에서 바울은 구속사와 관련하여 세상 사람을 '유대인'과 '헬라인', 그리고 '하나님의 교회'로 구분하였다(고전 10 : 32). 이때

'헬라인'은 이방인을 가리키며, '하나님의 교회'란 그리스도인을 의미한다. 바울에 의하면, 유대인이든 헬라인이든 옛 사람의 속성은 그리스도 안에서 사라지며, 한 성령 안에서 새롭게 되고 하나가 된다(고전 12 : 13 ; 갈 3 : 28 참조). 복음의 구원 효력은 유대인과 헬라인의 구별 없이 믿는 자에게 나타난다. 구원은 유대인이나 이방인이라는 민족성에 따라 결정되는 것이 아니라, 예수 그리스도에 대한 신(信) · 불신(不信)에 따라 결정된다.

[1 : 17] 17절 상반절에서 복음에 나타난 '하나님의 의'가 언급된다. 여기서 '나타나다'란 원어(原語)로는 '계시되다'(apokalyptesthai)로, 앞서 3~4절에서 언급되었던 것처럼, 복음은 하나님의 아들, 예수 그리스도 안에 나타난 하나님의 의에 대한 종말론적 계시이다. 예수 그리스도를 통하여 계시된 하나님의 의는 인간의 경건성이나 율법적 행위로써가 아니라 '믿음으로 믿음에', 오직 믿음으로써 이르게 된다. '믿음으로 믿음에'(ek pisteōs eis pistin)라는 헬라어 어구는 셈어 관용구에서 유래된 표현으로, 이를 역(逆)으로 히브리어로 표현하면, '메에무나 레에무나'(meemuna leemunae)이다. 자구(字句)적으로 '믿음(eemuna)에서 믿음으로'란 '믿음에서 시작해서 믿음에 이르는'이란 점층법적 공식문이지만, 믿음으로부터 믿음에 이른다고 해석하는 것은 적절하지 않다. 왜냐하면 믿음에서 믿음에 이르는 것이 아니라 믿음으로 구원에 이르기 때문이다. 오히려, 바울의 경우 하나님의 구원 행위는 하나님 자신의 행위에 의해 일어나기 때문에, 이 어구는 "하나님에 의해 시작된 새로운 차원의 세계에 대한 표현"(P. Stuhlmacher, *Gerechtigkeit Gottes bei Paulus*, ²1966, 83)으로 '(율법의 행위가 아니라) 오직 믿음으로'(sola fide)라는 뜻으로 해석되어야 한다. 이런 용법은 히브리어의 수사(修辭)적 표현에서 자주 발견된다. 예컨대, 이런 표현은 '악에서 악으로'(렘 9 : 3〈LXX 9 : 2〉), '힘을 얻고 더 얻어'(시 84 : 7〈LXX 83 : 8〉), '사망으로부터 사망에'(고후 2 : 16), '영광에서 영광에'(고후 3 : 18) 등의 어구에서 찾아볼 수 있다.

이어 17절 하반절에서 오직 믿음으로써 복음에 나타난 하나님의 의에 이를 수 있다는 '이신칭의'의 원칙을 입증하기 위해, 바울은 (구약) 성경을 인용한다. 인용된 성구는 하박국 2 : 4이다. 원래, 히브리 성경 하박국서의 구절은 "그러나 의인은 그의 믿음으로 말미암아 살리라"이다. 주전 3세기 히브리 성경을 헬라어로 번역한 칠십인역본은 이 구절을 "그러나 의인은 나의 믿음으로 말미암아 살리라"로 옮겼다. 주후 5세기에 기록된 에브라임 사본(C*)역시 칠십인역본처럼 "오직(그러나) 의인은 나의 믿음으로 말미암아 살리라"로 옮겼다. 그 외 다른 사본들은 '그의'나 '나의'를 생략하고 "그러나 의인은 믿음으로 말미암아 살리라"로 옮겼다. 프리드릭슨(A. Fridrichsen, "Aus Glauben zu Glauben", Conj. Neotest. 12〈1948〉, 54)은 바울이 하박국서를 인용하였다는 점을 근거로 '믿음으로 믿음에'는 구약과 '끊어지지 않는 연속성'을 강조하려 한 것이라고 주장하기도 한다(E. Käsemann, *Römer*, 28 참조). 아무튼 16~17절에서 분명한 것은 바울이 인간의 행위가 아니라 복음에 나타난 하나님의 의를 믿는 믿음만이 구원에 이르는 길임을 제시한다는 점이다. 바울은 인간이 의롭다 여김을 받는 것은 오직 예수를 '믿음으로' 말미암음을 강조한다. 이런 점에서, 캐제만은 '믿음으로'가 하박국 2 : 4이나 신약의 다른 구절(갈 3 : 11 ; 히 10 : 38)에서는 '살리라'에 걸려 있지만, 여기서는 '의인'에 관련되어 있다고 주장한다(E. Käsemann, *Römer*, 29). 물론, '믿음으로'를 '살리라'에 붙여서 읽을 수 있다. 그렇기는 하지만, 문맥과 내용을 함께 고려한다면, 캐제만처럼 '믿음으로'를 '의인'에 관련지어 '믿음으로 의인 된 자가 살리라'로 번역하는 것이 바울의 의도에 더 부합될 것이다.

설교를 위한 묵상

로마서의 서두 단락에서 바울이 의도적으로 전하려 했던 신학적 메시지를 찾아보면,

다음의 세 가지로 요약할 수 있다. 첫째, 구약에서 선지자를 통하여 약속된, 구원의 기쁜 소식인 '복음'은 하나님께로부터 온 것이며, 그 내용은 그의 아들 예수 그리스도다(3-4, 9절). 둘째, 복음은 유대인이든 이방인이든 오직 믿는 자를 구원하시는 하나님의 능력이다(16절). 셋째, 복음에는 하나님의 의가 나타나서 사람은 오직 믿음으로써만 하나님께로부터 의롭다 여김을 받을 수 있다(17절).

B. 하나님의 의가 필요한 절망적인 세상(1 : 18-3 : 20)

서두 단락(1 : 1-17)을 이어 '두 번째 큰 단락'인 본문 단락(1 : 18-3 : 20)은 바울이 로마서의 주제인 이신칭의(以信稱義)를 해명하는 '로마서 몸말'(1 : 18-15 : 13) 가운데서 그 첫머리에 해당한다. 로마서 본체(本體)는 크게 두 부분으로 이루어져 있다. 그 앞부분은 이신칭의에 대한 가르침, 곧 구원에 대한 '교리'(教理)를 다루며, 뒷부분은 믿음으로써 의롭다 여김 받은 이에게 요구된 권면, 곧 '윤리'(倫理)를 다룬다. 본문 단락은 이신칭의 교리를 다루기 전에 먼저 '하나님의 의'가 필요한 절망적인 상태에 놓여 있는 인간과 세상을 서술한다. 곧, 이 단락은 로마서 주제가 언급된 1 : 16~17의 전개이며, 종말론적인 대전환점 내지는 분기점에 해당하는 다음 단락(3 : 21-4 : 25)의 머리말인 3 : 21에 대한 준비이다. 본문 단락을 소단락으로 세분(細分)하면, 다음과 같다.

1 : 18-32 하나님의 진노 아래 있는 이방인
2 : 1-3 : 20 하나님의 진노 아래 있는 유대인
- 2 : 1-11 하나님의 공정한 심판
- 2 : 12-16 하나님의 심판 기준
- 2 : 17-29 유대인의 죄

3 : 1-8　　　하나님의 진노에 대한 유대인의 항변(抗辯)

3 : 9-20　　　하나님의 진노 아래 있는 죄인 된 유대인

1. 하나님의 진노 아래 있는 이방인(1 : 18-32)

18하나님의 진노가 불의로 진리를 막는 사람들의 모든 경건하지 않음과 불의
에 대하여 하늘로부터 나타나나니 19이는 하나님을 알 만한 것이 그들 속에
보임이라 하나님께서 이를 그들에게 보이셨느니라 20창세로부터 그의 보이지
아니하는 것들 곧 그의 영원하신 능력과 신성이 그가 만드신 만물에 분명히
보여 알려졌나니 그러므로 그들이 핑계하지 못할지니라 21하나님을 알되 하
나님을 영화롭게도 아니하며 감사하지도 아니하고 오히려 그 생각이 허망하
여지며 미련한 마음이 어두워졌나니 22스스로 지혜 있다 하나 어리석게 되어
23썩어지지 아니하는 하나님의 영광을 썩어질 사람과 새와 짐승과 기어다니
는 동물 모양의 우상으로 바꾸었느니라 24그러므로 하나님께서 그들을 마음
의 정욕대로 더러움에 내버려 두사 그들의 몸을 서로 욕되게 하게 하셨으니
25이는 그들이 하나님의 진리를 거짓 것으로 바꾸어 피조물을 조물주보다 더
경배하고 섬김이라 주는 곧 영원히 찬송할 이시로다 아멘 26이 때문에 하나님
께서 그들을 부끄러운 욕심에 내버려 두셨으니 곧 그들의 여자들도 순리대로
쓸 것을 바꾸어 역리로 쓰며 27그와 같이 남자들도 순리대로 여자 쓰기를 버
리고 서로 향하여 음욕이 불 일듯 하매 남자가 남자와 더불어 부끄러운 일을
행하여 그들의 그릇됨에 상당한 보응을 그들 자신이 받았느니라 28또한 그들
이 마음에 하나님 두기를 싫어하매 하나님께서 그들을 그 상실한 마음대로
내버려 두사 합당하지 못한 일을 하게 하셨으니 29곧 모든 불의, 추악, 탐욕,
악의가 가득한 자요 시기, 살인, 분쟁, 사기, 악독이 가득한 자요 수군수군하
는 자요 30비방하는 자요 하나님께서 미워하시는 자요 능욕하는 자요 교만한
자요 자랑하는 자요 악을 도모하는 자요 부모를 거역하는 자요 31우매한 자요

배약하는 자요 무정한 자요 무자비한 자라 [32]그들이 이같은 일을 행하는 자는 사형에 해당한다고 하나님께서 정하심을 알고도 자기들만 행할 뿐 아니라 또한 그런 일을 행하는 자들을 옳다 하느니라

로마서의 주제를 제시하는 1 : 16~17에서 바울은 유대인이든 이방인이든 하나님의 의가 나타난 복음을 믿음으로써만 그 의에 이를 수 있음을 천명하고, 이어서 이신칭의의 교리를 본격적으로 전개하여 해명하려 한다. '하나님의 의'가 필요한 인간을 논증하기 위해 바울은 '죄 아래 있는 인간'과 죄로 인하여 '심판 아래 있는 인간'을 다루는데, '하나님의 진노 아래 있는 이방인'(1 : 18-32)이 언급되고, 그러고 나서 '하나님의 진노 아래 있는 유대인'(2 : 1-29)이 다루어진다. 먼저, 바울은 '하나님의 진노 아래 있는 이방인'을 향해 눈을 돌린다. 이 단락은 다시 두 단락으로 구분되는데, 18~23절은 '이방인의 죄'를 다루고, 24~32절은 이에 대한 '하나님의 심판'을 다룬다. 특히, 24~32절 단락은 세 번 나타나는, 일종의 심판 진술인 "하나님께서 그들을 '내버려 두사'(paredōken)"로써 24~25절, 26~27절, 28~31절로 세분되며, 32절은 하나님의 심판에 대한 이방인의 반응을 보여 준다.

[1 : 18-20] 이 단락은 핑계할 수 없는 이방인의 죄를 지적하는데, 이는 '하나님의 진노가 나타나나니'로 시작된다. '하나님의 진노(orgē)'란 동전의 양면(兩面)처럼 17절에 언급된 '하나님의 의(dikaiosynē)'의 다른 면이다. '하나님의 진노'나 '나타나나니'는 모두 묵시적인 표현이다. 인간의 '경건하지 않음'과 '불의'에 대하여 하나님은 진노하신다(18절). 이때 이방인은 '죄인'과 '불의한 자'로 나타난다. 이어지는 19~20절에서 하나님의 진노를 근거로 핑계할 수 없는 이방인이 언급된다. 하나님께서 이방인에 대하여 진노하시는 것은 하나님께서 이방인에게 그를 알 만한 것을 보여 주셨고, 또한 보이지 않은 그의 영원하신 능력과 신성을 만물에 보여 알려 주셨음에도 불구하고, 하나님에 대

하여 경건하지 않고 의롭지 않기 때문이다. 그러므로 이방인은 스스로 죄가 없다고 핑계할 수 없다. 여기서 주석가들 사이에 '하나님을 알 만한 것'(19절)과 '그의 보이지 아니하는 것들'(20절)의 상관성을 묻는 문제가 제기되었다. 대부분의 학자들은 '하나님을 알 만한 것'을 '그의 보이지 아니하는 것'과 관련짓지 않았다. 그러나 일부 학자들(A. Fridrichsen 등)은 양자(兩者)를 관련지어 이를 근거로 성경적 계시나 성령의 조명 없이도 인식할 수 있는 하나님을 주장하였다. 이로써 '자연신학'(theologia naturalis)의 문제가 제기되었다.

'자연신학'이란 '계시신학'에 대립되는 개념으로, 하나님의 계시 이전, 인간이 태어날 때 '자연적으로' 가지고 있는 이성 위에 세워진 신학을 가리킨다. 그 대표적인 예는 20세기 초 브룬너(E. Brunner)와 바르트(K. Barth)의 '자연신학' 논쟁이다. 당시 신학의 과제에 대하여 브룬너는 "올바른 자연신학으로 돌아가는 것"(E. Brunner, *Natur und Gnade*, [2]1935, 44)이라고 주장한 반면에, 바르트는 이런 입장에 반대하여 하나님 자신의 계시에 의해서만 하나님 인식이 가능함을 주장하였다(K. Barth, *Nein! Antwort an Emil Brunner*, 1934, 6). 이러한 자연신학 논쟁은 서구 신학의 주류에 있던 자유주의에 맞선 바르트의 신학적 입장에 기인한다. 자연신학에 대한 바르트의 입장에 대한 평가는 20세기 후반 로마서 주석들에서 찾아볼 수 있다. 빌켄스(U. Wilckens)는 단지 기독론적으로만 하나님 인식이 가능하다는 바르트에 입장에 동의하지만, 그리스도 이전의 창조주 하나님에 대한 인식에 대해서는 1 : 18~32 단락을 문맥 안에서 이해해야 함을 주장하였다(U. Wilckens, *Der Brief an die Römer* I, 1978, 120). 물론, 바르트가 주장한 것처럼, 예수 그리스도를 제쳐 두고는 어떤 기독교적 인식도 불가능하다. 실제로, 그리스도 이전의 잘못된 하나님 인식을 다루는 1 : 18~32 단락을 문맥에서 살펴보면, 이는 '하나님의 의의 계시'(1 : 17)와 '예수 그리스도의 속죄 죽음'(3 : 21-26)에 관련되어 있다. 이런 점에서 하나님 인식은 오직 기독론적 관점 아래에서만 고려될 수 있다. 그러나 이방인이 하나님을 잘못 인식했던 때는 그리스도 이전이다. 다시 말하면,

하나님은 처음부터 창조주로서 인식될 수 있었다. 왜냐하면 모든 존재는 하나님의 행위 안에 있기 때문이다. 그러므로 개신교 신학에서조차도 이성적 내지는 자연적 신(神) 인식이 배제될 수 없다.

그러나 본문 단락을 전후 맥락을 고려해 볼 때 자연적 신 인식 역시 계시 신학의 틀 안에 있다. 이것이 이 단락의 해석에서 놓치지 말아야 하는 관점이다. 캐제만 역시 이 단락을 주석하면서 이 진술로써 바울이 어떤 자연신학의 가능성이나 타당성을 말하려고 진술한 것이 아니라, 창조주 하나님이 피조물에 '하나님을 알 만한 것', 곧 '그의 영원하신 능력과 신성'을 나타내셨음에도 불구하고 이방인이 이를 알지 못한 '죄인'이며 핑계할 수 없는 이방인의 죄를 드러내려고 묘사한 것이라는 점을 올바르게 지적하였다(E. Käsemann, *Römer*, 37-38). 만약, 이 단락에서 바울이 어떤 '자연신학'을 대변한다고 주장한다면, 이는 결코 그의 기독론이나 종말론과 조화를 이룰 수 없다. 여기서 자연신학을 설명하거나, 증명하거나, 변호하는 것은 결코 바울의 의도가 아니다. 오히려, 바울은 그리스도 이전 인간의 죄를 인간의 무지(無知)가 아니라, 인식할 수 있는 창조주 하나님을 알면서도 거부한, 핑계 댈 수 없는 인간의 의도적인 잘못된 인식 안에서 보려 하였다.

[1 : 21-23] 핑계할 수 없는 이방인의 죄에 대한 근거를 언급한 다음, 바울은 이방인의 구체적인 죄의 결과를 지적한다. 이는 원전(原典)에서 '이러므로'(dioti, 한글 개역성경에서는 번역되지 않음.)와 함께 시작되는 21절로써 알 수 있다. 21절의 '하나님을 알되'에서 드러나듯이, 이방인의 죄는 모르고 지은 죄가 아니라 알고도 지은 죄였다. 여기서 '알되'는 32절의 '알고도'와 함께, 이 단락이 문학적으로 서두와 말미가 연결된 수미상관(首尾相關, inclusio)의 구조를 띠고 있음을 알려 준다(K. Haacker, *Römer*, 1999, 47). 이제 창조주 하나님을 알고도 이를 부인한 피조물 인간의 죄가 구체적으로 나열된다. 이들은 하나님께 영광을 돌리지 않았고, 감사하지도 않았으며, 오히려 구약 전

승에서처럼, 생각이 허망하여지고 미련한 마음(kardia)이 어두워져서 스스로 지혜 있다고 하지만 어리석게 되었다(렘 2 : 5 ; 시 94 : 11 ; 106 : 20 등 참조). 지혜는 고대 세계에서 유대인뿐 아니라 이방인에게도 중요한 인간의 덕목(德目)이었다. 이로써 이들은 하나님의 창조주 되심과 인간의 피조성을 부정하고, 왜곡된 종교, 곧 우상숭배에 빠지게 되었다. 다시 말하면, 이들은 불멸(不滅)한 하나님의 영광을 사멸(死滅)할 피조물 모양의 우상으로 바꾸었다. "사람과 새와 짐승과 기어 다니는 동물"은 우상의 대상이 되는 피조물로서, 이때 '짐승'(tetrapodoun)은 네 발 달린 짐승을 의미하며, '기어 다니는 동물'은 파충류 동물을 뜻한다.

[1 : 24-25] 이어지는 24~32절 단락은 세 번 나타나는, "하나님께서 그들을 내버려 두사"라는 어구로써 24~25절, 26~27절, 28~31절로 삼분(三分)되며, 24~25절 단락은 그 첫 번째 단락이다. '내버려 두사'란 잘못된 신앙심으로 우상을 숭배하는 이방인에 대하여 하나님께서 내리는 심판의 한 형태이다. 여기서 '내버려 두다'(paradidonai)란 예수의 수난 용어로서도 특징적으로 나타나는 용어로서 그 본래적 의미는 '넘겨주다'이다(마 26 : 45 ; 막 14 : 41 참조). 이제 이 단락은 '그러므로'(dio)로 시작된다. 이 인과(因果)적 접속사로써 죄의 결과가 서술된다. 하나님께서 그들을 내버려 두신 첫 번째 자리, 즉 넘겨주신 첫 번째 주체는 '마음의 정욕'이다. 이때 '마음'(kardia)이란 신체적 의미에서 인간의 일부 기관(器官)이 아니라, 정욕을 불러일으키는 전인(全人)으로서 인간 자신이다. 또 '정욕'으로 옮겨진 에피투미아(epithymia)는 신약성경에서 세 가지 용법으로 사용되었다. 곧, 이는 중립적으로는 '무엇에 대한 바람'의 뜻으로, 긍정적으로는 '열망'이나 '갈망'의 뜻으로, 부정적으로는 '금지된 것에 대한 욕망'이나 '탐욕'의 뜻으로 사용되었는데, 여기서는 부정적 의미로 사용되었다(W. Bauer, *Griechisch-deutsches Wörterbuch zu den Schriften des Neuen Testaments und der frühchristlichen Literatur*, [6]1988, 594-595).

하나님께서 이방인을 마음의 정욕에 내버려 두어 깨끗하지 못함에 이르러, 그 결과 그들의 몸을 서로 욕되게 하였다(24절). 이것은 그들이 하나님의 진리를 거짓 것으로 바꾸어 피조물을 조물주보다 더 경배하고 섬기는(예배하는) 것이었다(25절). 만물을 만드신 창조주 하나님이 영원히 찬송할 분임에도 불구하고 그들은 피조물을 더 섬겼다. 여기서 이방인의 죄는 신앙심이 없는 것이 아니라, 피조물을 조물주보다 더 경배하는 잘못된 신앙임이 드러난다. 피조물을 섬김으로써 왜곡된 종교심을 가진 이방인은 오히려 하나님이 영원히 찬송 받으실 분이라는 것을 알아야 한다. '하나님이 영원히 찬송 받으실 분이시다'라는 언급 다음에 나타나는 '아멘'은 유대적인 찬양 관습이다(U. Wilckens, *Das Neue Testament*, 1970, 502).

[1 : 26-27] 핑계할 수 없는 이방인의 불경죄로 인하여, 하나님은 이제 그들을 부끄러운 욕심에 내버려 두셨다. 여기서 "하나님께서 그들을 내버려 두사" 어구가 두 번째 언급된다. 앞서 해명한 것처럼, '내버려 두다'는 '넘겨주다'의 의미로, 바울은 이 용어로써 현실에서 잠정적으로 이방인을 벌하시는 하나님의 심판을 표현한다. 두 번째 유기처(遺棄處)인 '부끄러운 욕심'에서 '욕심'은 파토스(pathos)를 옮긴 말인데, 이는 '욕심이 가득 찬 열정(passion)'을 뜻한다. 하나님께서 이방인들을 부끄러운 욕심에 내버려 두신 결과, 이방인들은, 플라토(Plato)의 「향연」(*Symposium*)이나 플루타르크(Plutarch)의 「영웅전」의 리쿠르구스(Lycurgus)에서 찾아볼 수 있는 것처럼, 당시 그리스-로마 세계에서 흔히 볼 수 있던 동성애(同性愛)에 빠지게 되었다. 곧 여자들은 순리(順理)대로 쓸 것을 역리(逆理)로 바꾸어 썼다. 이때 바울은 여자에 대하여 '여인'(woman)을 의미하는 '귀네'(gynē) 대신 '여성'(female)을 뜻하는 '텔리스'(thēlys)로 표현하였다. 이는 바울이, '인간창조'에 대한 칠십인역본의 본문(창 1 : 27)을 따라, 또 갈라디아서 3 : 28에서처럼 여자와 남자의 사회적 차이가 아니라 생물학적 성별을 드러내기 위해 선택한 용어이다(R. Jewett,

Romans, 2007, 74). 이런 판단은 27절에서 '남자'(man)라는 일반적인 용어 '아네르'(anēr) 대신 '남성'(male)이라는 '아르센'(arsēn) 용어가 사용된 경우도 마찬가지다.

이처럼 바울이 창조 본문과 관련 지어 '동성애' 문제를 다루는 것은, 바울이 이 주제를 단지 도덕적 타락이라는 시각에서 볼 뿐만이 아니라 하나님의 '창조 질서'라는 관점에서 바라보기 때문이다. '부끄러운 욕심'에 방기(放棄)된 여자들은 창조하신 하나님의 질서인 본성을 거슬러 순리(順理)대로 정상적인 성생활을 하지 않고 역리(易理)로 왜곡된 성생활인 동성애에 빠졌다. 여기서 '순리대로'란 하나님의 창조 질서라는 관점에서 '정한 이치대로', 곧 '본성(physis)을 따라'라는 의미이고, '역리로'란 하나님께서 정하신 '본성을 거슬러'라는 뜻이다. 불경하고 불의한 이방인 여자들이 하나님의 잠정적, 현실적 심판으로서 '부끄러운 욕심에 유기(遺棄)'된 결과, 여자의 본성을 거슬러 '여자끼리의 동성애'(lesbianism)에 빠지게 되었다. 이때, 영어로 '여자 동성애'를 뜻하는 '레스비아니즘'이란 원래 신약에서는 '미둘레네'(Mitylēnē)로 알려졌으나(행 20 : 14), 고대 그리스에서는 여자끼리의 동성애가 성행했던 '레스보스'(Lesbos) 섬으로 불렸던 섬의 지명(地名)에서 유래된 용어이다.

이어서 27절에서 이방인 여자들처럼 남자들도 순리대로 여자 쓰기를 버리고 서로 향하여 음욕이 불일 듯하여 남자가 남자와 더불어 부끄러운 일을 행하는 '남색'(男色), 곧 '남자 동성애'가 언급된다. 이는 '음욕', 곧 '탐욕적 열정'에서 비롯된 것이며, '부끄러운 일', 다시 말하면, 하나님께서 정해 주신 이치, 남자의 본성을 거스르는 '변태(變態)적 성교(性交)'다. 그들은 하나님께서 주신 몸의 본성을 따르지 않고 창조 질서를 어김으로써 서로의 몸에 죄를 범하였다. 이로써 그들은 자신들의 그릇됨에 상응하게, '보상'(mithos)에 대립된 개념인 '보응'(antimithia)을 받았다. 여기서 원어(原語)로 '받다'(apolambanein)란 '되돌려'(apo)라는 전치사에서 유래된 접두어와 '받다'(lambanein)라는 동사의 합성어로 '되돌려 받다'(get back)는 뜻이다. 다시 말하면, 동성애는 여자와 남자로 창조하신 하나님의 뜻, 곧 창조 질서로서 성적(性的) 본성과 성의 기능을 왜곡하여, '부끄러운 욕심'에 내버려진 이방인이 자신의 몸에, 또 서로의 몸에 저지른 죄행(罪行)의 결과이다.

[1 : 28–31] 불경과 불의로 핑계할 수 없는 이방인의 죄로 인하여, 하나님은 이제 그들을 '상실한 마음'에 내버려 두셨다. 여기서 "하나님께서 그들을 내버려 두사" 어구가 세 번째 언급된다. 그러나 이 경우는 "그들이 마음(epignōsis)에 하나님 두기를 싫어하매"로 시작된다. 28절에 두 번 언급된 '마음'과 21절 및 24절에 나타나는 '마음'은 우리말로는 동일하게 '마음'으로 옮겨졌지만, 헬라어 원어로는 모두 다른 용어이다. 앞서 언급한 것처럼, 21절과 24절에서 찾아볼 수 있는 '마음'(kardia)은 하나님을 부인하며 스스로 지혜롭다 여기는 인간 자신이나 정욕을 불러일으키는 인간 자신을 가리키며, 28절 전반절에 언급된 '마음에 하나님 두기를 싫어하매' 어구에 사용된 '마음'은 헬라어로는 '에피그노시스'(epignōsis)로 종교적 또는 도덕적 지식을 의미하고, 28절에 언급된 '상실한 마음대로' 어구에 사용된 '마음'은 헬라어로는 '누스'(nous)로 이성적 판단을 하고 결단하는 의지적 인간을 뜻한다. 조물주이신 하나님을 경배하지 않는, 지음 받은 인간은 마음에 하나님 두기를 싫어하였다. 그러니까, 죄란 참되신 하나님을 부인하고, 진정한 가치를 경멸하는 것이다(*The Reformation Study Bible*, ed. by R. C. Sproul, 2005, 1614), "그들이 마음에 하나님 두기를 싫어하매"로 옮긴 헬라어 본문을 직역하면, 이는 "그들이 지식에 하나님 두기를 싫어하매"로 옮길 수 있다. 경건치 않은 이방인은 자신이 참이라고 여기는 종교적 · 도덕적 지식에 하나님 두는 것을 동의하지 않거나 인정하지 않으려 한다. 이로 인하여 하나님께서 그들을 그 '상실한 마음', 곧 올바른 지식으로 올바르게 판단하지 못하는 마음에 내버려 두셨다. 그 결과, 그들은 '합당하지 못한 일'을 하게 되었다. '합당한 일'이란 스토아적 용어로는 '마땅한 것'으로, 헬라 세계나 헬라적 유대교에서 발견된다. 올바르게 판

단하지 못하는 이방인들은 상실한 마음에 내버려져 '합당하지 못한 일'을 하게 되었다.

29~31절에서 상실한 마음에 내버려진 이방인이 행하는 '합당하지 못한 일' 21가지, 이른바 '악덕(惡德) 목록'(Lasterkatalog)이 열거된다. 이러한 '악덕 목록'은 '덕 목록'(Tugendkatalog)과 함께 헬라 세계에서 널리 퍼져 있었는데, 신약성경에서도 서신서 여러 곳에서 나타난다(롬 13 : 13 ; 고전 5 : 10-11 ; 6 : 9-10 ; 고후 12 : 20-21 ; 갈 5 : 19-21 ; 엡 4 : 31 ; 5 : 3-5 ; 골 3 : 5, 8 ; 딤전 1 : 9-10 ; 딤후 3 : 2-4 ; 약 3 : 16 등). 상실한 마음에 내버려진 결과, 이방인들은 모든 인간관계의 영역에서 합당치 못한 죄를 짓는다(대한성서공회, 「독일성서공회 해설 성경전서」, 2004). 앞의 두 단락에서 하나님께서 이방인들을 '마음의 정욕대로 더러움'과 '부끄러운 욕심'에 내어 두어, 그들이 성적 범죄에 이르렀다면, 이제 이 단락에서 '합당하지 않은 일'로 이방인의 일반적 범죄가 21가지의 악덕목록에서 다루어진다. 우상 숭배 다음에 악행이 나타나는 형태는 "우상 숭배가 모든 악의 시작과 근원과 절정"이라는 구약 외경인 솔로몬의 지혜서(14 : 27)에서 선례(先例)를 찾아볼 수 있다.

'합당하지 못한 일'인 '악덕 목록'은, 박수암에 의하면, 셋으로 구분된다(박수암, 「로마서」, 2000, 74). 첫 번째 죄 목록은 '모든'으로 수식되며 가득 채워지는 일반적인 죄인데, 불의, 추악, 탐욕, 악으로 네 가지다. 두 번째 죄 목록은 '가득한 자'를 수식하는 시기, 살인, 분쟁, 사기, 악독이다. 세 번째 죄 목록은 복수(複數)로 표현된 행위자로 앞의 일곱 가지는 적극적 죄를 짓는 행위자이고, 뒤의 다섯 가지는 소극적 죄를 짓는 행위자이다. 이러한 악덕 목록은 하나님의 계명을 향해 설정되어 있다. 그러므로 하나님의 심판은 바로 하나님의 계명을 어길 때 내려지는 것이다(장흥길 역, 「페터 슈툴마허의 로마서 주석」, 76).

[1 : 32] 이제 바울에 의해 18~32절 단락의 요약 결론이 언급된다. 이방인들은

하나님께서 만드신 모든 피조물에 깃든 그의 영원하신 능력과 신성을 통해 하나님을 경배하고 섬겨야 한다는 것을 알고 있었음에도 불구하고, 이 같은 일을 행하는 것을 멈추고 회개하기는커녕, 이런 일을 행하는 자는 사형에 처해진다는 하나님의 정하심을 알고도 자기들이 행할 뿐 아니라, 그런 일을 하는 자를 또한 옳다고 말한다. 이런 점에서 32절은 21절 서두의 '하나님을 알되'와 관련되어 있다. 곧, 이방인의 죄는 모르고 지은 죄가 아니라 알고도 지은 죄이다. 그러므로 이방인은 자신이 스스로 죄 없다고 핑계할 수 없다. 이 절을 주석할 때 슈툴마허는 구약 전승(민 15 : 22-31 참조)과 관련짓는다(장흥길 역, 「페터 슈툴마허의 로마서 주석」, 77). 민수기 15장에 의하면, 이스라엘인이든지 이방인이든지 부지중에 죄를 범하면 용서받을 수 있으나, 고의적으로 죄를 행하면 이방인조차도 구원받을 수 없다. 32절의 '사형' 언급은 하나님의 의가 절대적으로 필요한 죄인 된 이방인에 대한 하나님의 심판 진술이며, 그와 함께 '죄의 삯은 사망'이라는 6 : 23에 대한 사전(事前) 암시이다.

2. 하나님의 진노 아래 있는 유대인(2 : 1–3 : 20)

이제 바울은 유대인에게로 눈을 돌린다. 2장 첫 절부터 3 : 20까지는 한 단락으로, 여기서 그는 '하나님의 의'가 필요한 이방인처럼 그 의가 필요한 유대인의 죄인 됨을 다룬다. 이 단락이 '하나님의 진노 아래 있는 유대인'에 대해 서술하고 있다는 점은 다음의 몇 가지 이유에서 그러하다. 첫째, '남을 판단하는 사람'(2 : 1)은 신앙적 · 도덕적 우위를 자부하는 유대인을 가리킨다. 둘째, 고집스러움과 회개치 않음으로 하나님의 인자하심과 용납하심과 길이 참으심의 풍성함을 멸시하는 사람(2 : 4-5)은 십자가에 달리신 예수를 배척하는 유대인이다. 셋째, 하나님 앞에서 의인은 율법을 듣는 자가 아니라 이를 행하는 자(2 : 13)란 유대인을 가리킨다. 넷째, '유대인이라 불리는 너'(2 : 17)에서 바울의 대화상대로 유대인이 직접 언급된다. 다섯째, '율법의 계명과 할례에 관한 언급'(2 : 17-29)은 유대인을 겨냥하고 있다. 여섯째, '유대인의 나음과 할례의 유익에 관한 말씀'(3 : 1-8)도 유대인을 향해 설정되어 있다. 일곱째, '죄 아래 있는 자들' 또 '율법 아래 있는 자들'은 모두 유대인을 가리킨다(3 : 9-20). 이처럼 이 단락은 '율법 아래' 있으나, '죄 아래' 있고, 이로 인하여 '하나님의 심판 아래' 있는 유대인의 죄인 됨을 보여 주며, 이로써 하나님의 의가 절대적으로 필요한 절망적인 상태에 놓여 있는 유대인을 묘사한다.

'하나님의 진노 아래 있는 유대인'이란 주제를 다루는 이 단락을 세부적으로 구분해 보면, 이는 다섯 개의 작은 단락으로 구분된다. 곧, '하나님의 공정한 심판'(2 : 1-11), '하나님의 심판 기준'(2 : 12-16), '유대인의 죄'(2 : 17-29), '하나님의 진노에 대한 유대인의 항변(抗辯)'(3 : 1-8), '하나님의 진노 아래 있는 죄인 된 유대인'(3 : 9-20)이 그것이다. '하나님의 진노 아래 있는 이방인'(1 : 18-32)을 다루는 단락에서 이방인의 범죄 행위에 대한 하나님의 판결이 사형으로 결론지어지는 것처럼, '하나님의 진노 아래 있는 유대인'(2 : 1-3 : 20)을 다루는 이 단락에서도, 죄 아래 있는 유대인은 하나님의 심판 아래 있다.

2 : 1-3 : 20	하나님의 진노 아래 있는 유대인
2 : 1-11	하나님의 공정한 심판
2 : 12-16	하나님의 심판 기준
2 : 17-29	유대인의 죄
3 : 1-8	하나님의 진노에 대한 유대인의 항변(抗辯)
3 : 9-20	이방인과 함께 하나님의 진노 아래 있는 유대인

1) 하나님의 공정한 심판(2 : 1-11)

1그러므로 남을 판단하는 사람아, 누구를 막론하고 네가 핑계하지 못할 것은

남을 판단하는 것으로 네가 너를 정죄함이니 판단하는 네가 같은 일을 행함
이니라 2이런 일을 행하는 자에게 하나님의 심판이 진리대로 되는 줄 우리가
아노라 3이런 일을 행하는 자를 판단하고도 같은 일을 행하는 사람아, 네가
하나님의 심판을 피할 줄로 생각하느냐 4혹 네가 하나님의 인자하심이 너를
인도하여 회개하게 하심을 알지 못하여 그의 인자하심과 용납하심과 길이 참
으심이 풍성함을 멸시하느냐 5다만 네 고집과 회개하지 아니한 마음을 따라
진노의 날 곧 하나님의 의로우신 심판이 나타나는 그날에 임할 진노를 네게
쌓는도다 6하나님께서 각 사람에게 그 행한 대로 보응하시되 7참고 선을 행하
여 영광과 존귀와 썩지 아니함을 구하는 자에게는 영생으로 하시고 8오직 당
을 지어 진리를 따르지 아니하고 불의를 따르는 자에게는 진노와 분노로 하
시리라 9악을 행하는 각 사람의 영에는 환난과 곤고가 있으리니 먼저는 유대인
에게요 그리고 헬라인에게며 10선을 행하는 각 사람에게는 영광과 존귀와 평
강이 있으리니 먼저는 유대인에게요 그리고 헬라인에게라 11이는 하나님께서
외모로 사람을 취하지 아니하심이라

[2 : 1] 1절은 '그러므로'(dio)로 시작되나, 1 : 32과 직접적인 인과 관계에 놓여 있지는 않다. 이런 이유로 여러 주석자들(R. Bultmann, E. Käsemann, C. K. Barrett, C. E. D. Cranfield, O. Michel, H. Schlier, U. Wilckens)은 이 구절을 "본문 안에 삽입된 주변구절"(K. Haacker, *Römer*, 59)로 여긴다. 그러나 부족한 인과(因果)성을 이유로 이렇게 판단할 명확한 근거는 없다. 오히려 이는, 바울이 수신인으로 생각하고 있는 로마 교회 성도들은 당시 주도권을 쥐고 있던 이방인 기독교인과 글라우디오 황제의 사후 다시 로마로 돌아온 유대인 기독교인의 혼합 공동체라는 역사적 상황의 관점에서, 이방인과 함께 유대인의 핑계할 수 없는 죄를 지적하려는 바울의 의도와 관련되어 있는 포괄적인 인과적 접속사로 이해하는 것이 적절하다. 1 : 20에서 조물주 하나님을 경배하고 순종함을 거역한 이방인의 '핑계할 수 없는'(anapologētos, '늘 변명하는') 죄와 같이, 여기서 바울은 '남을 판단하는 사람'인 유대인의 핑계할 수 없음을

지적한다. 유대인이 핑계 댈 수 없는 이유는 남을 판단하는 자신이 그와 동일한 일을 행하기 때문이다. 바울은 여기서 직접화법인 2인칭 대화체로 표현하는데, 이는 산상수훈에 언급된, "너희가 비판하는 그 비판으로 너희가 비판을 받을 것이요"(마 7 : 2)라는 예수의 말씀을 생각나게 한다. 이때 '판단하다'(krinein)란 '비판하다', '정죄하다', '심판하다'는 의미로 사용되었다. '같은 일'이란 표현에서 유대인의 죄 역시 이방인과 동일한 행위의 죄임이 드러난다.

[2 : 2-4] 이 단락에서 '하나님의 심판(krima)'이 언급된다. 이때, '하나님의 심판'은 이방인을 '내버려 둠'으로써 잠정적으로 내려진 현실적 심판이 아니라, 종말론적 심판을 의미한다. 그 이유는, 이방인은 종말론적 심판을 알지 못하나 유대인은 종말론적 심판을 인지하고 있기 때문이다. 하나님의 심판은 공정하다. 그 공정성은 '진리대로'에서 나타난다. 구약 히브리어에서 '진리'(amat)와 '의'(tsedaqa)가 대체어로 사용되었던 것처럼, 신약 헬라어에서도 바울은 '진리'(alētheia)와 '의'(dikaiosynē)를 서로 바꾸어 쓸 수 있었다(2 : 8 참조, U. Wilckens, *Römer* Ⅰ, 127). 하나님의 심판은 진리대로 사람의 행위에 대해 내려질 것이다. '이런 일'로써 앞서 열거된 이방인의 범죄 행위와 관련된다. 또 '우리가 아노라'(2절)에서 '우리'는 문체(文體)적 복수(複數)이다. 이어지는 3절에서 유대인은 "이런 일을 행하는 자를 판단하고도 같은 일을 행하는 사람"으로 묘사된다. 유대인도 행위의 죄로 하나님의 심판을 피할 수 없다. 유대인이라 할지라도 하나님의 인자하심을 근거로 하나님의 뜻을 행하지 않아도 된다고 핑계하지 말아야 한다. 하나님께서 인자하시고 용납하시고 길이 참으시는 것은 유대인을 인도하여 회개케 하기 위함이다(4절).

[2 : 5-11] 하나님의 풍성한 인자하심에도 불구하고 유대인은 고집을 부리고 회개하지 아니하였다. '고집'(sklērotēs)은 어휘적으로 '딱딱함'이나 '단단함'을

뜻하는데, 여기서는 행위의 '완고함'이란 뜻이 아니라, 죄의식에서 '둔감함'을 의미한다. 이러한 고집으로 인하여 회개치 않음은 '진노의 날', 곧 종말론적 하나님의 심판이 임하는 그날에 내려질 진노를 자신에게 쌓는 것이다(5절). 여기서 마지막 때 임할 '하나님의 심판'이 언급된다. 이때 그 심판이란 의로운 심판이다. 하나님께서 각 사람에게 내리시는 심판은 그가 행한 일(erga)대로 보응하시는, 곧 되돌려 주시는 심판이다(6절). 7~11절은 문학적으로는 ab-b'a' 도식으로 표현되는 교차대구법(chiasm) 구조로 이루어져 있다. 곧, 7절에서 "참고 선을 행하여 영광과 존귀와 썩지 아니함을 구하는 자"는 10절의 "선을 행하는 각 사람"으로, 8절에서 "당을 지어 진리를 따르지 아니하고 불의를 따르는 자"는 9절의 "악을 행하는 각 사람"으로 대구(對句)적으로 묘사되어 있다. 그러니까, 하나님은 참고 선을 행하여 영광과 존귀와 썩지 아니함을 구하는 자에게는 영생으로 보응하시고, 당을 지어 진리를 따르지 아니하고 불의를 따르는 자에게는 진노와 분노로써 보응하실 것이다(7-8절).

그리고 9~10절에서는 선과 악으로 행하는 사람이 교차되어 나타난다. 악을 행하는 각 사람에게는 환난과 곤고가 따르며, 선을 행하는 각 사람에게는 영광과 존귀와 평강이 임할 것이다. 여기서 '곤고'(stenochōria)란 원어의 자구(字句)적인 의미로는 '좁아서 움직일 공간이 없음'이란 뜻인데, 내용적으로는 '어려움'을 의미한다. 9~10절에서 7~8절의 '선과 악으로 행하는 사람'은 단순하게 교차해서 반복되지 않고, 나아가 점층적으로, "먼저는 유대인에게요 그리고 헬라인에게며"가 각 절에서 반복된다. 이러한 선악 행위로 말미암은 하나님의 심판은 유대인에게나 헬라인에게 동일하다. 이때 '유대인과 헬라인'은 모든 사람을 뜻하므로, 하나님의 심판은 모든 사람에게 공평하다. 그렇기는 하지만, '먼저'(prōton)로써 하나님의 구속사에 나타났던 유대인의 우선성이 인정된다. 11절에서 하나님의 공정한 심판이 다시 한번 언급된다. 하나님께서는 외모로 사람을 취하지 아니하신다. 여기서 '사람을 외모로 취함'으로 옮긴 원어(prosōpēmpsia)의 의미는 '얼굴로 사람을 취함'이란 뜻인데,

이는 5절의 '의로운 심판'(dikaiokrisia)에 대한 대립 개념이다(K. Haacker, *Römer*, 63).

설교를 위한 묵상

로마서 본론의 '두 번째 큰 단락'(2 : 1-3 : 20)은 '유대인에 대한 종말론적 하나님의 심판' 주제를 다루는데, 이 단락의 서두에 위치해 있는 첫 번째 소단락(2 : 1-11)에서 바울은 먼저 '하나님의 공정한 심판'을 언급한다. 이는 심판하시는 하나님의 정당함을 논증하는 일종의 신정론(神正論)이다. 하나님은 언제나 의로우신 분이다. 때로는 인간이 하나님의 의도나 행위를 다 이해하지 못하더라도, 그때에도 하나님은 의로우시다. 비록, 유대인이 스스로 의롭다 여기고, 게다가 이방인을 의롭지 않다고 판단하더라도, 그들은 의롭지 않다. 왜냐하면, 유대인조차도 악을 행하는 행위에서 이방인과 다를 바가 없기 때문이다. 마지막 날, 곧 '하나님의 진노의 날'에 유대인 역시 하나님의 심판을 피할 수 없을 것이다. 그것은 하나님의 심판이 의로우시며, 하나님은 유대인에게나 이방인에게나 공정하게 심판하시기 때문이다. 이러한 바울의 생각은 산상보훈(마 5-7장)에서 스스로 의롭다 여기며 외식(外飾)함을 유대인의 죄로 지적한 예수의 생각을 계승하고 있다.

2) 하나님의 심판 기준(2 : 12-16)

12무릇 율법 없이 범죄한 자는 또한 율법 없이 망하고 무릇 율법이 있고 범죄한
자는 율법으로 말미암아 심판을 받으리라 13하나님 앞에서는 율법을 듣는 자
가 의인이 아니요 오직 율법을 행하는 자라야 의롭다 하심을 얻으리니 14(율법
없는 이방인이 본성으로 율법의 일을 행할 때에는 이 사람은 율법이 없어도

자기가 자기에게 율법이 되나니 [15]이런 이들은 그 양심이 증거가 되어 그 생각들이 서로 혹은 고발하며 혹은 변명하여 그 마음에 새긴 율법의 행위를 나타내느니라) [16]곧 나의 복음에 이른 바와 같이 하나님이 예수 그리스도로 말미암아 사람들의 은밀한 것을 심판하시는 그날이라

[2 : 12-16] 12~15절 역시 7~11절처럼 문학적으로는 ab-b'a' 도식으로 표현되는 교차대구법(chiasm) 구조로 이루어져 있다(박익수, 「로마서 주석 Ⅰ」, 2008, 239). 다시 말하면, 12~15절 단락은 12절 상반절이 '율법 없이 범죄한 자', 12절 하반절이 '율법을 가지고 있으면서 범죄한 자', 13절은 '유대인에 대한 심판 기준', 그리고 14~15절은 '이방인에 대한 심판 기준'으로 구성되어 있다. 그 후 이 단락의 종결절인 16절은 단락의 결론이다. 본문 단락을 내용적으로 살펴보면, 모든 인간에 대한 '하나님의 공정한 심판'이 언급된 후, 이제 이 단락에서는 '하나님의 심판 기준'이 다루어진다. 율법을 가진 유대인이든, 율법이 없는 이방인이든 하나님은 동일한 기준으로써 그들을 심판하신다. 그 심판의 기준은 율법의 유무가 아니라 율법의 행위 준수와 관련되어 있다. 율법을 가진 유대인은 받은 바 율법을 행해야 한다. 율법이 없는 이방인에게도 하나님의 심판에서 행위가 요구된다. 왜냐하면, 이방인은 율법을 받지는 못하였지만, 하나님께서 주신 본성이 율법이 되어 그들에게도 율법의 행위가 요구되기 때문이다. 그러나 율법의 행위에서 율법을 받은 유대인이든 스스로가 율법인 이방인이든, 율법이 요구하는 행위로써 하나님의 종말론적인 심판에서 의롭다 여김을 받을 수 없다. 결국, 이로써 하나님의 심판 기준은 바울이 전하는 복음의 내용이 되시는 예수 그리스도시다.

먼저, 12절에서 율법을 가지지 않았지만 죄를 행한 자는 율법 없이도 그 행위로 인하여 멸망할 것이며, 반면에 율법을 가지고 있으면서도 죄를 범한 자는 율법으로 말미암아 심판을 받을 것이다. 이때, 미래 수동태로 표현된 '심판을 받으리라'에서 이 심판은 종말론적인 하나님의 심판으로 드러난다(16절

의 '은밀한 것을 심판하시는 그날' 참조). 이어서 13절에 원칙적 진술이 언급된다. 하나님 앞에서는 율법을 듣는 자가 의인이 아니라, 율법을 행하는 자가 의롭다 여김을 받을 것이다. 한글성경 개역개정판에서 '의롭다 하심을 얻으리니'로 옮긴 동사는 12절의 '심판을 받으리라'와 함께 미래 수동태 표현이므로, '의롭다 여기심을 받으리니'가 적절한 번역이다. 왜냐하면, 심판하시고 의롭다고 판정하시는 분은 언제나 하나님이시기 때문이다.

14~15절은 괄호 안에 들어 있는 구절인데, 이 두 절에 괄호가 붙어 있는 것은 일부 학자들이 13절과 16절의 연결이 자연스럽다고 여겼기 때문이다. 한편, 흠정역(KJV)은 12절과 16절의 연결이 매끄럽다고 여겨 13~15절을 괄호로 묶었다. 그러나 헬라어 원전에서는 괄호가 없으며, 이 구절들이 없는 사본의 다른 읽기도 발견되지 않는다. 그러므로 12~15절을 14~15절의 괄호 없이, 교차대구법 구조를 지닌 본래의 본문으로 여기는 것이 적절하다. "율법 없는 이방인이"(14절)에서 '이방인'(ethnē)은 관사 없이 사용되었다. 물론, 관사 없이 사용된 이방인 역시 전체 이방인을 가리킬 수 있으나, 이를 뒤이어 등장하는 '이 사람은'(14절), '이런 이들은'(15절)과 관련지어 이해할 때(K. Haacker, *Römer*, 64), 이는 본성으로 율법의 일을 행하는 일부 이방인을 가리킨다(갈 2 : 12, 14 참조). '본성으로는'에서 '본성'(physis)은, 1 : 26~27(1 : 18-20 참조)에서처럼, 바울이 자연신학의 관점에서 사람이 하나님의 계시 없이도 하나님의 뜻을 알거나 그분이 원하시는 올바른 행위를 할 수 있다는 일반적인 원칙을 진술하려는 것이 아니라, 이방인들 가운데 어떤 이들은 어떤 경우에 올바른 행위를 할 수 있음을 말하고자 하였다. 예컨대, 예수의 비유 가운데 '지극히 작은 자에게 행한 착한 행위'(마 25 : 31-46)나 '선한 사마리아인의 자비로운 행위'(눅 10 : 33-35)는 이방인이 행한 율법의 일에 속한다. 율법을 소유하지 않은 이방인이 본성으로 율법의 일을 행한다면, 이 경우 이 사람은 율법을 가지고 있지 않지만 율법의 행위를 통해서 스스로 자신에게 율법이 되는 셈이다.

15절에서 이런 이방인들은 그 양심이 증거가 되어 그 생각들이 서로 고발하거나 변명하여 그 마음에 새긴 율법의 행위를 나타낸다. 여기서 바울 이전, 곧 구약이나 초기 기독교에서는 발견되지 않는, '양심'(syneidēsis)이란 용어가 등장하는데, 이는 바울이 당시 후기 헬라 세계에서 차용한 용어다. 이 용어는 바울을 통해서 그 중요성을 띠게 되었는데, 이는 '함께 알다'(synoida)는 뜻을 지닌 동사에서 유래하였다. 그러므로 '양심' 용어를 유래된 동사와 관련짓는다면, 그것은 인간이 스스로의 행동을 비평적으로 보고 판단할 수 있는 자신이다. 그리고 양심은 비기독교인에게도 관련된 용어이다. 유대인이든, 이방인이든 인간은 자신이 결정할 때 하나님 앞에 서 있다. 바울은 동족인 유대인의 구원을 다루는 큰 단락(9–11장)의 서두(9 : 1–2)에서 성령 안에서 자신과 더불어 증언하는 '양심'을 언급한다. 또 바울은 고린도전서 8~10장에서 '우상 제물 식사'와 관련하여 인간으로 하여금 책임을 지게 하는 '양심'에 대하여 말하기도 한다. 이방인들 가운데는 마음에 새겨진 이러한 양심이 증거가 되어, 생각들이 서로 고발하거나 변호하여 율법의 행위를 나타낸다. 이때 신약의 서신에서 단지 여기서만 나타나는 '고발하다'(katēgoroun)나 이 곳 외에 고린도후서(12 : 19)에 나타나는 '변호하다'(apologesthai)는 오직 바울에 의해서만 사용된 법적 용어이다. 또 이들이 행하는 율법의 행위는 하나님의 공정한 심판과 관련되어 있다.

이제 이 단락의 결론인 16절에 이르러 바울은 이 편지의 머리말(1 : 1–2, 16–17)에서 언급했던 주제인 '복음'을 다시 언급한다. 여기서는 '나의 복음'으로 나타나는데, 이는 바울이 전하는 복음을 의미한다. 바울에 의하면, 복음이란 그 기원이 하나님이시기에 '하나님의 복음'이며, 그 내용이 예수 그리스도이기에 '그리스도의 복음'이고, 이를 전하는 전달자가 바울 자신이기에 '나(바울)의 복음'이다. 바울이 전하는 복음의 핵심은 모든 사람이 죄인이므로 하나님의 심판을 받아 죽어야 마땅하지만, 오직 예수 그리스도를 믿음으로 말미암아 의롭다 여김 받을 수 있다는 '기독론적 이신칭의'이다. 그러므로 하나님은 그날, 곧 마지막 날 예수 그리스도로 말미암아 바울이 전한 복음을 따라 사람들의 은밀한 것을 심판하실 것이다. 여기서 바울이 의도하는 하나님의 심판 기준이 드러난다. 이때 '복음을 따라'는 '심판하다'와 연결되어 있다. 바울은 이 단락에서 행위를 따라 심판 받아야 마땅한 인간의 실존을 보여 주고, 이로써 복음의 내용이 되는 예수 그리스도로 말미암아 구원받을 수 있다는 하나님의 심판 기준을 분명하게 드러낸다.

설교를 위한 묵상

이 단락이 전하는 신학적 메시지를 요약하면, 율법을 가지고 있는 유대인이든, 율법을 가지고 있지 않은 비유대인이든 사람이 저지르는 죄의 행위는 실재(實在)한다. 하나님은 이 율법의 행위, 곧 '율법의 일'에 따라 공정하게 심판하신다. 따라서 하나님의 심판에서는 율법의 '소유'가 아니라 율법의 '행위'가 문세가 된다. 하나님은 마지막 심판 날 모든 사람을 행위에 따라 심판하시는데, 이때 하늘에 오르시어 하나님 옆에 계신 예수 그리스도가 그 심판의 기준이 되신다. 왜냐하면, 로마서의 '두 번째 큰 단락'(1 : 18-3 : 20)의 마지막 절(3 : 20)에서 언급되겠지만, 율법의 행위로써는 하나님 앞에서 의롭다 여김 받을 육체가 없기 때문이다. 그러므로 율법의 행위에 대한 심판 없이 예수 그리스도로 말미암은 구원도 없다. 이런 점에서 하나님의 심판에서 율법의 행위가 결코 배제(排除)되는 것이 아니라, 오히려 전제(前提)되어 있다. 인간은 율법의 행위로써는 결코 하나님의 의롭다 여기심을 받을 수 없기 때문에, 결국 오직 예수 그리스도를 믿음으로 말미암아 구원 받을 수 있다. 이런 점에서 예수 그리스도는 하나님의 복음이다. 이 경우, 심판은 구원의 '대립' 개념이 아니라, 오히려 구원을 내포(內包)하는 '포괄' 개념이다. 심판 없이 구원도 없다.

3) 유대인의 죄(2 : 17-29)

> [17]유대인이라 불리는 네가 율법을 의지하며 하나님을 자랑하며 [18]율법의 교훈
> 을 받아 하나님의 뜻을 알고 지극히 선한 것을 분간하며 [19]맹인의 길을 인도하
> 는 자요 어둠에 있는 자의 빛이요 [20]율법에 있는 지식과 진리의 모본을 가진
> 자로서 어리석은 자의 교사요 어린 아이의 선생이라고 스스로 믿으니 [21]그러
> 면 다른 사람을 가르치는 네가 네 자신은 가르치지 아니하느냐 도둑질하지 말
> 라 선포하는 네가 도둑질하느냐 [22]간음하지 말라 말하는 네가 간음하느냐 우
> 상을 가증히 여기는 네가 신전 물건을 도둑질하느냐 [23]율법을 자랑하는 네가
> 율법을 범함으로 하나님을 욕되게 하느냐 [24]기록된 바와 같이 하나님의 이름
> 이 너희 때문에 이방인 중에서 모독을 받는도다 [25]네가 율법을 행하면 할례가
> 유익하나 만일 율법을 범하면 네 할례는 무할례가 되느니라 [26]그런즉 무할례
> 자가 율법의 규례를 지키면 그 무할례를 할례와 같이 여길 것이 아니냐 [27]또한
> 본래 무할례자가 율법을 온전히 지키면 율법 조문과 할례를 가지고 율법을 범
> 하는 너를 정죄하지 아니하겠느냐 [28]무릇 표면적 유대인이 유대인이 아니요
> 표면적 육신의 할례가 할례가 아니니라 [29]오직 이면적 유대인이 유대인이며
> 할례는 마음에 할지니 영에 있고 율법 조문에 있지 아니한 것이라 그 칭찬이
> 사람에게서가 아니요 다만 하나님에게서니라

바울은 '하나님의 진노 아래 있는 유대인' 주제를 다루는 단락(2 : 1-3 : 20)에서, 먼저 유대인에게나 이방인에게나 동일하게 대하시는 '하나님의 공정한 심판'(2 : 1-11)을 언급하고, 그러고 나서 '하나님의 심판 기준'(2 : 12-16)을 다룬 다음, 이어지는 단락(2 : 17-29)에서 '유대인의 죄'를 드러낸다. 이때, 유대인이 자랑하는 '율법'과 '할례'와 관련하여 전반부(2 : 17-24)에서는 율법을 내세우나 율법을 범한 유대인의 죄를, 후반부(2 : 25-29)에서는 할례를 자랑하나 형식적 할례만 있고 내면적 할례는 없는 유대인의 죄를 지적한다.

[2 : 17-24] 먼저, 바울은 율법을 자랑하나 이를 범한 유대인의 죄를 고발한다. 이 단락을 세분하여 살펴보면, 이는 넷으로 구분될 수 있다. 곧, 율법과 관련하여 바울이 지적하는 유대인의 다섯 가지 '특권'(17-18절), 이와 관련된 그들의 다섯 가지 '자의식'(自意識, 19-20절), 다른 사람을 가르치는 유대인에 대한 다섯 가지 '책망'(21-23절), 유대인의 범죄 결과에 대한 '성경 인증'(24절)이 그것이다(R. Jewett, *Romans*, 220 참조). 17절에서 바울의 대화 상대자가 유대인임이 드러난다. 먼저, 17~18절에서 바울은 유대인이 율법과 관련하여 '특권'으로 내세우는 다섯 가지 '자랑'을 폭로한다. 하나님께로부터 율법을 받는 유대인들은 '율법을 의지하며', '하나님을 자랑하며', '율법의 교훈을 받아', '하나님의 뜻을 알고', '지극히 선한 것을 분간하는' 특권 의식을 가지고 있다. 이어서 19~20절에서 이 특권과 관련된 유대인의 다섯 가지 '자의식'이 지적된다. 그들은 스스로, '맹인의 길을 인도하는 자', '어둠에 있는 자의 빛', '율법에 있는 지식과 진리의 모본을 가진 자', '어리석은 자의 교사', '어린아이의 선생'이라고 확신한다.

이어서, 바울은 다섯 개의 수사(修辭) 의문문으로써 남을 훈계하는 유대인을 책망한다(21-23절). 이때 이 구절들에서 서술형인 3인칭이 아니라 대화형인 2인칭의 직접화법으로 표현됨으로써 '대화체 논쟁'(diatribe)의 생생함이 드러난다. 곧, 이 단락에서 '남을 가르치는 자인 네가 네 자신은 가르치지 아니하느냐?', '도둑질하지 말라고 선포하는 자인 네가 도둑질하느냐?', '간음하지 말라 말하는 네가 간음하느냐?', '우상을 가증하게 여기는 자인 네가 신전 물건을 도둑질하느냐?', '율법을 자랑하는 자인 네가 율법을 범함으로 인하여 하나님을 욕되게 하느냐?'라는 다섯 수사 의문문을 찾을 수 있다. 첫 번째 수사 의문문은 다섯 수사 의문문의 머리말이다. 이를 잇는 네 개의 의문문은 모두 십계명의 계명에 관련되어 있다. 바울은 이 다섯 수사 의문문으로써 유대인들의 자의식에 대하여 강하게 부정(否定)한다. 왜냐하면 특권을 자랑하고 그로부터 비롯된 자의식을 가지고 자랑하는 유대인들이 하는 말과 행위 사이에 모순이 있기 때문이다(13, 20절 참조). 이처럼 유대인들에 대한 바울의 강한 부정은 자신이 부활하신 예수 그리스도를 만나 회심하기 이전 바리새인으로서 자랑하던 특권 의식과 자의식을 지녔던 과거의 경험(빌 3 : 5-6 참조)에서 나온 것임이 분명하다.

이어서, 바울은 구약성경(칠십인역본)의 성구를 인용하여 이를 자신의 주장을 입증하는 소단락의 결론으로 삼는다. 바울이 인증한 성구는 이사야 52 : 5이다. 원래, 여기에 인증된 이사야의 예언은 포로로 잡혀갔던 하나님의 백성을 관할하는 자들이 하나님의 이름을 항상 더럽힘에 관한 것이었는데, 바울은 이 말씀을 이스라엘이 포로되기 전 그들의 행위로 말미암아 하나님의 이름이 더럽혀졌음을 예언하는 에스겔의 말씀(겔 36 : 20)과 관련지어 '너희 때문에'와 '이방인 중에서'를 추가하여 "하나님의 이름이 너희 때문에 이방인 중에서 모독을 받는다"라고 새롭게 해석하였다.

요약하면, 율법을 자랑하는 유대인이 율법을 행하지 않으면, 이는 사실상 율법을 범하는 것이다. '범함'(parabasis)이란 '곁으로, 옆으로'를 뜻하는 '파라'(para)라는 전치사에서 유래된 접두어와 '가다'를 뜻하는 동사 '바이네인'(bainein)이 합쳐져 이루어진 합성동사 '파라바이네인'(parabainein)에서 유래된 명사로, '곁길로 또는 옆길로 감', '밟고 넘어감'을 의미한다. 율법을 소유하고 율법을 자랑하는 유대인이 율법을 지키지 않는 것은 결과적으로 율법이 없는 이방인 가운데서 하나님의 이름이 모독을 받게 하는 것이다. 이는 특히 이방인 가운데 사는 유대인이 유의해야 하는 점이다.

[2 : 25-29] 바울은 이제 두 번째 '대화체 논쟁' 요소인 할례로 시선(視線)을 돌린다. 모세가 시내 산에서 받았던 '율법'(출 20 : 1-17)과 믿음의 조상 아브라함이 하나님을 믿음으로 말미암아 그와 하나님 사이에 맺어진 언약의 표징인 '할례'(창 17 : 1-14)는 유대인이 자랑하는 두 가지 중요한 제의적 요소였다. 바울에 의하면, 율법의 행위 없는 율법의 소유는 하나님의 심판에서 어떤 역

할도 하지 않으며, 또한 어떤 효력도 없다. 할례의 경우도 마찬가지다. 율법의 행위 없는 할례 유무(有無) 역시 하나님의 심판에서 어떤 역할이나 효력도 하지 않는다. 율법에 대한 순종 행위가 없는 할례는 무익하며, 이는 하나님의 심판에서 어떤 보증도 될 수 없다. 이 단락은 다시 작은 두 단락으로 구분될 수 있는데, '율법의 행위 없는 할례' 주제를 다루는 단락(25-27절)과 '율법의 행위 없는 표면적 할례' 주제를 다루는 단락(28-29절)이 그것이다. 먼저, 바울은, 직전 단락(17-24절)에서 율법의 행위를 율법과 관련지었던 것처럼, 이제 율법의 행위를 할례와 관련짓는다(25-27절). 25절에 의하면, 율법을 행하면 할례가 유익하지만, 그렇지 아니하면 할례는 아무런 효력이나 가치도 없다. 남자 생식기의 표피를 자르는 행위는 고대 근동 세계에 널리 퍼져 있던 관습이었다. 그렇기는 하지만, 유대인들에게 할례는 독특한 의미를 가지고 있었다. 다시 말하면, 할례는 이스라엘을 열방 가운데서 선택하신 하나님 언약의 표징이었다(창 17 : 10-14 ; 수 5 : 2-9 참조). 난 지 팔 일 만에 받는 할례를 받은 유대인이라 하더라도 그에게 율법의 행위가 없다면, 할례는 하나님의 종말 심판에서 구원에 대하여 어떤 보장도 해 주지 않는다. 결국, 율법을 범한 자에게 할례(peritomē)는 무할례(akrobystia)와 동일하다.

26절에서 바울은 한 걸음 더 나아간다. 무할례자가 본성으로 율법의 규례를 지킨다면, 이를 자신에 대한 고발이나 변명의 근거로 삼을 뿐만 아니라(14-15절), 자신이 할례 받지 않음을 유대인의 할례 받음과 동일하게 여기고 양자(兩者) 사이에 아무런 차이가 없다고 말할 것이다. 게다가, 율법을 가지고 있지 않을 뿐 아니라 할례도 받지 않은 이방인이 율법을 온전히 지킨다면, 그들은 '율법 조문'과 '할례'를 가지고 있음에도 불구하고 율법을 범한 유대인을 정죄할 것이다. 이때 '정죄하다'(krinein)란 '판단하다' 또는 '심판하다'를 의미한다. 27절의 언급은 바울로 하여금 자연스럽게 '참 유대인'이 누구이며, '참 할례'가 무엇인가를 해명하는 문제로 넘어가게 한다. 28~29절에서, 27절에 이미 언급된 '율법 조문'(gramma)과 '할례'의 대조(對照)는 '표면(表面)적 유대인'과 '이면(裏面)적 유대인', '육신(sarks)의 할례'와 '마음(kardia)의 할례', '영'(pneuma)과 '율법 조문'의 대조로 전개된다.

27절을 서술하는 바울은 아마도 심판 때에 요나의 전도를 받아 회개한 니느웨 사람과 솔로몬의 말을 들으려고 땅끝에서 찾아온 남방 여왕이 회개치 않는 유대인을 정죄할 것에 대하여 말씀하신 예수의 예언(마 12 : 41-42 ; 눅 11 : 31-32)을 회상하였을 것이다. 누가 '참 유대인'이며, 무엇이 '참 할례'인가? 바울에 의하면, 표면적 유대인은 참 유대인이 아니며, 표면적 육신의 할례는 진정한 할례가 아니다(28절). 오히려, 이면적 유대인이 진정한 유대인이며 마음에 행한 할례가 참 할례이다(29절). 이때 '표면적'(phaneros)이란, 문자적으로는 '나타나 보이는'을 의미하며, '이면적'(kryptos)이란 '감춰져 있어 보이지 않는'을 뜻한다. 가시(可視)적으로 남자 생식기의 표피를 잘라낸 '육신의 할례'를 받았다 할지라도 하나님의 뜻을 담고 있는 율법에 순종하지 않고 율법의 행위가 없다면, 할례는 아무런 효력도, 가치도, 의미도 없다. 이는 육체에 할례를 받았다고 할지라도 회개함으로써 '마음의 할례'를 받아야 죄를 반복해서 범하지 않고 변화된 새로운 삶을 살 수 있다는 신명기 사가(史家)의 전승에서 그 기원을 찾을 수 있다. 하나님께서 애굽에서 이끌어 내신 이스라엘 백성에게 약속하신 '젖과 꿀이 흐르는 땅'에 들어갈 때 지켜야 할 생명 규정 가운데 하나는 "마음에 할례를 행하고 다시는 목을 곧게 하지 말라"(신 10 : 16)는 명령이었다. 그러나 약속의 땅에 들어간 하나님의 백성들은 다시 하나님을 배신하여 우상을 숭배하였고, 이를 보신 하나님은 이스라엘 주변의 정적(政敵)으로써 징계를 내리셨으며, 이때 이스라엘이 하나님께 도움을 청하면, 하나님께서 사사를 일으켜 그들을 구해 주셨다. 이런 이스라엘의 '배신-징계-간구-구원'의 도식은 사사기에서 주기(週期)적으로 반복되어 나타난다(삿 2 : 6-3 : 6 ; 3 : 7-11 ; 3 : 12-30 ; 3 : 31 ; 4 : 1-5 : 31 ; 6 : 1-8 : 35 ; 10 : 6-12 : 7 ; 13 : 1-16 : 31). 동일한 죄를 반복해서 짓는 이스라엘이 구원을 받으려면, 참된 회개, 곧 하나님께서 베푸시는 '마음의 할례'(신 30 : 6)를 받아야 한다. 이런 '마음의 할례' 사상은 예언자 예레미야나 에스겔의 메시지에서도 발견된다(렘 4 : 4 ; 9 : 25 ; 겔 44 : 7, 9). 구약 전승에서 '마음의 할례'는 사람으로는 불가능하나, 오직 야훼의 '새 언약'(렘 31 : 31), '새 영'과 '새 마음'(겔 36 : 26), '하나님의 영'(욜 2 : 28-32)으로써만 가능하다. '마음의 할례'는 영에 있고, 결코 율법 조문에 있지 않다. '영'과 '율법 조문'은 바울의 경우 다른 곳에서도 나타난다(롬 7 : 6 ; 고후 3 : 6). 이는 바울이 '옛 시대'와 '새 시대'를 종말론적으로 구분 지을 때 사용했던 대조적인 상투(常套) 어구이다.

그리고 29절에, 여러 주석가들(R. Haldane, E. H. Gifford, W. Sanday-A. C. Headlam, F. Godet, H. W. Schmidt, C. K. Barrett, C. E. B. Cranfield, L. Morris 등)이 가정하는 것처럼, 신약성경의 언어인 헬라어 '유대인'과 '칭찬'(epainos)을 구약성경의 언어인 히브리어로 역(逆)으로 번역하면, '예후다'(Jehuda)와 '호다'(Hoda)로 옮겨지는 언어유희(wordplay)가 나타난다(R. Jewett, *Romans*, 237 참조). 갑자기 이곳에 '칭찬'이 언급되어 있는 것이 낯설기는 하지만, 바울이 고린도 교회로 보낸 서신에서 "그 (주께서 재림하실) 때에 각 사람에게 하나님으로부터 칭찬이 있으리라"(고전 4 : 5)고 언급한 구절과 관련짓는다면, 캐제만처럼 고린도에서 로마 교회로 보낸 편지에서 '칭찬'을 종말론적 보상과 관련지어 서술한 것은 결코 이상한 일이 아니다(E. Käsemann, *Römer*, 72).

설교를 위한 묵상

이 단락에서 바울이 전하려고 한 신학적 메시지를 찾아보면, 17~24절 단락에서 율법의 소유가 하나님의 선민인 유대인에게는 하나님께로부터 받은 특권이었지만, 율법에 대한 순종의 행위 없이 어떤 종교적인 기득권(旣得權)이 될 수 없었던 것처럼, 하나님과 유대인 사이에 맺어진 언약의 징표인 할례 역시 마찬가지로 유대인의 특권이었지만, 율법을 행하지 않으면 결코 내세울 수 있는 기득권이 될 수 없다. 오히려,

율법을 가지고 있지 않은 이방인이 본성으로 율법을 행할 때 유대인을 판단하는 것처럼, 할례를 받지 않았던 이방인이 율법을 행한다면 할례 받은 유대인을 정죄할 것이다. 유대인이 자신이 받은 종교적 특권을 내세우기만 하고 그 특권 속에 들어 있는 책무(責務)를 외면한다면, 그가 받은 율법처럼 할례도 아무런 유익이 없고, 오히려 그 특권은 이방인의 놀림감이 되며 비방의 근거가 될 것이다. 그러므로 유대인이든 이방인이든 마지막 때에는 '율법의 소유'가 아니라 '율법의 행위'가 관건(關鍵)이다. 하나님은 외모로 사람을 판단하지 않으시며, 또한 종교적 모양새나 겉보기로 심판하지도 않으신다. 명목(名目)적, 표면적 유대인이 참 유대인이 아니며, 육체적 할례가 진정한 할례가 아니다. 율법을 행함으로써 실질적, 이면적 유대인이 진정한 유대인이며, 또한 신체적 할례가 아니라 하나님의 영에 의해 회개하여 변화된 새로운 마음으로 율법을 행하는 마음의 할례가 참된 할례이다. 율법의 조문은 돌에 새겨졌고 할례는 육체에 행해졌으나, 율법을 행하게 하고 마음의 할례를 가능하게 하는 것은 '영'이다. 이는 사람에게서 나온 것이 아니며, 하나님에게서 나온 것이고, 종말론적 보상으로서 칭찬 역시 사람이 아니라 오직 하나님으로부터만 가능하다. 바울은 이 대화체의 논쟁에서 유대인이 기득권이자 특권으로 여기는 율법 소유와 할례가 율법의 행위 없이는 무익한 것임을 드러내며, 또한 율법의 행위 없는 유대인의 범법 사실을 고발한다.

4) 하나님의 진노에 대한 유대인의 항변(3 : 1–8)

1그런즉 유대인의 나음이 무엇이며 할례의 유익이 무엇이냐 2범사에 많으니
우선은 그들이 하나님의 말씀을 맡았음이니라 3어떤 자들이 믿지 아니하였으
면 어찌하리요 그 믿지 아니함이 하나님의 미쁘심을 폐하겠느냐 4그럴 수 없
느니라 사람은 다 거짓되되 오직 하나님은 참되시다 할지어다 기록된 바 주
께서 주의 말씀에 의롭다 함을 얻으시고 판단 받으실 때에 이기려 하심이라

함과 같으니라 [5]그러나 우리 불의가 하나님의 의를 드러나게 하면 무슨 말
하리요 (내가 사람의 말하는 대로 말하노니) 진노를 내리시는 하나님이 불의
하시냐 [6]결코 그렇지 아니하니라 만일 그러하면 하나님께서 어찌 세상을 심
판하시리요 [7]그러나 나의 거짓말로 하나님의 참되심이 더 풍성하여 그의 영
광이 되었다면 어찌 내가 죄인처럼 심판을 받으리요 [8]또는 그러면 선을 이루
기 위하여 악을 행하자 하지 않겠느냐 어떤 이들이 이렇게 비방하여 우리가
이런 말을 한다고 하니 그들은 정죄 받는 것이 마땅하니라

[3 : 1–8] '하나님의 진노 아래 있는 유대인'(2 : 1–3 : 20) 주제를 다루면서, 바울은 '하나님의 공정한 심판'(2 : 1–11), '하나님의 심판 기준'(2 : 12–16), '유대인의 죄'(2 : 17–29)를 논증한 다음, 이제 예상되는 '하나님의 진노에 대한 유대인의 항변(抗辯)'(3 : 1–8) 주제로 시선을 돌린다. 이 경우 예상되는 유대인의 항변에 대하여 바울은 헬라 세계의 견유(犬儒)학파나 스토아학파 철학자들이 주로 사용하던 수사학(修辭學)적 문답(問答) 방식의 '대화체 논쟁'인 디아트리베 형식으로 대답한다. 그러니까 바울은 유대인이 제기할 항변을 '세 가지 질문' 형식(1, 3, 5절)으로 예상하여 묻고, 각각의 질문에 대하여 답변하는데, 마지막 질문에 대해서는 두 가지 반문(反問)과 함께 대답한다(6, 7절). 이런 문답에 따라 본문 단락을 소단락으로 구분해 보면, 이는 '유대인의 특권과 할례의 유익'을 묻는 첫 번째 단락(1–2절), '인간의 믿지 아니함과 하나님의 미쁘심'에 대한 문답인 두 번째 단락(3–4절), '진노를 내리시는 하나님의 의' 주제를 다루는 세 번째 단락(5–8절)으로 나눌 수 있다. 이렇게 함으로써 바울은 예상되는 유대인의 항변에 대해 그 부당함을 지적하고, 나아가 하나님의 변함없는 신실하심을 변호하고자 하였다. 여기서, 펜나(R. Penna)에 의하면, 첫 두 작은 단락으로 세분되는 1~4절 단락은 9~11장에 전개될 '이스라엘의 구원' 주제를 미리 바라보는 '프리즘'이며, 5~8절 단락은 6~8장을 들여다보는 '프리즘'이다(R. Jewett, *Romans*, 240에서 재인용).

먼저, 1~2절은 첫 번째 예상 질문에 대한 답변 단락이다. '앞 단락'(2 : 17-29)에서 바울이 유대인의 죄를 고발하였을 때, 유대인이 제기할 수 있는 첫 번째 예상 질문은 "그러면 유대인의 나음과 할례의 유익이 무엇인가?"라는 질문이다. 이에 대하여 바울은 유대인이 가진 특권과 유익이 많이 있지만, 그중 중요한 하나를 선택하여 '하나님의 말씀을 맡았음'을 지적함으로써, '말씀의 소유'가 아니라 '가지고 있는 말씀에 대한 책임'으로써 말씀을 알고 행할 수 있었음을 암시적으로 알린다. 이는 '율법의 소유'가 아니라 '율법의 행위'가 하나님 심판의 기준이라는 앞 단락의 주제와 밀접하게 관련되어 있다.

'두 번째 단락'(3-4절)은 인간의 '믿지 아니함'(apistia)과 하나님의 '미쁘심'(pistis)에 대한 문답으로 이루어져 있다. 제기될 수 있는 두 번째 질문은 "어떤 사람들이 믿지 아니하였다면, 그 믿지 아니함이 하나님의 미쁘심을 폐하는 것인가?"이다. 이에 대한 대답은 "그럴 수 없느니라"(mē genoito)이다. 이는 헬라어 화법(話法)으로는 희구(希求)법으로 '그렇게 생각하지 않기를 바라노라'는 의미이다. 그 이유는 사람은 모두 거짓되지만 하나님만은 참되시기 때문이다. 이에 대하여 바울은 구약성경 구절을 인용하여 입증한다. 인증하는 구절은 시편 51 : 4(LXX 시 50 : 6)이다. 이 구절은 원래 죄를 범한 다윗이 회개하며 하나님의 의로우심을 노래한 참회시의 일부였다. 그러나 바울이 이를 인용한 것은 인간의 불의함과 하나님의 의로우심을 드러내고, 복음 안에 계시된 '하나님의 의'(1 : 17)를 해명하기 위함이었다.

이어지는 '세 번째 단락'(5-8절)에서 바울은 유대인들이 항변할 수 있는 세 번째 문제를 다룬다. 곧 바울은 비록 유대인들이 죄를 범했다고 할지라도 자신들의 '불의'(adikia)가 하나님의 '의'(dikaiosynē)를 드러나게 했음에도 불구하고 진노를 내리시는 하나님의 의로우심에 대하여 제기할 수 있는 문제를 다룬다(5절). 여기서 로마서의 핵심어인 '하나님의 의'가 주제절인 1 : 17에 이어 두 번째로 등장한다. '인간의 불의'가 '하나님의 의'를 돋보이게 하는 것을 이유로 들어서 불의를 행한 인간에 대하여 진노하시는 하나님이 불의하다고 말한다면, 이는 궤변이다. 사람들은 곧잘 이런 방식으로써 자기 논리를 따라 자기 합리화를 꾀한다. 이에 대해 바울은 6절에서 반박(反駁)한다. "결코 그렇지 아니하니라"로 옮긴 구절 역시 4절 서두의 "그럴 수 없느니라"와 같이 '메 게노이토'(mē genoito)를 번역한 것으로, 헬라어 화법 중 희구(希求)법에 해당하므로 '결코 그렇게 생각하지 않기를 간절히 바라노라'는 의미이다. 다시 말하면, 이 표현은 단호한 반박만을 나타내는 것이 아니라, 나아가 바울의 간절한 바람을 표현한다. 이는 9 : 3에서 바울이 동족(同族)을 위해서라면 "자신이 저주를 받아 그리스도에게서 끊어질지라도 원하는 바"라는 표현과 일맥상통한다. 그러므로 "결코 그렇지 아니하니라"는 바울의 상투적 표현(롬 3 : 31 ; 6 : 2, 15 ; 7 : 7, 13 ; 9 : 14 ; 11 : 1, 11 등 참조)은 동족인 유대인이 회개하고 돌아오기를 간절히 바라는 희구(希求)적 요청이며, 결코 유대인의 잘못된 생각을 지적하고 단호하게 부인하는 반박만은 아니다.

바울은 자신의 판단이 정당하다는 점을 입증하기 위하여 두 개의 반문(反問)으로써 되묻는다. 그 첫째는 "만일 그러하면 하나님께서 어찌 세상을 심판하시리요?"라는 반문이고, 둘째는 "나의 거짓말로 하나님의 참되심이 더 풍성하여 그의 영광이 되었다면, 어찌 내가 죄인처럼 심판을 받으리요?"라는 반문이다. 5절의 '우리'나 6절의 '나'는, 일차적으로는, 이 편지의 수신자인 로마 교회가 위치해 있는 제국의 수도 로마에 살고 있는 유대인을 가리키지만, '하나님의 미쁘심과 인간의 믿지 아니함', '하나님의 의와 인간의 불의', '하나님의 참되심과 인간의 거짓'이라는 대조 맥락에서 고려한다면, 이는 "인간의 한 전형"(박익수, 「로마서 주석 I」, 281)으로서 '우리'나 '나'를 의미할 수도 있다. 이런 반문들은 마치 바울이 '선을 이루기 위하여 악을 행하자'고 부추기며 조장하는 것처럼 들리며, 실제로 어떤 이들은 바울이 이렇게 말한다고 비방하면서 중상모략하기도 한다. 이런 비방에 바울은 강하게 논박한다. 이에 대하여 바울은 6장에서 본격적으로 반박할 것이다. 이렇게 바울을 비방하는 사람은 마땅히 정죄를 받아야 한다. 여기서 '정죄'에 해당하는 헬라어 '크리마'(krima)는 '판단'이나 '심판'의 뜻도 가지고 있다.

설교를 위한 묵상

유대인의 나음과 할례의 유익은 하나님의 말씀을 맡았음에 있다. 다시 말하면, 앞 단락에서 언급한 것처럼, 율법과 할례는 율법에 대한 순종 없이는 아무런 소용이 없다. 그러므로 자신의 신실하지 않음으로써 하나님의 신실하심을 폐할 수 없으며, 자신의 불의가 하나님의 의를 돋보이게 하므로 심판하시는 하나님을 불의하다고 반박해서도 안 된다. 율법의 행위 없이 율법과 할례 받음을 특권으로 내세우며 도리어 하나님을 곡해하고 하나님께 항변하는 유대인은 심판에서 정죄 받음을 피할 수 없다. 이 단락에서 본문이 전하고 있는 신학적 메시지를 살펴보면, 다음과 같다. 첫째, 신앙인이 가질 수 있는 어떤 종류의 특권 의식이나 특혜 의식 또는 기득권은 배제되어야 한다. 둘째, 하나님께서 주신 것을 단지 소유하고 있는 것은 신앙에 나음이나 유익이 되지 않는다. 오히려, 하나님께로부터 받은 것을 자신이 맡은 것으로 이해하고 이에 대한 책무를 다하는 것이 받은 선물 안에 내포되어 있다. 이런 점에서 믿는 자에게 행함의 순종이 결코 배제되어 있지 않다. 셋째, 신앙인이 스스로 행한 죄악이나 불의가 하나님의 의나 영광을 드러내게 하고 선을 드러내게 하는 것이라고 항변하는 것은 결코 자신의 죄를 해결하는 길이 아니며, 오히려 이에 대하여 하나님의 심판을 받는 것이 마땅하다.

5) 이방인과 함께 하나님의 진노 아래 있는 유대인(3 : 9-20)

9 그러면 어떠하냐 우리는 나으냐 결코 아니라 유대인이나 헬라인이나 다 죄

아래에 있다고 우리가 이미 선언하였느니라 [10]기록된 바 의인은 없나니 하나
도 없으며 [11]깨닫는 자도 없고 하나님을 찾는 자도 없고 [12]다 치우쳐 함께 무익
하게 되고 선을 행하는 자는 없나니 하나도 없도다 [13]그들의 목구멍은 열린
무덤이요 그 혀로는 속임을 일삼으며 그 입술에는 독사의 독이 있고 [14]그 입
에는 저주와 악독이 가득하고 [15]그 발은 피 흘리는 데 빠른지라 [16]파멸과 고생
이 그 길에 있어 [17]평강의 길을 알지 못하였고 [18]그들의 눈 앞에 하나님을 두려
워함이 없느니라 함과 같으니라 [19]우리가 알거니와 무릇 율법이 말하는 바는
율법 아래에 있는 자들에게 말하는 것이니 이는 모든 입을 막고 온 세상으로
하나님의 심판 아래에 있게 하려 함이라 [20]그러므로 율법의 행위로 그의 앞에
의롭다 하심을 얻을 육체가 없나니 율법으로는 죄를 깨달음이니라

이 단락의 첫머리 9절에서 바울은 '디아트리베'(diatribe), 곧 논쟁체 문답 대화 형식으로 앞의 큰 단락(1 : 18–3 : 8)의 논지(論旨)를 요약하고, 이어 10~18절에서 히브리 성경의 헬라어 번역인 칠십인역본의 시편과 이사야 구절들이 섞여 인용되어 하나로 묶인 '연쇄(連鎖) 혼합인용 성구 목록'을 사용한 다음, 19~20절로써 직전 단락(3 : 1–8)의 결론이자 '두 번째 큰 단락'(1 : 18–3 : 20)의 종결어로 삼을 뿐 아니라, 또한 '예수 그리스도에 대한 믿음의 의로서 하나님의 의'를 다루는 '세 번째 큰 단락'(3 : 21–4 : 25)으로 넘어가는 이행(移行)절로 삼고자 하였다.

[3 : 9] 먼저, 본문 단락의 서두는 1절과 마찬가지로 "그러면 어떠하냐?"와 "우리는 나으냐?"로써 시작된다. 여기서 '우리'는 누구인가? '우리'는 유대인과 이방인, 곧 모든 사람을 가리키지는 않는다. 오히려 문맥과 바울의 가상(假想)적 변론 상대자를 고려한다면, '우리'는 앞 단락에서 바울의 가상 논쟁에 참여했던 유대인이다. 로마서의 수신인 상황을 고려한다면, 이 유대인은 로마 제

국의 수도인 로마에서 이방인과 함께 살면서 율법과 할례의 우월성을 자랑하는 유대인이다. "우리는 나으냐?"는 질문에 대한 바울의 대답은 "결코 아니라"라는 단호한 부정(否定)이다. 이어서 바울은 '두 번째 큰 단락'의 논지인 "유대인이나 헬라인이나 다 죄 아래에 있다"고 다시 요약한다. 이때, 로마서에서 처음으로 '죄'(hamartia)라는 용어가 등장하는데, 이는 20절에서 다시 나타난다. '죄 아래'라는 어구(語句)에서 바울은 죄를 구체적 범죄 사실이나 '죄목'(罪目)으로 이해하는 것이 아니라, 사람을 그 아래에 두고 부리는 한 '권세'로 이해한다(5 : 12–21 참조). 그뿐만이 아니라 바울은 모든 사람이 '죄 아래' 있다고 선언함으로써 '죄의 보편성'을 강조한다. 이는 유대인에게도 예외가 될 수 없는데, "유대인이나 헬라인이나 다"라는 어구에서 이에 대한 바울의 분명한 강조점을 찾을 수 있다.

[3 : 10–18] 이어지는 10~18절 단락에서 '죄의 보편성'을 입증하기 위해 일련의 성경구절이 인용되는데, 이는 시편과 이사야의 구절들이 섞여 인용된 '연쇄(連鎖) 혼합인용 성구 목록'으로 추정된다. 왜냐하면, 연쇄인용 구절들이 거의 바울의 해석으로 판단되는 부가어(附加語) 없이 연결되어 있고, 순교자 저스틴(Justin)의 「유대인 트리포와의 대화」(27 : 3)에서 거의 동일한 연쇄 인용문이 발견되기 때문이다. 이로 보건대, 이 목록은 바울과 저스틴이 유대교와 초기 기독교의 심판 말씀 전승 자료에서 인용한 것으로 추정된다(장흥길 역, 「페터 슈툴마허의 로마서 주석」, 103). 이때, 인용된 구절의 대본은 칠십인역본이다. '연쇄 혼합인용 성구 목록'은 '기록된 바'로써 시작된다. 신약성경에 의하면, 이 구절은 '성경', 곧 '구약성경'을 인용하여 증거로 삼을 때 사용된 관용 어구이다. 먼저, "의인은 없나니 하나도 없으며"(10절)는 시편 14 : 1(LXX 시 13 : 1)에서 인용된 것으로 '선'(善) 대신 '의'(義) 개념으로 대체되었고, "깨

닫는 자도 없고 하나님을 찾는 자도 없고"(11절)는 시편 14 : 2(LXX 시 13 : 2)에서 인용된 것이며, "다 치우쳐 함께 무익하게 되고 선을 행하는 자는 없나니 하나도 없도다"(12절)는 시편 14 : 3(LXX 시 13 : 3)에서 인용된 것이다. 10절에서는 '선' 대신 '의'로 대체되었으나, 12절에서 시편 본문과 동일하게 '선'이 사용된 것을 고려한다면, '의'로 대체한 것은 바울에게로 돌릴 수도 있다. 10~13절에서 바울은 '죄의 보편성'을 역설한다. 이는 '하나도', '다', '하나도'라는 단어에서 드러난다. 유대인이든 이방인이든 모두 죄인이라는 사실에 대해서는 예외가 없다.

이어지는 단락(13-18절)에서 바울은 죄의 보편성을 인간 신체의 각 부위(部位)가 자행하는 죄를 폭로함으로써 드러낸다. 이때, 신체 명칭은 죄를 범하는 해부학적인 죄행의 처소가 아니다. 오히려, 그것은 아무도 죄인이 아니라고 부인할 수 없도록 세부적으로 신체 부위를 가리키는 수사(修辭)적 표현이다. "그들의 목구멍은 열린 무덤이요"(13절상)는 시편 5 : 9(LXX 시 5 : 10)을 인용한 구절이며, "그 혀로는 속임을 일삼으며 그 입술에는 독사의 독이 있고 그 입에는 저주와 악독이 가득하고"(13하-14절)는 시편 10 : 7(LXX 9 : 28상)과 140 : 3(LXX 139 : 4)을 섞어 인용한 것이다. 13~14절에서 인간의 신체 부위 가운데 말과 관련된 '목구멍', '혀', '입술', '입'이 짓는 죄가 열거된다. "그들의 목구멍은 열린 무덤"이라는 어구에서 '열린 무덤'이란 주석가들에 의해서 '많은 사람을 죽음으로 삼킬 수 있음', '부패, 악취, 더러움', '탐욕과 음란' 등으로 해석되었는데, 말로써 짓는 인간의 죄에서 예외 없음을 드러내고자 하는 바울의 의도를 고려한다면, 부적절한 언어 사용으로써 '많은 사람을 죽음으로 삼킬 수 있음'이라는 해석이 적절하다(마 5 : 21-26 참조). '말의 죄'를 이어, 이사야 59 : 7~8과 잠언 1 : 16을 참조하여 요약 · 인용한 15~17절에서 '행동의 죄'가 언급된다. '행동의 죄'는 신체 부위 중 '발'로 표현된다. '발이 피 흘리는 데 빠르다'는 것은 행함으로써 이웃을 상해(傷害)하는 모든 인간의 죄행을 포함한다(15절). 이는 '파멸'과 '고생'의 길로 인도하는데, '파멸'과 '고생'이란 파괴적인 행함의 결과이다(16절). 이 길은 결코 '평강의 길'이 아니다(17절). 결국, 이러한 죄를 짓는 사람의 눈앞에는 하나님을 두려워함이 없다(18절). 이는 시편 36 : 1(LXX 시 35 : 2)을 축약하여 인용한 구절이다.

[3 : 19-20] 이제 바울은 19~20절로써 죄를 범하여 '하나님의 진노 아래 있는 유대인'(2 : 1-3 : 20) 단락을 매듭지으면서, 동시에 유대인에게나 이방인에게나 '하나님의 의가 필요한 절망적인 세상'(1 : 18-3 : 20)을 다루는 '두 번째 큰 단락'을 종결(終結)하고, 이어지는 '세 번째 큰 단락'(3 : 21-4 : 25)으로 넘어가고자 한다. '우리가 알거니와'(19절)에서 '우리'가 누구인가? 9절에서와 같이, 19절에서 '우리'란 바울의 가상적 대화 상대자로서 로마에서 이방인과 함께 살면서 율법과 할례의 우월성을 자랑하는 유대인이다. 이제 바울은 자신의 대화 상대자가 알고 있는 사실을 전제로 삼아 20절의 결론에 이르려 한다. 율법이 말하려고 의도하는 것은, 율법을 받은 유대인이든 본성으로 율법을 행할 수 있는 율법 없는 이방인이든, 율법 아래에 있는 자들의 모든 '입'(변명과 항변)을 막고 온 세상으로 하나님의 심판 아래에 있게 하려는 것이다. '율법 아래에' 있는 자는 '죄 아래에'(9절) 있고, '죄 아래에' 있는 자는 '심판(정죄) 아래에' 있다.

이어 20절의 '그러므로'는 이 큰 단락이 이제 종결절에 이르렀음을 알린다. 다시 말하면, 여기서 바울은 "율법의 행위로 그의 앞에 의롭다 하심을 얻을 육체가 없나니"라는 결론에 이르게 된다. 이때 '의롭다 하심을 얻을'(dikaiōthēnai)은 '의롭게 하다'(dikaioun)의 미래 수동태 형태이므로 '의롭다 여기심을 받을'이 이에 대한 적절한 번역이다. 이 논지(論旨)는 바울이 로마서를 쓰기 전에 이미 갈라디아서(2 : 16하)에서도 언급했던 것이다. 그리고 그 사상(思想)은, 전승사적으로 거슬러 올라가면, "주의 눈앞에는 의로운 인생이 하나도 없나이다"(시 143 : 2하)에서 찾아볼 수 있다. 20절에 언급된 '육체'(sarks)란 '신체'라는 생물학적 또는 해부학적 개념이 아니라, 율법을 소유한 유대인이나 율법 없는 이방인이나 율법 아래에 있는 인간 자신을 가리킨다. 앞에서 전개된 것처럼, 율법의 행위로는 하나님 앞에서 의롭다 여기심을 받을 육체가 없다. 루터는 20절을 주석하면서, "우리가 의롭게 행하여서 의롭게 되는 것이 아니라, 우리가 의롭기에 의롭게 행하는 것이다. 곧, 오직 은혜만이 의롭게 한다."(M. Luther, *Vorlesung über den Römerbrief 1515/1516*, 1928, 140)고 '오직 은혜'(sola gratia)에 의한 칭의(稱義)를 역설하였다. 그렇기는 하지만, 본문은 오직 은혜로 의롭다 여김 받음을 알리는 구절이라기보다는, 아직까지는 이를 알리기 위한 준비요 전제이다.

여기서 바울은 율법의 기능을 언급한다. 곧, 율법으로는 죄를 깨달을 뿐이다. 20절 전반절과 후반절은 둘로 구분되지만 각각 독립된 구절이 아니라 하나이다. 다시 말하면, 바울의 '율법론'은 율법 자체를 다루는 이론이나 가르침이 아니다. 오히려 바울은 '율법'을 예수 그리스도가 내용이 되는 '복음'과의 관계에서 다룬다. 바울은 결코 율법 자체가 인간을 죄에서 구원할 능력이 없다고 말하지 않는다. 오히려, 바울이 말하고자 하는 바는 인간이 지키는 율법의 행위에 문제가 있어 율법의 행위로는 인간이 구원에 이를 수 없다는 것이다. 문제는 율법 자체에 있는 것이 아니라 율법의 행위에 있다. 율법의 행위로는 하나님 앞에서 의롭다 여기심을 받을 육체가 없기 때문에, 율법이 할 수 있는 것은 죄인의 구원이 아니라 단지 인간의 죄를 깨닫게 할 뿐이다. 이로써 이제 다음 '세 번째 큰 단락'(3 : 21-4 : 25)에서 전개될 '예수 그리스도에 대한 믿음의 의로서 하나님의 의'로 넘어갈 준비가 되었다.

설교를 위한 묵상

본문 단락에서 바울이 전하려고 한 메시지는 '율법과 인간의 관계'에 집중되어 있다.

곧, 하나님께서 그의 백성에게 주신 율법과 그것을 받고 이방인과 함께 살고 있는 유대인의 관계 해명이 본문의 전달 의도이다. 본문의 첫 번째 메시지는 유대인이나 헬라인이나, 곧 모든 사람이 '죄 아래에' 있다는 죄의 권세성이다. '죄'는 사람을 자신의 아래 두고 싶어 하는 하나의 '권세'이다. 두 번째 메시지는 모든 사람이 다 죄인이라는 '죄의 보편성'이다. 세상에 의인이 없는데, 한 사람도 없다. 예외 없이 모든 인간이 죄인이다. 셋째, 율법 있는 유대인이라 할지라도 그 지은 죄는 전방위(全方位)적이다. 다시 말하면, 하나님께서 택하신 선민(選民)조차도 하나님을 찾지 않고, 말과 행함의 죄, 하나님을 두려워하지 않는 죄를 피할 수 없으며, 죄가 없다고 핑계할 수 없다. 넷째, '율법 아래에' 있으나 '죄 아래에' 있는 자는 '심판 아래에' 있을 수밖에 없다. 마지막으로, 율법은 그 자체에 문제가 있어서가 아니라 율법을 지키는 인간의 행위에 문제가 있어 하나님 앞에서 의에 이를 수 없다. 그러므로 율법의 기능이란 사실상 인간을 의롭게 하는 것이 아니라 죄를 깨닫게 하는 것이다.

C. 예수 그리스도에 대한 믿음의 의로서 하나님의 의 (3 : 21-4 : 25)

이신칭의(以信稱義)의 대전제(大前提)로서 '하나님의 의가 필요한 절망적인 세상'이라는 주제를 다룬 '두 번째 큰 단락'(1 : 18-3 : 20)을 이어, 바울은 이제 종말론적인 대(大) 전환점이 되는 '세 번째 큰 단락'(3 : 21-4 : 25)에서 본격적으로 로마서에서 자신이 의도하는 '예수 그리스도를 믿음으로 말미암아 의롭다 여김 받는 하나님의 의'를 해명하려 한다. 그러니까, '세 번째 큰 단락'은 로마서의 주제인 '하나님의 의'를 해명하는 데 핵심적 역할을 하는 단락이다. 이 단락에서 바울은, 먼저 이 서신의 핵심 단락(3 : 21-31)에서 '예수 그리스도의 속죄(贖罪) 죽음을 믿음으로써 의롭다 여김 받는 보편적 칭의'를 다루고, 그런 다음, 유대인이든 이방인이든 모든 믿는 자의 조상인 아브라함에 관한 성경의 예를 들어 '기독론적 이신칭의'를 증명하고자 한다(4 : 1-25). 이로써 '세 번째 큰 단락'(3 : 21-4 : 25)은 죄 아래 있는 절망적인 세상을 다루는 '두 번째 큰 단락'(1 : 18-3 : 20) 및 이신칭의의 결과를 다루는 '네 번째 큰 단락'(5-8장)과 논리적으로 연결된다. '세 번째 큰 단락'에서 바울은 '하나님의 의' 자체를 정의하거나 설명하는 데 관심을 두지 않는다. 오히려 그의 시선(視線)은 이 '하나님의 의'가 죄인과 어떻게 관련되어 있으며, 그 죄인이 어떻게 용서받을 수 있는가에 머물러 있다(P. Stuhlmacher, *Gerechtigkeit Gottes*, 86-91 참조). 이 '세 번째 큰 단락'을 주제에 따라 보다 작은 단락으로 세분(細分)하면, 다음과 같다.

3 : 21-31 예수 그리스도를 믿는 믿음의 의로서 하나님의 의
- 3 : 21-26 예수 그리스도의 속죄 죽음에 나타난 하나님의 의
- 3 : 27-31 모든 사람에게 동일한 하나님의 의

4 : 1-25 아브라함이 약속받은 믿음의 의에 대한 성경 예증
- 4 : 1-8 믿음으로 의롭다 여김 받은 아브라함
- 4 : 9-12 할례 받기 전에 의롭다 여김 받은 아브라함
- 4 : 13-25 아브라함을 본받은 믿음으로써만 이루어지는 하나님의 약속

1. 예수 그리스도를 믿는 믿음의 의로서 하나님의 의(3 : 21-31)

1) 예수 그리스도의 속죄 죽음에 나타난 하나님의 의(3 : 21-26)

21이제는 율법 외에 하나님의 한 의가 나타났으니 율법과 선지자들에게 증거
를 받은 것이라 22곧 예수 그리스도를 믿음으로 말미암아 모든 믿는 자에게

미치는 하나님의 의니 차별이 없느니라 [23]모든 사람이 죄를 범하였으매 하나
님의 영광에 이르지 못하더니 [24]그리스도 예수 안에 있는 속량으로 말미암아
하나님의 은혜로 값없이 의롭다 하심을 얻은 자 되었느니라 [25]이 예수를 하나
님이 그의 피로써 믿음으로 말미암는 화목제물로 세우셨으니 이는 하나님께
서 길이 참으시는 중에 전에 지은 죄를 간과하심으로 자기의 의로우심을 나
타내려 하심이니 [26]곧 이때에 자기의 의로우심을 나타내사 자기도 의로우시
며 또한 예수 믿는 자를 의롭다 하려 하심이라

바울은 예수의 십자가 죽음을 어떻게 이해하고, 또 이를 어떻게 설명하는가? 본문 단락의 여섯 절에서 바울 사도는 1 : 1~5과 1 : 16~17에서 자신이 내린 '복음'에 대한 정의(定義)를 설명한다. 이런 점에서, 본문 단락은 로마서의 '심장'에 해당한다. 바울은 '하나님의 의'를, 예수 그리스도의 죽음을 속죄 죽음으로 믿음으로써 그 의에 이르는 '믿음의 의'로 해명한다. 이를 위해 바울은 먼저, 21~22절에서 주제절(1 : 16-17)의 표현을 다시 취하면서 구속사(救贖史)적 전환점으로서 '율법 외에 나타난 하나님의 의'를 드러내고(21절), 이를 차별 없이 예수 그리스도를 믿음으로 말미암아 미치는 '믿음의 의'로 묘사한다(22절). 그런 다음, 바울은 복음을 '모든 믿는 자에게 구원을 주시는 하나님의 능력'이 되게 하는 '하나님의 의'를 밝히기 위해, '두 번째 큰 단락'의 논지(論旨)를 다르게 표현한 '하나님의 영광에 이르지 못하는 죄인 된 인간'을 언급함으로써 모든 사람에게 이 '하나님의 의'가 필요함을 다시 한번 상기시킨다(23절). 그러고 나서, 그는 '믿음의 의'를 '하나님의 은혜로 말미암은 칭의'로 서술한다(24절). 그런 다음, 바울은 자신이 원시 기독교에서 전해 받은 한 '유대 기독교 세례 신앙고백' 전승을 인용하고 확대함으로써(25-26절상), 하나님께서 예수 그리스도를 화목제물로 세우신 이유를 밝히고자 하였다(26절하). 이처럼 바울은 초기 예루살렘 교회의 신앙고백 전승을 사용함으로써 원시 기독교 신학에 자신의 칭의론(稱義論)을 결합

하고자 하였다. 이로써 바울이 로마 교회에 전하고자 의도한 칭의론의 정체가 드러난다.

[3 : 21] 이 구절은 '그러나(한글 개역성경에서는 번역되지 않았음.) 이제는'(nunide)으로 시작된다. 이 어구(語句)는 이중(二重)적 의미를 지니고 있다. 첫째, 이는 '종말론적 대전환점'을 의미하며, 둘째로, 그것은 앞의 단락에 대하여 '논리적인 대립 명제'를 나타낸다. 곧 직전에 놓여 있는 '두 번째 큰 단락'(1 : 18–3 : 20)이 '인간의 불의'를 다룬다면, 이 어구 이후의 '세 번째 큰 단락'(3 : 21–4 : 25)과 '네 번째 큰 단락'(5 : 1–8 : 39)은 주제절(1 : 16–17)에서 언급했던 '하나님의 의'를 다룬다. 이 어구는 6 : 22에서처럼 단순히 개인의 회심 전후 관계의 대조가 아니라, 결정적으로 새로운 요소가 이전에 있던 것을 변화시키는 새로운 시대적 전환, 즉 종말론적 '현재'를 지칭한다. 물론, 바울의 관심은 결코 '하나님의 의'를 설명하는 데 있지 않다. 오히려, 그는 '하나님의 의'가 죄인 된 인간과 어떻게 관련되어 있으며, 또 이 죄인이 어떻게 용서받을 수 있는가에 관심을 가지고 이를 해명하려 한다.

21절의 '이제는'은 26절에서는 '이때'로 표현되었다. 이제 율법 외에 '하나님의 한 의'(dikaiosynē theou)가 나타났다. '하나님의 한 의'는 앞서 주제절인 1 : 17에서 처음으로 등장했던 어구로서, 이로써 바울은 자신의 칭의론을 해명하려 한다. '율법 외에' 하나님의 의가 나타났다는 것은 율법에도 '하나님의 의'가 나타났음을 의미한다. 그러나 율법이 요구하는 '율법의 행위'로써는 하나님 앞에서 의롭다 여기심을 받을 육체가 없다(3 : 20). 그러므로 '하나님의 한 의'가 이제 예수 그리스도 안에 나타났는데, 그것은 이미 '율법과 선지자들', 곧 (구약)성경에서 증거를 받은 것이다. 여기서 예수 그리스도와 구약의 관계를 엿볼 수 있다. 바울에 의하면, 예수 그리스도는, 신약의 다른 저자들의 경우처럼, 구약 예언의 성취이다.

[3 : 22–23] '하나님의 의'는 예수 그리스도를 '믿음으로 말미암아'(dia pisteōs) 이르게 되는 '믿음의 의'다. 곧, '하나님의 의'는 결과적으로 율법을 행함으로써 이르는 '행함의 의'가 아니라, 오직 믿음으로 이르는 '믿음의 의'다. 이는 모든 믿는 자들에게 차별이 없는 의다(22절). 이어서, 바울은 한 구절을 덧붙인다. 모든 사람이 죄를 범하였기에, 하나님의 영광에 이르지 못하였다(23절). 인간의 범죄 결과는 하나님으로부터 멀어짐이다. 이로써 바울은 '하나님의 의'가 필요한 인간을 '두 번째 큰 단락'(1 : 18–3 : 20)에 이어 다시 한 번 상기(想起)시킨다.

[3 : 24–26] 이제 바울은 '율법 외에 나타난 하나님의 의'로서 '그리스도 예수 안에 있는 하나님의 의'를 드러낸다. 죄인 된 인간이 의롭다 여김을 받는 것은 그리스도 예수 안에 있는 '속량', 곧 '구속'(救贖)으로 말미암아, 하나님의 '은혜'(charis)로, 값없이 이루어진다. '의롭다 여김을 받다'란 하나님이 칭의 행위의 주체로 숨겨져 있는 '신적 수동태'(passivum divinum)이다. '경건치 않은 자의 칭의'(justificatio impii)는 '율법의 행위'로써가 아니라, 예수 그리스도 안에 있는 '구속'으로 말미암는다. '구속'(apolytrōsis)이란 '값을 치른 구원'을 의미하는데, 죄인의 칭의는 예수 그리스도의 죽음을 죄인을 위한 대속(代贖)적 죽음으로 믿는 믿음에 의해 이를 믿는 자에게 주어진다. 이런 점에서 '하나님의 의'는 '믿음의 의'이다. 다시 말하면, 죄인 된 인간의 칭의는 하나님의 은혜로, 값없이 실행된다. 여기서 바울은 '하나님의 의'를 '은혜'와 동일하게 여긴다(24–25절). 이에 대해서는 슈툴마허가 적절하게 해명하였다(P. Stuhlmacher, *Gerechtigkeit Gottes*, 90–91 참조). 바울이 더 이상 하나님을 단지 언약과만 관련짓지 않고 세상과 서로 관련되게 한다면, 25절처럼, '하나님의 의'란 더 이상 약속을 지키는 하나님의 신실함만은 아니다. 오히려, 그것은 창조주 하나님의 피조물에 대한 신실하심이다. 그러므로 26절에 언급된 것처럼, 하나님의 의로우심을 나타내는 것이 바울이 전하는 이신칭의의

결론이다.

24절에 언급된 '속량'(apolytrōsis)이란 용어는 바울서신에서 주로 나타나는데, 이는 '속전(贖錢)을 지불함'이나 '속전을 지불하여 얻게 된 자유'를 의미한다. 이 용어를 바울은 자신이 복음을 설명하는 중심 개념으로 삼았다. 즉, '속량'이란 예수 그리스도의 죽음으로 말미암아 하나님께서 주신 구속을 의미한다. 그러므로 구속은 오직 '그리스도 예수 안에서' 일어나며, 그의 피로 말미암은 자기희생적 구원 사역에 그 근거를 두고 있다(*EDNT* I, 331-336). 무엇보다도, 25절에서 주석가들 사이에 논쟁이 되는 것은 '화목제물'로 옮겨진 '힐라스테리온'(hilastērion)의 해석 문제이다. 루터는 이를 '은혜의 보좌' 곧 '시은좌'(施恩座)로 옮겼는데(레 16 : 14-16 참조), 현대 주석가들의 경우 이 용어에 대한 두 가지 해석 입장이 있다. 첫 번째 입장은 로제(E. Lohse)의 주장으로, 그는 구약 외경 제4마카비서 17 : 21 이하 단락을 근거로 삼아 예수의 죽음을 유대교 순교자의 희생적 죽음과 관련지어, 이를 '희생 제물'로 여긴다. 이런 로제의 입장에 대하여 슈툴마허는 반대한다. 왜냐하면 제4마카비서에서는 속죄 희생물이 아니라 단순한 희생 제물이 언급되어 있고, 예수의 죽음에서 단지 유대 순교자의 죽음 이상의 대속적 의미를 발견할 수 없기 때문이다. 오히려, 슈툴마허는 빌켄스(U. Wilckens)와 함께 이 용어를 구약의 배경에서 이해한다(P. Stuhlmacher, "Zur neueren Exegese von Römer 3,24-26", *Der Versöhnung, Gesetz und Gerechtigkeit*. 1981, 117-135 ; U. Wilckens, *Römer* I, 190-193 참조). 즉, 힐라스테리온은 구약의 '카포렛'(kapporeth, 출 25 : 17-21 ; 26 : 34 ; 레 16 : 2-5)과 같다. 구약에서 카포렛은 두 가지 의미를 지녔다. 그 첫째 의미는 야훼께서 계시되는 '현현 장소'이며, 둘째 의미는 대제사장이 일 년에 한 번 대 속죄일에 지성소에 들어가 언약궤의 뚜껑에 짐승의 피를 뿌림으로써 하나님에 의해 속죄가 현실에서 이루어진 '속죄 장소'이다. 빌켄스나 슈툴마허는 예수께서 '종말론적 법궤 덮개'의 역할을 했다고 주장한다. 이런 관점에서 보면, 예수 그리스도는 하나님께서 나타나시는 '현현 장소'

이자 '속죄 장소'이다.

대부분의 주석가들에 의하면, 예수를 그의 피로써 믿음으로 말미암는 화목제물로 세우시고, 그 목적으로 길이 참으시는 하나님께서 인간이 지은 죄를 간과하심으로써 자신의 의로우심을 나타내려 하심에 대하여 서술하는, 25~26절 상반절은 바울이 초기의 기독교에서 전해 받은 '유대 기독교 전승'이다. 그 이유로는, 대개 세 가지가 있다. 첫째, 이 구절의 문장 구조가 복잡하다. 둘째, 내용적으로 난해하고 부자연스럽다. 셋째, 비(非)바울적 용어들이 나타난다. 예컨대, 25절의 '믿음으로 말미암는' 어구는 22절의 '예수 그리스도를 믿음으로 말미암아'와 중복되고, 25절의 '자기의 의로우심을 나타내려 하심이니'는 26절의 '자기의 의로우심을 나타내사'와 중복될 뿐 아니라 또한 부자연스럽고 바울의 문체에 어울리지도 않는다. 캐제만은 이를 헬라적 유대 기독교인 공동체에서 유래되어 나온, 또한 성찬 전승과 관련된 초대 교회의 신앙고백문에서 유래된 '단편적 찬가'로 본다(E. Käsemann, *Römer*, 90-95). 그러나 슈툴마허는 이 구절이 전적으로 비(非)바울적인 것이 아니며, 초대교회 전승에 바울의 해석이 덧붙여진 것으로 본다. 다시 말하면, 그에 의하면, 해석을 위하여 바울이 추가하는 어구(語句)는 세 가지이다. 첫째는 '하나님의 은혜로 값없이'(24절)이며, 둘째는 '믿음으로 말미암는'(25절)이고, 셋째는 '자기의 의로우심을 나타내사'(26절)이다. 26절에서 '자기의 의'는 '하나님의 속성'으로서 '의로우심'이란 뜻을 지니고 있지만, '인간에 대한 하나님의 구원 행위'로도 해석될 수 있다. 이 경우, '예수의 속죄 죽음'은 인간과 원수 관계에 있는 의로우신 하나님의 진노를 진정시키기 위한 '인간의 행위'가 아니라, 하나님 스스로 그의 아들을 보내어 속죄를 가능하게 하신 '하나님의 행위'이다. 그러므로 21~26절 단락에서 '하나님의 의'란 "하나님 자신의 구원을 세우는 능력이요, 온 세상에 대한 창조주 하나님의 신실함"(P. Stuhlmacher, "Zur neueren Exegese von Römer 3, 24-26", 91)이다.

로마서에서 가장 중요한 부분인 3 : 24~26 단락에서 바울이 초대교회의 신앙고백문을 인용한 이유는 무엇인가? 이 질문과 관련하여 가장 중요한 신학적 요점은, 주제절(1 : 16–17)에서 서두의 기독론적 기술(1 : 3–4)을 구원론적으로 해석했던 바울이 여기서는 역(逆)으로 구원론적인 '믿음의 의'를 기독론적으로 해석한다는 점이다(W. Schrage, "Römer 3 : 21–26 und die Bedeutung des Todes Jesu Christi bei Paulus," *Das Kreuz Jesu*, 1969, 65–88, 여기서는 71). 바울의 경우, 기독론은 칭의론에서 해석되어야 하는 것처럼, 칭의론은 기독론적으로만 의미 있다. 결코, 칭의론이 기독론을 배제하거나 인간론적으로 해석되어서는 안 된다. 그러므로 바울의 칭의론은 '적용된 기독론'이며, 이런 점에서 또한 '복음'이다. 그러니까, 칭의론에서 '올바른 기독론'과 '잘못된 기독론'이 결정된다(E. Käsemann, *Römer*, 89–90). 이런 맥락에서 바울은 자신의 칭의론을 초기 예루살렘 교회의 기독론과 관련짓기 위해 초기 교회의 신앙고백문을 인용하였다. 이처럼 바울이 기독론을 근거로 칭의론을 해석하였다는 점을 근거로 삼아, 아이히홀츠(G. Eichholz)는 바울 신학의 중심을 '기독론'으로 보았다(G. Eichholz, *Theologie des Paulus*, 101–214 참조).

설교를 위한 묵상

바울의 기독론은 예수의 죽음을 대속(代贖)적 속죄 죽음으로 믿고, 그를 자신의 피조물에 대하여 신실하신 하나님의 대리자로 고백하는 사람에게만 올바르게 이해되고 해석될 수 있다. 다시 말하면, '하나님의 의'가 바울 신학의 다른 주제에서처럼 기독론에서도 결정적인 개념이다. 이 단락이 전하는 신학적 메시지를 찾아보면, 다음과 같다. 첫째, 율법 외에 나타난 종말론적 '하나님의 의'는 예수 그리스도를 믿음으로 말미암아 그 믿는 자에게 미치게 되는 '믿음의 의'이다(21–22절). 둘째, '믿음의 의'는 죄인 된 모든 사람에게 필요한 '하나님의 의'이다(23절). 셋째, '믿음의 의'로서 '하나님의 의'는 예수 그리스도 안에 있는 의이며, 인간의 행위가 아니라 하나님 자신에 의해 은혜로 주어지는 의다(24절). 넷째, 예수 그리스도는 하나님께서 그의 피로써 세우신 '화목제물'이시며, 하나님과 죄인의 화목은 그의 피를 믿음으로써 이루어진다(25절상). 다섯째, 하나님께서 예수 그리스도를 화목제물로 세우신 것은 자신의 의로우심을 드러내기 위함이다(25절하). 마지막으로, 하나님께서 자신의 의로우심을 나타내심은 그의 불의하지 않으심을 보이시고(3 : 5에 대한 답변), 또한 예수 믿는 자를 의롭다 여기시기 위함이다.

2) 모든 사람에게 동일한 하나님의 의(3 : 27-31)

> 27그런즉 자랑할 데가 어디냐 있을 수가 없느니라 무슨 법으로냐 행위로냐 아니라 오직 믿음의 법으로니라 28그러므로 사람이 의롭다 하심을 얻는 것은 율법의 행위에 있지 않고 믿음으로 되는 줄 우리가 인정하노라 29하나님은 다만 유대인의 하나님이시냐 또한 이방인의 하나님은 아니시냐 진실로 이방인의 하나님도 되시느니라 30할례자도 믿음으로 말미암아 또한 무할례자도 믿음으로 말미암아 의롭다 하실 하나님은 한 분이시니라 31그런즉 우리가 믿음으로 말미암아 율법을 파기하느냐 그럴 수 없느니라 도리어 율법을 굳게 세우느니라

이 단락은 의롭다 여김 받음과 관련하여 모든 사람에게 차별 없이 동일하게 대하시는 '하나님의 의'를 다룬다. 바꾸어 말하면, 이곳에서 유대인이든지 헬라인이든지 누구나 똑같이 예수 그리스도를 믿음으로 말미암아 의롭다 여김 받는 '보편적 이신칭의'가 언급된다. 차별 없는 하나님의 의에 대해서는 이미 22절의 "모든 믿는 자에게 미치는 하나님의 의"라는 어구에 암시되어 있으며, 그 이전의 본문에서도 여러 번 언급되었다(1 : 16 ; 2 : 9, 28-29 ; 3 : 9 참조). 이제 본문 단락을 세부적으로 살펴보면, 다음과 같다. 곧, 27~28절은 '믿

음으로 말미암아 의롭다 여기심을 받는 칭의'를, 뒤따르는 29~30절은 '유대인이나 이방인에게 동일한 이신칭의'를, 그리고 3장의 종결절인 31절은 '율법과 믿음의 관계'를 다룬다.

[3 : 27-28] 이 두 절은 '믿음으로 말미암는 칭의'를 다시 한번 역설한다. '그러므로'라는 인과(因果)적 접속사를 고려할 때, 27~28절은 로마서에서 가장 핵심적인 단락을 이어서 바로 가상적인 대화 상대자에게 "자랑이 어디에 있느냐?"는 다음 질문을 던진다. 이에 대하여 바울은 자문자답(自問自答)하는 방식으로 논증을 전개하는데, 그것은 그가 자신의 가상적인 대화 상대자를 고려하여 편지하기 때문이다.

의로움에 대해서 인간은 결코 자랑할 수 없다. 바울은 자신의 서신에서 '자랑'(kauchēsis)이라는 단어를 긍정적 의미로 사용하기도 하고, 부정적 의미로 사용하기도 한다. 예를 들면, 죄인인 인간이 하나님 앞에서나 다른 사람들 앞에서 자신의 우월한 지위나 행위 등을 자랑한다면, 하나님은 그러한 태도와 자랑을 폐하실 것이다(고전 1 : 29 ; 3 : 19 이하 등). 그러나 '자랑' 자체가 금지되지는 않는다. 바울은 '주님'(고전 1 : 31), '십자가'(갈 6 : 14), '영광의 소망'(롬 5 : 2), '선교 사역'(고전 9 : 15) 등에 대해서는 적극적으로 자랑하고 또한 자랑할 것을 권면한다. 27절에서 이 용어는 이방인에 대하여 가지는 유대인들의 우월한 태도(2 : 17-24)를 가리키는 부정적 의미로 쓰였다(장흥길 역, 「페터 슈툴마허의 로마서 주석」, 131-132). 의로움은 인간이 결코 자랑할 수 있는 것이 아니다. 왜냐하면 사람은 행위가 아니라 믿음의 법을 따라 의롭다 여김을 받기 때문이다.

여기서 '법'(nomos)의 해석에 대한 문제가 제기되었다. 8 : 2에 언급되는 '영의 법'과 함께 27절의 '믿음의 법'에 사용된 '법'의 의미에 대하여 주석가들 사이에 해석의 차이가 있다. 이때 '노모스'는 '원리'인가 아니면, 아니면 구약의 토라(torah)에 해당하는 '율법'인가? 로제(E. Lohse), 오스텐-작켄(P. von d. Osten-Sacken), 한(F. Hahn)과 휩너(H. Hübner) 등은 '법'을 구약의 '율법'으로 해석하는 한편, 캐제만(E. Käsemann), 파울젠(H. Paulsen), 래이재넨(H. Räisänen), 젤러(D. Zeller), 베버(R. Weber) 등은 이를 비본래적 의미로 해석하여 '규칙, 규범, 규정'으로 이해한다. 만약, 27절에서 바울이 '노모스'를 '율법'으로 여긴다면, 31절이 아니라 27~28절과의 문맥에서 볼 때 이는 적절하지 않다. 물론, '노모스'를 31절과 관련지어 해석한다면, 이는 '율법'이다. 그러나 이를 27~28절과의 맥락을 고려하여, 특히, '믿음의 법'이란 어구와 고려하여 해석한다면, 그것은 '법' 또는 '원리'가 적절하다. 사람은 '행위의 원리'로써가 아니라 오직 '믿음의 원리'로써, 곧 '율법의 행위'로써가 아니라 '믿음'으로써 의롭다 여김을 받는다. 이것을 인정하는 주체는 '우리'다. 이 경우 '우리'는 서신에서 종종 볼 수 있는 '문체(文體)적 복수'로 바울은 이로써 로마서의 수신자를 자신의 대화 상대자로 끌어들인다.

[3 : 29–30] 이어서 바울은 앞서 여러 번 밝혔던, '유대인과 이방인에게 동일한 이신칭의'를 논증한다. 할례자인 유대인이나 무할례자인 이방인이나 동일하게 율법의 행위로 의롭다 여김 받을 수 없는 것처럼, 그들 모두 동일하게 믿음으로써만 의롭다 여김 받을 수 있다. 그것은 하나님께서 '유대인의 하나님'도 되시지만, 또한 '이방인의 하나님'도 되시기 때문이요(29절), 또한 할례자든 무할례자든 믿음으로 말미암아 의롭다 하실 하나님은 한 분이시기 때문이다(30절). 바울은 이러한 '보편적 이신칭의'의 근거를 동일하신 한 분 하나님에게서 찾는다. 다시 말하면, 그는 자신의 칭의론(稱義論)의 근거를 신론(神論)에서 찾는다.

[3 : 31] 이제 바울은 이 단락의 종결절에서 '율법과 믿음의 관계'를 다룬다. 유대인이든 이방인이든 믿음으로 말미암아 의롭다 여김을 받는다고 주장한다면, 이는 믿음으로 말미암아 율법을 파기하는 것을 의미하는가? 이에 대한 바울의 대답은 단호하면서 또한 간절하다. 결코 그러하지 아니하며, 동시에

바울은 그렇게 여기지 않기를 간절히 바란다. 이는 앞서 3 : 4에 언급되었던 헬라어 '메 게노이트'(mē genoito)의 희구(希求)법 화법에 대한 적절한 해석이다. 여기서 '파기하다'(katargein)와 '세우다'(histanein)가 대조된다. 전자(前者)는 '무효하게 하다'는 의미이며, 후자는 '유효하게 하다'는 뜻이다. 믿음으로써 율법을 효력 없게 만드는 것이 아니라, 오히려 율법을 유효하게 한다. 이를 보여 주는 종결절은 두 가지 기능을 한다. 그 하나는 31절이 4장에서 전개될 논지 역할을 하는 기능이며, 다른 하나는 구약과 예수 사이의 관계를 '단절'이 아니라 '연속'이라는 관점에서 양자(兩者)의 연속성을 보여 주는 역할이다.

설교를 위한 묵상

인간이 의롭게 되는 것은 자신의 행위로써가 아니라, 오직 믿음으로써만 가능하다. 여기서 본문 단락이 주는 신학적 메시지를 찾아보면, 다음과 같다. 첫째, '두 번째 큰 단락'에 언급되었던 것처럼, 율법의 행위로써는 하나님 앞에서 의롭다 여김을 받을 육체가 없다. 그러므로 사람은 율법의 행위가 아니라 오직 믿음으로써만 의롭다 여김을 받을 수 있다. 둘째, 이러한 이신칭의의 성격은 보편적이다. 다시 말하면, 기독교적 이신칭의는 유대인이든 이방인이든 동일하게 믿음으로써 의롭다 여김 받는 '보편적 이신칭의'이다. 셋째, 이는 하나님께서 유일하신 한 분이시기 때문이다. 하나님은 유대인의 하나님이시며 동시에 이방인의 하나님이시다. 다시 말하면, 사람이 '구원 받는 문제'(구원론), 곧 '죄인이 의롭다 여김 받는 문제'(칭의론)는 결국 '하나님께서는 사람을 차별 없이 대하는 동일하신 한 분 하나님이심을 인정하는 것', 곧 '하나님의 의로우심 문제'(신론)이다. 다섯째, 이러한 이신칭의로써 율법은 파기되는 것이 아니라 오히려 굳게 서는 것이다. 곧, '율법'을 올바르게 이해함이란 '율법과 그리스도의 관계'를 올바르게 이해하는 것을 의미한다. 바울이 역설하는 '하나님의 의'란 구약과 유대교의 핵심인 율법을 배제하는 의가 아니다. 오히려 그것은 구약성경, 초기 유대교, 바울 이전의 초기 기독교에서 통용되었던 것처럼, 죄 아래 있는 인간에게 의와 평안을 주시는 창조주이시요 또한 심판자이신 하나님의 구원 능력이요 활동이다. 다시 말하면, 바울은 로마서에서 '하나님의 의'를 '예수 그리스도의 파송, 죽음, 부활, 다스림으로써 온 인류와 피조물을 구원하시는 창조자이시며 심판자이신 하나님의 구원 활동'으로 이해한다.

2. 아브라함이 약속받은 믿음의 의에 대한 성경 예증(4 : 1-25)

4장은 '개신교 신학'의 특징이자 '바울 신학'의 특징이며, 로마서의 핵심 사상인 '믿음으로써 의롭다 여김 받음'이라는 이신칭의(以信稱義) 사상에 대하여 '아브라함'의 예를 들어 증명하는 예증 단락이다. 믿음의 조상 아브라함의 예로써 성경을 인증하는 바울은 세 단락으로 논증한다. '첫째 단락'(1-8절)의 명제에 의하면, 아브라함은 믿음으로 말미암아 의롭다 여김을 받았다. '둘째 단락'(9-12절)은 아브라함의 이신칭의의 때가 할례 이전임을 밝힌다. 그리고 '단지 아브라함을 본받은 믿음으로써 하나님의 약속이 이루어진다.'는 논지가 '셋째 단락'(13-25절)의 명제이다. 특히, 첫째와 둘째 단락에서 바울은 아브라함이 할례 받기 전에 믿음으로써 의롭다 여김을 받았음을 보여 주는 유대 랍비들의 미드라쉬(Midrash)적 성경 해석 방식을 사용하였으며, 셋째 단락에서는 이 미드라쉬를 확장하여 믿음으로써 의롭다 여김 받은 사람들에게 아브라함에게 하신 하나님의 약속이 이루어지는 것을 보여 주려 하였다(R. Jewett, *Romans*, 304-343 참조). 이로써 바울은 자신이 염두에 두었던 유대교적 대화 상대자들이 성경을 인증하는 권리를 빼앗아, 역(亦)으로 그들의 성경해석 방식을 이용하여 논증함으로써, 그들의 생각을 바꾸려 하였다(E. Käsemann, *Römer*, 99).

1) 믿음으로 의롭다 여김 받은 아브라함(4 : 1-8)

1그런즉 육신으로 우리 조상인 아브라함이 무엇을 얻었다 하리요 2만일 아브
라함이 행위로써 의롭다 하심을 받았으면 자랑할 것이 있으려니와 하나님 앞
에서는 없느니라 3성경이 무엇을 말하느냐 아브라함이 하나님을 믿으매 그것
이 그에게 의로 여겨진 바 되었느니라 4일하는 자에게는 그 삯이 은혜로 여겨
지지 아니하고 보수로 여겨지거니와 5일을 아니할지라도 경건하지 아니한 자
를 의롭다 하시는 이를 믿는 자에게는 그의 믿음을 의로 여기시나니 6일한
것이 없이 하나님께 의로 여기심을 받는 사람의 복에 대하여 다윗이 말한 바
7불법이 사함을 받고 죄가 가리어짐을 받는 사람들은 복이 있고 8주께서 그
죄를 인정하지 아니하실 사람은 복이 있도다 함과 같으니라

4장의 첫째 단락에서 바울은 자신의 이신칭의(以信稱義) 사상을 구약성경에 묘사된 '아브라함'의 예를 들어 증명하려 한다. 다시 말하면, 이 단락에서 바울은 '아브라함이 믿음으로 말미암아 의롭다 여김 받았다.'는 점을 자신이 논증하는 요지(要旨)로 삼는다.

[4 : 1-2] 이 단락의 첫 두 절에서 바울은 앞 단락(2 : 17-24 ; 3 : 1-9, 19-20, 27-31)에서처럼 유대주의적 논쟁 대상자를 가상(假想)적인 대화 상대자로 여기고 논쟁한다. 먼저, 바울은 "그런즉 육신으로 우리 조상인 아브라함이 무엇을 얻었다 하리요?"라는 질문으로써 이들의 생각을 바꾸고자 한다. '그런즉'이란 내용적으로는 '의롭다 여김 받음이 행위로 말미암지 않고 믿음으로 말미암았은즉'을 의미한다. 그렇다면, 유대인이 '우리 조상'으로 여기는 아브라함의 경우는 어떠한가? 여기서 바울은 예증(例證)의 출발점을 유대인들이 '우리 조상'으로 여기는 아브라함에게서 찾는다. 유대인들이 아브라함을 '우리

조상'으로 여겼다는 것은 이사야의 예언(사 51 : 2)에 언급된 '너희 아브라함'이란 표현에서 알 수 있다(E. Käsemann, *Römer*, 99). 그리고 여기서 '육신으로'(kata sarka)는 대립적인 의미에서 '영으로'의 반대 개념이라기보다는 단순하게 '육신을 따라'라는 의미이다. 만일, 아브라함이 행위로써 의롭다 여기심을 받았다면 그 행위에 대하여 자랑할 것이 있겠지만, 사람이 의롭다 여김을 받는 것이 예수 그리스도 안에 있는 구속을 믿는 믿음으로써 이루어지는 것(3 : 21-31 참조)이라면, 하나님 앞에서 자랑할 것이 없다.

[4 : 3-5] 아브라함의 칭의는 '믿음으로' 말미암은 것이다. 이를 입증하기 위해 바울은 구약 율법서의 첫 권 창세기(창 15 : 6)를 인용하여 유대인들이 자랑스럽게 자신들의 선조로 여기는 아브라함의 예를 들어 논증한다. 인용하는 구절의 내용은 이러하다. 아브라함이 하나님을 믿었으므로, 그것이 그에게 의로 여겨졌다. 이어 4~5절에서 바울은 '그리스도 예수 안에 있는 속량으로 말미암아 하나님의 은혜로 값없이 의롭다 하심을 얻음'(3 : 24)을 아브라함에게 대입(代入)시킨다. 아브라함이 믿음으로 의롭다 여김을 받은 것은 행위가 아닌 '은혜'로 말미암은 것이다. 이 두 절에서 '일하는 자'와 '일하지 않은 자', '삯'과 '은혜'가 대조적으로 나타난다. '일'이란 '행위에 대한 결과'이고, 일에 대해서는 '삯', 곧 대가(代價)가 주어진다. 일을 하고도 삯을 받지 않았을 때는 받을 삯을 빚으로 여길 수 있다(4절). 한편, '일하지 않은 자', 곧 '경건하지 아니한 자'라 할지라도 의롭다 여기시는 하나님을 믿는 자에게는 하나님께서 그의 믿음을 의로 여기신다. 바로 여기에 하나님의 은혜에 의한 '경건치 않은 자에 대한 칭의'(justificatio impii) 주제가 나타난다.

[4 : 6-8] 행위가 아니라 은혜로 하나님께 의로 여기심의 복을 받은 다른 사람

은 아브라함 외에 '다윗'이다(6절). 경건치 않은 자가 의롭다 여기심을 받은 복에 대하여 바울은 아브라함 외에 유대인들의 존경을 받는 다윗을 그 예로 든다. 이때, 바울은 창세기 15 : 6 외에 시편 32 : 1~2(LXX 시 31 : 1-2)을 인용한다. 아브라함과 창세기 외에 다윗과 그의 시편이 인용된 것은 두 사람 이상의 증인이 증언하거나 율법서 외에 예언서나 성문서에서 인용되어야 증거로서 효력이 있는 것으로 간주하는 유대교의 관습에 따른 것이다(박익수, 「로마서 주석 I」, 360). 시편 구절에서도 창세기 15 : 6을 인용한 아브라함의 칭의에서처럼 바울은 자신의 유대주의적 논쟁 상대자가 알고 있는 구약의 미드라쉬를 이용하여 그들을 논박하거나 설득하고자 하였다. 7~8절에서 바울은 다윗의 시편 가운데 32 : 1~2, 두 절을 인용한다. 곧 "불법이 사함을 받고 죄가 가리어짐을 받는 사람들은 복이 있고, 주께서 그 죄를 인정하지 아니하실 사람은 복이 있도다." 이 두 구절은 각각 '복이 있다'로 시작한다. 이때, 7절에서는 복이 복수(複數)의 사람들에게 선언되고, 8절에서는 복이 단수(單數)의 사람에게 선포된다. 물론, 7절은 복수로 표현된 구체적 진술로, 또 8절은 단수로 집단화되고 일반화된 진술로 볼 수도 있다. 그러나 여기서는 문체적 개선을 위해 중복을 피한 문체의 다양성으로 여겨야 한다. 왜냐하면, 바울이 이신칭의의 예증을 할 때, 양자(兩者)의 내용적인 차이가 나타나지 않기 때문이다. 7절에 사용된 '불법'(anomiai)이나 '죄'(hamartiai)는 모두 복수로 사용되었다. 바울 서신에서 그가 '죄' 용어를 사용한 용례를 살펴보면, 바울이 주로 사용하는 단수의 '죄'는 '죄의 권세'를 의미하며, 거의 전승에서 인용하여 사용하는 복수는 구체적인 범죄 행위를 가리킨다. 다시 말하면, 바울이 단수의 '죄' 용어를 사용하여 '죄의 권세' 아래 있는 인간을 나타내지만, 이 용어를 구약이나 유대교나 헬라 세계의 전승에서 인용할 경우에는 구체적인 '죄의 행위들'인 복수로 표현하였다. 그러므로 7절의 '죄'는 '죄들'로 옮기는 것이 적절하다.

요약하면, 아브라함은 '행위'로써가 아니라 '믿음'으로써 의롭다 여김을 받은 구약의 대표적인 인물이다. 이때 다윗이 노래한 시구(詩句)가 모세의 아브라함 기사의 증거로서 뒷받침한다. 바울은 (구약) 성경과 구약의 모범적인 '믿음의 선조(先祖)들'(마 1 : 1 참조)의 예를 들어 '경건치 않은 자의 이신칭의'를 입증하고자 하였다. 이 본문 단락이 전하는 신학적 메시지를 찾아보면, 다음과 같다. 첫째, 믿음의 조상 아브라함이 의롭다 여김을 받은 것은 '오직 믿음으로'(sola fide) 말미암은 것이다. 둘째, 아브라함의 칭의는 그가 일을 하여, 곧 율법의 행위로써 얻은 공적(功績)이나 업적(業績)에 대한 대가(代價)가 아니라 '오직 하나님의 은혜로'(sola gratia Dei) 말미암은 것이다. 셋째, 하나님의 칭의는 경건하지 아니한 자를 의롭다 하시는 칭의이다. 넷째, 그러므로 이신칭의는 하나님께서 주시는 은혜요 복이다.

2) 할례 받기 전에 의롭다 여김 받은 아브라함(4 : 9–12)

> 9그런즉 이 복이 할례자에게냐 혹은 무할례자에게도냐 무릇 우리가 말하기를
> 아브라함에게는 그 믿음이 의로 여겨졌다 하노라 10그런즉 그것이 어떻게 여
> 겨졌느냐 할례 시냐 무할례 시냐 할례시가 아니요 무할례 시니라 11그가 할례
> 의 표를 받은 것은 무할례 시에 믿음으로 된 의를 인친 것이니 이는 무할례자
> 로서 믿는 모든 자의 조상이 되어 그들도 의로 여기심을 얻게 하려 하심이라
> 12또한 할례자의 조상이 되었나니 곧 할례 받을 자에게뿐 아니라 우리 조상 아
> 브라함이 무할례 시에 가졌던 믿음의 자취를 따르는 자들에게도 그러하니라

이제 바울은 앞에서 다루었던 '할례' 문제(2 : 25–29 참조)를 다시 거론한

다. 율법은 특정 시대와 상관없이 지켜져야 할 열 가지 계명으로 표현된 '도덕법'과 제사의식과 관련된 제의법(祭儀法)으로 구성되어 있는데, 유대인들에게 '할례'는 바로 제의법을 대표하는 상징적 의식이었다. 바울은 이 단락에서 아브라함의 경우 칭의와 할례가 무관(無關)하였음을 보여 주고자 한다. 7~8절에서 바울은 경건치 않은 자의 죄를 죄로 여기지 아니하신 하나님의 복을 언급한 시편 32 : 1~2을 인용함으로써 아브라함의 이신칭의를 언급하는 창세기 15 : 6을 입증하려 했던 반면, 본문 단락에서는 역으로 창세기의 말씀으로써 시편 32 : 1~2의 근거를 찾고자 하였다(E. Käsemann, *Römer*, 108). 다시 말하면, 이 단락에서 바울은 직전의 두 구절에서 인용했던 시편 32 : 1~2에 언급된 복이 할례자에게만 해당되는 것인지 아니면 무할례자에게도 적용되는 것인지를 묻는 문제를 다룬다.

[4 : 9–10] 9절은 "이 복이 할례자에게 약속된 것인가 아니면 무할례자에게도 약속된 것인가?"라는 질문으로써 시작된다. 이 질문에 대한 유대교 서기관들의 성경 해석인 미드라쉬(P^{e}siqR 45)의 대답에 의하면, 경건치 않은 자의 죄를 죄로 여기지 아니하는 복은 단지 할례자인 이스라엘에게만 유효하고, 할례 받지 않은 이방인에게는 효력이 없다. 이에 대하여 바울은 반박한다. 그는 창세기 15 : 6을 다시 인용하면서 아브라함에게는 그의 믿음이 의로 여기심을 받았음을 상기시킨다. 이어 10절에서 바울은 아브라함이 그 믿음으로 의롭다 여김 받았던 시기에 대해 묻는다. 그때가 할례 받았을 때인가 아니면 할례 받지 않았을 무할례 시인가? 이 질문에 대한 바울의 대답은 '무할례 시'이다. 아브라함이 의롭다 여김 받은 사실은 창세기 15장에 언급되어 있으며, 그가 할례를 받은 것은 창세기 17장에 묘사되어 있다. 고대 유대인 회당의 공식적인 연대기에 의하면, 아브라함이 할례를 받은 것은 믿음으로 의롭다

여기심을 받고 만 29년이 지난 뒤였다(P. Billerbeck, *Kommentar zum Neuen Testament aus Talmud und Midrasch* Ⅲ, ^{7}1979, 203).

[4 : 11-12] 그렇다면, 아브라함은 왜 할례를 받았는가? 여기서 바울은 아브라함이 받은 '할례'에 대하여 '표'(sēmeion)로 이해한다. 이때 '표'란 그 자체가 어떤 의미 있는 내용을 담고 있는 용어가 아니라, 어떤 의미 있는 내용을 가리키는 표지(標識)이다. 아브라함이 할례를 받은 이유는 그가 할례 받지 않았을 때에 믿음으로 여겨진 의를 인친 것이다. 여기서 '인침'(sphragis)이란 '증거'를 의미한다. 곧, 할례는 할례 자체로 독자(獨自)적인 의미를 지닌 신앙행위가 아니라, 할례 받지 않았을 때에 믿음으로 된 의에 대한 증거이다(11절상). 아브라함이 믿음으로 의롭다 여김 받은 후에 이의 증거인 할례를 받은 것은 무할례자로서 믿는 모든 사람들의 조상이 되어 그들도 의로 여기심을 받게 하려 함이며(11절하), 또한 할례자의 조상이 되고자 했기 때문이다. 이런 점에서, 아브라함은 할례 받음과 무관하게 믿음으로써 의롭다 여김 받은 '이신칭의의 본보기'이자 또한 '모든 믿는 자들의 조상'이다. 이로써 이방인도 의롭다 여기심을 받을 수 있다는 은혜와 복이 성경을 통해, 또 믿음의 조상 아브라함의 본보기를 통해서 입증되었다.

설교를 위한 묵상

이 단락을 요약하면, 아브라함은 할례와 무관하게 믿음으로 의롭다 여김 받은 성경적 본보기이다. 이 단락이 전하는 메시지를 찾아보면, 다음과 같다. 첫째, 경건치 않은 자를 의롭다 여기시는 하나님의 복은 할례 받은 유대인뿐 아니라 할례 받지 않은 이방인에게도 유효하다(9절). 둘째, 아브라함이 의롭다 여김 받은 시기는 할례 받기 전이다(10절). 셋째, 할례는 표지로서 믿음으로 받은 의롭다 여기심에 대한 증거이다(11절). 넷째, 믿음으로써 의롭다 여김 받은 아브라함은 할례자와 무할례자의 조상이 되었다. 다섯째, 아브라함의 예는 믿음의 자취를 따르는 모든 자들에게 본보기이다.

3) 아브라함을 본받은 믿음으로써만 이루어지는 하나님의 약속(4 : 13–25)

13아브라함이나 그 후손에게 세상의 상속자가 되리라고 하신 언약은 율법으
로 말미암은 것이 아니요 오직 믿음의 의로 말미암은 것이니라 14만일 율법에
속한 자들이 상속자이면 믿음은 헛것이 되고 약속은 파기되었느니라 15율법
은 진노를 이루게 하나니 율법이 없는 곳에는 범법도 없느니라 16그러므로 상
속자가 되는 그것이 은혜에 속하기 위하여 믿음으로 되나니 이는 그 약속을 그
모든 후손에게 굳게 하려 하심이라 율법에 속한 자에게뿐만 아니라 아브라함
의 믿음에 속한 자에게도 그러하니 아브라함은 우리 모든 사람의 조상이라
17기록된 바 내가 너를 많은 민족의 조상으로 세웠다 하심과 같으니 그가 믿은
바 하나님은 죽은 자를 살리시며 없는 것을 있는 것으로 부르시는 이시니라
18아브라함이 바랄 수 없는 중에 바라고 믿었으니 이는 네 후손이 이같으리라
하신 말씀대로 많은 민족의 조상이 되게 하려 하심이라 19그가 백 세나 되어
자기 몸이 죽은 것 같고 사라의 태가 죽은 것 같음을 알고도 믿음이 약하여지
지 아니하고 20믿음이 없어 하나님의 약속을 의심하지 않고 믿음으로 견고하
여져서 하나님께 영광을 돌리며 21약속하신 그것을 또한 능히 이루실 줄을 확
신하였으니 22그러므로 그것이 그에게 의로 여겨졌느니라 23그에게 의로 여겨
졌다 기록된 것은 아브라함만 위한 것이 아니요 24의로 여기심을 받을 우리도
위함이니 곧 예수 우리 주를 죽은 자 가운데서 살리신 이를 믿는 자니라 25예

수는 우리가 범죄한 것 때문에 내줌이 되고 또한 우리를 의롭다 하시기 위하여 살아나셨느니라

4장은 이신칭의에 대한 구약적 예증이다. 바울은 창세기의 아브라함 기사를 인증하여, 4장 전반부(1-12절)에서 아브라함이 할례받기 전에 믿음으로 말미암아 의롭다 여김 받았음을 역설하고, 4장 후반부(13-25절)에서는 아브라함을 본받은 믿음으로써 약속이 이루어짐을 보여 주고자 한다. 특히, 13~25절 단락에서 바울은 유대교 랍비들의 미드라쉬적 성경 해석 방식을 사용하고 이를 확장하여 아브라함에게 주어진 약속이 아브라함뿐 아니라 믿음으로써 의롭게 된 사람들에게도 이른다는 것을 보여 주고자 한다. 4장의 후반부에서는 신약성경의 저자들에게 신학적으로 중요한 의미를 지니고 있는 '약속'(epangelia)의 개념이 전체 논증을 전개하는 핵심주제이다. '약속'은 하나님의 구속사를 '약속과 성취'의 도식으로 이해할 때 신학적으로 의미심장한 개념이다. 곧, 율법의 '대립명제'(Antithesis)인 '약속'은 아브라함에게 '미리 전해진'(갈 3 : 8 참조) '복음의 원형(原型)'이다(E. Käsemann, *Römer*, 7). 바울은 하나님의 묵시적 자기 계시 사상을 '약속과 복음'의 변증법적 관계 안에서 이해한다. 다시 말하면, 하나님의 구속사에서 '약속'은 '복음'을 통해서만 '복음의 원형'으로 인식되며, '복음'은 현실의 투쟁과 위험 안에서만 세상과 인간을 위하여 하나님에 의해서 "종말론적으로 실현된 약속"(E. Käsemann, *Römer*, 12)이다. 캐제만을 따라, 이 단락을 그 핵심주제어인 '약속'의 관점에서 구분해 보면, 세 개의 소단락으로 나눌 수 있다(E. Käsemann, *Römer*, 112). 바울은 그 '첫째 단락'(13-17절상)에서 약속이 율법에 결부되어 있지 않음을 논증하고, '둘째 단락'(17하-22절)에서는 죽은 자의 부활에 대한 믿음만이 약속에 부합됨을 서술하며, 마지막 '셋째 단락'(23-25절)에서 기독교 신앙의 본보기요 전조(前兆)로서 아브라함의 신앙을 보여 준다.

[4 : 13-17상] 바울은 이 단락에서 아브라함에게 주어진 약속은 '율법의 의'가 아니라 '믿음의 의'와 관련되어 있음을 밝힌다. 약속은 율법에 속한 자가 아니라 믿음으로 의롭다 여김 받은 자에게 주어진다. 창세기 15장에 의하면, 아브라함이 하나님께로부터 받은 약속은 크게 두 가지이다. 그 하나는 '후손에 대한 약속'(15 : 2-6)이고, 다른 하나는 '땅에 대한 약속'(15 : 7-21)이다. 사실, 이 약속은 아브라함이 하란을 떠날 때에 받은 약속(창 12 : 1-2) 안에 들어 있었다. 이 약속은 아브라함이 받았던 약속일 뿐 아니라 그 후손인 이삭, 야곱, 요셉에게도 계승되었던 약속이다(창 26 : 2-4 ; 28 : 13-15 ; 46 : 3-4 ; 48 : 3-4 참조). 아브라함이나 그 후손인 이삭, 야곱, 요셉에게 '세상'(kosmos, 히브리어로는 '땅'이란 의미도 있음.)의 상속자가 되리라고 하신 약속은 율법으로 말미암은 것이 아니라 오직 '믿음의 의'로 말미암은 것이다(13절). 여기서 '상속자'(klēronomos) 용어가 사용된 것은 아브라함과 후손에게 주신 '땅'에 대한 약속과 관련되어 있기 때문인데, 신약성경에서 이는 하나님께서 자기 백성에게 약속하신 땅(나라)을 받을 자이다(마 21 : 38 ; 갈 4 : 1 참조). 율법에 속한 자들이 상속자라면, 믿음은 헛것이 되고 약속은 파기되는 것이다(14절). 여기서 바울은, 3 : 20에서 "율법으로는 죄를 깨달음이니라"라고 율법의 기능을 묘사한 것처럼, "율법은 진노를 이루게 하나니"(15절)라고 율법의 한계와 그 결과를 언급한다. 율법이 없는 곳에는 범법도 없다. 이때 '범법'(parabasis)이란 권세로서의 '죄'(hamartia) 아래 있는 인간이 저지르는 구체적인 범죄를 의미한다. 이 용어는 바울이 '아담의 범죄'(5 : 14)를 말할 때 다시 등장한다. 상속자가 되는 것은 율법이 아니라 은혜에 속한 것이 되기 위해서 믿음으로 말미암는다. 믿음으로 상속자가 되는 것은 아브라함에게 하신 약속을 그 모든 후손에게 굳게 하기 위해서이다. 이는 '율법에 속한 유대인'(할례자)에게뿐만 아니라 아브라함의 '믿음에 속한 자', 곧 '이방인'(무할례자)에게도 그러하다. 그러므로 아브라함은 유대인이든 이방인이든 모든 믿는 사람의 조상이다(16절). 17절 상반절에서 바울은 다시 창세기 17 : 5("내가 너를 여러 민족의 아

버지가 되게 함이니라")을 인용하여 증거로 삼는다(17절상).

[4 : 17하-22] '둘째 단락'에서 바울은 죽은 자의 부활을 확신하는 믿음만이 아브라함이 받은 약속에 부합됨을 역설한다. 아브라함은 하나님의 약속 외에는 신뢰할 만한 어떤 것도 없는 상황에서 그 약속을 믿었다. 왜냐하면 그는 하나님께서 '무(無)로부터 유(有)를 창조'(creatio ex nihilo)하시는 분이심을 확신하였기 때문이다. 이때 바울은 아브라함을 부르시는 하나님을 언급한다. 왜냐하면, 바울은 아브라함의 믿음을 말하고자 하는 것이 목적이 아니라 아브라함의 믿음을 보고 의롭다 여기시는 하나님의 '이신칭의'에 대한 구약의 본보기를 제시하고자 하였기 때문이다. 하나님은 사람을 '부르시는 분'이시다(1 : 1 ; 8 : 28-30 참조). 아브라함이 믿은 하나님은 죽은 자까지도 일으키시는 '구원자'이시며, 또한 없는 것을 있게 하시는 '창조주'이시다(17절하). 이제 18~22절에서 바울은 하나님께서 믿음을 보시고 의롭다 여기신 이신칭의의 구약적 본보기로서 아브라함의 믿음이 어떤 믿음인지 그 믿음의 성격을 밝히고자 한다. 그 성격은 다음과 같다. 첫째, 아브라함의 믿음은 '바랄 수 없는 중에 바라는 믿음'이었다(18절). 아브라함은 자식이 없는 가운데서도 "많은 민족의 조상이 되게 하리라"는 후손에 대한 약속을 바라고 믿었다(창 12 : 1-2 ; 15 : 1-6 ; 17 : 1-8 ; 21 : 1-5 참조). 둘째, 이는 현실적으로, 곧 경험적으로 불가능한 것이었는데, 아브라함은 그것을 바라고 믿었다(19절). 다시 말하면, 백세가 된 아브라함은 사라와 함께 생식 기능이 다함을 알고도 믿음이 약해지지 않았다. 셋째, 그는 하나님의 약속을 의심하지 않고 확신하며 하나님께 영광을 돌렸다(20절). 넷째, 그는 하나님께서 약속하신 것을 이루실 줄을 확신하였다(22절). 이런 성격의 믿음으로써 아브라함은 하나님으로부터 의롭다 여김을 받았다(22절).

[4 : 23-25] 이제 4장의 마지막 석 절에서 기독교 신앙인의 본보기로서 아브라

함의 이신칭의가 하나님의 구속사에서 지니고 있는 의미가 다루어진다. 아브라함이 믿음으로 말미암아 의롭다 여김 받음은 단지 자신만을 위한 것이 아니라, 또한 의로 여기심을 받을 '우리', 곧 '예수 우리 주를 죽은 자 가운데서 살리신 이를 믿는 자'도 위하는 것이다. 바울은 이 소단락에서뿐 아니라, 앞서 11~12절에서 아브라함이 할례자와 무할례자의 조상임을 나타내고, 또 16절에서 모든 믿는 자의 조상으로서 아브라함의 믿음에 속한 자가 상속자가 될 수 있음을 드러냄으로써, 이신칭의의 차별 없는 보편성을 보여 주려 하였다. 게다가, '예수 우리 주를 죽은 자 가운데서 살리신 이를 믿는 자'로 아브라함에게 적용된 이신칭의의 대상을 확대하여 해석함으로써 '기독론적 이신칭의'로 마무리 짓고자 하였다. 다시 말하면, 바울은 자신이 전해 받았던 이신칭의 사상에 원시 기독교의 신앙고백문을 인용하여 접목시킴으로써 그리스도 중심적으로 해석된 기독론적 이신칭의를 역설한다.

25절이 원시 기독교에서 이미 공식화된 신앙고백문이라는 것은 이 절이 '그(예수)는'(hos)이라는 주격의 관계대명사로 시작되고 '시적(詩的) 평행구조'(parallelismus membrorum)로 이루어져 있음에서 분명하게 추론될 수 있다(E. Lohse, *Entstehung des Neuen Testaments*, 18). 운율(韻律)이 있는 대구(對句)로 이루어진 25절은 두 부분으로 구분된다. 곧, 이신칭의와 관련하여 상반절은 원시 기독교의 신앙고백 중 예수의 '죽음'(십자가 사건)의 의미를, 그리고 하반절은 예수의 '일으킴을 받으심'(부활 사건)의 의미를 알게 한다. 전자(前者)는 속죄(贖罪)이고, 후자(後者)는 칭의(稱義)이다. 다시 말하면, 예수 그리스도의 죽으심은 그를 믿는 자의 죄를 속하기 위함이며, 그분이 다시 일으킴을 받으신 것은 그를 믿는 자가 의롭다 여김을 받도록 하기 위함이다. 이때, '내어줌이 되고'(paredothē)나 '일으킴을 받으셨다'(egerthē)는 모두 하나님이 숨은 주어인 '신적 수동'(passivum divinum)의 표현이다. 이는 예수로 하여금 십자가에 내어주어 그를 죽게 하신 분이 하나님이시며, 그를 죽은 자 가운데서 다시 일으키신 분도 하나님이심을 보여 준다. 이런 점에서,

'에게르테'(egerthē)를 우리말로 바르게 옮긴다면, '살아나셨다'가 아니라 '일으킴을 받으셨다'이다. 삼위일체적 의미에서 예수 그리스도는 스스로 살아나신 것이 아니라 하나님에 의해 일으킴을 받으셨다. 여기서 '범죄'는 15절에서 '범법'으로 옮긴 '파라바시스'(parabasis)로서, '죄'(hamartia) 아래 있는 인간이 저지른 구체적인 '죄의 행위'를 의미한다.

바울은 4장에서 유대교 전승이나 유대 기독교 전승에서는 찾아볼 수 없을 정도로 믿음에 관해 아주 분명하게 말한다. 이는 무엇보다도 바울이 부름받았을 때 자신이 경험한 독특한 신앙 경험에 근거를 두고 있기 때문이다. '세 번째 큰 단락'(3 : 21-4 : 25)에서 바울의 칭의론를 요약하면, 그가 논증하는 칭의는 예수 그리스도를 믿음으로 말미암는 '믿음의 의'다. 바울은 3장 마지막 단락(3 : 21-31)에서 전개한 자신의 칭의에 대한 입장을 창세기 15 : 6을 토대로 성경적으로 입증하고자 하였다. 즉, 바울이 제시한 '믿음의 의'는 바울이 창안한 새로운 사상이 아니라 이미 구약에서부터 전해 내려온 사상이다. 이런 이유로, 바울은 아브라함을 그 예로 든다. 이때, 바울은 창세기의 이 구절을 자신의 신앙 경험을 근거로 특징 있게 해석한다. 다시 말하면, 바울은 구약을 철저하게 그리스도 중심적으로 해석한다. 이것은 당시 유대인들의 (구약) 성경 해석과는 완전히 다른 방식의 해석이었다. 4장에서 특히 '믿음' 주제가 자세하게 다루진다. 바울은 창세기 15 : 6에서 하나님에 대한 아브라함의 자세를 믿음으로 해석하였다. 여기서 '믿음'이란 하나님의 약속에 대한 신뢰를 뜻한다. 그러므로 기독교 신앙은 오직 그리스도를 선포하는 말씀과의 관계 안에서만 해석되어야 한다. 이런 점에서, 절대화할 수 있는 것은 말씀이지, 결코 신앙이 아니다. 캐제만은 4장을 주석하면서, 믿음이 무엇인가를 해명하려 하였다. 그에 의하면, '믿음'이란 세 가지로 정의될 수 있다. 첫째, 믿음이란 구원의 메시지를 받고 보존하는 것이며, 둘째, 말씀을 통해 사는 삶 또는 말씀의 다스림에 근거를 두고 있는 삶이며, 셋째, 복음의 말씀을 듣고 그리스도와 함께 그리스도를 향해 다가가는 모험이다(E. Käsemann, *Römer*,

99-122). 다시 말하면, '칭의'란 행위에 의해 결정되는 것이 아니다. 오히려, 칭의는 '믿음', '순종', '말씀'과의 관계 안에서 결정된다.

또 알트하우스 역시 자신의 「로마서」 4장 주석에서 바울의 경우 '복음과 믿음', '은혜와 믿음', '약속과 믿음'은 불가분으로 결합되어 있음을 강조하면서, 믿음을 다음의 세 가지로 정의하였다(P. Althaus, *Römer*, 49). 그에 의하면, '믿음'이란 첫째로, 가시(可視)적인 것을 너머 하나님께서 말씀하신 약속을 굳게 붙드는 것이며, 둘째로, 인간적으로 보아서는 아무것도 기대할 수 없는 것, 곧 죽음에서 하나님을 무와 죽음에서 창조주로 신뢰하는 것이고, 마지막으로, 비록 믿음이 인간의 순종과 신뢰행위이기는 하지만, 어떤 '행위'나 업적이 아니라, 오히려 그것을 포기하는 것이며, 하나님께서 인간에 대하여 행하신 행위에 대하여 순수하게 긍정하는 태도이다.

설교를 위한 묵상

바울 사도가 예수 그리스도 안에 나타난 '하나님의 의'를 믿음으로 말미암아 의롭다 여김 받는 '믿음의 의'로 역설하는 '세 번째 큰 단락'(3 : 21-4 : 25)이 전하는 신학적 메시지를 요약하면, 다음과 같다. 첫째, 예수 그리스도 안에 나타난 '하나님의 의'는 모든 믿는 자들에게 차별 없이 미치는 '믿음의 의'이다. 둘째, 그 '믿음의 의'는 행위로 얻는 것이 아니라 오직 예수 그리스도의 구속으로 말미암아 하나님의 은혜로 값없이 받는 것이다. 셋째, '믿음의 의'는 율법을 무력하게 하는 것이 아니라 도리어 그것을 세운다. 넷째, '믿음의 의'는 성경의 아브라함 기사가 입증한다. 다섯째, 믿음의 조상 아브라함이 믿음으로 말미암아 의롭다 여김 받은 칭의 사건은 단지 자신의 칭의만을 위한 개인적인 신앙 사건이 아니라, 나아가 예수를 믿는 모든 사람들의 칭의를 위한 구속사적이고 우주적인 의미를 갖는다. 여섯째, 예수를 믿는다는 것은, 내용적으로는 그의 십자가 죽음이 이를 믿는 자가 지은 죄를 용서하는 속죄 사건이며, 그분이 다시 일으킴을 받으심이 그 믿는 자를 의롭다 여기시는 칭의 사건임을 믿는다는 것을 의미한다.

D. 이신칭의(以信稱義)로 말미암은 죽음 권세로부터의 자유(5 : 1-21)

지금까지 바울은 믿음으로 말미암아 의롭다 여김 받는 하나님의 의를 논증하기 위하여 서두 단락(1 : 1-17)에서 주제를 제시하고, 이어 '두 번째 큰 단락'(1 : 18-3 : 20)에서 '하나님의 의가 필요한 절망적인 세상'을 다룬 다음, '세 번째 큰 단락'(3 : 21-4 : 25)에서 본격적으로 '믿음의 의'로서 '예수 그리스도 안에 계시된 하나님의 의'를 입증하였다. 이어지는 5장을 어느 단락에 속한 것으로 보아야 할지에 대한 단락 구분의 문제는 주석가들 사이에 논란이 되어 왔다. 어떤 주석가(예컨대, 슈툴마허)는 5장을 그 직전 단락과 관련된 것으로 보아 3 : 21~5 : 21을 하나의 단위를 이루는 단락으로 여긴다. 그렇게 보는 경우는 대개 그 핵심적인 근거가 1~5장이 '칭의'의 주제 아래서 전개되고 6~8장이 '성화'라는 주제 아래서 논증된다고 이해하는 데 놓여 있다. 그러나 어떤 학자(예컨대, 캐제만)는 5~8장을 하나의 큰 단락으로 여긴다. 왜냐하면, 이 큰 단락은 첫 단락의 주제가 마지막 단락의 주제와 만나는, 일종의 고리 모양의 환형(環形) 구조를 이루고 있기 때문이다(U. Schnelle, *Einleitung*, 137 참조). 다시 말하면, '네 번째 큰 단락'에서 찾을 수 있는 핵심개념은 '하나님의 사랑'(5 : 5, 8과 8 : 35, 39)인데, 이는 5장의 첫 단락(5 : 1-11)에서뿐 아니라 8장의 마지막 단락(8 : 31-39)에서도 등장한다. '사랑' 개념뿐 아니라, 5장의 서두 단락에 언급된 '소망'(5 : 4, 5과 8 : 24), '생명'(5 : 10과 8 : 2, 6), '성령'(5 : 5과 8 : 2, 5, 6, 9, 10, 13, 14, 15, 16), '죽음'(5 : 10과 8 : 2, 6)의 용어

역시 8장의 마지막 단락에서 다시 나타난다.

이렇게 볼 때, 5장을 직전 단락의 종결 부분으로 여기기보다는 이어지는 6~8장 단락의 서두로 이해하는 것이 오히려 문맥에 어울린다. 이런 단락 구분을 따라, 5~8장을 '네 번째 큰 단락'으로 분류해서 살펴보면, 바울은 이제 이어지는 네 장에서 이신칭의의 결과, 즉 믿는 자에게 실현된 '하나님의 의'가 미치는 효과를 밝힌다. 이 큰 단락을 세부적으로 구분해 보면, 여기서 바울은 이신칭의의 결과 믿는 자에게 일어난 네 가지 큰 변화를 보여 주려 한다. 곧 '죽음 권세로부터의 자유'(5장), '죄 권세로부터의 자유'(6장), '율법 권세로부터의 자유'(7장), 그리고 '성령 안에서의 자유'(8장)가 그것이다. 5장은 '이신칭의의 결과 믿는 자에게 실현된 하나님의 의' 주제를 다루는 단락(5 : 1-8 : 39)의 첫 단락으로, 예수 그리스도를 믿음으로 의롭다 여김 받은 그리스도인에게 실현된 자유를 해명하기 위한 서론적 단락에 해당한다. 이신칭의로 말미암아 믿는 자에게 미치는 '하나님의 의'의 효과로서 '죽음 권세로부터의 자유'를 다루는 5장을 세분하면, 다음과 같다.

- 5 : 1-21 이신칭의의 결과, 믿는 자에게 실현된 죽음 권세로부터의 자유
  - 5 : 1-11 이신칭의의 결과 칭의자가 확신할 수 있는 종말론적 구원
  - 5 : 12-21 마지막 아담이신 예수 그리스도로 말미암은 사망 권세로부터의 자유

1. 이신칭의의 결과 칭의자가 확신할 수 있는 종말론적 구원(5 : 1-11)

5장의 첫 단락(1-11절)에서 이신칭의의 개괄적인 결과가 다루어진다. 곧, 예수 그리스도를 믿음으로 말미암아 의롭다 여김 받은 칭의자는 마지막 때 자신의 구원을 확신할 수 있다. 이신칭의로 말미암아 그리스도인이 구원의

확신을 가져도 되는 근거는 두 가지로 구분되어 논증된다. 먼저, 첫째 소단락(1–5절)에서 칭의자가 자신의 구원을 확신할 수 있는 첫 번째 근거는, 예수 그리스도를 믿음으로 말미암아 이르게 된 그리스도인의 현재 신분 상태변화이다. 이어지는 둘째 단락(6–11절)에서, 그 두 번째 근거로 '하나님의 사랑'을 확증한 예수 그리스도의 죽으심이 언급된다. 이때, 이 두 단락에 바울 신학에서 신학적으로 비중이 있는 '화평', '소망', '성령', '사랑', '죽음' 등의 개념들이 등장한다. 이런 주요 개념들이 나타나는 이유는 이 용어들이 이신칭의의 결과 나타난 '하나님의 의'의 효력과 관련되어 있기 때문이다.

1) 믿음으로 말미암아 이르게 된 그리스도인의 현재 신분 상태(5 : 1–5)

> [1]그러므로 우리가 믿음으로 의롭다 하심을 받았으니 우리 주 예수 그리스도
> 로 말미암아 하나님과 화평을 누리자 [2]또한 그로 말미암아 우리가 믿음으로
> 서 있는 이 은혜에 들어감을 얻었으며 하나님의 영광을 바라고 즐거워하느니
> 라 [3]다만 이뿐 아니라 우리가 환난 중에도 즐거워하나니 이는 환난은 인내를,
> [4]인내는 연단을, 연단은 소망을 이루는 줄 앎이로다 [5]소망이 우리를 부끄럽게
> 하지 아니함은 우리에게 주신 성령으로 말미암아 하나님의 사랑이 우리 마음
> 에 부은 바 됨이니

의롭다 여김 받은 사람이 구원을 확신할 수 있는 첫 번째 근거는 이신칭의의 결과 이르게 된 자신의 변화된 현재 신분 상태이다. 이는 세 가지로써 논증된다. 그리스도인이 구원의 확신을 가져도 되는 것은, 첫째, 이신칭의의 결과 그가 주 예수 그리스도로 말미암아 하나님과 화평을 누리게 되었기 때문이다(1절). 둘째, 그리스도인은 믿음으로 서 있는 은혜에 들어감을 얻었기 때문이다(2절상). 셋째, 그는 그리스도인은 하나님의 영광에 대한 소망으로 인하여 즐거워하게 되었기 때문이다(2하–5절).

[5 : 1] '그러므로'는 결과를 나타내는 인과적 접속사이며, 내용적으로는 '세 번째 큰 단락'(3 : 21-4 : 25)의 내용, 곧 이신칭의의 결과 미치는 효과를 나타낸다. 칭의자가 구원의 확신을 가져도 되는 첫 번째 이유는 예수 그리스도로 말미암아 하나님과 화평하게 되었기 때문이다. 여기서 '화평'(eirēnē)은 칭의자와 하나님과의 관계 안에서 언급된다. 믿음에서 난 칭의의 결과는 하나님과 화목하게 되는 것이다. 곧, '화해'란 '칭의'의 결과이다. 이처럼 '칭의'와 '화해'를 동일하게 여기는 것은 바울 신학의 중요한 특징이다. 바울에 의하면, 화해의 토대는 의로움이다. 진정한 화해는 의로움의 회복에서 비롯되며, 스스로 의에 이를 수 없는 인간은 하나님의 의롭다 여기심에서 회복되는 관계를 통해서만 의에 이를 수 있다. 이 관계의 회복은 주 예수 그리스도를 믿음으로써 이루어진다. '화평을 누리자'라는 단어는 사본에 따라 그 다른 형태가 나타나는데, 어떤 사본(a* A B* C D 등)은 '우리가 (화평을) 가진다'(echomen, 직설법)를 본문으로 삼았으며, 다른 사본(a[1] B[2] F G 등)은 '우리가 (화평을) 가지자'(echōmen, 가정법)를 본문으로 채택하였다. 사본을 비교해 볼 때 더 오래된 본문을 따른다면, 전자가 옳다. 그뿐만이 아니라 내용적으로도, 하나님과 화목하게 되는 것이 인간의 노력으로써 얻을 수 있는 관계가 아니라 순전히 그리스도를 믿음으로 말미암아 이를 수 있는 관계라면, '화평을 누리자'로 옮길 수 있는 '청유'(請由)나 '권고'(勸告)의 용법으로 사용되는 가정법이 아니라 '화평을 누린다'라는 그리스도인의 상태를 '서술'하는 직설법이 원래 본문일 것이다. 이런 점에서, 이를 '하나님과 화평을 누리자'로 옮긴 한글 개역 번역보다는 '하나님과 화평을 누린다'로 번역하는 것이 원문에 더 적절한 번역이다.

[5 : 2상] 이신칭의의 결과, 칭의자가 구원의 확신을 가져도 되는 두 번째 이유가 2절 상반절에 언급된다. 그리스도인이 예수 그리스도로 말미암아 의롭다 여김을 받았다면, 또한 그분으로 말미암아 믿음으로 서 있는 이 은혜에 들어감도 얻게 되었다. 이때 '들어감'(prosagōgē)이란 구약의 제의적 배경을 가진

용어로, 아무런 방해를 받지 않고 성전에 들어가거나 지성소에 들어가는 것을 의미하며(히 10 : 19–22 참조), 결국 하나님 아버지께 나아가는 것을 의미한다(벧전 3 : 18 ; 엡 2 : 18 등 참조). 믿음으로 말미암은 칭의는 하나님의 임재 장소인 지성소에 거리낌 없이 나아갈 수 있게 한다. 바울은 3 : 24~26 단락에서 인용했던 속죄 죽음 사상을 토대로 하여 믿는 자와 하나님의 사이에서 이루어진 화평을 말하고, 이신칭의의 결과 그리스도인이 필요할 때마다 받는 은혜를 말하는 것이 아니라, 그 은혜 안으로 들어가게 되었음을 역설한다.

[5 : 2하–5] 이제 이신칭의의 결과, 칭의자가 구원의 확신을 가져도 되는 세 번째 이유가 언급된다. 믿음으로 의롭다 여김 받은 그리스도인은 하나님의 영광에 대한 소망으로 인하여 즐거워하게 됨으로써 마지막 때의 구원을 확신할 수 있다. 한글 성경에서 '즐거워하다'로 번역된 단어는 '자랑하다'(kauchas-thai)인데(2, 3, 11절 참조), 여기서는 이신칭의와 관련하여 그리스도인이 하나님을 자랑하는 용례로 사용되었다. 이 단락에서 '하나님 자랑'은 다음 세 가지와 관련되어 있다. 곧, '믿음으로 이미 들어가 있는 은혜의 상태'(2절상), '하나님의 영광으로 말미암아 소망 중에 기다리는 완성'(2절하), '현재의 환난'(3절상)이 그것이다. 바울은 종말 시의 구원에 대한 확신에 근거하여, 현재의 고난 가운데서도 하나님을 자랑할 수 있었다. 현재의 환난 가운데서도 즐거워할 수 있는 것은 그리스도인이 가지고 있는 종말론적인 소망 때문이다. 곧, 믿음으로 말미암아 의롭다 여김 받은 자는 장차 하나님의 영광을 기뻐할 뿐만이 아니라 역설적으로 환난 가운데서도 자랑할 수 있다. 그것은, 그리스도인이 랍비적 연쇄 추론 방식으로 표현된 "환난은 인내를, 인내는 연단을, 연단은 소망을 이루는 것"을 알기 때문이다(3–4절). 이 역설적인 자랑에서 진정한 그리스도인의 표지(標識)가 나타난다. 그러므로 바울에게 '환난'(thlipsis)은 '우연한 것'이 아니라 오히려 '필수적인 것'이다(H. Schlier, *Römerbrief*, 146).

이어서 그리스도인을 부끄럽게 하지 아니하는 '소망'이 언급된다(5절). 소망이 부끄럽게 하지 않는 것은 신자에게 주신 '성령'으로 말미암아 '하나님의 사랑'이 그 마음에 부어졌기 때문이다. 여기서 '하나님의 사랑'이란 바울의 경우 믿는 자를 사로잡는 하나님의 능력이다. 이 구절에서 모든 것을 하실 수 있는 창조주 하나님과 지음 받은 인간의 관계가 언급된다. '하나님의 사랑'이 그리스도인의 마음에 부어졌다. '붓다'라는 용어에서 세례 사건이 연상된다. 이 단락에서 엿볼 수 있는 바울의 의도는 세 가지다. 첫째, 이신칭의의 결과 그리스도인의 실존이 변화했다. 둘째, 마지막 때 구원에 대한 객관적인 보증으로서 성령이 신자에게 주어졌다. 셋째, 성령으로 말미암아 믿는 자의 마음에 부은 바 된 하나님의 사랑이 구원의 확신을 가져다준다(8 : 31-39 참조).

설교를 위한 묵상

이 단락을 요약하면, 예수 그리스도를 믿음으로 말미암아 의롭다 여김을 받은 그리스도인은 현실에서 세 가지 상태에 놓여 있다. 첫째, 그는 하나님과 화평하게 되었으며, 둘째, 믿음으로 서 있는 은혜 안에 들어가 있고, 셋째, 하나님의 영광을 바라고 즐거워할 뿐 아니라 환난 가운데서도 즐거워한다. 이러한 변화된 신분 상태는 그리스도인으로 하여금 구원의 확신을 가지게 한다. 특히, 환난 가운데서도 즐거워할 수 있는 역설적인 자랑은 이 단락에 명사형으로 사용된 기독교인의 3대 덕목(德目)인 '믿음', '소망', '사랑'과 관련되어 있다(살전 1 : 3 참조). 이런 역설적 자랑은 환난이 소망을 빼앗는 '원인'이 아니라, 오히려 그것은 소망에 이르는 '관문'이다. 이는 성령으로 말미암은 하나님의 사랑 때문이다. 이 하나님의 사랑이 그리스도인으로 하여금 의로운 삶을 살 수 있게 한다.

2) 하나님의 사랑을 확증한 예수 그리스도의 죽으심(5 : 6-11)

6우리가 아직 연약할 때에 기약대로 그리스도께서 경건하지 않은 자를 위하

여 죽으셨도다 7의인을 위하여 죽는 자가 쉽지 않고 선인을 위하여 용감히
죽는 자가 혹 있거니와 8우리가 아직 죄인 되었을 때에 그리스도께서 우리를
위하여 죽으심으로 하나님께서 우리에 대한 자기의 사랑을 확증하셨느니라
9그러면 이제 우리가 그의 피로 말미암아 의롭다 하심을 받았으니 더욱 그로
말미암아 진노하심에서 구원을 받을 것이니 10곧 우리가 원수 되었을 때에 그
의 아들의 죽으심으로 말미암아 하나님과 화목하게 되었은즉 화목하게 된 자
로서는 더욱 그의 살아나심으로 말미암아 구원을 받을 것이니라 11그뿐 아니
라 이제 우리로 화목하게 하신 우리 주 예수 그리스도로 말미암아 하나님 안
에서 또한 즐거워하느니라

이 단락에서 예수 그리스도께서 그를 믿는 자들을 위하여 죽으신 죽음의 성격과 의미가 다루어진다. 그리스도 예수의 십자가 죽음은 대속(代贖)적 죽음이며, 그의 대속(代贖)적 죽으심은 종말의 때 그리스도인이 자신의 구원을 확신할 수 있는 근거이다. 하나님 아들의 죽으심으로써 선행(先行)적으로 베풀어진 하나님의 사랑이 입증된다. 그 사랑은 예수께서 대신 죽으신 자들을 보면 확실하게 알 수 있다. 예수 그리스도는 '경건하지 않은 자'를 위하여 죽으셨고(6절), 그들이 '죄인' 되었을 때에 죽으셨으며(8절), 하나님과 '원수' 되었을 때에 죽으셨다.

이때, 이 단락에 나타나는 '위하여'(hyper) 어구(語句)는 중요한 의미를 지니고 있다. 특히, '우리를 위하여'는 "그리스도께서 우리를 위하여 죽으셨다."는 초기 기독교의 신앙고백을 표현하는 공식문(公式文)으로 사용되었다. 이처럼 예수 그리스도의 죽으심이 지니고 있는 세 가지 특징으로써 바울은 믿는 자에게 나타난 '하나님의 사랑'을 입증하고자 하였다. 그뿐만이 아니라 예수 그리스도의 죽으심을 통한 '하나님의 사랑'은 구원의 확신에 대한 근거가 된다. 바울 사도는 이 단락을 마감하면서 서두에서 언급하였던 '화평'의 주제를 다시 언급한다(10-11절). 1절과 9절에서 이미 일어난 하나님의 구

원행위가 '칭의'로 묘사되었다면, 10절에서 그것은 '화해'로 표현되었다(P. Althaus, *Römer*, 52). 여기서 바울은 '칭의'를 '화해'와 관련지어 이해하였다. 이는 바울 특유(特有)의 신학적 해석이며, 또한 그의 신학적 업적이다. 아래의 구절 주석에서 이 주제를 좀 더 자세하게 다루면, 다음과 같다.

[5 : 6] 바울은 선행(先行)적인 '하나님의 사랑'을 확증한 예수 그리스도의 죽으심이 지니고 있는 특징을 세 가지로 해명한다. 먼저, 이 절에서 그 첫째 특징이 묘사된다. 그리스도께서 위하여 죽으신 자들은 '경건하지 않은 자들'이었고, 그 죽으심은 믿음으로 그리스도인이 된 시점에서 바라볼 때 '아직 연약할 때에' 일어난 사건이었다. 그것도 십자가 사건은 '기약대로', 곧 '때를 따라' 일어난 일이었다. 다시 말하면, 구속사(救贖史)의 관점에서 본다면, 예수 그리스도는 기약(期約)하신 때를 따라 죽으셨다.

[5 : 7–8] 이제 이어지는 두 절에서 선행(先行)적인 하나님의 사랑을 확증한 예수 그리스도의 죽으심이 지니고 있는 두 번째 특징이 언급된다. 바울 당시 세계에서 '의로운 사람을 위해' 죽는 일은 쉽게 일어나는 일이 아니었다. 간혹 '선한 사람을 위해' 죽는 사람이 있었다. 그러나 죄인을 위해 죽는 일은 나타나지 않았다. 그럼에도 불구하고, 예수 그리스도께서는 죄인을 위하여 죽으셨다. 이로써 그는 '하나님의 사랑', 곧 '죄인에 대한 하나님의 사랑'을 입증하셨다. 이때, 5절의 '하나님의 사랑'처럼 8절에서 '자기의 사랑'이 언급된다. 이 경우, '하나님의', '자기의'는 문법적으로는 속격(屬格) 표현인데, 그것도 속격이 주어(主語)의 역할을 하는 '주격적 속격'(genitivus subjectivus)이다. 그러므로 '하나님의 사랑'이란 '죄인에 대하여 하나님께서 베푸시는 사랑'을 의미한다. 그 하나님의 사랑은 단지 인간의 부족함을 채우는 '사랑의 행위' 이상이다. 그것도 하나님의 사랑은 구원을 가지고 오며 무에서 유를 창조함으

로써 '하나님의 진노'를 종식시키는, 창조주 하나님의 전능하신 능력이다. 그 권능이 죄인에 대한 종말론적인 칭의를 가능하게 한다. 이런 점에서 '십자가 신학'(theologia crucis)은 바울의 신론, 구원론, 인간론, 종말론의 열쇠이다(E. Käsemann, *Römer*, 129).

[5 : 9–10] 9~10절에서 선행적인 하나님의 사랑을 확증한 예수 그리스도의 죽으심이 지니고 있는 세 번째 특징이 언급된다. 믿음으로 의롭다 여김 받은 그리스도인이 예수의 피로 말미암아 의롭다 여기심을 받았다면, 더욱 그분으로 말미암아 진노하심에서 구원을 받을 것이다(9절). 또 칭의자가 원수 되었을 때에 그의 아들의 죽으심으로 말미암아 하나님과 화목하게 되었다면, 화목하게 된 신자는 더욱 그로 말미암아 구원받을 것이다(10절). 여기서 '더욱'(pollō mallon) 용어가 각 절에 사용되었는데, 이 단어 사이로 앞에는 '작은 것'이 언급되고, 뒤에는 '큰 것'이 언급되어 있다. 이로써 바울은 '작은 것이 논리적으로 가(可)하다면 큰 것도 가하다'라는 유대 랍비들이 즐겨 사용하던 '큰 것에서 작은 것으로'(a maiore ad minus)라는 추론 방식을 사용하여 논증한다. 바울에 의하면, '예수 그리스도의 죽으심으로 말미암아 의롭다 여김 받았다'(작은 것)면, '그분으로 말미암아 구원 받을 것'(큰 것)이며, 또 '그분의 죽으심으로 말미암아 하나님과 화목하게 되었다'(작은 것)면, '그의 살아나심으로 말미암아 구원 받을 것'(큰 것)이 확실하다.

그 내용을 주목해 보면, 바울의 경우 '칭의'와 '화해'(katallagē)는 동일하다. 예수께서 십자가에서 피를 흘리고 죽으신 것은 '경건치 않은 자', '죄인된 자'를 위하여 죽으신 것이며, '하나님과 원수 된 자'를 위하여 죽으신 것이다. 곧 예수 그리스도는 자신의 죽음으로써 하나님에 대하여 적대(敵對) 관계에 놓여 있던 원수들을 하나님과 화목하게 하셨다. 하나님의 아들 예수 그리스도의 십자가 죽음으로써 하나님과 화목하게 되었다면, 그의 화해로써 하나님과 원수 된 자 사이의 적대 관계는 끝이 난다. 대부분의 주석가들이 바울의 신학적 업적으로 강조하듯이, 바울의 경우 동일한 그리스도 사건에 대한 해석인 '칭의'와 '화해'는 불가분(不可分)으로 서로 소속되어 있는 공속(共屬) 개념이다. 이에 대하여 알트하우스는 자신의 「로마서」 주석에서 잘 요약하였다(P. Althaus, *Römer*, 52). 그에 의하면, 바울은 '복음'을 로마서에서는 계시된 '하나님의 의'(롬 1 : 16-17)로 묘사하였으며, 고린도후서에서는 '화해의 말씀'(고후 5 : 19)으로 서술하였다. 또 '그리스도의 행위'가 법적인 차원에서는 '칭의'(롬 3 : 24)로 해명되었으며, 개인적인 관계의 차원에서는 '화해'(롬 5 : 11)로 이해되었다. 다른 바울 서신에서는 '화해'가 '칭의'로써 해명되었지만(고후 5 : 14-21), 여기서는 '칭의'가 '화해'로써 설명되었다. 그러므로 바울의 경우 '칭의'는 '화해'와 함께하며, 화해는 '칭의'의 실현이다.

[5 : 11] 이제 5장 전반부 단락의 종결절에서 바울은 칭의자를 화목하게 하신 주 예수 그리스도로 말미암아 하나님 안에서 즐거워함을 언급함으로써 이 단락을 마감한다. 칭의는 의롭다 여김 받은 자로 하여금 단지 종말의 때 미래적인 구원에 대한 확신을 가지게 할 뿐 아니라, 다시 살아나신 예수 그리스도로 말미암아 현재 하나님과의 적대 관계를 청산하고 하나님과 화목하게 한다. 이런 점에서, "'화해'는 칭의와 결합되어 있는 하나님의 은총이며 현재적인 구원 획득이다"(장흥길 역, 「페터 슈툴마허의 로마서 주석」, 149). 다시 말하면, 화해란 하나님의 은혜로 말미암아 종말의 때 이루어질 구원을 현재 미리 맛보는 선취(先取)적 구원 상태이다. 바로 이런 이유로, 바울은 예수 그리스도로 말미암아 하나님 안에서 즐거워하고 자랑한다. 특히, '우리 주 예수 그리스도'란 명칭은 초기 기독교의 신앙고백이 담긴 명칭으로, '우리'란 예수 그리스도를 믿음으로 말미암아 의롭다 여김 받은 신앙공동체의 고백이며, '주'(kyrios)란 십자가를 지시고 부활하여 하나님의 우편에 계신 그의 아들의 '주 되심'에 대한 고백이다.

바울은 하나님의 아들 예수 그리스도를 믿음으로 말미암아 의롭다 여김을 받는다는 '기독론(基督論)적 이신칭의'를 논증함으로써 자신의 칭의론을 유대교의 이신칭의 사상과 차별화하였으며, 그와 함께 예수 그리스도의 죽으심을 법적인 면에서 죄인에 대한 칭의로 이해할 뿐 아니라, 개인적인 관계의 관점에서 하나님과의 화해로 해석함으로써 유대교와 주변 세계의 가르침과 구별하였다. 바울은, 고린도후서에서 복음을 '화해의 말씀'으로 해명하는 단락(고후 5 : 14-21)에서처럼, 이 단락에서도 '속죄'와 '칭의'와 '화해'를 동일시한다. 신약성경에서 바울의 경우 비로소 나타나는 '화해' 사상은 그 뿌리가 구약성경보다는 헬라적 유대교(Philo, Rer. Div. Her, 205-206)에 있다고 추정된다(F. Hahn, "Siehe, jetzt ist der Tag des Heils", 1973, 247 참조). 그러나 '화해'를 '칭의'와 관련지어 양자를 동일시한 경우는 유대교뿐 아니라 헬라 세계에서 바울 외에는 발견되지 않는다. 이처럼 예수의 속죄적 죽음에 근거한 '칭의'를 '화해'와 동일시한 것은 바울의 고유한 신학적 업적이며, 예수 그리스도의 십자가 중심으로 정립된 바울 신학의 특징이다.

2. 마지막 아담이신 예수 그리스도로 말미암은 사망 권세로부터의 자유 (5 : 12-21)

앞 단락(5 : 1-11)은 예수 그리스도를 믿음으로 말미암아 의롭다 여김 받은 결과 칭의자에게 일어난 '기독론적 칭의'의 효과를 다루는 '네 번째 큰 단락'(5-8장)의 서두(序頭) 단락이다. 여기서 바울은 이신칭의의 결과 칭의자가 확신할 수 있는 종말론적 구원을 서론격으로 다루었다. 이제 바울은 5장의 두 번째 단락(5 : 12-21)에서 이신칭의의 결과로 믿는 자에게 실현된 '죽음 권세로부터의 자유'를 본격적으로 묘사한다. 이 단락에서 바울은 기독론적 이신칭의의 결과 칭의자에게, 인류의 운명을 짊어진 '마지막 아담'이신 예수 그리스도로 말미암아 사망의 권세로부터 자유하게 되었음을 '아담과 그리스도' 모형론(typology)으로써 논증한다. 바울에게 있어서 죽음이란 세상에 존재하며 세상을 규정하는 실존 세력이다.

바울이 앞서 '두 번째 큰 단락'(1 : 18-3 : 20)에서 우주적 관점에서 하나님의 진노 아래 있는 세상을 다루었다면, 여기서는 개인적이고 인간론적 관점에서 죄로 말미암아 죽음의 권세 아래 있는 세상을 다룬다(E. Käsemann, *Römer*, 132). 이때 인간의 운명을 결정짓는 '운명담지자(擔持者)'로서 '첫 사람 아담'과 '마지막 아담'(고전 15 : 45 참조)이신 예수 그리스도가 대조적으로 비교된다. 이처럼 모든 인간의 운명을 걸머진 '아담'의 대표성은 이 단락에서 무려 12번이나 등장하는 '한 사람'이라는 용어에서 엿볼 수 있다. 한 사람 아담이 지은 죄의 결과 죽음의 권세가 세상에 들어왔고, 이와 마찬가지로 한 사람 예수 그리스도로 말미암아 그를 믿는 자는 사망의 권세를 벗어나 영원한 생명에 이르게 되었다. 특히, 이 단락에서 인간의 '원죄'(原罪)에 대한 주석적 문제가 오래전부터 제기되어 왔다. '인간의 원죄'에 대한 주장은 5 : 12에 대한 라틴 교부(敎父) 아우구스티누스(Augustinus, 주후 354-430년)의 해석에서 비롯되었다. 바울이 이 단락에서 인간의 원죄를 주장하는지 아니면 아담 이래로 인간에게 실재(實在)하는 범죄를 주장하는지에 대해서는 구절 주석에서 자세하게 다루어져야 한다. 이 단락을 세부적으로 구분하면, 다음과 같다.

5 : 12-21 마지막 아담이신 예수 그리스도로 말미암은 사망 권세로부터의 자유

- 5 : 12 아담이 지은 죄의 결과
- 5 : 13-14 죄와 율법과 사망의 관계와 아담의 모형론적 의미
- 5 : 15-17 하나님의 은혜와 예수 그리스도로 말미암은 생명
- 5 : 18-19 한 사람으로 말미암은 정죄와 칭의의 대조

5 : 20-21 요약 : 예수 그리스도로 말미암은 영생

1) 아담이 지은 죄의 결과(5 : 12)

12그러므로 한 사람으로 말미암아 죄가 세상에 들어오고 죄로 말미암아 사망이 들어왔나니 이와 같이 모든 사람이 죄를 지었으므로 사망이 모든 사람에게 이르렀느니라

[5 : 12] '그러므로'가 논리적으로 앞의 무엇에 연결되는지 명확하지 않다. 그렇기는 하지만, 칼뱅(J. Calvin)과 바르트(K. Barth)처럼, 이전 단락 전체(5 : 1-11)와 논리적 연속성이 있는 것으로 본다면, 이는 '그리스도의 죽음 안에 나타난 새 생명으로 말미암아 새 사람이 됨을 알고 있음으로'(K. Barth, *Der Römerbrief*, [2]1922, 154)라고 이해하는 것이 문맥으로 볼 때 적절하다. '한 사람으로 말미암아 죄가 세상에 들어오고'에서 '한 사람'은 아담을 가리키는데, 아담은 대표성을 지닌 최초의 인간이다. 아담의 불순종으로 말미암아 죄가 세상에 들어왔다(19절 참조). 이때 '죄'(hamartia)는 단수로 표현되었는데, 바울의 경우 그것은 구체적인 범죄나 죄과가 아니라 인간을 주관하려 하는 의인화(擬人化)된 '죄의 권세'이다. 그 죄로 말미암아 사망이 세상에 들어왔다. 이처럼 모든 사람이 죄를 지었으므로(단순과거) 사망이 모든 사람에게 이르렀다.

이때, '이와 같이 모든 사람이 죄를 지었으므로'에서 '에프 호'(ef hō)에 대한 해석이 주석가들 사이에서 문제가 되었다. 이에 대해서는 크게 두 가지 입장이 있다. 그 하나는 '에프 호'의 '호'(hō)를 남성 단수 여격의 관계대명사로 여겨 '에프 호'(ef hō)를 라틴 교부 아우구스티누스(Augustinus)처럼 고대 라틴어 역본의 읽기인 'in quo'를 따라 '그 사람(아담)으로 말미암아'로 옮겨, 이 구절('그 사람으로 말미암아 모든 사람이 죄를 지었느니라')에서 아담의 원죄(原罪)를 주장하는 입장이다. 다른 입장은 '호'(hō)를 중성 단수 여격의 관계대

명사로 여기고 이를 전치사 '에피'(epi)와 함께 '원인'이나 '결과'를 나타내는 전치사구로 보아, 한글 개역의 번역처럼 '그 사람으로 말미암아' 없이 '모든 사람이 죄를 지었으므로'로 옮기는 입장이다. 종교개혁자들은 대체로 인간의 원죄론에 동의하였다. 곧, 칼뱅은 이를 인간의 '유전(遺傳)적 타락'과 관련지어 해석하였으며, 루터는 여기서 인간의 유전적 원죄와 실제적 범죄 모두를 반영하여 이해하였다(박익수, 「로마서 주석 I」, 422).

그러나 바울은 이 단락에서 '아담과 그리스도'의 대조를 통하여 이신칭의의 결과 그리스도인 개인의 운명이 아담의 불순종과 예수 그리스도의 순종으로 말미암아 어떻게 변화되었는가를 보여 주고자 하였다. 바울이 대표성을 지닌 첫 사람 아담을 통해서 죄와 죽음이 세상에 들어왔음을 언급하는 것은 결코 아담의 원죄를 입증하기 위함이 아니다. 오히려 한 사람 아담 이래로 죄와 죽음이 세상에 들어와 실존하는 세력임을 보여 주고, '아담과 그리스도'의 대조를 통해서 한 사람 그리스도로 말미암아 의롭다 여김 받은 그리스도인에게 일어난, 변화된 이신칭의의 결과, 곧 '죽음 권세로부터 자유'하게 됨을 보여 주기 위함이었다. 전치사 구 '에프 호'(왜냐하면)에서 바울은 원죄가 아니라 모든 사람 개개인의 범죄 행위를 통해 온 세상이 죄에 사로잡혔다는 것을 경험적으로 관찰하고 묘사한다. 그러니까 여기서 바울은 원죄에 관한 어떤 원칙론을 설명하거나 교리적으로 체계화하려 한 것이 아니라, 현상 속에 나타나는 인간의 죄상(罪狀)을 폭로하고자 하였다. 이런 점에서, 바울이 여기서 말하고자 한 바는 죄의 세력, 곧 죄의 권세가 인간의 구체적인 범죄 행위에서 활동하고 있다는 점이었다(E. Käsemann, *Römer*, 132).

2) 죄와 율법과 사망의 관계와 아담의 모형론적 의미(5 : 13-14)

13죄가 율법 있기 전에도 세상에 있었으나 율법이 없었을 때에는 죄를 죄로 여기지 아니하였느니라 14그러나 아담으로부터 모세까지 아담의 범죄와 같은

죄를 짓지 아니한 자들까지도 사망이 왕 노릇 하였나니 아담은 오실 자의 모형이라

앞서 밝혔듯이, 12절에서 바울의 의도는 인간의 원죄를 알리는 것이 아니라, 모든 인간 개개인의 범죄를 드러내는 것이었다. 이제 그는 '죄'와 '율법'과 '사망'의 관계를 밝히고, '아담과 그리스도'의 대조를 준비하기 위해 아담이 지닌 모형론(模型論)적 의미를 서술한다.

[5 : 13-14c] 죄는 율법이 있기 전에도 세상에 있었다. 그러나 율법이 없을 때에는 사람들이 죄를 죄로 여기지 않았다. 율법이 있기 전, 곧 '아담으로부터 모세까지' 아담의 범죄와 같은 죄를 짓지 아니한 자들 위에도 사망은 왕 노릇 하였다. 여기서 '아담의 범죄'란 하나님의 형상대로 지음 받은 인간이 에덴동산 가운데 있는 "선악을 알게 하는 나무의 열매는 먹지 말라"(창 2 : 17)는 계명을 어긴 범죄를 가리킨다. 이때 '범죄'(parabasis)란 '넘어가다'(parabainein)라는 동사에서 유래된 명사인데, 바울은 이 용어를 단지 갈라디아서와 로마서에서 사용하며, 그것도 율법을 범하는 행위와 관련하여서만 사용한다(*EWNT* Ⅲ, 34). 율법이 있기 전 아담의 범죄와 같은 죄를 짓지 않은 사람들에게도 사망이 왕 노릇 하였다. '왕 노릇 하다'란 세상 나라의 임금이 권세를 휘두르는 것처럼 하나의 권세를 표현한다. 죄가 권세이듯, 죄의 결과 세상에 들어온 '사망'(ho thanatos) 역시 권세로서 인간을 그 아래 두려 하는 세력이다. 앞 단락에서 인간이 '죄 아래에'(3 : 9), '율법과 심판 아래에'(3 : 19) 있다고 밝힌 바울은 이제 '사망 아래' 있다고 말한다. 그것은 '죄 아래에' 있는 인간이 '사망 아래에' 있음을 말하기 위함이 아니다. 오히려 그 반대다. 다시 말하면, 이는 이신칭의의 결과 칭의자가 '죄와 사망'에서 벗어났음을 말하기 위해 언급되었다.

[5 : 14d] 이어서 아담의 모형론적 의미가 다루어진다. 이는 15~21절에 전개될 '아담과 그리스도'를 대조하기 위한 사전(事前) 준비 서술이다. "아담은 오실 자의 모형이라"는 진술에서 '오실 자'는 예수 그리스도를 가리킨다. 그런데, '모형'이란 무엇인가? 이는 원어로는 '튀포스'(typos)로 한글 개역에서는 '본(本)'(살전 1 : 7)이나 '본보기'(고전 10 : 6)로 번역되었다. 신약성경에서 이 용어는 그리스도와 관련하여 사용되었다. 바울에 의하면, 그리스도는 믿는 자의 '본'(typos)이 되시고, 그를 믿는 자는 그를 '본받는 자'(mimētēs)이다. 또한 그리스도를 '본받는 자'는 '본'(typos)이 되어 또 다른 사람들을 '본받는 자'(mimētēs)로 삼아야 한다(고전 11 : 1 참조). 여기서는 반대로 '아담'이 그리스도의 예표(豫表) 내지는 모형(模型)이다. 신약의 인물이나 사건을 구약에서 그 예표를 찾거나 신약 내 인물이나 사건을 이전 모형에서 찾아 해석하는 방법을 '모형론'(typology) 또는 '유형론'(類型論)이라고 하는데, 여기서 바울은 '아담과 그리스도 모형론'(Adam-Christ-typology)을 통해서 양자(兩者)의 공통점을 밝히는 동시에 대조로써 차별성을 밝힘으로 이신칭의의 결과 칭의자에게 일어난 새로운 변화를 전하려 하였다.

3) 하나님의 은혜와 예수 그리스도로 말미암은 생명(5 : 15-17)

> 15그러나 이 은사는 그 범죄와 같지 아니하니 곧 한 사람의 범죄를 인하여 많
> 은 사람이 죽었은즉 더욱 하나님의 은혜와 또한 한 사람 예수 그리스도의 은
> 혜로 말미암은 선물은 많은 사람에게 넘쳤느니라 16또 이 선물은 범죄한 한
> 사람으로 말미암은 것과 같지 아니하니 심판은 한 사람으로 말미암아 정죄에
> 이르렀으나 은사는 많은 범죄로 말미암아 의롭다 하심에 이름이니라 17한 사
> 람의 범죄로 말미암아 사망이 그 한 사람을 통하여 왕 노릇 하였은즉 더욱
> 은혜와 의의 선물을 넘치게 받는 자들은 한 분 예수 그리스도를 통하여 생명
> 안에서 왕 노릇 하리로다

이제 이 단락에서 본격적으로 '아담과 그리스도' 모형론이 전개된다. 여기서 '아담과 그리스도'의 대조는 '범죄'와 '은사(또는 은혜)'(15절), '심판'과 '은사' 및 '정죄'와 '칭의'(16절), '사망'과 '생명'(17절)의 대조로써 밝혀진다. 이때 '많은 사람'이 언급되는데, 5장에서 이는 '모든 사람'과 동의어(同義語)로서 중복어(重複語)를 피하고 문체적 다양성을 표현하기 위해 사용되었다. 특히, 15절과 17절에 사용된 '더욱'은 유대 랍비들이 논증에서 즐겨 사용하던 '작은 것에서 큰 것으로'(a minori ad maius)의 논증 방식에 등장하는 상용(常用) 표현이다. 이로써 15~17절 단락은 아담으로 인한 심판보다 예수 그리스도로 말미암은 구원의 우월성을 분명하게 보여 준다.

[5 : 15] 이 절에서 예수 그리스도로 말미암은 '은사'는 아담의 '범죄'와 대조된다. '은사'와 '범죄'에 해당하는 원어는 '카리스마'(charisma)와 '파라프토마'(paraptōma)인데, 헬라어에서 어미(語尾)가 '마'(-ma)로 끝나는 명사는 '실제 행위를 나타내는 행위명사'(nomen rei actae)로 여기서는 각운(脚韻)을 맞추어 사용되었다. '은사'는 하나님께서 은혜(charis)로 베푸신 행위를 뜻하며, '범죄'(paraptōma)는 14절에서 계명이나 규정을 위반할 때 사용된 '범죄'(parabasis)와 구별되게, 과오(過誤)를 저지르는 행위를 의미하는데(*EWNT* Ⅲ, 78), '파라프토마'나 '파라바시스'나, 둘 다 권세로서 '죄'(hamartia) 아래에 있을 때 범한 죄의 행위를 가리킨다. 이 절에 사용된 '범죄' 용어는 신약에서 과반(過半)이 바울서신에 나타나며(19회 중 11회), 그중 과반이 이 단락(5 : 15-20)에 등장하는데(11회 중 6회), 이는 바울이 신학적 의도를 가지고 선별하여 사용하였기 때문이다. 한 사람 아담의 범죄를 인하여 많은 사람이 죽었다. 여기서 '많은 사람'이란 이 단락에서 '모든 사람'과 함께 아홉 번 반복되어 나타나는데, 이는 바울이 문체적 중복을 피하기 위하여 '모든 사람'과 혼용(混用)하는 수사학(修辭學)적 표현이며(R. Jewett, *Romans*, 370), 또한 히브리어 용례를 따른 관습적 표현이다. 양자(兩者)가 동일한 내용 의미를 가리

키는 다른 표현이라는 것은 둘 다 포괄적인 의미로 사용되어 두 대표적 인물이 인류에게 영향을 끼친 결과를 가리키기 때문이다(막 10 : 45 ; 박익수, 「로마서 주석 Ⅰ」, 428 참조). '한 사람의 범죄로 많은 사람이 죽었다면'(작은 것), 더욱 '하나님의 은혜와 또한 한 사람 예수 그리스도의 은혜로 말미암은 선물이 많은 사람에게 넘쳤음'(큰 것)이 확실하다. 여기서 바울은 유대 랍비들이 사용하던 '작은 것에서 큰 것으로'의 논증 방식을 사용한다. '하나님의 은혜와 또한 한 사람 예수 그리스도의 은혜로 말미암은 선물'이라는 어구에서 은혜의 선물은 하나님께로부터 올 뿐 아니라 예수 그리스도로부터도 오는 선물이라는 기독론적 확대를 볼 수 있다.

[5 : 16-17] 15절에서 '범죄'와 '은사'가 대조된 것처럼, 16~17절에서 '심판'(krima)과 '은사'(charisma), '정죄'(katakrima)와 '의롭다 하심'(dikaioma), '사망'과 '생명'이 대조된다. 이때 수사학적으로 어미가 동형의 '-마'(ma)로 끝나는 각운(脚韻)의 언어유희(言語遊戱, paronomasia)가 여러 번 사용된다. 이런 대구(對句)적 표현으로써 단순한 '대조'뿐 아니라 '우월'이 나타난다. 예수 그리스도로 말미암아 '범죄'보다 더 우월한 '은혜'(15절)가 나타난 것처럼, 그로 말미암아 '정죄'보다 더 우월한 '의롭다 하심'(16절)과 '죽음'보다 더 우월한 '생명'이 등장한다. 한 사람 아담의 범죄로 사망이 그 한 사람을 통하여 왕 노릇 하였다면, 더욱 은혜와 의의 선물을 넘치게 받는 자들은 한 분 예수 그리스도를 통하여 생명 안에서 왕 노릇 할 것이다. 아담으로 인한 심판보다 예수 그리스도로 말미암은 구원의 우월성을 서술하는 17절에서도 바울은 유대 랍비들의 '작은 것에서 큰 것으로'의 논증 방식을 사용하였다.

4) 한 사람으로 말미암은 정죄와 칭의의 대조(5 : 18-19)

18그런즉 한 범죄로 많은 사람이 정죄에 이른 것같이 한 의로운 행위로 말미암아 많은 사람이 의롭다 하심을 받아 생명에 이르렀느니라 [19]한 사람이 순종하지 아니함으로 많은 사람이 죄인 된 것같이 한 사람이 순종하심으로 많은 사람이 의인이 되리라

이어지는 두 절에서 '아담-그리스도 모형론'이 계속되는데, 아담과 오실 자 그리스도가 인류의 운명을 짊어진 대표성을 지닌 인물이라는 점에서 양자(兩者) 사이에 유사성이 있으나, 그 기능과 효과 면에서 그리스도는 차별성을 지니고 있다. 다시 말하면, 예수 그리스도는 아담과 달리 인간의 멸망과 비운(悲運)과 사망을 종식(終熄)시키는 종말론적 구원의 담지자(擔持者)로 나타난다. 이런 점에서, 바울이 5장 두 번째 단락에서 전개하는 '아담-그리스도 모형론'은 내용적으로 아담과 그리스도의 '대조적 일치'를 묘사하는 문학적 기법이다. 그러므로 그리스도는 아담과의 비교에서 단순히 대조적인 인물이 아니라 나아가 우월한 인물이다.

[5 : 18] 이 절은, '그런즉'에서 알 수 있듯이, 15~17절에 대한 요약이다. 그 내용은 이러하다. 한 사람의 범죄 행위로 많은 사람이 정죄에 이른 것처럼, 한 사람의 의로운 행위로 말미암아 많은 사람이 의롭다 하심을 받아 생명에 이르게 된다. 여기서 '한 범죄로'에서 '한'(henos)은 그 중성과 남성 형태가 동일하다. 이 경우 '한'을 중성으로 보면, '한 범죄로'로 옮겨야 하며, 남성으로 여기면, '한 사람의 범죄로'로 이해해야 한다. 문맥을 고려한다면, 여기서는 후자가 적절한 해석이다. 한 사람 아담의 범죄로 모든 사람이 정죄에 이른 것같이, 한 사람의 의로운 행동으로 말미암아 모든 사람이 생명의 의에 이르게 되었다. 한글 개역성경에서 '한 의로운 행위로 말미암아'로 옮긴 어구에서 '한' 역시 남성과 중성이 동일한 형태인데, 앞에서 남성으로 여겼다면, 대구(對句)적 표현인 여기서도 남성으로 여겨, '한 사람의 의로운 행위로 말미암아'가 적절한 번역이다. 여기서 바울의 목적은 자신의 칭의론를 강조하는 것인

데, 그는 예수 그리스도로 말미암아 종말론적 구원의 은혜가 넘친다는 관점에서 자신의 칭의론을 전개함으로써 아담을 능가하는 '그리스도 통치'(Regnum Christi)의 보편성을 강조하고, 그와 함께 만유의 주 하나님이 나타나실 종말을 가리키는 새 창조를 역설한다(E. Käsemann, *Römer*, 148-149).

[5 : 19] 19절은 18절에 대한 논증의 근거이다. 한 사람이 순종하지 아니함으로 말미암아 많은 사람이 죄인의 부류에 놓이는 것처럼, 한 사람의 순종하심으로 말미암아 많은 사람이 의인의 부류에 놓일 것이다(미래수동). 이때 아담의 '순종하지 아니함'과 그리스도의 '순종하심'이 대조되는데, 이 경우에도 그리스도의 우월성이 나타난다. '순종하지 아니함'에 해당하는 원어(原語) '파라코에'(parakoē)는 '옆에'(para)라는 전치사에서 유래된 접두어와 '들음'에 해당하는 '아코에'(akoē)의 합성어로, 자구(字句)적으로는 '옆에서 들음'을 의미하며, 반면에 '순종함'의 원어(原語) '휘파코에'(hypakoē)는 '아래'(hypo)라는 전치사에서 유래된 접두어와 '들음'에 해당하는 '아코에'(akoē)의 합성어로, 자구(字句)적으로는 '아래에서 들음'을 의미한다. 여기서도 '많은 사람'이란 표현은 히브리어의 용례에서처럼 '모든 사람'과 같은 뜻이다. 멸망이 모든 사람에게 이른 것처럼, 구원 역시 모든 사람에게 유효하다.

고린도전서에서처럼 로마서에서 바울이 예수를 '인자' 대신 '사람'으로 지칭하는 것은 선교적 이유 내지는 해석학적 이유에서이다. 구약에서 '인자'는 본래 인간의 후손으로서 인간을 의미한다(시 8 : 4 ; 겔 2-3장 참조). 그러나 바울은 '인자'와 '하나님의 아들' 칭호 사이에 있을 법한 잘못된 대립을 피하고 우주적 그리스도의 의미를 강조하기 위해 예수를 '인자' 대신 '사람'으로 묘사한다. '사람'이신 예수는 하나님께서 세상에 보내신 하나님의 아들이며, 죄인을 율법의 저주로부터 온전히 구원하실 분이다(갈 4 : 4-5). 예수는 하나님에 의해 보내심을 받은 구원자로서 죄인인 아담과 대립되어 있다(장흥길 역, 「페터 슈툴마허의 로마서 주석」, 153).

5) 요약 : 예수 그리스도로 말미암은 영생(5 : 20-21)

> [20]율법이 들어온 것은 범죄를 더하게 하려 함이라 그러나 죄가 더한 곳에 은혜가 더욱 넘쳤나니 [21]이는 죄가 사망 안에서 왕 노릇 한 것같이 은혜도 또한 의로 말미암아 왕 노릇 하여 우리 주 예수 그리스도로 말미암아 영생에 이르게 하려 함이라

이제 바울은 '아담-그리스도 모형론'과 묵시적 언어로써 그리스도 이전 인간이 처한 곤경과 그리스도 안에 있는 새로운 생명을 대조적으로 서술하였던 5장의 두 번째 단락(12-21절)을 마감한다(J. Chr. Beker, *Paul- the Apostle*, 1980, 84). 이제 그는 예수 그리스도 이전에 죄로 말미암아 사망의 권세 아래 있던 인간이 예수 그리스도로 말미암아 의롭다 여김 받은 결과, 사망 권세로부터 벗어나 영생에 이르게 되었음을 요약함으로써 5장을 마감하고, 6~8장으로 넘어갈 준비를 한다.

[5 : 20] 바울은 자신의 칭의론의 관점에서 율법의 구속사적인 의미를 밝힌다. 이미 앞에서 바울은 율법의 기능과 역할에 대하여 언급한 바 있다(3 : 19-20). 그렇기는 하지만 그는 율법 자체의 존재론적 의의나 역할에 대해서는 기술하려 하지 않았다. 오히려 그의 관심은 율법이 그리스도와 관련하여 구속사적으로 어떤 의미가 있는지에 놓여 있었다. 바울은 율법을 그리스도와의 관계 안에서 서술하였기 때문에, 때로는 율법이 부정적으로 서술되기도 하였고(3 : 19-20), 때로는 긍정적으로 묘사되기도 하였다(3 : 31 ; 7 : 7-14). 이런 관점에서 20절 서두의 "율법이 들어온 것은 범죄를 더하게 하려 함이라"도 이해되어야 한다. 예수 그리스도를 믿어 의롭다 여김 받은 그리스도인의 입장에서 볼 때, 율법이 구속사 안으로 들어온 것은 범죄를 더하게 하기 위해서였다. 여기서 '들어오다'(pareiserchesthai)는 신약에서 오직 바울에 의해 두 번(갈 2 : 4 ; 롬 5 : 20) 사용된 용어로, 두 전치사 '따라, 곁으로'(para)와 '안

으로'(eis)를 접두어로 한 '들어가다'(erchesthai)는 동사와의 합성어이다. 그러니까, 율법은 죄를 범한 인간 곁으로, 또 세상으로 들어온 것이지, 결코 가만히 들어온 것이 아니다. 율법이 세상에 들어옴으로써 범죄가 더해진다. '더하다'(pleonazein)는 '크기가 커지다'라는 의미로, '범죄를 더하게 하다'란 '죄를 죄로 여기지 않는'(5 : 13) 자들에게 '죄가 죄로 드러나게 하다'(7 : 13)는 것과 동일한 뜻이다. 그러나 대조의 핵심은 '죄가 더한 곳에 은혜가 더욱 넘쳤다'는 데 있다. 율법을 그리스도와 관련지어 고려할 때, 율법으로 죄가 더한 곳에 그리스도로 말미암은 은혜는 더 넘쳤다. '더 넘치다'(hyperperisseuein)도 '들어오다'처럼 신약에서 바울에 의해 두 번 사용되었는데(롬 5 : 20 ; 고후 7 : 4), 둘 다 그리스도로 말미암은 종말론적인 하나님 은혜의 풍성함과 관련하여 사용되었다. 바울은 여기서 결코 죄를 합리화시키지 않는다. 오히려 그는 은혜의 풍성함을 말한다. 죄는 결코 은혜가 나타나는 데 기여한 공로자가 될 수 없다.

[5 : 21] 그 결과, 죄(hamartia)의 권세가 사망 안에서 왕 노릇 한 것같이, 또한 은혜도 의로 말미암아 왕 노릇 하게 되었다. 여기서 '죄'와 '은혜'가 대조되어 있다. 이때, 둘 다 인간에 대해 왕 노릇 하는 의인화(擬人化)된 권세이다. 그리스도인은 은혜 안에서 차고 넘치는 종말론적인 풍성함 속에 거함으로써 예수 그리스도로 말미암아 '영생'(6 : 23 참조)에 이르게 된다. 바울에게 '예수 그리스도'는 '우리 주 예수 그리스도'이다. 다시 말하면, 예수는 유대인이 십자가에 못 박은 메시아, 곧 그리스도시며, 고대 세계에 퍼져 있던 '주인' 사상을 능가하는 만유(萬有)의 주님이시고(11 : 36 참조), 또한 '우리', 곧 공동체 신앙의 대상이시다. 이 구절에 나타나는 '은혜', '의', '영생'은 더 이상 시간적으로 분리될 수 없다. 바울은 자신의 칭의론을 전개하면서 이런 용어들로써 다양하게 표현되는 '그리스도의 통치'(Basileia Christi)를 강조한다(E. Käsemann, *Römer*, 150).

5장의 두 번째 단락(12-21절)에서 바울은 이신칭의의 결과 그리스도인에게 일어난 칭의의 효과를 '아담-그리스도 모형론'으로써 논증하고자 하였다. 다시 말하면, 역사적 인물로서 아담을 예수 그리스도의 표상으로 삼아 비교·대조하면서 그리스도의 우월함을 드러내고자 하였다. 이때 '아담과 그리스도'가 인간론적 내지는 존재론적 관점에서 다루어지는 것이 아니라, 기능적인 관점에서 다루어진다.

곧, 두 인물은 전체 인류의 운명을 지고 가는 운명 담지자라는 관점에서 다루어진다. 아담으로 말미암은 죽음이 보편적인 현상이듯이, 그리스도로 말미암은 '죽음으로부터의 자유'도 보편적이다. 아담의 범죄로 말미암아 사망의 권세 아래 있는 인간은 예수 그리스도로 말미암아 은혜와 의와 영생에 이르게 된다. 예수 그리스도를 믿어 의롭다 여김 받은 자는 이러한 인간 실존을 이해함으로써 하나님의 구속사가 지니는 깊이를 알 수 있게 되며, 역사 안에서 하나님께서 주시는 은혜의 보편성을 이해할 수 있다. 이 단락에서는 한 개인으로서 인간이 아니라, 세상 안에 있는 인간이 하나님께서 원하시는 구원의 대상이다.

또 이 단락에서 바울은 사탄이나 인간 내면의 어떤 악한 충동을 죄의 근원으로 보지 않으며, 지나치게 실존적으로도 해석하지 않는다. 그러므로 실존적으로만 해석하여 인간의 범죄 행위만을 강조하는 것은 바울의 의도가 아니며, 또한 죄의 근원으로서 원죄(原罪)를 강조하는 것도 이 문맥에서는 적절하지 않다. 오히려 죄의 원인을 찾고자 한다면, 바울이 이방인의 죄를 다룬 단락(1 : 18-32)에서 찾아야 한다. 캐제만에 의하면, 바울은 이 단락에서 원죄에 대해 말하는 것이 아니라 죄가 어떻게 세상에 들어와 모든 피조물을 사로잡았는가를 말하려 하였다. 여기서 인간은 철저하게 주체가 아닌 객체로, 다시 말하면, 그리스도 사건에 완전히 내맡겨진 대상으로 나타난다.

이 단락에서 본문이 전하는 신학적 메시지를 찾아보면, 다음과 같다. 첫째, 아담과 그리스도는 기능적으로 인간의 운명을 지고 있는 대표성을 지닌 인물, 곧 대표자이다. 둘째, 아담으로 인하여 죄의 권세가 세상에 들어왔고, 그 후 모든 사람이 죄를 범하였다. 셋째, 이 단락에서 죄의 유전(遺傳)이나 원죄(原罪)를 말하려는 것은 바울의 의도가 아니다. 다만, 바울은 대표성을 지닌 아담 안에서 모든 인간을 바라볼 뿐이다. 넷째, 아담은 오실 그리스도의 모형이다. 로마서를 기록하기 전에 고린도 교회에 보낸 편지에서도 바울은 예수 그리스도를 '마지막 아담'(고전 15 : 45), '둘째 사람'(고전 15 : 47)으로 표현하였는데, 바울이 그리스도를 '사람'으로 지칭한 것은 선교적, 해석학적, 기독론적 이유에 기인한다. 다섯째, 아담과 그리스도 모형론을 통한 두 인물의 비교는 단순히 대조하기 위함이 아니라 그리스도의 월등함을 나타내기 위해 바울이 선택한 문학적 기법이다. 여섯째, 한 사람 아담이 범죄함으로 말미암아 사망이 왔으나, 한 사람 그리스도로 말미암아 생명에 이르게 되었다. 일곱째, 아담의 범죄는 불순종에 기인하며, 그리스도께서 행하신 의(義)의 한 행동은 순종이다. 여덟째, 바울의 율법론은 율법, 그 자체의 속성과 기능에 관한 것이 아니라, 그리스도와의 관계에서 규정되는 율법의 성격과 기능에 관한 것이다. 아홉째, 바울의 의도는 아담 안에 있는 인간의 범죄와 그 결과인 사망의 권세를 보게 하는 것이 아니라, 주 예수 그리스도로 말미암아 칭의자에게 일어난 이신칭의의 결과, 사망 권세를 벗어나 누리고 있는 영생을 확신시키는 데 있다. 마지막으로, '아담 그리스도 모형론'을 통해 이 단락에서 바울이 논증하는 모든 것, 곧 '죄와 의', '율법과 은혜', '사망과 생명'은 보편적 인간의 관점이 아니라 칭의자의 관점에서 서술한 것이며, 따라서 이는 칭의자의 관점에서만 올바르게 이해될 수 있다.

E. 이신칭의로 말미암은 죄 권세로부터의 자유(6 : 1-23)

6장은 이신칭의의 결과, 칭의의 실현을 다루는 '네 번째 큰 단락'(5-8장) 가운데 두 번째 장이다. 이 장에서 바울은 이신칭의로 말미암아 믿는 자에게 일어난 '죽음 권세로부터의 자유'(5장)와 '율법 권세로부터의 자유'(7장) 사이에 '죄 권세로부터의 자유'(6장)를 다룬다. 일부 학자들(H. Ridderbos ; W. Sanday & A. C. Headlam ; M. Black)은 5장을 그 앞 단락(3 : 21-4 : 25)과 연결하고 6장에서 새로운 단락이 시작된다고 보기도 한다. 그러나 5~8장을 '이신칭의의 결과'라는 주제를 다루는 하나의 단위로 보지 않고, 5장과 6~7장을 분리된 단락으로 여기거나, 특히 6~7장을 주제에서 이탈한 '특주'(J. Knox)로 보기도 한다.

그러나 이런 내용 구분은 결코 수용될 수 없다(E. Käsemann, *Römer*, 150-151). 왜냐하면 문맥을 고려할 때 '죽음 권세로부터 자유'(5장), '죄 권세로부터 자유'(6장), '율법 권세로부터 자유'(7장), '성령 안에서의 자유'(8장)라는 주제는 이신칭의의 결과, 서로 분리될 수 없는 그리스도인의 변화된 신분 상태를 다루는 세부 주제이기 때문이다. 이 주제들은 시간적인 전후 관계로 연결되어 있는 것이 아니라, 예수 그리스도를 믿음으로 의롭다 여김 받은 그리스도인에게 실현된 자유라는 관점에서 하나의 큰 단위로 묶여 있다. 5장의 종결단락(20-21절)에서 그리스도인의 종말론적인 새로운 삶을 '예수 그리스도 안에서 은혜가 의로 말미암아 왕 노릇 하는 영생'으로 이해한 바울은 이제 이러한 삶이 무엇을 의미하는지를 해명해야 하는 과제 앞에 서 있다. 이런 과제에 직면하여 바울은 6~8장에서 이신칭의의 결과 실현된, 이런 종말론적 삶의 특징을 '죄와 율법의 권세로부터의 자유'(6-7장)와 '성령 안에서의 자유'(8장)로 규정한다.

이런 맥락에서 바울은 6장에서 그리스도인 개개인에게 윤리적 결단을 요구한다. 다시 말하면, 그리스도인은 이미 일어난 '세대교체'를 굳게 붙잡고,

그에 합당하게 주권을 교체해야 한다. 바로 이 점이 바울이 이신칭의의 결과를 다루는 6장에서 윤리와 관련된 권면을 하는 이유이다. 이러한 '세대교체'와 '주권교체'를 신약학자들은 '직설법'(indicative)과 '명령법'(imperative)으로 명명한다. 원래 '직설법'과 '명령법'은 어문학(語文學)에서 사용되는 전문용어이다. 곧, '직설법'은 글이나 말에서 행동이나 상태를 묘사하는 '서술형'으로 표현되는 화법(話法)을 뜻하며, '명령법'은 화자(話者) 또는 필자(筆者)가 청자(聽者) 또는 독자(讀者)에게 요구하는 명령형으로 표현되는 화법을 의미한다. 이 용어들이 성서학에 적용될 때는 '구원의 직설법'과 '구원의 명령법' 형태로 사용되는데, 전자(前者)는 하나님께서 죄인을 구원하시기 위해 은혜를 베푸신 구원의 선물을 뜻하며, 후자(後者)는 하나님께서 그 선물 받은 자에게 요구하시는 권면과 과제를 의미한다. 이와 관련하여 바울은 6장에서 '세대교체'(6 : 1-11) 및 '주권교체'(6 : 12-23)와 관련지어 논증한다. 그러니까, 예수 그리스도로 말미암아 의롭다 여김 받은 자가 세례를 받음으로써 죄에 속해 있던 '옛 세대'에서 벗어나 새 생명 가운데 거하는 '새 세대'에 속하게 된 '세대교체'가 곧 '구원의 직설법'이며, 바울이 이런 수세자에게 자신을 '죄'에게 종으로 드리지 말고 '의'에게 드리라는 '주권교체'의 요구는 '구원의 명령법'이다.

이신칭의로 말미암아 그리스도인에게 일어난 '하나님의 의'의 효과로서 '죄 권세로부터의 자유'를 다루는 6장을 세분하면, 다음과 같다.

- 6 : 1-23 이신칭의(以信稱義)로 말미암은 죄 권세로부터의 자유
  - 6 : 1-11 세례 받음으로써 죄에 대하여 죽은 그리스도인
  - 6 : 12-23 죄에 대하여 죽은 그리스도인에게 요구된 의에 대한 순종

1. 세례 받음으로써 죄에 대하여 죽은 그리스도인(6 : 1-11)

6장의 첫 단락(1-11절)에서 바울은 예수 그리스도를 믿음으로 말미암아

의롭다 여김 받은 수세자(受洗者)가 '죄의 권세로부터 벗어나게 됨'을 논증한다. 바울의 경우, '칭의'(稱義)는 '세례'와 밀접하게 관련되어 있다. 곧, '그리스도 안에서' 의롭다 여김 받은 칭의자는 예수 그리스도의 이름으로 세례를 받은 수세자다. 다시 말하면, 그리스도 안에서 일어난 칭의와 세례는 서로 공속(共屬)되어 있다. 물론, 아브라함의 경우, 그가 할례 받기 전에 믿음으로 의롭다 여김을 받았다(4장). 그렇기는 하지만, 바울에 의하면, 성례(聖禮)는 결코 구원을 위한 어떤 보증도 될 수 없다(고전 10 : 1-5). 바울이 이 단락에서 칭의를 수세와 동일시하는 것은 오직 '그리스도 안에서'만 가능하다. 그리스도 없이 어떤 성례도 구원을 보장해 주지 않는다. 세례를 받음으로써 수세자는 그리스도와 하나가 된다.

수세자와 그리스도의 연합은 이 단락에 다섯 번 나타나는 '함께'(syn)-공식문에서 찾을 수 있다(4, 5, 6, 8절). 물론, '함께'-공식문은 바울 자신의 독창적 표현은 아니다. 그것은 유대 묵시의 '만남' 사상과 관련되어 있었으며, 바울 이전에 팔레스타인 밖에 있던 헬라적 교회에서 신자들이 그리스도의 운명에 참여하는 '신비적 연합' 사상과 관련되어 있었다(E. Käsemann, *Römer*, 154). 물론, 이 단락이 바울의 세례론에서 '전형적인 구절'(locus classicus)로 간주되고, 또 바울이 다른 어느 곳에서보다 여기서 세례에 대하여 상세하게 다루기는 하지만, 바울이 이 단락에서 세례에 대하여 일반적으로 가르치려 한다거나 헬라 세계의 비밀의식 종교에서 찾아볼 수 있는 '신비적 합일'을 전하려고 하지는 않는다. 다만, 그는 세례로써 신자와 그리스도 사이의 공동운명을 강조할 뿐이다. 이로써, 그는 이신칭의의 결과, 그리스도인이 그리스도의 운명과 하나가 되고 죽음의 권세로부터 자유롭게 되었음을 강조할 뿐이다.

이 단락을 세분해 보면, 다음과 같다. 먼저, 바울은 5장 마지막 두 절과 관련하여 예상되는 논쟁대화체(diatribe)의 질문으로써 6장의 첫째 단락을 시작한다(1절). 그 후 그는 세례를 통하여 그리스도와 하나 됨을 논증한다

(2-3절). 그런 다음, 그리스도와 하나 됨의 의미를 밝힌다(4-9절). 그러고 나서, 그리스도와 하나 됨이 수세자와 어떤 관련 의미를 지니고 있는지를 해명하려 한다(10-11절).

6 : 1-11　　세례 받음으로써 죄에 대하여 죽은 그리스도인
　6 : 1　　논쟁체로 표현된 가상 질문
　6 : 2-3　　세례를 받음으로써 그리스도와 하나 됨
　6 : 4-9　　그리스도와 하나 됨의 의미
　6 : 10-11　　그리스도와 하나 됨과 수세자의 관련 의미

1) 논쟁체로 표현된 가상 질문(6 : 1)

[1]그런즉 우리가 무슨 말을 하리요 은혜를 더하게 하려고 죄에 거하겠느냐

[6 : 1] 1절의 새로운 주제로 넘어가는 도입 질문은 직전 구절인 5 : 20~21로 생길 수 있는 오해에 대하여 논쟁체로 바울 자신이 제기한 수사학(修辭學)적 가상 질문이다. 바울이 "죄가 더한 곳에 은혜가 더욱 넘쳤나니"(5 : 20)라고 서술하였다고 하여, 이것이 역으로 '은혜가 더하도록 죄에 거하라'는 뜻으로 곡해되어서는 안 된다. 여기서 바울 스스로 이의를 제기하는 것은 새로운 주제로 넘어가기 위함이다. 이는 바울의 칭의론을 오해하는 것에 대한 그 자신의 변호이다. '그런즉'으로 시작되는 6장은 단순히 앞장에 대하여 논리적인 인과관계를 나타낼 뿐 아니라, 나아가 5장과 6장이 연결된 한 단락임을 보여 준다.

2) 세례를 받음으로써 그리스도와 하나 됨(6 : 2-3)

[2]그럴 수 없느니라 죄에 대하여 죽은 우리가 어찌 그 가운데 더 살리요 [3]무릇

그리스도 예수와 합하여 세례를 받은 우리는 그의 죽으심과 합하여 세례를 받은 줄을 알지 못하느냐

[6 : 2] '그럴 수 없느니라'로 옮겨진 '메 게노이토'(mē genoito)는 헬라어 화법에서 희구(希求)법으로 '결코 그렇게 생각하지 않기를 간절히 바란다'는 바울의 간절한 바람을 담은 강한 부정(否定)을 반영하고 있다. 칭의자가 죄에 대하여 죽었다면, 죄 가운데 여전히 살 수 없다. 6장 전체에서만 무려 16번이나, 그것도 단수(單數)로 사용된 '죄'(hamartia)는 '파라바시스'(parabasis)나 '파라프토마'(paraptōma)처럼 구체적인 '범죄'나 '과오'를 말하는 것이 아니라 사람을 종처럼 부리는 의인화(擬人化)된, 곧 인격화된 '죄의 권세'를 가리킨다. 다시 말하면, '죄'란 어떤 범죄 행위를 말하는 것이 아니라 인간을 조종하는 권세, 곧 사탄의 권세를 말한다. 바울에 의하면, 예수 그리스도를 믿고 그와 합하여 세례를 받은 사람은 이제 그의 죽으심과 합하여 세례를 받았기 때문에 죄의 권세에서 벗어났음을 주장한다. 이는 예수를 믿음으로 말미암은 칭의자가 결코 '죄를 지을 수 없다'거나 '죄를 짓지 않는다'는 뜻이 아니다. 오히려 바울의 의도는 믿음으로 의롭다 여김을 받은 수세자는 죄의 권세로부터 벗어났다는 것을 알게 하는 것이다.

[6 : 3] '또는 알지 못하느냐?'고 말함으로써 바울은 로마 교회 성도들에게 그 이전에 있던 세례행위의 대리자 사상을 회상케 한다. '그리스도 예수와 합하여 세례 받았다'란 '그의 죽으심과 합하여 세례를 받은 것'을 의미한다. 이때, '합하여'로 옮겨진 용어의 원래 뜻은 '안으로'(into)이다. 이로써 '칭의'는 '세례'와 함께 묘사된다. 세례를 통하여 수세자는 그리스도와 결합된다(U. Schnelle, *Gerechtigkeit und Christusgegenwart*, ²1986 참조). 세례 받을 때 물 속에 들어가는 것이 죽음을 상징하는 것처럼, 수세자는 세례 받을 때 예수의 죽으심 안으로 들어가는 것이다. 이처럼 세례는 예수께서 지셨던 십자가

의 재현(再現)이며 그것의 현재화이다(갈 2 : 20 참조).

3) 그리스도와 하나 됨의 의미(6 : 4-9)

> [4]그러므로 우리가 그의 죽으심과 합하여 세례를 받음으로 그와 함께 장사되
> 었나니 이는 아버지의 영광으로 말미암아 그리스도를 죽은 자 가운데서 살리
> 심과 같이 우리로 또한 새 생명 가운데서 행하게 하려 함이라 [5]만일 우리가
> 그의 죽으심과 같은 모양으로 연합한 자가 되었으면 또한 그의 부활과 같은 모양
> 으로 연합한 자도 되리라 [6]우리가 알거니와 우리의 옛 사람이 예수와 함께 십
> 자가에 못 박힌 것은 죄의 몸이 죽어 다시는 우리가 죄에게 종노릇하지 아니
> 하려 함이니 [7]이는 죽은 자가 죄에서 벗어나 의롭다 하심을 얻었음이라 [8]만일
> 우리가 그리스도와 함께 죽었으면 또한 그와 함께 살 줄을 믿노니 [9]이는 그리
> 스도께서 죽은 자 가운데서 살아나셨으매 다시 죽지 아니하시고 사망이 다시
> 그를 주장하지 못할 줄을 앎이로라

예수 그리스도 안으로 세례 받음으로써 수세자는 그와 하나가 된다. 그러나 이 하나 됨은 헬라 밀의교(密儀教)처럼 '신비적 합일'(unio mystica)을 의미하지는 않는다. 오히려, 세례를 통해서 수세자는 그리스도와 운명을 같이하는 '운명공동체'가 되었음을 뜻한다. 이것은 새 생명으로서 수세자가 현실에서 영위하게 될 새로운 삶과 직결되어 있다(6 : 19 참조). 이러한 그리스도와 수세자의 하나 됨은 '함께'-공식문으로써 서술된다. 수세자는 그리스도와 '함께 장사되었고'(4절), '연합한(함께 하나 된) 자'(5절, 신약에서 단 한 번 사용된 용어)가 되었으며, '함께 십자가에 못 박혔고'(6절), '함께 살 것이다'(8절). '함께'와 같이 사용된 합성동사는 뒤따르는 여격과 함께 '사귐의 여격'(dativus sociativus)으로 내용적으로는 8절의 '그리스도와 함께'와 동일하게 '그리스도와 하나 됨'을 나타낸다. 세례를 통해서 수세자는 그리스도와 믿음의 교제

를 하게 된다. 이런 점에서 세례는 그리스도인의 모든 사고와 삶을 결정하는 출발점이다. '함께'-말씀을 통해 바울은 세례가 그리스도와 연합하는 사건임을 보여 준다. 그러므로 '그리스도인'이란 다름 아닌 '그리스도와 연합한 자'이다. 구원자와 함께 죽고 함께 부활한다는 사상을 당시 기독교 주변 세계인 헬라 세계의 신비 종교와 관련하여 살펴보면, 헬라 세계의 밀의 종교에서 말하는 세례와 바울이 이 단락에서 언급하는 세례는 근본적으로 다르다. 왜냐하면 밀의교에서 세례는 제의(祭儀)의 순서 중 하나로 매번 반복되는 봉헌 행위이지만, 바울의 경우 세례는 반복되는 제사 참여 의식이 아니라 단번에 구원에 참여하는 성례이기 때문이다(U. Schnelle, *Einleitung*, 143 참조).

[6 : 4] 그러므로 그리스도의 죽으심 안으로 들어간 세례로 말미암아 그분과 함께 장사되었다. 그것은 그분이 아버지의 영광으로 말미암아 죽은 자 가운데서 다시 산 것처럼 그를 믿는 자들도 새 생명 가운데서 행하게 하기 위해서이다. 여기서 바울이 그리스도의 부활과 연합하여 그리스도인의 부활이 아니라 새 생명 가운데 행함을 언급하는 것은 그리스도인에게 종말론적인 부활은 아직 일어나지 않은 일이기 때문이다. 그러므로 그리스도인에게 부활의 실존적 의미는 새 생명 가운데 행하는 것이다. 여기서 '행하다'(peripatein)란 구약의 '다니다'(halak)가 그런 것처럼 '살다'라는 의미이다. 이렇게 서술함으로써 바울은 장차 있을 믿는 자의 부활을 기대하였다는 것을 보여 준다. 또 12~13절에서처럼 여기서도 바울은 '새로운 순종'(nova oboedientia) 안에서 부활의 선취(先取)와 이미 현존하는 부활의 능력을 보고 있다.

[6 : 5] 만일 그리스도인이 그의 죽으심과 같은 모양으로 연합한 자가 되었으면 또한 그의 부활과 같은 모양으로 연합한 자도 될 것이다. 5절에서 '그의 죽으심과 같은 모양으로'란 '관계의 여격'으로 표현된 어구로 그리스도인과 그리스도의 관계를 나타낸다. 이때 '모양으로'는 '연합한 자'와 함께 유기체적

사고에서 유래된 개념이다. '모양'(homoioma)은 주석가들의 입장에 따라 '모형'(A. Schlatter ; P. Althaus ; O. Kuss), '형태'(R. C. Tannehill), '비슷한 모습'(O. Michel), '같은 모양'(G. Bornkamm), '모방'(H. Lietzmann) 등으로 다양하게 해석된다(E. Käsemann, *Römer*, 159 참조). 이 용어가 '그의 죽으심과 같은 모양으로'란 '관계의 여격'(dativus relationis)으로 표현된 어구에서 사용되었다면, '같은 모양'이 그 적절한 해석이다. 바울은 예수의 십자가 죽음을 '역사적 사건'으로, 동시에 '종말론적 사건'으로 여긴다. 즉, 바울은 한 시대뿐 아니라 모든 시대와 관련된 예수의 죽음에 관하여 말한다. 그에게 세례란 예수의 십자가를 '반복'하는 사건이 아니라 그 십자가를 '현재화'하는 사건이다. 또 5절에서 그리스도의 '부활'이 언급된다. 그러나 일반적인 그리스도인의 부활은 언급되지 않는다. 장차 일어날 종말적인 부활은 아직 밖에 있다. 예수 그리스도의 부활의 능력이 수세자를 지배하고 또 새로운 삶으로 옮겼지만, 수세자는 마지막 때 비로소 부활에 참여하게 될 것이다.

[6 : 6-7] 수세자는 세례로써 자신의 옛 사람이 그리스도와 함께 십자가에 못 박혔다. 이를 아는 것은 죄의 몸이 멸한 그리스도인이 더 이상 죄에게 종노릇하지 않게 한다. 6절 '죄의 몸'에서 '죄의'란 '성질의 속격'(genitivus qualitatis) 용법으로 사용되어, 바울의 경우 죄를 지었던 칭의자의 몸은 동시에 '죄로 죽을 몸'(12절)이기도 하다. 그러므로 세례 받은 칭의자는 더 이상 자신의 몸을 죄의 권세에게 내어주어 종노릇하지 못하게 해야 한다. 이는 죽은 자가 죄에서 벗어나 이미 의롭다 여김을 받았기 때문이다. 7절에서 바울은 '세례'를 '칭의'와 관련시킨다. 곧 바울은 세례를 그리스도와 하나 됨으로 이해하지만, 헬라세계의 밀의종교처럼 '신비적 연합'과 관련짓지 않고, 도리어 세례를 칭의와 관련지어 그리스도인이 그리스도의 통치에 참여하는 것으로 이해한다. 바울의 경우 세례 사건은 칭의 사건을 확인하는 것이다.

[6 : 8-9] 신자들이 그리스도와 함께 죽었다는 것을 믿는다면, 또한 그분과 함께 살 것도 믿는다. 그 근거로 바울은 자신이 알고 있는 것을 언급한다. 곧, 그리스도께서 죽은 자 가운데서 다시 살아나셨기 때문에, 다시는 죽지 아니하고 사망이 그분을 더 이상 주장하지 못할 것이다. 따라서 그리스도의 부활에 연합한 수세자는 사망이 다시는 자신의 주인 노릇을 하지 못하게 해야 한다.

4) 그리스도와 하나 됨과 수세자의 관련 의미(6 : 10-11)

> 10그가 죽으심은 죄에 대하여 단번에 죽으심이요 그가 살아 계심은 하나님께 대하여 살아 계심이니 11이와 같이 너희도 너희 자신을 죄에 대하여는 죽은 자요 그리스도 예수 안에서 하나님께 대하여는 살아 있는 자로 여길지어다

[6 : 10-11] 이제 이 단락을 마감하는 두 절로써 바울은 수세자가 그리스도와 하나 되었다는 것이 어떤 관련 의미를 가지고 있는지에 대해 해명한다. 그리스도께서 죽으셨던 것은 죄에 대하여 단번에 죽으셨던 것이며, 그분이 사신 것은 하나님을 위하여 사신 것이다(10절). 이때 '죄에 대하여'나 '하나님께 대하여'는 문법상 모두 여격(與格)으로 표현되었는데, 전자는 '적의(敵意)의 여격'(dativus incommodi)으로 '죄에 대항하여' 또는 '죄에 맞서'라는 뜻이며, 후자는 '호의(好意)의 여격'(dativus commodi)으로 '하나님을 위하여'라는 의미이다(F. Blass, & A. Debrunner, *Grammatik*, 152). 예수 그리스도의 죽으심은 '죄에 맞서서' 단번에 죽으신 것이며, 그분의 살아 계심은 '하나님을 위하여' 사신 것이다. 특히, 9절의 '다시 죽지 아니하고'와 '다시 주인 노릇 하지 못함'과 관련지어 고려할 때 '단번에'가 강조되어 있다. 이는 그리스도의 죽으심과 부활하심의 탁월한 의미를 보여 준다.

10절에 언급된 그리스도의 죽으심과 살아 계심은 그분과 하나 된 수세자

에게 11절에 서술된 관련 의미를 지니고 있다. 곧, 이처럼 수세자들도 죄에 대해서는 죽은 자로, 또 하나님을 위해서는 산 자로 여겨야 한다. 이로써 6장 전반부를 마감하는 필연적인 결론이 내려진다. 그러므로 수세자는 이제 자신을 죄에 대항해서는 죽은 자로, 하나님을 위해서는 산 자로 여겨야 한다. 이때 '죄'는 '죄의 권세'(사탄)이므로 '하나님'과 대조되어 있다. 여기서 '여기다'는 단순하게 '생각하다'를 뜻하는 것이 아니라, 고린도후서 5 : 14처럼 '판단하다'를 의미한다. 그러므로 수세자가 '믿는다'는 것은 세례를 통해 '그리스도와 하나 됨'에 근거를 두고 있는 신뢰를 의미한다.

설교를 위한 묵상

본문 단락이 전하는 신학적 메시지를 찾아보면, 다음과 같다. 첫째, 예수 그리스도로 말미암아 의롭다 여김 받은 그리스도인은 '죄에 대하여 죽은 사람'이다(2절). 다시 말하면, 죄의 권세로부터 벗어난 자이다. 둘째, 칭의자가 받은 세례는 그리스도와의 연합을 의미한다. 셋째, 세례의 관점에서 볼 때, 수세자와 예수 그리스도와의 연합은 세 가지 면을 가지고 있다. 곧, 세례 받음으로써 수세자는 예수 그리스도와 '함께' 죽었고, 그와 '함께' 장사되었으며, 그의 부활과 '같은 모양으로' 새 생명 가운데 살게 되었다(3-5절). 넷째, 수세자가 예수와 함께 십자가에 못 박혔다는 것은 그가 죄에서 벗어나 의롭다 여김을 받았기에 죄에게 종노릇하지 않음을 뜻한다(6-7절). 다섯째, 수세자가 그리스도의 다시 사심과 하나 되었다는 것은 아직 종말적인 부활이 일어나지 않았으므로 현실적으로는 새 생명 가운데 사는 것이다. 이는 다음 단락(12-23절)에서 자세하게 전개되고 해명된다. 마지막으로, 예수 그리스도의 죽으심과 다시 살아나심은 이미 일어난 일이지만, 그를 믿음으로 말미암아 의롭다 여김 받고 그 안으로 세례를 받은 자는 아직도 여전히 세상 가운데 살고 있다. 그러므로 수세자는 자신을 '죄', 곧 '죄의 권세'에 대해서는 죄에 맞서 죽은 자로 여겨야 하며, 하나님께 대해서는 그분을 위하여 살아 있는 자로 여겨야 한다(10-11절). 이는 칭의자가 세례 받음으로 말미암아 변화된 신분 상태를 의미하는 것이지, 결코 그리스도인이 범죄와 무관하다는 것을 의미하지는 않는다. 다시 말하면, 수세자의 신분은 세례로 말미암아 '옛 사람'(6절)에서 '새 생명'으로 교체되었다.

2. 죄에 대하여 죽은 그리스도인에게 요구된 의에 대한 순종(6 : 12-23)

6장에서 바울은 이신칭의의 결과, 칭의자에게 주어진 '죄의 권세로부터의 자유'를 다룬다. '첫째 단락'(1-11절)에서 세례 받은 그리스도인의 변화된 신분이 '죄의 권세에 대하여 죽은 그리스도인'임을 밝힌 바울은 이제 '둘째 단락'(12-23절)에서 수세자에게 그 변화된 신분에 부합되게 자신을 '하나님의 종'으로 드릴 것을 요구한다. 첫째 단락이 예수 그리스도를 믿음으로 말미암아 의롭다 여기신 하나님께서 베푸신 구원의 은혜, 곧 '구원의 직설법'을 다룬다면, 둘째 단락은 그 칭의자에게 자신을 하나님께 드릴 것을 요구하는 권면, 곧 '구원의 명령법'을 다룬다. 다시 말하면, 첫째 단락에서 바울이 의롭다 여김 받은 수세자에게 죄 아래 살던 '옛 시대'에서 새 생명 가운데 살게 된 '새 시대'로 '시대교체'가 이루어졌음을 알게 하였다면, 둘째 단락에서 그는 바로 그 수세자에게 '죄의 종'으로 살던 자신의 과거를 청산하고 '의(義)의 종', 곧 '하나님의 종'으로 살도록 자신의 주권을 하나님께 드리라는 '주권교체'를 요구한다.

이제 죄로부터 해방된 은혜의 '선물'(Gabe)을 받은 그리스도인은 기독교적 삶의 시대 전환점인 세례와 함께 하나님의 종으로서 그분을 섬기고 살도록 '자신을 순종의 종으로, 또 의의 종으로 드리라'는 '과제'(Aufgabe) 앞에 서게 된다. 그러니까 예수 그리스도를 믿음으로 의롭다 여김 받은 자는 세례 받을 때 자신을 하나님께 드리라는 요구, 곧 헌신(獻身)의 결단 앞에 서게 된다. 여기서 바울의 구원론은 단지 종말론적 의미를 가질 뿐 아니라 윤리적 의미를 갖게 된다. 다르게 표현하면, 바울의 경우 '구원론'(이신칭의)의 핵심은 은혜의 '직설법'에 있으며, 그 '직설법'이 칭의자에게 '순종의 헌신'을 요구하는 '명령법'의 전제가 되며 근거가 된다. 또 자신을 '순종의 종으로 의에게 드리라'고 요구하는 '명령법'은 세례 받음을 통하여 예수 그리스도와 연합하여 죄로부터 해방된 칭의자라는 '직설법'에서 추론된 결과이다. 그러므로 바울의 경우 '명령법'은 '직설법'에서 나온 결과로서, '직설법'과 '명령법'은 인과(因果) 관계 안에 놓여 있다. 그렇기는 하지만, '직설법'이 단순하게 '명령법'의 원인은 아니며, 또한 '명령법'은 단순한 '직설법'의 결과만이 아니다. 오히려, 직설법과 명령법은 서로 불가분으로 결합되어 하나를 이루고 있다. 다시 말하면, '명령법'은 단지 '직설법'의 결과만이 아니라, 그 안에 통합되어 있다. 왜냐하면 '주님'이신 예수 그리스도는 오직 그를 섬기는 자에게만 '주님'이시기 때문이다(E. Käsemann, *Römer*, 167). 하나님께서 베푸시는 은혜의 '선물'과 그 선물 받은 자에게 요구된 '과제'는 양자(兩者) 모두 '그리스도의 통치'(Regnum Christi) 아래 있는 그리스도인을 묘사하고 또 규정한다는 점에서 함께한다. 그럼에도 불구하고, 이를 '인간론'적 관점에서, 더 정확하게 표현하면, '실존론'적 관점에서 단지 '된 자가 되어라'(Werde, der du bist)라는 관념론적으로 표현된 공식문으로 이해하는 것(R. Bultmann, *"Das Problem der Ethik bei Paulus"*, *ZNW* 23(1924), 121-140 참조)은 바울의 가르침과는 다르다(이에 대해서는 장흥길, 「신약성경윤리」, 136-154 참조). 바울의 경우 '직설법'과 '명령법'의 관계는 직선적인 전후(前後) 관계로 연결되는 인과 관계가 아니라 둘이 함께 하나를 이루고 있는 공속(共屬) 관계 내지는 통합 관계이다.

다시 말하면, '직설법'(칭의)은 '명령법'(성화)을 요구하고, '명령법'(성화)은 '직설법'(칭의)을 기억하고 그것에 감사한다. '직설법'이든 '명령법'이든 그것이 인간과 인간의 의와 관련되어 있는 것이 아니라 예수 그리스도와 하나님의 의와 관련되어 있다면, '칭의'뿐 아니라 '성화' 역시도 인간의 신앙적 노력이나 경건의 행위에 의한 것이 아니라 수세자가 하나님과 함께 동행(同行)

하고, 그리스도 안에서 성령으로 행하는 데서 이루어진다. '직설법'과 '명령법'에서 그리스도와 연합하고 일치하는 것이 핵심이라면, 양자(兩者) 모두 믿음의 삶에서 항상 함께 동시에 일어난다. 이런 관점에서, 바울은 첫째 단락에서 세례 받는 자에게 그 자신에게 일어난 것, 곧 죄로부터 해방됨을 알게 한 다음, 둘째 단락에서 수세자 자신을 하나님의 종으로 드릴 것을 권면한다. 이 단락을 세분하면, 다음과 같다.

6 : 12-23	죄에 대하여 죽은 그리스도인에게 요구된 의에 대한 순종
6 : 12-14	수세자에 대한 권면
6 : 15-18	권면의 첫째 이유 : 이미 일어난 주권 교체
6 : 19-23	권면의 둘째 이유 : 하나님의 종 됨의 의미

1) 수세자에 대한 권면(6 : 12-14)

> 12그러므로 너희는 죄가 너희 죽을 몸을 지배하지 못하게 하여 몸의 사욕에
> 순종하지 말고 13또한 너희 지체를 불의의 무기로 죄에게 내주지 말고 오직
> 너희 자신을 죽은 자 가운데서 다시 살아난 자같이 하나님께 드리며 너희 지
> 체를 의의 무기로 하나님께 드리라 14죄가 너희를 주장하지 못하리니 이는 너
> 희가 법 아래에 있지 아니하고 은혜 아래에 있음이라

이 단락은 직전 구절(11절)을 이어받아, 이를 인과(因果)적으로 연결한다. 세례 받을 때 수세자는 자신을 죄에 대하여 죽은 자로, 하나님께 대하여서는 살아 있는 자로 여겨야 한다(명령형). 이는 수세자가 자신에게 이미 이루어진 것을 인식하는 문제이다. 자신의 신분 변화를 인식한 수세자는 이제 이 단락에서 세례 시 자신에게 주어진 권면(12-13절) 앞에 서 있다. 그 권면의 내용은 바로 '너희 자신을 하나님께 의의 무기로 드리라'는 것이다. 11절에 언급된

‘하나님을 위하여 사는 삶’이란 과연 무엇인가? 단적으로 말하면, 이는 죄로부터 자유롭게 된 자의 ‘순종’이다. 그 순종은 어떤 구체적인 명령이나 요구에 대한 순종이 아니라, 그 자체가 신앙생활의 기본자세 내지는 출발점이다. 이러한 권면은 12절과 13절에 나란히 나타나는데, 이때 12절은 13절에서 구체화된다. 그리고 14절은 앞의 권면에 대한 근거이다.

[6 : 12] 첫째 단락(1–11절)에서 바울이 ‘직설법’(교리)적으로 수세자가 죄의 권세에 대하여 이미 죽었음(2, 6절)에 대하여 밝혔다면, 이제 둘째 단락(12–23절)의 첫 머리에서 ‘명령법’(윤리)적으로 ‘죄가 너희 죽을 몸에 왕 노릇 하지 못하게 하라’고 권면한다. 여기서 바울은 ‘죄 짓지 말라’거나 ‘죄 짓지 말자’고 말하지 않는다. 앞 단락에서처럼 이곳에서도 ‘죄’는 인간에 대하여 왕 노릇 하는, 곧 인간을 지배하는 의인화(擬人化)된 권세이다. 그 죄는 수세자가 세례받은 이후에도 여전히 그 수세자에게 왕 노릇 하고 싶어 한다. 이에 바울은 죄에게서 그 권세를 몰수하고 박탈할 것을 생각한다. 수세자는 더 이상 죄의 지배를 당하지 말아야 한다. 그렇게 되려면, 그는 죄가 자신의 죽을 몸을 더 이상 지배하지 못하게 해야 한다. 이것이 세례 받은 자가 새 생명 가운데서 행하는, 새로운 기본자세이다. 세례 받은 후에도 죄는 여전히 수세자에게 왕 노릇 할 기회를 엿본다. 그것도 ‘몸의 사욕’을 통해서 그렇게 한다. 여기서 ‘몸’(sōma)이란 용어가 사용되었다. 바울의 경우 ‘몸’은 ‘신체의 일부’가 아니라 ‘인간 자신’을 의미한다(고전 13 : 3 참조). 그에 의하면, “인간이 한 몸을 가진 것이 아니라 인간이 곧 몸이다”(R. Bultmann, *Theologie*, 195).

앞 단락에서 ‘죄의 몸’(6 : 6)으로 말했던 바울은 이제 ‘죽을 몸’(6 : 12 ; ‘사망의 몸’〈7 : 24〉)을 언급한다. ‘몸’은 헬라 세계의 이분법(二分法)적 인간 개념에서 ‘혼’(psychē)의 대립어가 아니라, 바로 11절과 13절에 언급된 수세자 ‘자신’을 말한다. 슈바이처(E. Schweizer)가 밝힌 것처럼, 바울은 ‘직설법’에서 ‘명령법’으로 넘어가는 본문에서 이런 ‘몸’ 용어를 사용한다(*EWNT* Ⅲ,

774). '몸'은 하나님이나 의인화된 권세인 죄와 사귈 수 있고 교통할 수 있는 인간이며, 어떤 권세의 다스림을 받는 인간이다. 모든 사람은 몸을 입고 있으며 '죄를 지을 수 있다'(posse peccare). 수세자도 죄의 유혹을 피할 수 없으며, 죄를 지을 수도 있고, 또한 마땅히 죽을 것이다. 이런 점에서 수세자의 경우에도 몸은 '죽을 몸'이다. 그러나 의롭다 여김 받은 그는 몸의 부활을 기다린다. 이때, 수세자에게 마지막 때 일어날 몸의 부활을 이 세상에서 선취(先取)하는 것인 몸의 순종이 요구된다. 수세자는 다시는 죄가 그 몸을 지배하지 못하게 해야 하며, 몸의 사욕에 순종하지 말아야 한다. 여기서 '사욕'(epithymia)이란 '죄'와 '죽음'과 연계된 개념이다(롬 7 : 7-25 ; 약 1 : 13-18 참조). 수세자는 사욕에 순종하지 않아야 죄의 다스림을 피할 수 있다.

[6 : 13] 12절의 권면이 계속된다. 그 권면은 '누구에게 드리지 말고, 누구에게 드리라' 형식으로 서술된다. 이때 '드리다'(paristanai)는 바울의 경우 의롭다 여김 받는 그리스도인이 의롭게 사는 삶이 시작되는 출발점을 표현한다(12 : 1-2 참조). 수세자는 자신을 죄에게 '드리지(한글 개역개정성경에서는 '내주지') 말고'(현재명령), 하나님께 '드려야 한다'(단순과거명령). 헬라어에서 '단순과거명령'과 '현재명령'의 차이는 과거와 현재라는 시간이 아니라 동작의 지속성에서 나타난다. 곧, '단순과거명령'은 일회적인 동작을 지칭하고, '현재명령'은 지속적이거나 반복된 동작을 의미한다. 이러한 명령형의 차이를 고려하면, 수세자는 자신의 지체를 지속적으로 죄의 권세에게 내어 주지 말고 하나님께 단번에 드려야 한다. 원래 '지체'(melē)란 일차적으로 신체의 일부가 아니라 인간의 기능적인 능력을 의미하며(E. Käsemann), 특히 과제를 수행하고 타인과 관계를 맺는 기관(器官)을 의미한다(R. Jewett, *Romans*, 410). 여기서 '지체'(melē)란 구체적인 과제를 수행하는 인간 자신이다. 그러니까, '너희 지체'는 '너희 자신'을 의미한다. 또 한글개역에서 '병기'로 옮겼으나 그 개정판에서 '무기'로 바꾸어 옮긴 '호플라'(hopla)는 '도구'가 아니라 '무기'를 의미한다. 왜

냐하면 바울서신의 다른 곳(롬 13 : 12 ; 고후 6 : 7 ; 10 : 4)에서처럼 여기서도 '그리스도의 군대'라는 동기 주제가 나타나기 때문이다. 수세자는 자신의 지체를 불의의 무기로 죄의 권세에게 내어 주지 말고 하나님께 의의 무기로 드려야 한다. 이로써 수세자에게 하나님께서 주신 '선물'과 그 선물을 주신 '하나님'은 결코 분리될 수 없게 통합되어 있다.

이처럼 바울은 '순종'이나 '행함'을 창조주 하나님의 능력이 이루어지는 것으로 이해함으로써 행함의 성화는 이신칭의의 메시지 안에 통합되어 있다. 곧, 수세자에게 윤리는 신학에 통합되어 있다. 수세자가 자신을 하나님께 드릴 때, "죽은 자 가운데서 다시 살아난 자같이" 여기고 드려야 한다. 바울은 이 어구로써 다시 4~5절로 되돌아간다. 그리스도인은 '새로운 순종'(nova oboedientia)의 방식으로써만 주님의 부활에 잠정적으로 참여하게 된다. 역(逆)으로, 순종하는 그리스도인의 섬김에서 그리스도의 부활이 그들을 새로운 삶과 새로운 시대에 둔다는 점이 드러난다. 이로써 바울의 '윤리'는 그의 종말론과 기독론의 일부가 되었다.

[6 : 14] 이제 12~13절의 권면에 대한 근거로 두 가지가 언급된다. 그 하나는 수세자가 이미 죄에 대하여 죽어 죄가 더 이상 그를 주관하지 못한다는 점이며, 다른 하나는 그가 '율법 아래' 있지 않고 '은혜 아래' 있다는 점이다. 더 이상 '율법 아래 있지 않음'이란 더 이상 '죄의 권세 아래 있지 않음'을 의미하며, 바꾸어 말하면, 그것은 곧 '은혜 아래 있음'을 의미한다. 이때 '은혜'는 칭의나 화해 또는 성령의 은사 받음 등을 포함하는 포괄적 개념이다. 바울의 경우 '죄 아래 있지 않음', 곧 '죄로부터 자유함'이란 '죄 지을 수 없음'이나 '무죄함'이 아니라, 죄의 권세에서 자유함, 곧 하나님을 위해 '자유롭게 결정할 수 있음'을 뜻한다.

바울은 이 세례 권면을 그리스도인의 '자유'와 '순종'의 변증법으로 심화시킨다. 이는 '법 아래 있지 아니하고'라는 문구로써 시작된다. 그리스도인의

'순종'은 은혜 아래 있는 수세자의 상태이자 동시에 '자유'라는 점에서 율법 아래 있는 순종과 구분된다. 이런 관점에서 볼 때, 바울의 경우 '자유'란 칭의론을 인간론에 적용한 결과이다. 칭의가 하나님을 거역한 피조물과 창조주 하나님 사이에 화해와 함께 새로운 창조를 가지고 오는 시작이라면, '자유'와 '순종'은 결코 양자택일을 요구하는 대립 개념이 아니다. 바울이 언급하는 자유를 칸트(I. Kant)적인 '자율'(自律)의 관점에서 이해한다면, 그것은 바울이 말하는 자유를 출발부터 잘못 이해하는 것이다. 따라서 스토아 철학이나 그리스 대중철학에서 주장하는 것처럼 '인간의 자기실현'이라는 관점으로써 바울의 진술을 해석하려는 것은 바울의 의도와 다른 결과를 가져다준다. 이런 관념론적 관점과 달리 바울의 경우 '기독교적 자유'란 복종에서 벗어남의 관계가 아니라 새로운 복종 관계에서 이해되는 개념이다. 수세자는 세례 받은 후에도 여전히 세상에 살고 있으며 권세 아래 있다. 그러므로 여기서 바울은 세례 받음으로써 수세자에게 그를 다스리는 '주권 교체'가 일어났다는 것(V. P. Furnish, *Theology & Ethics in Paul*, [6]1988, 194-198)과 새로운 주님이 자신에게 속한 자들을 세상 권세들로부터 자유하게 하셨다는 점을 강조한다. 바울에게 자유는 곧 '새로운 순종'이다.

2) 권면의 첫째 이유 : 이미 일어난 주권 교체(6 : 15-18)

> 15그런즉 어찌하리요 우리가 법 아래에 있지 아니하고 은혜 아래에 있으니 죄
> 를 지으리요 그럴 수 없느니라 16너희 자신을 종으로 내주어 누구에게 순종하
> 든지 그 순종함을 받는 자의 종이 되는 줄을 너희가 알지 못하느냐 혹은 죄의
> 종으로 사망에 이르고 혹은 순종의 종으로 의에 이르느니라 17하나님께 감사
> 하리로다 너희가 본래 죄의 종이더니 너희에게 전하여 준 바 교훈의 본을 마
> 음으로 순종하여 18죄로부터 해방되어 의에게 종이 되었느니라

이제 15절에서 바울은 대화체 논쟁(Diatribe) 문체로 표현한 가상 질문으로써 1절을 변형하여 다시 질문한다(3 : 8 참조). 그런 다음, 그렇게 생각하지 말아야 하는 이유를 이 단락에서 논증한다. 여기서 바울은 세례 사건이 의롭다 여김을 받은 사람을 다스리는 주권이 교체되는 '주권교체' 사건으로 규정한다.

[6 : 15] 이 절은 "은혜를 더하게 하려고 죄에 거하겠느냐?"는 1절의 질문을 변형하여 "법 아래 있지 않고 은혜 아래에 있으니 죄를 지으리요?"라고 묻는 바울의 가상 질문이다. 여기서 수세자에게 12~13절처럼 양자택일에 대한 분명한 결정이 요구된다. 쥬웨트에 의하면, 여기서 '법 아래'란 표현은 아마도 '갈라디아 위기' 이후, 구약(출 19 : 17 ; 신 4 : 11)에 대한 초기 랍비들의 해석을 따랐던 유대주의자들에 의해 만들어졌던 표어(slogan)였다(R. Jewett, *Romans*, 415). 바울은 이 질문에 대하여 "그럴 수 없다"(mē genoito)로써 대답한다. 앞서 밝힌 것처럼, 이 표현은 '강한 부정'과 함께 동시에 '간절한 바람'을 지니고 있다(3 : 4, 6, 31 ; 6 : 2 참조). 그 첫째 이유는 16~18절에서 자세하게 진술된다. 이로써 15절의 질문은 1절의 질문보다 더 강하게 부정된다.

[6 : 16] 바울은 '사망에 이르는 죄의 종으로 순종하는 자이든, 의에 이르는 순종의 종으로 순종하는 자이든, 그 사람은 자기 자신을 순종하려고 종으로 맡기는 자에게 종이 된다'는 것을 이미 알고 있는 일반적인 원리로써 그 이유를 댄다. '죄로부터 자유함'이란 단지 '죄의 권세에서 벗어남'만을 의미하지 않는다. 오히려, 그것은 즉시 '새로운 순종 관계로 들어감'을 의미하며, '영의 새로운 존재로 섬김'(7 : 6)을 의미한다. 따라서, 바울의 경우 '죄로부터 자유함' 이란 복종이 없는 진공 상태가 아니라 '새로운 순종' 관계로 들어가는 것이다. 이런 의미에서 '자유'란 죄의 지배를 받는 죄의 권세로부터 벗어나, 의의 종이 되는 '주권 교체'를 의미한다. 이런 주권 교체가 죄에 대하여 죽은 수세자의

변화된 신분에 부합된다. 그 주권 교체는 수세자가 자신을 하나님께 드리는 순종에서 일어난다. 이때 '순종'이란 아브라함의 믿음 기사(4장)에서처럼 '믿음'의 다른 표현이다. '순종'은 곧 '믿음'이다(1 : 5 ; 10 : 3 ; 11 : 30 참조). '믿음'이란 은혜 아래 새로운 삶을 사는 것이며, 은혜를 베푸신 하나님께 순종하며 사는 삶이다. 죄는 하나님을 대항하지만 이러한 새로운 순종은 죄의 권세에 맞서 싸우게 한다. 바로 이 믿음의 순종이 의로운 삶으로 인도한다. 다시 말하면, 현재 은혜로 주어진 구원의 '선물' 안에, 선물을 받은 자에게 그 선물에 합당한 순종의 삶을 요구하는 '과제'가 포함되어 있다.

[6 : 17–18] '순종'이란 더 이상 일반적인 의미의 '의존'이 아니다. 이제 순종은 17절에서 기독교적으로 규정된다. 바울은 항상 '믿음의 순종' 옆에 '순종의 믿음'을 두었으며(1 : 5 ; 10 : 3), 그에게 '순종'이란 '복음의 약속'(promissio evangelii)을 붙잡고 행동으로 증명하는 신앙이다(A. Schlatter, *Der Glaube im Neuen Testament*, [5]1963, 363 ; 참조, E. Käsemann, *Römer*, 172). 17절에서 바울은 권면의 근거를 댈 뿐만이 아니라, 이전에 '죄의 종'이었던 수세자가 하나님께 순종하는 '의의 종'이 된 것에 감사한다. 이 감사의 내용은 18절까지 이어진다. 곧, 바울은 그들이 죄에서 해방되어 의에게 종이 되었다는 것에 감사한다. 수세자는 '의에게' 종이 되었다. 이때 '의에게'는 '호의(好意)의 여격'(dative of advantage)으로 '의를 위한'을 의미한다. 수세자가 받은 의는 그 수세자로 하여금 하나님을 섬기게 하는 의이다. '의에게 종이 되었다는 것'은 죄로부터 하나님께 자신을 다스리는 권세를 양도하라는 '주권 교체' 요구의 전제이다. 죄에게서 벗어나 하나님의 종이 되는 것은 하나님으로 말미암아 열린 삶의 자유에서 비롯된다.

바로 여기서 로마서에서는 처음으로 '자유'가 거론된다. 감사의 말은 이 두 절에 묘사된 '죄의 종'과 '의의 종'의 날카로운 대립에서 요약적으로 표현되어 있다. 죄의 지배는 끝났다. 죄의 권세에서 벗어난 자유는 더 이상 구속

없음이 아니라 의에 순종하는 새로운 섬김이다. 그리스도인의 순종은 도덕적 행동, 그 이상이다. 그 순종은 항상 '들음에서 나는 신앙'(fides ex auditu)을 향하여 세워져 있다(10 : 17). 다시 말하면, 수세자는 세례 받을 때 그리스도의 말씀을 듣고 따르는 '들음의 신앙'에 대한 의무를 가지게 된다. 이제 그리스도인은 죄 권세로부터 벗어나 새롭게 순종할 수 있음 아래 놓여 있다. 이로써 세례에 관한 성례전적 진술은 더 이상 순종을 요구하는 칭의 선포와 분리될 수 없다. 성례(세례)나 칭의의 경우, 바울의 주(主) 관심사는 개인이 아니라 그리스도의 주권이다. 따라서 이 단락을 올바르게 이해하는 열쇠어는 '종'과 관련된 용어이다. 이는 다음 단락에서도 계속된다.

3) 권면의 둘째 이유 : 하나님의 종 됨의 의미(6 : 19-23)

> 19너희 육신이 연약하므로 내가 사람의 예대로 말하노니 전에 너희가 너희 지
> 체를 부정과 불법에 내주어 불법에 이른 것같이 이제는 너희 지체를 의에게
> 종으로 내주어 거룩함에 이르라 20너희가 죄의 종이 되었을 때에는 의에 대하
> 여 자유로웠느니라 21너희가 그때에 무슨 열매를 얻었느냐 이제는 너희가 그
> 일을 부끄러워하나니 이는 그 마지막이 사망임이라 22그러나 이제는 너희가
> 죄로부터 해방되고 하나님께 종이 되어 거룩함에 이르는 열매를 맺었으니 그
> 마지막은 영생이라 23죄의 삯은 사망이요 하나님의 은사는 그리스도 예수 우
> 리 주 안에 있는 영생이니라

이제 이 단락에서 '너희 지체를 의의 무기로 하나님께 드리라'(13절)는 권면의 둘째 이유로 수세자가 죄에게서 벗어나 하나님의 종이 되었다는 '종 됨'의 의미가 해명된다. '하나님께 종 됨'의 의미는 수세자가 거룩함에 이르는 열매를 맺게 되어 그리스도 예수 안에 있는 영생에 참여하는 것이다. 이때 종말론적인 전환점으로서 '그때'와 '이제'가 대립되어 있다. 수세자의 과거인 '그때'

그들은 '죄의 종'(16, 20절)이었다. 그러나 그들은 이제는 '의에게 종'(19절)이 되고 '하나님께 종'(22절)이 되었다. 이런 묵시적 대조(對照) 양식으로 표현된 '시대교체'는 그리스도를 믿어 의롭다 여김 받은 수세자에게 요구된 '주권교체'와 관련되어 있다. 바울은 옛 시대에 살던 '옛 사람'에서 새 시대로 옮겨진 '새 사람'에게 이에 합당한 주권교체를 요구한다.

[6 : 19] 이런 '주권교체'를 위해 바울은 육신의 연약함을 고려하여 잘 이해할 수 있도록 사람들이 통상적으로 말하는 방식으로 서술한다. '육신'이란 '영'의 대조 개념이 아니라, 인간의 이해력을 표현하는 용어로 '육신이 연약하므로 내가 사람의 예대로 말하노니'란 '사람의 방식대로 말하노니'를 의미한다(박익수, 「로마서 주석 I」, 486). 바울은 수세자가 예전에 자신의 지체를 부정(不正)과 불법(不法)에 드려 불법에 이른 것처럼, 이제는 자신의 지체를 거룩함에 이르도록 의에게 종으로 단번에 '드리라'(단순과거형)고 요구한다. 여기서 '부정'이란 제의와 관련된 용어이고, '불법'이란 율법과 관련된 용어이다. 예전에 수세자가 자신을 부정과 불법에 내 맡기어, 결국 율법을 알든 모르든 이를 행하지 않은 율법 없는 '불법'에 이른 것같이, 이제는 자신을 의에게 종으로 드려 거룩함에 이르러야 한다. 더 정확하게 표현하면, 수세자는 거룩함에 이르도록 자신을 의에게 드려야 한다. 이 절에서 로마서에서는 처음으로 '거룩'(hagiasmos)이란 용어가 등장한다. 칭의자의 거룩함은 자신을 하나님께 드림으로써 시작된다(12 : 1-2 참조). 곧, '헌신'(獻身)이 '성화'(聖化)의 출발점이다. 기독교적 성화는 인간 자신의 경건성이나 도덕성으로 이루어지는 자기 실현의 대가(代價)가 아니라, 자신을 하나님께 종으로 드려 하나님과 함께 동행(同行)함으로써 맺혀지는 열매이다.

[6 : 20-22] 20절에서 수세자의 예전 모습이 묘사된다. 그들이 죄의 종이었을 때에는 의에 대하여 자유로웠다. 이때 '의'는 '죄'와 마찬가지로 인간을 다스

리고자 하는 주권 세력이다. 21~22절에서 '그때에'와 '이제는'으로 표현되는 대조 공식문으로써 수세자가 세례 받기 전후 삶의 결국이 대조된다. 그 결국은 '열매'라는 표현으로써 묘사되는데, 이때 '열매'는 죄를 섬긴 결과이지, '마지막'으로 표현되는 '목표'가 아니다. 칭의자가 죄 아래 있던 당시인 '그때에' 그들이 행한 부끄러운 일의 결국은 사망이었다. '그때'에 대하여 '이제는'의 강한 대조는 '그러나 이제는'(nuni de)이란 공식 어구에 잘 드러난다. 이 어구는 3 : 21에서처럼 종말론적 시대 전환을 의미한다. 이러한 대조 공식문 안에 세례 받은 그리스도인 실존의 시대 전환이 반영되어 있다. 수세자는 죄에게서 해방된 새로운 실존이며, 이제 하나님께 종이 되어 거룩함에 이르는 열매를 맺게 되었고, 결국에는 '영생'에 이를 것이다.

[6 : 23] 23절은 이 단락의 요약이다. 이 구절은 단지 22절뿐 아니라 앞서 '주권교체'를 요구하는 전체 권고를 요약한다. 옛 시대에서 새 시대로 옮겨진 수세자는 그에 부합되게 죄가 아니라 하나님의 종이 되어, 사신이 섬기는 주인을 교체해야 한다. 왜냐하면 죄의 삯은 사망이지만 하나님의 은사는 주 예수 그리스도 안에 있는 영생이기 때문이다. 여기서도 5 : 15에서와 마찬가지로, '은사'(charisma)는 어떤 특별한 구원의 선물이 아니라 포괄적인 구원의 선물을 의미한다. 물론, 이로부터 모든 특별한 기능을 하는 구체적인 은사가 나오게 된다. 다시 말하면, 세례 받을 때 그리스도를 주(主)로 영접하는 모든 사람들에게 구원의 선물인 은사가 주어진다.

이 단락에서 19절과 22절에 언급된 '거룩함'은 중요한 의미를 지니고 있다. 수세자는 '거룩함'에 이르도록 자신의 지체를 의에게 드려야 하며, 하나님의 종이 되어야 한다. 이때 '거룩함'이란 믿는 자가 도달하게 되는 어떤 상태나 성질이 아니라, 그리스도로 말미암아 이루어진 하나님을 위해 구별됨을 의미한다. 그러므로 거룩함에 이르는 출발점은 자신을 의에게 종으로 드리는 것, 곧 하나님께 종이 되는 것이다. 죄의 권세로부터 해방된 자는 자신에게 주어진 이 자유로써 하나님의 종이 되는 선택을 할 수 있으며, 하나님의 종이 되는 선택을 할 때 그는 거룩함에 이를 수 있다. '거룩함'은 하나님께로 나아가는 통로이며, 이는 수세자가 자신을 의에게 드려 하나님의 종이 됨으로써, 환언하면 하나님으로 말미암아 가능하게 된다. '칭의'가 하나님의 은혜로 말미암은 것처럼, '성화' 역시 수세자가 하나님의 거룩함에 일치함으로써만 가능하다. 바로 이 '거룩함'의 개념에서 은혜의 '칭의'(직설법)와 순종의 '성화'(명령법)는 함께 만난다.

이처럼 바울의 경우 하나님의 선물인 '칭의'와 선물 받은 자에게 요구된 '과제'는 불가분으로 서로 공속(共屬)되어 있다. 곧, '성화'는 '칭의'와 다른 개념이 아니라, 수세자의 삶에서 영위되는 '칭의'이다. 그러므로 성화는 단순히 칭의의 후속(後續) 단계가 아니라, 오히려 칭의와 함께 일어난다. 칭의는 성화를 요구하며, 성화는 칭의에 대한 감사와 기억으로 새로운 순종 관계 안에서 경험되는 칭의이다. 다르게 표현하면, 하나님의 은혜에 의해 주어지는 칭의의 선물을 의미하는 구원의 '직설법'은 단순히 그 선물 받은 자에게 의로운 삶, 곧 거룩한 삶을 요구하는 구원의 '명령법'의 전제가 아니다. 오히려 '명령법'은 선물 받은 확실한 증거로, 선물 받은 칭의자에게 순종을 요구한다. 이런 점에서 명령법은 직설법과 동시에 일어난다. 직설법과 명령법을 시간적 전후(前後) 순서 안에서 인과(因果)적으로 이해하고 성화를 '구원의 여로'(ordo salutis)에서 단지 칭의의 다음 단계로만 여긴다면, 그것은 본문에서 강조하는 바울의 의도를 온전하게 이해한 것이 아니다. 오히려 '칭의'와 '성화'를 직설법과 명령법을 함께 일어나는 통합 관계 안에서 이해할 때, 로마서 6장뿐 아니라 바울서신 전체 본문과도 어울린다. 칭의와 성화는 단순한 인과 관계 안에 놓여 있는 구원의 단계가 아니라 통합 관계 안에 놓여 있는 공속 개념이다. 그러므로 자신을 하나님께 드려 '하나님의 종이 되는 것'이 거룩함에 이르는 열매를 얻는 전제이며 또한 출발점이다. 이런 점에서 '성화'란 신앙인이 스스로의 종교적 노력이나 도덕적 행위로써 종교적 온전함과 도덕적 완전함을 향하여 점진적으로 나아가는 수련(修練) 단계가 아니라, 오히려 하나님의 거룩하심을 받아들여 자신을 하나님께 종으로 드림으로 그분과 함께 동행하는 삶이다. 수세자의 성화가 하나님과 동행하는 것이라면, 성화 역시도 칭의와 마찬가지로 하나님의 은혜로 말미암는다. 이런 점에서 예수 그리스도를 믿음으로 의롭다 여김을 받고 그에게 세례 받은 그리스도인의 삶이란 '하나님에게서 난 삶'(life from God)일 뿐 아니라, '하나님과 함께 사는 삶'(life with God)이다. 은혜로 선포되는 구원의 '직설법'과 구원 받은 자에게 요구되는 '명령법'의 관계를 '칭의–성화'의 전후 도식에 따라 관념론적으로 '의롭다 여김 받은 자는 의로운 자가 되어라'로 이해하는 것보다, 세례 받을 때 죄의 권세에서 벗어난 칭의자가 주권을 그리스도에게로 이양(移讓) 내지는 교체(交替)하는 관점에서 칭의와 성화를 교호(交互)적인 통합적 관계 안에서 이해하는 것이 바울의 원래 진술 의도에 부합된다.

설교를 위한 묵상

본문 단락이 전하는 신학적 메시지를 찾으면, 다음과 같다. 첫째, '죄'와 '의'는 바울의 경우 동일하게 인간을 주관하려 하는 권세이다. 둘째, 죄에 대하여 죽은 수세자는 더 이상 자신을 죄에게 내주지 말고 하나님께 의의 무기로 드려야 한다. 셋째, 죄가 수세자를 더 이상 주장하지 않도록 해야 하는 것은 그리스도인이 법 아래 있지 않고 은혜 아래 있기 때문이다. 넷째, 법 아래 있지 않고 은혜 아래 있는 수세자는 자신이 죄를 짓지 않는 것이 그가 받은 은혜에 합당한 것이다. 다섯째, 수세자가 죄 짓지 않도록 자신을 '죄의 종'이 아니라 '순종의 종'으로, '의에게 종으로' 드려야 한다. 여섯째, 수세자가 '죄의 종'에서 해방되어 '의에게 종'이 된 것은 은혜로 말미암은 것으로서, 이는 마땅히 감사드려야 할 내용이다. 일곱째, 수세자는 자신을 의에게 종으로 드림으로써만 거룩함에 이를 수 있다. 여덟째, 죄의 종이었던 과거 수세자의 결국은 '사망'이었으나, 하나님의 은혜로 의의 종이 된 결국은 하나님의 은사가 가득한 예수 그리스도 안에 있는 '영생'이다. 기독교적 성화는 인간 자신의 노력에 의한 경건성이나 도덕성에 의한 자기완성 내지는 자기실현이 아니라 칭의처럼 하나님의 은혜로 이루어지는데, 이 출발점은 바로 하나님과 동행하는 것이며, 의의 무기로서 하나님을 섬길 수 있도록 자신을 하나님께 종으로 드리는 것이다. 이에 대해서는 로마서의 후반부(12 : 1–15 : 13)에서 자세하게 해명될 것이다.

F. 이신칭의로 말미암은 율법 권세로부터의 자유(7 : 1–25)

7장은 이신칭의의 결과 그리스도인에게 이루어진 '칭의의 실현'을 다루는 '네 번째 큰 단락'(5–8장) 가운데 세 번째 장이다. 이 장에서 바울은 예수 그리스도를 믿음으로 말미암아 의롭다 여김 받은 그리스도인에게 일어난 '사망 권세로부터의 자유'(5장)와 '죄 권세로부터의 자유'(6장)를 이어, '성령 안에서의 자유'(8장)를 다루기 전에 '율법 권세로부터의 자유'(7장)를 역설한다. 전술(前述)한 것처럼, 예수를 믿어 의롭다 여김 받은 자에게 실현된 네 가지 자유는 시간적인 전후(前後) 관계로 서로 연결되어 있는 주제들이 아니라, 서로 분리될 수 없게 통합되어 있는 그리스도인의 변화된 신분 상태를 다루는 주제이다. 그러므로 이들 주제들은 그리스도인에게 '실현된 자유'라는 관점에서 하나로 묶일 수 있는 단락이다. 이때 7장에서 다루어지는 세례 받은 칭의자에게 일어난 '율법 권세로부터의 자유'는 8장에서 계속 다루어지는 '성령 안에서의 자유'와 분리된 독자(獨自)적인 주제가 아니라, 양자(兩者)가 연결되어 있는 한 단위 안에 서로 관련되어 있는 주제이다. 그러므로 엄밀히 말하면, 7~8장은 논리적으로 하나로 연결된 단락이다. 이는 7장에 대한 탁월한 연구서인 큄멜의 저술(W. G. Kümmel, *Römer 7 und das Bild des Menschen im Neuen Testament*, 1974)에서 분명하게 입증된다. 그에 의하면, 7 : 5~6은 그 이후 단락(7 : 7-8장)의 명제 역할을 한다. 곧, 그리스도인이 예수를 믿기 전 육신으로 있을 때 율법으로 말미암는 죄의 정욕이 그 지체에 역사하여 사망에 이르게 되었음을 언급하는 7 : 5은 이 구절을 바로 이어 전개되는 단락(7 : 7-25)에 묘사된, 예수 그리스도 안에서 의롭다 여김 받은 그리스도인의 관점에서 이미 극복된 '옛 사람'의 실존 정황을 요약하는 명제(命題)이다.

이와는 대조적으로 예수를 믿은 후 칭의자는 이전에 얽매었던 죄에 대하여 죽었기 때문에, 이제는 율법에서 벗어나 율법 조문(條文)의 옛 것이 아니라 영의 새로운 것을 섬기게 되었음을 말하는 7 : 6은 8장에서 전개될, 성령 안에서 해방된 '새 사람'의 실존 정황을 요약하는 명제이다. 이처럼, 7~8장은 예수 그리스도를 믿음으로 말미암아 의롭다 여김 받은 수세자에게 일어난, '옛 사람'에서 '새 사람'으로 교체된 인간 실존을 율법과 또한 성령과 관련지어 해명한다. 다시 말하면, 바울은 이 두 장에서 '기독론적 이신칭의'로 말미암아 변화된 그리스도인의 실존 정황을 밝히기 위해, 칭의론을 자신의 인간론, 율법론, 성령론과 함께 관련지어 연결된 한 단락 안에서 논증한다. 7장이 속해 있는 큰 단락인 5~8장의 단락이 다루는 주제를 요약하면, 다음과 같다. 곧, 예수 그리스도를 믿음으로 말미암아 의롭다 여김 받은 그리스도인은 이신칭의의 결과 율법으로 말미암아 죄의 정욕이 육체 가운데 역사하여 처해 있는 '사망'과 '죄'의 권세를 벗어났으며(5-6장), 이제 율법에서 벗어나 율법 조문의 옛 것이 아니라 영의 새로운 것을 섬길 수 있게 되었다(7-8장). 이신칭의로 말미암아 그리스도인에게 일어난 '하나님의 의'의 효과로서 '율법 권세로부터의 자유'를 다루는 7장을 세분하면, 7장은 다음의 작은 세 단락으로 구분된다.

7 : 1-25　　이신칭의(以信稱義)로 말미암은 율법 권세로부터의 자유

　7 : 1-6　　율법에서 벗어난 그리스도인의 자유

7 : 7-13　　그리스도인이 되기 전 율법 아래 있는 인간 : 율법의 역할과 기능

7 : 14-25　　그리스도인의 관점에서 바라본, 율법 아래 있는 인간

1. 율법에서 벗어난 그리스도인의 자유(7 : 1-6)

사도 바울이 가르치는 칭의론의 특징 중 하나는 그가 예수 그리스도를 믿어 의롭다 여김 받은 사람에게서 '죄'와 '죽음'뿐 아니라 '율법'까지도 옛 시대에 속해 있는 것으로 돌린다는 점이다(E. Käsemann, *Römer*, 178). 다시 말하면, '율법'은 자신이 전하는 '복음'을 마주 보고 있는 상대역이다. 그러니까, 바울에게 '율법'이란 자신이 전하는 예수 그리스도가 내용인 복음의 대립명제이다. 이런 점에서 율법에 대한 철저한 비판은 바울신학의 특징 중 하나이다(G. Eichholz, *Theologie des Paulus*, 244-251 참조). 이를 다르게 말하면, 바울의 율법론은 율법의 본질과 기능 등, 독자(獨自)적인 율법 자체에 대한 가르침이 아니라, 항상 예수 그리스도와 관련된 율법론이다. 그러므로 바울이 이신칭의의 결과 '실현된 칭의'라는 관점에서 그리스도인의 자유를 설명할 때, '사망 권세로부터의 자유'(5장) 및 '죄 권세로부터의 자유'(6장)와 함께 '율법 권세로부터의 자유'를 다루는 것은 결코 놀라운 일이 아니다. 바울은 7장의 첫 단락(1-6절)에서 이신칭의의 결과, 믿는 자에게 일어난 '율법에서 벗어난 그리스도인의 자유'를 다룬다. 여기서도 6장에서처럼 수세자에게 요구되는 '주권교체' 주제가 계속 다루어진다(장흥길 역, 「페터 슈툴마허의 로마서 주석」, 182). 이 단락에서 '법' 또는 '율법'의 뜻을 지닌 '노모스'(nomos)가 여섯 번 등장하는데, 이로써 첫 여섯 절은 율법과 관련된 주제 단락임이 드러난다. 여기서 바울은 자신의 논리를 전개할 때 헬라 철학의 '삼단논법'(三段論法)을 사용한다. 곧, 1절 하반절은 삼단논법의 대전제에 해당하고, 2~3절은 그 전개와 결론이며, 4~6절은 삼단논법의 적용이다. 이 단락을 세분해서 살펴보면,

먼저, 첫 네 절(1-4절)은 '혼인법'의 예를 들어 율법에서 벗어난 그리스도인의 자유를 입증하며, 이를 이은 다음의 두 절(5-6절)은 그 이후 전개될 큰 단락(7 : 7-8 : 39)의 명제이다.

7 : 1-6　　율법에서 벗어난 그리스도인의 자유
　7 : 1-4　　혼인법의 예증(例證)
　7 : 5-6　　이후 단락(7 : 7-8 : 39)의 명제

1) 혼인법의 예증(7 : 1-4)

[1]형제들아 내가 법 아는 자들에게 말하노니 너희는 그 법이 사람이 살 동안만
그를 주관하는 줄 알지 못하느냐 [2]남편 있는 여인이 그 남편 생전에는 법으로
그에게 매인 바 되나 만일 그 남편이 죽으면 남편의 법에서 벗어나느니라 [3]그
러므로 만일 그 남편 생전에 다른 남자에게 가면 음녀라 그러나 만일 남편이
죽으면 그 법에서 자유롭게 되나니 다른 남자에게 갈지라도 음녀가 되지 아
니하느니라 [4]그러므로 내 형제들아 너희도 그리스도의 몸으로 말미암아 율법
에 대하여 죽임을 당하였으니 이는 다른 이 곧 죽은 자 가운데서 살아나신
이에게 가서 우리가 하나님을 위하여 열매를 맺게 하려 함이라

이 단락에서 바울은 예수 그리스도를 믿음으로 말미암아 의롭다 여김 받고 그 안으로 세례 받은 그리스도인은 더 이상 율법의 권세 아래 있지 아니하고(1-3절), 오히려 부활하신 그리스도께 속해 있음(4절)을 '혼인법의 예'(2-3절)를 들어 입증한다. 이때 1~3절은 혼인법의 기본원칙을 언급하고, 4절은 그리스도인에 대한 이 원칙의 적용 문제를 다룬다.

[7 : 1] 7장에서 바울은 '노모스'(nomos) 용어를 모두 23번 사용하는데, 그중에

서 이 용어의 일반적인 의미로, 곧 '규칙, 규범, 규정, 법'의 뜻으로 사용된 경우가 13번(1, 2〈2번〉, 3, 8, 9, 21, 22, 23〈3번〉, 25〈2번〉절)이고, 구약·유대적 용례로, 곧 '율법'(torah)의 의미로 사용된 경우는 모두 10번이다(1, 4, 5, 6, 7〈3번〉, 12, 14, 16절). 1절에 언급된 '법을 아는 자들'에서 '법'은 유대인의 '율법'이 아니라 단순하게 일반적인 '법적 규정'을 의미한다. 바울은 6장에서부터 다루어 왔던 그리스도인의 '주권교체' 문제와 관련하여 '율법 권세로부터 벗어난 그리스도인의 자유'를 다루기 위해, 먼저 당시 그리스-로마 세계에 통용되던 법 효력의 기본원칙을 삼단논법의 대전제로 언급한다. 곧, 법은 사람이 살아 있는 동안 그 사람을 주관한다. 여기서 '주관하다'(kyriein)란 그리스도인의 '주권교체'와 관련하여 이미 6장에 사용되었던 주요 용어로(9, 14절), 내용적으로는 법 효력과 관련하여 법이 '유효하다'는 뜻이다.

[7 : 2–3] 이어지는 2~3절에서 1절 하반절에 언급된 대전제가 혼인법의 예로써 두 절에 설명된다. 당시 통용되던 혼인법에 의하면, 남편 아래 있는 아내는 그 남편이 살아 있을 때에는 법에 의해 그에게 매인 바 되지만, 그 남편이 죽으면 남편의 법에서 벗어난다. 이때 '남편 아래 있는'(hypandros)이란 용어는 신약성경에서는 여기서만 등장하는 용어(hapaxlegomenon)로 당시 가부장(家父長)적 사회를 반영하고 있다. 여기서 '살다'와 '매다', '죽다'와 '벗어나다'가 대립되어 있다. 법 효력과 관련하여 '매다'는 '유효하다'를 의미하고, '벗어나다'는 '무효하다'를 의미한다. 이제 삼단논법의 결론인 3절에 이른다. 그러므로 남편 있는 여인이 그 남편의 생전에 다른 남자에게 가면 간음한 여인이지만, 남편이 죽으면 그 법에서 자유롭게 되어 다른 남자에게 갈지라도 음녀가 되지 않는다. 바울은 그리스도인이 더 이상 율법에 종속되어 있지 않고 부활하신 그리스도에게 속해 있음을 입증하기 위해 논리적으로는 헬라 철학의 '삼단논법'을 사용하지만, 양식(樣式)적으로는 법이 살아 있는 동안에만 효력 있음을 밝히는 '혼인법의 비유(allegory)'로써 논증한다. 2~3절의 '혼인법' 비유에서

바울이 이 비유로써 의도하는 '비교 일치점'(tertium comparationis)은 죽음이 살아 있는 동안 유효한 법적 의무를 해지(解止)한다는 점이다.

[7 : 4] 이제 바울은 혼인법의 비유를 세례 받은 그리스도인에게 적용하여 그리스도인을 위한 결론을 내린다. 의롭다 여김 받은 수세자는 예수 그리스도의 몸으로 말미암아, 곧 그의 대속적인 십자가 죽음으로 말미암아 율법에 대하여 죽었다. 이는 칭의자가 더 이상 율법에 속해 있는 것이 아니라 부활하신 그리스도께 속해 있어 하나님을 위하여 열매 맺도록 하기 위함이다.

2) 이후 단락(7 : 7–8 : 39)의 명제(7 : 5–6)

> [5]우리가 육신에 있을 때에는 율법으로 말미암는 죄의 정욕이 우리 지체 중에 역사하여 우리로 사망을 위하여 열매를 맺게 하였더니 [6]이제는 우리가 얽매였던 것에 대하여 죽었으므로 율법에서 벗어났으니 이러므로 우리가 영의 새로운 것으로 섬길 것이요 율법 조문의 묵은 것으로 아니할지니라

이 두 절은 앞서 밝힌 대로, 이후 단락(7 : 7–8 : 39)의 '명제' 역할을 한다. 여기서 바울은 이신칭의의 결과 칭의의 실현으로서 율법의 권세를 벗어나 성령 안에서 해방된 그리스도인의 자유를 논증한다.

[7 : 5] 이 절에서 바울은 그리스도인이 되기 전 옛 시대에 속해 있을 때 인간 실존의 상태를 요약적으로 서술한다. '육신에'–어구(語句)에서 로마서에서 처음으로 바울의 인간론에서 아주 중요한 용어인 '육신'(sarx)이 나타난다. 고대 그리스 세계 문헌에서 이 어구에 전적으로 부합되는 평행구는 아직까지 발견되지 않았다. 바울 당시 그리스 세계에서 '육'은 사람이 '그 안에' 있지 않지만 가지고 있는 신체적 재질(材質)이다. 그러나 구약성경과 유대 세계에 나타난

피조물의 본질적 특징은 그 연약성뿐만이 아니라 창조자에 대한 그의 반항에서 찾을 수 있다. 그러므로 '육'은 개인의 영역을 넘어, 친족이나 민족, 심지어 세상 안에 있는 피조물의 공동체에 대해서도 사용되었다. 다시 말하면, 사람은 기본적으로 '육 안에' 있다. '육'은 옛 시대와 새 시대의 실재인 '육'과 '영'이라는 형이상학적 대조에서 '영'과 분리되기 전에, '따라서'(kata)라는 전치사와 결합하여 어떤 '권세'로 규정되기 전에, 또 '안에'(en)라는 전치사와 결합하여 어떤 '주권 영역'으로 규정되기 전에, 어떤 이원론적 개념을 가지고 있었다. 고린도후서(10 : 2-3)에서는 '육신을 따라'(kata sarka) 세상의 권세에 복종하는 것이 '육 안에서'(en sarki) 유혹을 받은 피조물의 실존과 구분되는 반면, 이 절의 '육신에'-어구에 언급된 육신은 분명히 옛 시대에 속한 존재이다. 다시 말하면, 이는 일반적으로 '육을 따라'의 어구에 사용된 '육신'과 동일하다. 또 '정욕'(情欲, pathemata)은 6장에서는 '사욕'(epithymiai)으로 표현되었다(6 : 12 참조). 이처럼 바울은 이 절에서 '육신', '율법', '죄', '정욕', '사망'의 주요 용어들을 사용하여 칭의자의 관점에서 알 수 있는 예수 믿기 전 그리스도인의 모습을 요약하였다.

[7 : 6] 이어서 바울은 그리스도인에게 나타난 '칭의의 실현'을 '율법의 권세에서 벗어남'이란 관점에서 요약적으로 서술한다. 6절 서두의 '그러나(한글성경에서는 옮기지 않았음.) 이제는'(nuni de)-어구는 바울이 이미 앞에서 '율법 외에 하나님의 한 의가 나타났다'는 구속사적 대전환점을 알리기 위해 사용했던 어구이다(3 : 21). 이 어구에 '구원의 현재함'이라는 기독교 구원의 특징이 나타난다. 하나님의 구속사에서 율법 외에 하나님의 한 의가 예수 그리스도 안에 나타남으로써 종말론적인 대전환점이 된 것처럼, 개인의 구원론의 경우에도 율법에서 벗어나 영의 새로운 것으로 섬기게 된 것은 그 대전환점이 된다. 그리스도인의 실존 상태 변화라는 관점에서 그리스도인에게 '율법에서 벗어나는 것'과 '그리스도의 통치 안에 들어가는 것'은 동시에 일어난다. 이때

'영의 새로운 것'과 '율법 조문의 옛 것'이 대조되어 있다. 바울이 여기서 이 대조 양식구를 반복하는 것은 이 양식구가 이후 단락(7 : 7-8 : 39)에서 전개될 주제의 요약이기 때문이다(U. Luz ; H. Conzelmann ; E. Käsemann 등). 곧, '율법 조문의 옛 것'은 7~25절 단락에서 전개되며, '영의 새로운 것'은 8장에서 밝혀진다. 예수 그리스도를 믿음으로 의롭다 여김 받은 그리스도인은 세례 받을 때 자신에게 임한 성령의 주권 아래서만 율법의 통치가 해지되고 극복됨을 알게 된다. 이런 점에서 7~8장은 한 단위이다(E. Käsemann, *Römer*, 183). '죽음과 죄의 권세로부터의 자유'는 '성령'을 통해 가능하게 되고, 또한 '성령' 안에서만 견지될 수 있는 '율법으로부터의 자유' 안에서 구체화된다. 이런 점에서 기독교는 단순히 예수를 메시아로 믿는 유대교의 종파, 그 이상이다. 바울은 예수 그리스도 안에서 성령의 다스림을 통하여 규정되는 하나님의 새로운 세상이 시작됨을 알린다. 6절에서 '영'(pneuma)과 '율법 조문'(gramma)의 대조는 '영'(pneuma)과 '육'(sarx)의 대조와 동일하다. 바울의 경우, 부활하신 주님은 성령으로 그리스도인 안에 현재한다. 그리스도인은 얽매였던 율법에서 벗어났다. 이는 결코 그리스도인이 율법과 무관하다는 것을 의미하지는 않는다. 오히려, 그것은 그리스도인이 이전에는 율법 조문으로써 율법을 섬겼으나 이제는 새롭게 영으로써 섬기게 되었음을 의미한다. 이런 성령론의 관점에서 율법은 결코 폐기되지 않으며, 그 윤리적 의미가 배제되어 있지 않다. 이후 단락(7 : 7-8 : 39)은 바로 이 주제를 해명한다. 이런 기본적 토대 위에 9~11장에서 다루어지는 '이스라엘의 칭의' 문제와 12~15장에서 다루어지는 '윤리적 권고'가 세워져 있다(E. Käsemann, *Römer*, 183).

설교를 위한 묵상

이 본문 단락이 전하는 신학적 메시지를 요약하면, 다음과 같다. 첫째, 사람이 살아 있는 동안 유효한 혼인법에 의하면, 남편 있는 아내가 그 남편이 죽으면 매여 있던 남편의 법에서 벗어나는 것처럼, 그리스도인도 율법에 대하여 죽었으므로 율법의 예속에서 벗어나 자유롭게 되었다. 둘째, 그리스도인이 율법에 대하여 죽은 것은, 바울이 6장에서 이미 밝힌 것처럼, 율법에 대하여 죽임을 당하신 그리스도의 십자가 죽음으로 말미암은 것이다. 셋째, 율법에 대하여 죽은 그리스도인은 더 이상 율법이 아니라 죽은 자 가운데서 부활하신 그리스도에게 속해 있다. 넷째, 이는 그리스도인이 하나님을 위하여 열매를 맺도록 하기 위함이다. 여기서 바울이 그리스도인의 새 생활을 '열매'로 이해하는 것은 신자의 삶을 자비로우신 하나님의 구원 위에 세워져 있는 '신학적 윤리'의 관점에서 바라보았기 때문이다(장흥길, "신약성경에서 그리스도인의 믿음과 행함," 2006, 97-128 참조). 다섯째, 율법에서 벗어난 그리스도인은 율법 조문의 옛 것이 아니라 영의 새로운 것으로써 섬겨야 한다.

2. 그리스도인이 되기 전 율법 아래 있는 인간 : 율법의 역할과 기능(7 : 7-13)

이 단락에 이르기까지 바울은 '율법' 주제에 대하여 명쾌하게 매듭짓지 못하였다. 그는 한편으로는 율법에 대하여 긍정적으로 묘사하는가 하면, 다른 한편으로는 그에 대하여 부정적으로 서술하였다. '율법 긍정적 진술'로는 바울이 율법을 예수 그리스도 이전의 심판 기준으로 묘사하거나(2 : 12), 죄를 깨닫게 하는 율법의 기능을 서술하거나(3 : 20), 믿음으로 율법을 폐기하는 것이 아니라 도리어 율법을 굳게 세우는 것이라고 주장하는 구절(3 : 31)을 그 예로 들 수 있다. 한편, '율법 부정적 진술'로는 율법이 하나님의 진노를 불러일으켰으며(4 : 15), 죄를 더하게 하려고 아담과 그리스도 사이에 들어왔고(5 : 20), 그리스도인이 그리스도의 십자가 죽음으로 말미암아 율법에 대하여 죽었다(7 : 4)는 진술이 있다. 이때 '율법 부정적 진술'은 '율법의 한계'와 관련되어 있고, ‘율법 긍정적 진술’은 ‘율법의 과제’와 관련되어 있다(G. Eichholz, *Theologie des Paulus*, 244-260 참조). 이처럼 대립 명제적인 율법 진술에 대하여 바울은 이제 이 단락에서 해명해야 할 단계에 이르렀다. 바울은 그리스도인이 율법에서 벗어났지만, 동시에 어떻게 율법을 세울지에 대하여 논리적으로 밝혀야 한다(장흥길 역, 「페터 슈툴마허의 로마서 주석」, 186).

사도는 이를 변증법적으로 다룬다. 곧, ‘율법 긍정적 진술’은 ‘율법의 기능과 과제’와 관련된 ‘정(正) 명제’에 해당하고, 율법 부정적 진술은 ‘율법의 한계’와 관련된 ‘반(反) 명제’에 해당하며, 그 ‘합(合) 명제’는 예수 그리스도 진술이다. 다시 말하면, 그리스도인은 예수의 십자가 죽음으로 말미암아 율법에 대하여 죽었지만, 율법 조문이 아니라 부활하신 그리스도의 권세인 성령으로 말미암아 율법이 요구하는 하나님의 뜻을 세우고 섬겨야 한다. 이처럼 바울은 율법을 그리스도와의 관계 안에서 이해하며, 부활하신 주님은 영으로 현존하시기에, 바울의 율법론은 ‘인간론’과 ‘칭의론’뿐 아니라 ‘그리스도론’ 및 ‘성령론’과도 밀접하게 관련되어 있다. 특히, 기독론과 관련하여 바울은 율법을 그리스도와의 관계 안에서 이해함으로써, 율법에 대하여 ‘율법 적대적’은 아니지만 ‘율법 비판적’이다. 이런 맥락에서 이 단락(7 : 7-13)은 그리스도인의 관점에서 그리스도인이 되기 이전, ‘율법에 속해 있던 인간 실존’(인간론)과 함께, ‘율법의 기능과 역할’(율법론)을 다루고 있다. 이 단락에서 그리스도인이 되기 전 인간 실존 정황이 묘사된다는 것은 그 내용적인 면에서뿐만이 아니라 이 단락에 사용된 동사가 모두 과거 시제(단순과거와 미완료형)로 사용되었다는 점에서도 분명하게 입증된다. 이 단락을 세분하면, 다음과 같다.

7 : 7-13	그리스도인이 되기 전 율법 아래 있는 인간 : 율법의 기능과 역할
7 : 7	죄를 알게 함.

7 : 8-9	죄를 살아나게 함.
7 : 10-11	죄가 기회를 타서 죽이게 함.
7 : 12	거룩하고 의롭고 선한 율법
7 : 13	죄를 심히 죄 되게 함.

7그런즉 우리가 무슨 말을 하리요 율법이 죄냐 그럴 수 없느니라 율법으로
말미암지 않고는 내가 죄를 알지 못하였으니 곧 율법이 탐내지 말라 하지 아
니하였더라면 내가 탐심을 알지 못하였으리라 8그러나 죄가 기회를 타서 계
명으로 말미암아 내 속에서 온갖 탐심을 이루었나니 이는 율법이 없으면 죄
가 죽은 것임이라 9전에 율법을 깨닫지 못했을 때에는 내가 살았더니 계명이
이르매 죄는 살아나고 나는 죽었도다 10생명에 이르게 할 그 계명이 내게 대
하여 도리어 사망에 이르게 하는 것이 되었도다 11죄가 기회를 타서 계명으로
말미암아 나를 속이고 그것으로 나를 죽였는지라 12이로 보건대 율법은 거룩
하고 계명도 거룩하고 의로우며 선하도다 13그런즉 선한 것이 내게 사망이 되
었느냐 그럴 수 없느니라 오직 죄가 죄로 드러나기 위하여 선한 그것으로 말
미암아 나를 죽게 만들었으니 이는 계명으로 말미암아 죄로 심히 죄 되게 하
려 함이라

[7 : 7] 7장의 둘째 단락을 바울은 "율법이 죄냐?"라는 질문으로써 시작한다. 이처럼 율법을 변호할 목적으로 율법에 대하여 긍정적인 대답을 기대하는 질문은 이 단락을 마감하는 13절에서도 "선한 것이 내게 사망이 되었느냐?"는 질문으로써 반복된다. 이 질문에 대한 7~13절 단락의 대답에서, 바울은 그리스도인의 관점에서 그리스도인이 되기 전, 율법 긍정적인 '율법의 기능과 역할'에 대하여 열거한다. 그의 대답은 "그럴 수 없느니라"(mē genoito)로 짧고도 단호하다. 앞에서(3 : 4, 31 ; 6 : 2, 15)와 마찬가지로 바울 자신의 단호한 부정과 간절한 바람이 이 희구(希求)법적 표현에 담겨 있다. 오히려 사람은

율법으로 말미암지 않고는 죄를 알지 못하였다. 여기서 율법의 첫 번째 기능인 교훈적 기능(usus legis elenchticus 또는 usus legis paedagogicus)으로서 '죄를 알게 함' 또는 '죄를 깨닫게 함'이 언급된다. 이때 바울은 십계명 중 한 계명을 예로 든다. 율법이 '탐내지 말라'고 하지 않았다면, 그는 탐심을 알지 못하였을 것이다.

[7 : 8–9] 이제 7~25절 단락에서 처음으로 1인칭 단수 인칭대명사 '나'–말씀이 등장한다. 7 : 7~25 단락에 '나'–말씀이 22번 나타난다. 곧, 주격(主格) 강조형인 '나'(egō)가 8번(9, 10, 14, 17, 20〈2번〉, 24, 25절), 그 속격(屬格)형인 '내' 또는 '나의'(mou)가 4번(18, 23〈3번〉절), 여격(與格)형 '내게'(moi)가 2번(10, 13절), 여격 강조형 '내게'(emoi)가 6번(8, 13, 17, 20, 21〈2번〉절), 대격(對格)형인 '나를'(me)이 2번(23, 24절) 나타난다. 그러면, 이때 '나'는 도대체 누구인가? 이 문제에 대해서는 이 단락의 말미에서 다루기로 하자. 8~9절에서 율법은 단지 죄를 알게 할 뿐 아니라 죄로 하여금 다시 살아나게 한다. 죄는 결코 율법으로 말미암아 생긴 것이 아니다. 죄는 율법이 있기 전에 처음부터 세상에 있었고(5 : 13), 인간 실존에 있었다. 그러나 7절 말씀대로 율법으로 말미암지 않고는 인간은 죄를 알지 못하였다. 율법이 죄를 알게 한다는 점에서 결국 율법은 죄를 살아나게 한다. 이때 바울은 한 계명의 예를 들어 논증한다. 여기서 '계명'(entolē)이란 단순히 율법과 동일시될 수는 없지만, 다른 곳에서처럼 여기서도, 구체적인 율법 조항을 의미한다. 그러나 이를 10~11절과의 문맥 속에서 고려한다면, 여기서 '계명'은 '율법'을 의미한다.

[7 : 10–11] 그리스도인이 되기 전 세 번째 율법의 기능은 죄가 기회를 타서 사람을 죽이게 한다는 점이다. 율법이 이르므로 죄가 다시 살아났고, 죄가 기회를 타서 죄 지은 자를 죽이게 한다. 이로써 생명에 이르게 할 그 계명이 도리어 사망에 이르게 하였다.

[7 : 12] 12절은 "생명에 이르게 할 그 계명"(10절)에서 알 수 있는 것처럼 율법에 대한 변호이다. 율법이 이르므로 죄가 다시 살아났지만, 이는 결코 율법 자체에 문제가 있어서가 아니다. 왜냐하면 율법도 거룩하며, 그 구체적인 계명 역시도 거룩하고 의롭고 선하기 때문이다. 이러한 '거룩하고 의롭고 선하다'는 수사학(修辭學)적인 중복(Pleonasmus) 표현으로써 바울의 율법 변호적이며 율법 긍정적인 입장을 찾아볼 수 있다. 물론, 이러한 율법 진술로써 바울은 율법의 기원이나 본질을 서술하려 하지는 않는다. 오히려, 바울은 이로써 율법이 인간에게 미치는 영향을 나타내려 한다. 율법은 죄를 드러내며, 죄로 심히 죄 되게 한다. 그러나 바울은 결코 율법을 반대하는 반(反)율법주의자나 율법이 필요 없다고 주장하는 무(無)율법주의자가 아니다. 율법이 죄와 죽음과 함께 언급되지만, 율법은 결코 죄와 죽음에 속해 있는 어떤 것이 아니다. 그럼에도 불구하고, 율법은 항상 선(善)을 전도(顚倒)하는 죄의 권세에 의해 오용(誤用)되었으며, 그 율법이 의도했던 생명과는 정반대의 결과를 일으켰다. 문제는 '율법', 그 자체에 있는 것이 아니라, 율법을 지키지 못하는 '인간'에게 있다. 율법이 사람을 구원할 수 없는 것은 율법 자체에 결함이 있어서가 아니라, 인간이 율법을 온전하게 지킬 수 없기 때문이다(3 : 20 참조). 이런 점에서 바울은 율법에 대하여 비판적이지만, 결코 율법에 대하여 부정적이지는 않다.

[7 : 13] 이런 맥락에서, 바울은 7절에 이어 이 절에서 "선한 것이 내게 사망이 되었느냐?"고 되묻는다. 대답은 '결코 그렇지 않다'이다. 또 그렇게 생각하지 않기를 바울은 간절히 바란다(7절 참조). 오히려 죄가 죄로 드러나도록 하기 위하여 율법으로 말미암아 죽음이 왔다. 그것은 계명으로 말미암아 죄가 심히 죄 되게 하기 위함이었다. 이로써 네 번째 율법의 기능이 묘사된다. '죄가 심히 죄가 되다'라는 표현은 율법을 그리스도와 관련 지어 단적으로 표현한 갈라디아서의 구절(갈 3 : 24)에서 분명하게 이해될 수 있다. 곧, 율법은 하나님을 대항한 인간의 죄를 드러내며, 그를 그리스도에게로 인도하는 '초등교

사'(paidagōgos)이다. 율법은 죄인 된 인간의 절망적인 정황을 객관적으로 끊임없이 드러낸다. 하나님은 자신의 뜻인 율법의 성취를 요구한다. 그러나 그 요구에 인간은 부응할 수 없다. 따라서 구원의 길이 되어야 할 율법은 죄인 된 인간을 구원하기는커녕, 오히려 그를 고발하는 원고(原告)로 전락하게 되었다. 그러므로 율법은 원래 그 자체가 죄가 있거나 결함이 있는 것이 아니지만, 그것이 죄를 경험하게 하고, 이로써 죄로 심히 죄 되게 하였다.

여기서 앞에서 언급했던 문제로 시선(視線)을 돌려 보자. 7~25절 단락에 여러 번 나타나는 '나'는 누구인가? 주석가들 사이에서 이를 밝히는 것이 지금까지 7장에 대한 해석에서 핵심 과제였다. 이때 '나'를 해석하는 기준은 두 가지였다. 그 하나는 '나'가 '예수 믿기 전의 나'인가 아니면 '예수를 믿은 후의 나'인가 하는 기준이고, 다른 하나는 '나'가 '개인'인가 아니면 '보편적 인간'인가 하는 기준이었다. 이 기준에 따라, 여러 가지 해석 입장이 주장되었다. 이에 대한 롤로프의 요약을 따르면, 다음과 같다(J. Roloff, *Neues Testament*, [7]1999, 210). 첫째 입장은 어거스틴(Augustine)과 루터(Luther)가 주장한 고전(古典)적 입장인데, 7장에 묘사된 '나'는 믿음 이후의 보편적인 그리스도인이다. 이 경우 7장은 복음 아래 있는 인간의 보편적 정황을 다룬다. 둘째 입장은 경건주의에서 찾을 수 있는데, 이 '나'는 그리스도인이 되기 전의 실존으로 개인이다. 이때 '나'-진술은 회심하기 전 바울 자신의 개인적 경험에 대하여 묘사한다. 셋째 입장은 주로 현대 주석가들(R. Bultmann ; P. Althaus ; W. G. Kümmel ; E. Käsemann 등)에 의해 주장된 견해로, '나'는 그리스도인이 회고하는 그리스도인이 되기 이전의 보편적 인간 실존이다. 이 경우 7~25절 단락은 여전히 내면적으로 갈등을 겪고 있는 그리스도인의 경험을 말하는 것이 아니라, 그리스도인이 되기 전 보편적 인간의 실존에 대한 회상이다.

그러면, 이 단락에서 '나'는 누구인가? 우선, 이 '나'는 그리스도인 이전의 인간을 묘사한다. 이는 14절에서 "나는 육신에 속하여 죄 아래에 팔렸도다"로 묘사되었고, 또 문맥적으로도 이 단락(7 : 7-25)이 8장과 대립되어 있음을 고려할 때, 이 단락은 결코 현재 그리스도인의 모습을 서술하지 않는다는 점에서 그러하다. 오히려, 여기서 바울은 그리스도인의 관점에서 그리스도인 이전의 존재를 묘사한다(W. G. Kümmel ; E. Käsemann 등). 이때 율법은 하나님과 적대적인 인간의 정황, 곧 인간의 죄를 드러내는 역할을 한다. 이를 바울은 자신이 율법을 변증하는 이 단락에서 묘사한다. 이런 점에서 7~25절 단락은 한편으로는 바울이 유대인을 고발하는 단락(2 : 1-29)과 관련되어 있고, 다른 한편으로는 '아담-그리스도 모형론'을 다루는 단락(5 : 12-21)과 밀접하게 관련되어 있다. 그러므로 이 단락의 '나'는 그리스도로부터 비로소 인식될 수 있는 '나'이다.

다음 문제는 이 '나'를 개인으로 보아야 할지 아니면 개인을 초월한 일반적 인간으로 보아야 할지를 결정하는 것이다. 여기서 '나'를 개인으로 여기는 것은 설득력이 약하다. 세 가지 이유에서 그러하다. 첫째, 바울은 이 단락에서 '율법 아래 있는 인간', 곧 구체적으로 경건한 유대인의 경험에 대하여 말하고 있다. 둘째, 이 단락에 사용된 과거형 동사들은 생명에서 사망에 이르는 죄의 순간과 결부되어 있다. 셋째, 구약(시 22 : 1-22 ; 130편)이나 초기 유대교 문헌(솔로몬의 지혜서 9장) 또는 헬라 문헌(필로의 「꿈에 관하여」 I, 176-177)의 용례에 의하면, 이 단락의 '나'-말씀도 개인의 경험을 담은 '나'-말씀이 아니라, 모든 사람과 관련된 '집단 인간'이라는 개념으로 사용된 '나'-양식 말씀이다(장흥길 역, 「페터 슈툴마허의 로마서 주석」, 188). 이처럼 '나'를 '집단 인간' 개념으로 이해할 때, 이 단락과 '아담-그리스도 모형론' 단락(5 : 12-21)과의 연속성과 상관성도 분명해진다. 그러므로 이 단락에서 '나'는 개인을 너머서 일반적 인간으로서 '나'이다.

7~13절 단락의 주제는 '율법 아래 있는 인간'이다. 이는 바울이 이미 앞의 '아담-그리스도' 단락(5 : 12-21)에서 다루었던 주제이다. 이때 '아담'은 '율법 아래 있는 인간'의 원형(原形)이었다. 이는 그리스도인만이 알 수 있다.

'영적인 사람'만이 '율법 아래 있는 인간'이 아담을 반복한다는 점을 알 수 있으며, 또한 계명으로 말미암아 자신이 예수 믿기 전에 자기 의를 주장하고 자기를 자랑하며 경건치 않았다는 것에 대해 시인(是認)할 수 있다. 그 결과 이르게 된 멸망은 오직 '복음'을 통해서만 알 수 있다. 율법 아래 있던 자신의 과거를 회고할 때 영적인 사람은 그리스도를 믿기 전 자신의 과거 모습을 아담과의 연속성 안에서 경험하게 된다. 이런 점에서, 영적인 사람은 고백적 대화체 양식으로써 자신을 아담과 동일시할 수 있었다(G. Eichholz, *Theologie des Paulus*, 251-260 참조). 물론, 이 사람은 그리스도로 말미암아 '(율법이) 들어온 것'(5 : 20)을 알 수 있었으며, 묵시적 전환기에 율법이 해지될 것을 알고 있다.

설교를 위한 묵상

이 단락에서 본문 단락이 전하는 신학적 메시지를 찾아보면, 다음과 같다. 첫째, 그리스도인이 되기 전 율법 아래 있는 인간은 율법으로 말미암지 않고는 죄를 알지 못하였다(7절). 둘째, 율법은 그에게 죄가 살아나게 하였다(8-9절). 셋째, 죄가 기회를 엿보아 율법 아래 있는 인간을 죽게 하였다(10-11절). 넷째, 율법은 죄로 심히 죄 되게 하였다(13절). 마지막으로, 율법 자체는 생명에 이르게 하는 것이고(10절), 거룩하고 의롭고 선하다(12절). 율법 아래 있는 인간의 결국이 사망에 이르게 된 것은 율법 자체에 문제가 있어서가 아니라 율법 아래 있는 인간에게 문제가 있어서이다.

3. 그리스도인의 관점에서 바라본, 율법 아래 있는 인간(7 : 14-25)

전 단락과 함께 이 단락(7 : 14-25)은 기독교인의 관점에서 바라보는 '율법 아래 인간' 주제를 계속 다룬다. 이때 7~25절 단락에 대하여 문맥에서 차지하는 자리 매김 문제가 로마서 주석가들 사이에 제기된 중요한 논제(論題)였다. 간혹 이 단락(7 : 7-25)은 문맥에서 '보충설명' 정도로 간주되었다. 이런 견해는 7장 첫 단락의 마지막 절(7 : 6)에서 8장 서두절(8 : 1)로 직접 연결될 수 있기 때문에 그럴듯하다. 그러나 이런 입장에 대해서는 바울이 주제를 이탈하여 보충설명을 하는 이유를 찾아야 한다. 대개 독일 학자들(R. Bultmann ; G. Bornkamm ; W. G. Kümmel 등)은 이 단락에서 바울이 율법에 대해 변호한다고 대답하였다. 실제로, 이 단락에 율법을 변호하는 변증적 동기가 나타나기 때문에(7, 12, 13, 14절), 이 단락에 "율법의 변호"(W. G. Kümmel, *Römer 7 und das Bild des Menschen im Neuen Testament*, 1974, 9)라는 제목을 붙일 수 있다. 그렇기는 하지만, 이 단락에서도 죄의 영향이 심하게 강조되어 있고, '율법'과 관련하여 '인간'이 집중적으로 다루어지기 때문에, 이 단락의 제목을 단순히 '율법의 변호'로 여기기보다는, 인간론과 관련하여 '율법 아래 있는 인간'으로 붙이는 것이 적절하다.

7장의 셋째 단락(7 : 14-25)이 기독교인의 관점에서 회상하는 '그리스도인 이전'의 '일반적 인간 실존'을 다루며, 또한 율법을 변호하는 '율법론'이 아니라 율법 아래 있는 인간의 절망적 운명을 보여 주는 '인간론'이 이 단락의 중심 주제라면, 이 단락을 세분해서 구분할 때, 다음과 같이 단락을 구분하고 단락 제목을 붙여야 한다. '첫째 소단락'은 이 단락의 제목이 담겨 있는 14절 한 절로, 그리스도인 이전의 일반적 인간을 '죄 아래 팔린 인간'으로 규정한다. '둘째 소단락'(15-20절)을 앞에서 언급한 관점에서 이해할 때, 이 단락은 결코 그리스도인이 되었지만 여전히 '원함'과 '행함'이 일치하지 않는 모순 속에서 갈등하는 인간을 묘사하는 것이 아니라, 오히려 그리스도인이 되기 이전에 죄 아래 팔린 인간이 그 죄 아래 사로잡힌 인간의 운명을 다룬다. '셋째 소단락'(21-24절)은 이러한 원함과 행함이 일치하지 않은 모순의 갈등을 겪고 있는 율법 아래 있는 인간의 절망적인 상태를 보여 준다. 그리고 마지막 절

(25절)은 예수 그리스도로 말미암아 죄에 대하여 율법이 내리는 판정인 사망 권세를 벗어난 '감사 찬양'으로 이 단락을 마감한다.

이때 이 단락에 언급된 '나'는 세 가지 관점에서 묘사되어 있다. 그 첫 번째 '나'는 선(善)을 행하기를 원하는 '나'(18, 19, 21절)이며, 두 번째 '나'는 그럼에도 불구하고 도리어 악을 행하는 '나'(15, 17, 19절)이고, 세 번째 '나'는 이 두 '나'를 보고 있는 '나'(18, 21, 23절)이다. 한 마디로 말하면, 이 '나'는 그리스도인이 그리스도를 믿기 전 죄인 되었을 때에 자신이 죄에 팔려 원하는 대로 행하지 못하여 괴로워하며 갈등하면서 율법 아래서 절망적 탄식을 하는 '나'이다(24절). 마지막 절에 이르러, 바울은 둘로 나누어 요약하여 진술함으로써 7장을 마감한다. 25절 상반절은 주 예수 그리스도로 말미암아 죄에 대한 율법의 심판인 사망 권세를 벗어난 그리스도인의 관점에서 고백하는 감사 찬양이다.

그러나 25절 하반절에서 바울은 그리스도인이 예수 그리스도로 말미암아 율법의 권세에서 벗어났다고 할지라도 그리스도인이 짓는 죄를 결코 부인하지 않는다. 그는 그리스도로 말미암아 율법 권세에서 자유로운 그리스도인 역시도 죄가 아직 영향력을 행사하는 이 세상에 사는 동안 그리스도인 이전에 원함과 행함의 모순 속에서 갈등하던 자신처럼 여전히 동일한 갈등을 한다는 실존적 고백을 한다. 이는 바울이 그리스도로 말미암아 죄의 권세를 벗어난 칭의자에게 "지체를 불의의 무기로 죄에게 내주지 말고 의의 무기로 하나님께 드리라"고 요구한 6장의 권면 진술(13절)에 일치한다. 즉, 여기서도 6장에서와 같이 구원의 '직설법'과 '명령법'이 서로 불가분(不可分)으로 공속(共屬)되어 있으며, 통합되어 있다. 7 : 25 하반절의 진술로써 바울은 8장에서 다루는 '성령 안에서 사는 삶'으로 자연스럽게 넘어간다. 이제, 위에서 이미 언급했던 것처럼 단락을 구분하면, 다음과 같다.

7 : 14-25　　그리스도인의 관점에서 바라본, 율법 아래 있는 인간

7 : 14	단락 표제로서 '죄 아래 팔린 인간'
7 : 15-20	죄 아래 사로잡힌 인간의 운명
7 : 21-24	율법 아래 있는 절망적 인간
7 : 25	그리스도로 말미암아 율법 권세를 벗어남을 감사하는 인간

1) 단락 표제로서 '죄 아래 팔린 인간'(7 : 14)

[14]우리가 율법은 신령한 줄 알거니와 나는 육신에 속하여 죄 아래에 팔렸도다

[7 : 14] 14절을 바울은 '우리가 알거니와'로써 시작한다. 이는 그리스도를 믿어 의롭다 여김 받기 전에 인간을 바라보는 기독교인의 지식을 반영하고 있는 표현이다. 기독교적인 관점에서 바라볼 때 알 수 있는 것은 이것이다. 율법은 신령하다. 여기서 바울은 이전 진술에서 언급한 것에서 한 걸음 더 나아간다. 곧, 율법은 생명에 이르게 하며(7 : 10), 거룩하고 의로우며 선할(7 : 12) 뿐 아니라, 신령하다. 그러나 율법 아래 있는 인간은 육신에 속하여 죄 아래 팔렸다. '영적인 율법'과 '육신에 속한 인간'에서 '영'과 '육'의 대조가 나타난다. 여기서 '육신'(sarx)은 전문 용어로서 '죄의 활동 영역', '세상에 속하여 하나님에게서 멀어진 인간 자신'을 의미한다(E. Käsemann, *Römer*, 197). 율법 아래 있는 인간은 육신에 속하여 죄 아래 팔렸다. '팔렸다'는 현재완료 수동태형으로, 분명히 그리스도인이 되기 이전 인간의 실존 상태를 묘사한다.

2) 죄 아래 사로잡힌 인간의 운명(7 : 15-20)

[15]내가 행하는 것을 내가 알지 못하노니 곧 내가 원하는 것은 행하지 아니하고 도리어 미워하는 것을 행함이라 [16]만일 내가 원하지 아니하는 그것을 행하면 내가 이로써 율법이 선한 것을 시인하노니 [17]이제는 그것을 행하는 자가

내가 아니요 내 속에 거하는 죄니라 18내 속 곧 내 육신에 선한 것이 거하지
아니하는 줄을 아노니 원함은 내게 있으나 선을 행하는 것은 없노라 19내가
원하는 바 선은 행하지 아니하고 도리어 원하지 아니하는 바 악을 행하는도
다 20만일 내가 원하지 아니하는 그것을 하면 이를 행하는 자는 내가 아니요
내 속에 거하는 죄니라

그리스도인이 되기 이전 인간의 실존 상태는 죄 아래 팔려 사로잡힌 인간의 운명을 다루는 이 단락에서 자세하게 밝혀진다. 여기서 바울은 예수 믿기 전 인간이 자신 안에 거하는 죄로 말미암아 원하는 선을 행하지 못하고, 오히려 원치 않는 악을 행하게 되었음을 드러낸다. 그러니까, 이 단락에서 '원함'과 '행함'의 갈등 가운데서 번민하는 그리스도인의 죄를 찾으려는 심리학적 접근은 바울의 진술 의도와 다르다. 바울은 이 단락에서 결코 '죄의 심리학'을 말하고자 하지 않았다(E. Käsemann, *Römer*, 192). 오히려 그는 비기독교인의 실존이 죄 아래 팔려 죄에게 사로잡혀 있는 인간임을 보여 주려 하였다.

[7 : 15-17] 이 세 절은 14~25절 단락의 표제어인 '육신에 속하여 죄 아래 팔린 인간'(14절하)의 근거를 댄다(H. Schlier, *Römerbrief*, 230). 여기 언급된 '나'는 '아담의 그늘 아래 있는 인간'이다. 이 '아담적인 나'는 원하는 것은 행하지 않고 도리어 미워하는 것을 행한다(15절). 여기에 '원함'과 '미워함'이 대조되어 있으며, 원하는 사람이나 미워하는 사람은 동일한 '아담적인 나'이다. 만일 아담적 인간이 자신이 원하지 않는 것을 행한다면, 자신은 악을 행하는 것이며, 이로써 스스로 율법이 선한 것을 시인하는 셈이다(16절). '그러나 이제는'(한글 개역성경에서는 '이제는')은 '시간적 의미'가 아닌 '논리적 의미'의 대조를 나타낸다. 왜냐하면, 이 단락은 심리적으로 갈등하는 그리스도인을 다루는 것이 아니라 그리스도인 이전에 죄 아래 있는 아담적 인간을 묘사하기 때문이며, 또한 17절이 15~16절의 추론에서 나온 결과적 요약이기 때문이

다. 원하지 않는 것을 행하는 자는 자신이 아니라 그 사람 속에 거하는 죄다(17절). 물론 이 구절이 미워하는 것을 행하는 자가 '자신'이 아니라 '죄'라고 말한다고 하여, 자신이 행한 원치 않는 일을 정당화할 수는 없다. 다만, 아담적 인간은 두 권세, 곧 '하나님'과 '죄'와 무관한 독자(獨自)적 존재가 아니다. 오히려 그는 '아담적 나' 속에 거하는 죄가 자신이 원치 않는 것을 하게 하는 장본인이다. 이때, '죄'는 바울의 관습적 용례를 따라 아담적 인간 안에 거하는 '의인화(擬人化)된 권세'이다.

[7 : 18-20] 이어서 바울은 '앞의 진술'(7 : 15-17)을 반복해서 요약한다. 이런 반복은 아마도 바울이 자신이 기록한 이 편지가 개인이 아니라 신앙 공동체에 낭독될 것을 염두에 둔 배려에서 비롯되었을 것이다(J. D. G. Dunn, *Romans 1-8*, 1988, 407). 18절에서 '아담적 인간'은 '육신'으로 묘사된다. 그리스도인이 자신의 과거를 회상하는 관점에서 볼 때, '아담적 나'는 자신 안에 선한 것이 거하지 않는다는 것을 알고 있으며, 또한 선을 원하지만 행하지 않는다는 것도 알고 있다(18절). 죄 아래 팔린 인간은 자신이 원하는 선은 행하지 않고 오히려 원하지 않는 악을 행한다(19절). 여기서 '선'과 '악'이 대조되어 있다. 그리스도인의 관점에서 볼 수 있는 '아담적 인간'이 자신이 원하지 않는 악을 행한다면, 이를 행하게 하는 주체는 '아담적 나'가 아니라 그 속에 거하는 '죄'이다. 이때 '아담적 인간'은 주체로서 독자(獨自)적 인간이 아니라 의존적 인간이다. 앞서 6장에서처럼, 바울에게 인간은 '죄의 종'이든지, 아니면 '의의 종'이든지 권세의 지배를 받는 의존적 인간이다.

3) 율법 아래 있는 절망적 인간(7 : 21-24)

> 21그러므로 내가 한 법을 깨달았노니 곧 선을 행하기 원하는 나에게 악이 함께
> 있는 것이로다 22내 속사람으로는 하나님의 법을 즐거워하되 23내 지체 속에

서 한 다른 법이 내 마음의 법과 싸워 내 지체 속에 있는 죄의 법으로 나를
사로잡는 것을 보는도다 [24]오호라 나는 곤고한 사람이로다 이 사망의 몸에서
누가 나를 건져내랴

이제 바울은 율법 아래서 육신에 속하여 죄에 팔린 아담적 인간인 '나'가 원하는 선을 행하지 못하는 무력한 인간이며, 선을 행하기를 원하지만 자신에게 악이 함께 공존함으로 인해 어찌할 바를 알지 못하면서 탄식하며 절규하는 절망적 인간임을 보여 주려 한다. 이로써 직전 진술(7 : 15-20)은 더 첨예화된다. 이를 위해 '속사람', '지체', '마음', '몸' 등 여러 인간론적 용어가 사용되는데, 본문의 진의(眞意)를 파악하기 위해서는 이 용어들이 어떤 의미로 사용되었는지를 자세하게 밝혀야 한다. 게다가, "오호라 나는 곤고한 사람이로다"라는 탄식이 '바울 개인의 탄식'인지 아니면 '일반적 표현'인지, 또 '신앙 이전의 탄식'인지 아니면 '신앙 이후의 탄식'인지를 판단하는 것도 본문 주석에서 중요한 과제이다. 앞에서 밝힌 것처럼, 이는 신앙 이전 단계의 절망적 인간의 탄식으로, 기독교인이 되기 이전 바울의 개인적 회상이 반영된 탄식이다. 그렇기는 하지만, 이는 7~ 25절 단락이 바울 자신의 "어떤 특별한 삶에 대한 보고가 아니라 모든 세례 받은 그리스도인의 애가(哀歌)"(장흥길 역, 「페터 슈툴마허의 로마서 주석」, 202)라는 맥락 안에서 이해되어야 한다.

[7 : 21] 율법 아래서 죄에 사로잡혀 있는 인간은 이제 한 법을 발견한다. 이때 '노모스'(nomos)란 좁은 의미에서 유대인의 '율법'(torah)이 아니라, 넓은 의미에서 '규칙' 또는 '원리'이다. 아담적 '나'가 깨달은 원리는 이것이다. 곧, 선한 것을 행하기 원하는 자신에게 악한 것이 함께 있다는 점이다.

[7 : 22-23] 선을 행하기 원하는 '나'에게 악이 공존한다는 것을 이제 바울은 '인간론'의 입장에서 해명한다. 이 두 절에 바울이 인간을 표현하는 인간론적 용

어, 곧 '속사람'(esō anthrōpos), '지체'(melē), '마음'(nous)이 등장하는데, 다른 인간론적 용어와 마찬가지로 기능적인 차이는 있지만, 이 인간론적 용어들이 모두 해부학(解剖學)적인 신체 기관(器官)을 의미하는 것이 아니라 전인(全人)으로서 '아담 아래 있는 인간 자신'을 의미한다. 이 세 용어의 기능적 차이를 살펴보면, 다음과 같다. 곧, 신약성경에서 바울서신에서만 두 번 나타나는 '속사람'은 한 번은 바울이 성령의 능력으로 강건하게 되는 인간(엡 3 : 16)을 표현할 때 사용되며(고후 4 : 16 참조), 다른 한 번은 바로 22절에서 나타나는데, 이 경우 그리스도인이 되기 전 하나님의 법을 함께 기뻐하는 인간을 의미한다. 반면에 주로 바울의 인간론적 핵심 진술에서 사용되는 '지체'는 죄에게든 하나님께든 그 다스림을 받는 인간이나 혹은 그를 섬기는 인간을 의미한다. 23절에서 '지체'는 그 속에 있는 두 개의 법, 곧 '마음의 법'과 '죄의 법' 아래 갈등하며 싸우면서 구원 받기를 바라고 탄식하는 인간이다(*EWNT* Ⅱ, 996).

'지체' 안에 두 법이 있다. 물론, 이 '법'은 일반적 의미로 '규칙'을 의미한다. 이때 바울은 '마음'과 '죄'를 대조한다. '죄'는 앞에서처럼 여기서도 '죄의 권세'이다. 그러면, '마음'은 무엇인가? 한글 개역성경 로마서에서 '마음'으로 옮겨진 단어는 둘이 있다. 하나는 '카르디아'(kardia)이고, 다른 하나는 '누스'(nous)이다. 전자(前者)는 유대의 전통을 이어받은 전인(全人)적 개념으로, '하나님을 알지만 그를 영화롭게도, 감사하지도 않는 인간'(1 : 21), '정욕대로 더러움에 내버려진 인간'(1 : 24), '완고하여 회개하지 않는 인간'(2 : 5), '진정한 할례를 받아야 할 인간'(2 : 29)이나 또는 '하나님의 사랑을 넘치게 받아야 할 인간'(5 : 5)을 가리킨다(*EWNT* Ⅱ, 618). 후자는 구체적인 상황에서 이성(理性)적으로 판단하는 인간을 가리키는 용어인데, 로마서에서는 '하나님 두기를 싫어하여 상실한 인간'(1 : 28)이며, 한편 하나님의 법을 즐거워하는 '속사람'(7 : 22)으로서 '죄의 법'과 싸우지만 그 아래 사로잡히는 인간(7 : 23)이기도 하며, 하나님과 함께 의로운 삶을 살기 위해 새롭게 변화되어야 할 인간

(12 : 2)을 의미한다(*EWNT* Ⅱ, 1175). 이런 갈등은 바울 자신을 포함하여 모든 기독교인이 그리스도를 믿기 전의 '아담적 나' 안에 있는 인간 실존에 대한 묘사이다. 여기서 바울은 율법 아래 육신에 속하여 죄 아래 팔려 죄의 법에 의해 사로잡힌 인간을 보고 있다.

[7 : 24] 이제 바울은 그리스도인의 관점에서 그리스도를 믿기 전에 죄인 되었을 때 인간이 죄에 팔려 원하는 선을 행하지 못하며 도리어 악을 행하는 자신에 대해 괴로워하며 갈등하면서 절망적으로 탄식하는 '아담적 나'를 서술한다. 율법 아래 있는 절망적인 인간은 "오호라 나는 곤고한 사람이로다"라고 탄식한다. 이때 신약성경에서 두 번 등장하며, 바울서신에서는 오직 여기서만 나타나는 '곤고한'(talaipōros)이란, 신약의 주변 문헌에서는 믿음의 삶과는 멀리 떨어져 단지 세속적으로 사는 인간을 묘사할 때 사용된 용어인데, 여기서는 율법과 죄 아래서 사로잡혀 있는 인간의 상태를 묘사하는 말이다(*EWNT* Ⅲ, 795). 이 인간은 절망적 탄식과 함께 "이 사망의 몸에서 누가 나를 건져내랴"고 그 절망적 파멸에서 벗어나기를 간절하게 바란다. 이때 신약성경에서는 거의 유일한 표현인 '이 사망의 몸'이 언급되는데, 이는 죄가 지배하는 곳에서 사망 권세에 의해 규정되는 실존적 인간을 의미한다(E. Käsemann, *Römer*, 201). 신약 인간론 연구의 전문가 슈바이처(E. Schweizer)에 의하면, 이는 바울이 무엇보다도 의롭다 여김 받은 그리스도인에게 자신을 드려 하나님의 뜻대로 살 것을 요구하는 권면과 관련하여 사용한 인간론적 용어이다(*EWNT* Ⅲ, 774).

4) 그리스도로 말미암아 율법 권세를 벗어남을 감사하는 인간(7 : 25)

25 우리 주 예수 그리스도로 말미암아 하나님께 감사하리로다 그런즉 내 자신

이 마음으로는 하나님의 법을 육신으로는 죄의 법을 섬기노라

[7 : 25] 7장을 마감하는 종결절은 두 부분으로 구분되어 있다. 그 상반절은 앞에서 서술한 '아담적 인간'이 주 예수 그리스도로 말미암아 죄에 대한 율법의 심판인 사망 권세를 벗어남에 대하여 그리스도인의 관점에서 고백하는 감사 말이다. 그리고 그 하반절은 이중적 역할을 한다. 그 첫째 기능으로, 바울은 '율법 아래 있는 인간'을 다루는 단락(7 : 7-25)을 마감하면서 율법 아래 있는 아담적 인간이 마음으로는 하나님의 법을 섬기지만, 육신으로는 죄의 법을 섬긴다고 요약한다. 여기서 '하나님의 법'을 섬기는 인간과 '죄의 법'을 섬기는 인간은 '마음'과 '육신'으로 표현된다. 이때 '육신'(sarx)에 대조되는 용어는 '영'(pneuma)이 아니라 '마음'(nous)이다. '육'과 '영'의 대조는 8장에서 등장할 것이다. 여기서 '마음'은 이성(理性)적으로 분별하고 판단하는 인간으로, 아직 그리스도인 되기 전의 아담적 인간에 머물러 있다. 그렇기는 하지만, 그것은 오직 이신칭의를 경험한 그리스도인의 관점에서만 알 수 있다. 그러므로 첫째 기능은 둘째 기능과 관련되어 있다. 다시 말하면, 아담적 인간이 예수 그리스도를 믿음으로 말미암아 율법의 사망 권세에서 벗어났다고 할지라도 그리스도인으로서 그가 겪는 실존적 갈등이 사라지는 것은 아니다. 그리스도인 역시 죄가 여전히 영향력을 행사하는 세상에 살고 있기 때문에, 아담적 인간처럼 원함(의지)과 행함의 불일치함 가운데서 갈등할 수 있다. 이런 점에서 바울이 이신칭의의 결과 죄의 권세를 벗어난 칭의자에게 불의의 무기로 죄에게 드렸던 자신을 '의의 무기로 하나님께 드리라'(6 : 13)고 권면함으로 '주권자 교체'를 요구한 것은 이 진술과 일맥상통한다. 바로 이 하반절의 진술로써 바울은 8장의 주제인 '성령 안에서 사는 삶'으로 자연스럽게 넘어가며, 7~8장이 그 명제가 되는 구절(7 : 5-6)을 해명하는 하나의 큰 단락임을

입증한다.

전술(前述)한 바, 7 : 7~25 단락에 언급된 '나'를 누구로 이해하는가에 따라 이 단락에 대한 주석의 방향이 결정된다. 앞에서 언급한 것처럼, '나'는 분명히 '기독교인 이전의 아담적 인간'을 가리킨다. 이는 슈툴마허의 「로마서」 주석 특주, "로마서 7 : 7~25에서 '나'"(장흥길 역, 「페터 슈툴마허의 로마서 주석」, 202-204)에 자세하게 해명되어 있다. 슈툴마허는 이 단락의 '나'를 '일생토록 유혹 가운데 사는 세례 받은 그리스도인'이 아니라 '세례 받기 전, 그리스도를 모르는 인간'으로 여긴다. 이에 대하여 그가 대는 주석적 이유는 세 가지다. 첫째, 7 : 7~8 : 17 단락은 7 : 5~6의 해설이며, 이때 7 : 5은 7 : 7~25 단락의 명제이고 7 : 6은 8 : 1~17 단락의 명제이다. 둘째, 세례를 '죽음 권세로부터 자유'하게 된 사건으로 이해하는 6장에 의하면, 결코 그리스도인이 "죄 아래 팔린 자"(7 : 14)로 서술될 수 없다. 셋째, 7 : 13~25 단락에 나타나는 현재 시제 문체는 유대교의 회개 전승에서 해명될 수 있다. 한 걸음 더 나아가, 슈툴마허는 본문 단락이 기독교인이 되기 이전 바울 자신의 과거에 대한 자전(自傳)적 보고가 아닌 이유를 다른 바울 서신(빌 3 : 4-11 ; 갈 1 : 13-17 ; 고전 15 : 9-10 ; 고후 2 : 14-17 ; 4 : 5-6 참조)에서 입증하였다. 곧, 바울은 자신의 과거를 회상하면서 스스로를 '흠이 없는 의로운 바리새인'으로 일컬었다. 그러므로 이 단락에서 '나'는 바울이나 어떤 개인을 가리키는 것이 아니라 일반적인 인간이며, 그리스도인이 아니라 기독교인의 관점에서 바라본 그리스도인 이전의 아담적 인간을 의미한다.

슈툴마허는 루터가 자신이 번역한 「9월 성경」(1522년)의 로마서 서문에서 이 단락(7 : 7-25)을 근거로, 세례 받은 그리스도인 역시도 죽을 때까지 '죄인인 동시에 의인'(simul iustus et peccator)으로 살며 또한 살아야 한다고 주장한 것에 대하여, 이 본문이 충분하게 지지하지 않는다고 주장한다. 물론, 세례 받은 그리스도인도 '육'의 권세를 통한 공격으로써 늘 위협 받는 존재이다(갈 5 : 16-18 : 롬 8 : 5-17). 그러므로 그리스도인은 '죄인인 동시에 의인'은 아니지만, 의롭다 여김 받은 자로서 동시에 유혹 받을 수 있다. 그것도 그리스도에 의해 영광에 들어갈 때까지 계속 그러할 것이다(빌 3 : 20-21 참조). 물론, 이 단락을 의롭다 여김 받은 그리스도인의 고뇌와 갈등의 관점에서 주석하려는 주석가들이 적지 않다. 그러나 이 단락에서는 이신칭의의 결과 '율법 권세로부터 자유'를 서술하는 것이 바울의 일차적이고 주된 의도라는 것은 부인할 수 없다. 다만, 그리스도인에게도 죄의 위협이 계속된다는 점은 부인될 수 없으며, 그것은 로마서가 아닌 바울의 다른 서신에서 인증의 근거를 찾아야 할 것이다.

설교를 위한 묵상

이 본문 단락이 전하는 신학적 메시지를 요약하면, 다음과 같다. 첫째, 율법 아래 육신에 속해 있는 인간, 곧 '아담적 인간'은 죄 아래 팔려 죄에 사로잡혀 있는 인간이다(14절). 둘째, 그는 자신이 원하는 것은 행하지 아니하고 도리어 미워하는 것을 행하지만, 이를 알지 못한다(15, 19-20절). 셋째, 원하지 않는 것을 행하도록 하는 권세는 '아담적 인간' 안에 거하는 죄이다(17, 20절). 넷째, 그는 원하는 선을 행하지 아니하고 도리어 원하지 않는 악을 행한다(17-18, 21절). 다섯째, 이 경우 '속사람'은 선을 행하기를 원하나, '지체'는 율법 아래 있는 '아담적 인간'에게 선과 악이 공존하고 있다는 것을 알고 괴로워한다(22-23절). 여섯째, 그는 곤고한 자신을 보고 절망 가운데서 탄식하며 이로부터 벗어나기를 간절히 바란다(24절). 일곱째, 절규하는 '아담적 자아(自我)'는 이 절망에서 벗어나게 하는 예수 그리스도로 말미암아 감사할 수 있다(25절상). 여덟째, 기독교인의 관점에서 볼 때, 그는 마음으로는 하나님의 법을, 육신으로는 죄의 법을 섬긴다(25절하). 아홉째, 이 단락에 사용된 '속사람', '지체', '육신', '마음'은 '관념론'(觀念論)적으로, '존재론'적으로, 또는 '해부학'적으로 사용된 용어가 아니라 전인(全人)을 의미하며, 기능적으로 사용된 인간론적 용어이다. 마지막으로, 이러한 '아담적 자아'에 대한 진정한 이해는 예수 그리스도를 믿어 의롭다 여김 받고 세례 받은 그리스도인의 눈으로 볼 때만 가능하다. 자신이 율법 아래 육신에 속하여 죄에 사로잡혀 있는 절망적 인간임을 시인하고 고백하는 자라야, 8장에 서술된 바, 그리스도 예수 안에 있는 '생명의 성령의 법'으로 '죄와 사망의 법'에서 해방된 삶을 이해하고 받아들일 수 있다.

G. 이신칭의로 말미암은 성령 안에서의 자유(8 : 1–39)

8장은 이신칭의의 결과 '칭의의 실현'을 다루는 '네 번째 큰 단락'(5–8장) 가운데 마지막 장이다. 이 장에서 바울은 예수 그리스도를 믿음으로 말미암아 의롭다 여김 받은 그리스도인에게 일어난 '사망 권세로부터의 자유'(5장), '죄 권세로부터의 자유'(6장), '율법 권세로부터의 자유'(7장)를 이어, '성령 안에서의 자유'(8장)를 다룬다. 전술(前述)한 바, 세례 받은 칭의자에게 일어난 '율법 권세로부터의 자유'라는 주제가 다루어지는 7장과 '성령 안에서의 자유'라는 주제가 취급되는 8장은 이 두 주제가 불가분으로 연결되어 있는, 하나로 묶일 수 있는 단락이다. 앞에서 이미 밝힌 것처럼, 8장, 특히 그 앞 단락(8 : 1–17)은 이 단락의 명제가 되는 절(7 : 6)에 대한 해설이다. 바울에 의하면, 8장에서 의롭다 여김 받은 그리스도인은 율법으로 인하여 죄의 정욕이 육체의 지체 가운데 역사하고 있는 사망 권세를 벗어나, 율법 조문의 묵은 것이 아니라 영의 새로운 것으로 섬길 수 있게 되었다(8장). 그리스도 예수를 믿어 의롭다 여김 받은 자에게 정죄함이란 더 이상 존재하지 않는다. 이를 바울은 8장에서 '생명의 성령'(8 : 2)이라는 관점에서 밝힌다.

이 장에서 주목할 만한 것은 바울이 언급하는 '영'(pneuma)이다. 바울의 경우 '프뉴마'(pneuma)란 때로는 '인간론'적 용어로 '영'을 나타내며, 때로는 '성령론'적 용어로 '성령'을 가리킨다. 바울은 '영'에 대하여 어떻게 이해하였는가? 바울의 '영' 이해는 종교사적 · 전승사적 배경을 가지고 있다(E. Käsemann,

Römer, 204-205 참조). 종교사적 배경으로는, 헬라 세계의 '영'(pneuma)을 들 수 있다. 헬라인들에게 '영'이란 이적과 황홀경을 일으키는 능력이었다. 특히, 몰아(沒我)적인 황홀경에서 광신적 · 열광주의적 영 이해는 헬라 세계의 영 이해의 중요한 특징이었다. 또 전승사적 배경으로 이 용어의 전승사적 뿌리는 구약과 유대 묵시에서 찾을 수 있는데, 이 경우 '성령'의 은사는 종말과 관련되어 있다. 바울이 회심하기 전 원시 기독교에서는 '성령'이 예수의 부활과 관련되어 있었으며, 그와 함께 하늘에 계신 그리스도의 신앙공동체 안에서 역사하심과 관련되어 있었다. 이로써 초기의 그리스도인들은 새로운 시대가 왔다고 여겼다. 바울은 이런 사상들을 고려하여, 자신의 성령론을 전개하였다. 곧, 바울에 의하면, '성령'이란 수세자 안에서 역사(役事)할 뿐 아니라 황홀경과 이적을 가능하게 하는 능력이며, '부활의 몸' 사상에서 분명히 알 수 있는 것처럼 실체적 '빛의 영광'으로 나타난다. 게다가, 성령은 신앙공동체를 그리스도의 몸과 하나 되게 하여, 육체, 곧 '문자'의 지배영역과 대립되는, 세상 안의 영향권 내지는 세력권을 형성한다. 이는 유대의 '묵시적 종말론'과는 구별되는 바울의 '선취(先取)적 종말론'이란 관점에서 중요한 역할을 한다. 다시 말하면, 성령은 예수 그리스도로 말미암아 새 생명을 세상의 종말이 아니라 예수 그리스도를 믿음으로써 선취하게 하며, 이로써 종말론적으로 그리스도인의 새로운 삶을 가능하게 한다.

그러므로 바울의 윤리는 '자율(自律)적인 인간론'이 아니라, 그가 역설하는 '선취적 종말론'과 '성령론' 안에 그 설 자리를 가지게 된다. 이처럼 바울의 성령론이 주변의 열광주의적 영 이해와 다른 점은 그것이 '기독론'과 불가분으로 결합되어 있다는 점이며, 또한 하늘에 오르시어 거기에 계신 주 예수 그리스도는 성령으로 세상에 현존하시며 다스리신다는 점이다. 그러므로 바울의 경우 '영'은 기독론적 관점에서 검증을 받아야 한다(E. Käsemann, *Römer*, 205). 게다가 바울의 경우 '영'은 '복음'과 밀접하게 결합되어 있으며(7 : 6 ; 8 : 9-11 ; 고후 3-4장), 또한 '믿음'과도 서로 관련되어 있다.

이런 바울의 성령론을 고려하면서, 8장을 좀 더 자세하게 구분해 보면, 다음과 같이 네 단락으로 분명히 구분된다. 첫째 단락(1-11절)은 '성령 안에 있는 그리스도인의 삶'을, 둘째 단락(12-17절)은 '하나님의 자녀 된 그리스도인'을, 셋째 단락(18-30절)은 '종말론적인 자유의 소망'을, 마지막 단락(31-39절)은 '승리의 현실로서 성령 안에 있는 실존'을 다루고 있다. 이로써 바울은 성령 안에서 율법의 권세로부터 자유로운 하나님의 자녀로서 소망 가운데 종말을 기다리는 그리스도인을 묘사한다. 이때, 8장 마지막 단락은 8장의 종결 단락이라기보다는, 오히려 로마서의 '네 번째 큰 단락'(5-8장)을 마감하는 단락으로, 그 서두 단락(5 : 1-11)과 함께 서두와 말미가 서로 관련되어 있는 '수미상관'(首尾相關, inclusio)의 방식을 보여 주는 말미(末尾) 단락이다.

8 : 1-39 이신칭의(以信稱義)로 말미암은 성령 안에서의 자유
- 8 : 1-11 성령 안에 있는 그리스도인의 삶 : 해방됨과 새로운 섬김
- 8 : 12-17 하나님의 자녀 된 그리스도인
- 8 : 18-30 종말론적인 자유의 소망
- 8 : 31-39 성령 안에 있는 승리자

1. 성령 안에 있는 그리스도인의 삶 : 해방됨과 새로운 섬김(8 : 1-11)

8장의 첫 단락에서 바울은 이신칭의의 결과 성령 안에 있는 그리스도인의 자유로운 삶을 '죄와 사망의 법'에서 해방되어 영을 따르는 새로운 섬김 안에 사는 삶으로 서술한다. 특히, 이 단락에서 성령은 철저하게 '기독론'적으로 묘사되어 있다. 다시 말하면, 성령은 '하나님의 영'일 뿐 아니라 '예수를 죽은 자 가운데 살리신 이의 영'이며, 또한 '그리스도의 영'이고(9절), '그리스도의 현존'이다(10절). 이때 9~11절에서 바울은 성령에 대하여 '삼위일체론'적으로 서술한다. 이제 이 단락의 구조를 살펴보면, 다음과 같다. 곧, 1절은

바울이 로마 교회 성도들에게 이신칭의의 결과 이루어진 그리스도인의 실존을 보여 주기 위한 교리적인 가르침이다. 이어지는 2절은 이에 대한 이유이며, 뒤따르는 3~4절은 '육신'과 '영'을 대조시켜 그리스도인의 삶이 육신을 따르는 것이 아니라 영을 따라 행하는 삶임을 보여 준다. 그리고 5~8절에서 바울은 '육신을 따르는 삶'과 '영을 따르는 삶'을 대조하여 두 가지 방식의 삶이 지닌 차이를 보여 주며, 9~11절에서 '영을 따라 행하는 삶'을 예수 그리스도 안에 있는 신자들에게 적용한다. 이 단락을 세분하면, 다음과 같다.

8 : 1-11　성령 안에 있는 그리스도인의 삶 : 해방됨과 새로운 섬김
- 8 : 1-2　율법의 정죄함에서 벗어나 생명의 성령의 법 안에 있는 그리스도인
- 8 : 3-4　육신이 아니라 영을 따라 행하는 그리스도인의 삶
- 8 : 5-8　두 가지 방식의 삶 : '육신을 따르는 삶'과 '영을 따르는 삶'
- 8 : 9-11　하나님의 영, 그리스도의 영 안에 있는 그리스도인

1) 율법의 정죄함에서 벗어나 생명의 성령의 법 안에 있는 그리스도인 (8 : 1-2)

1그러므로 이제 그리스도 예수 안에 있는 자에게는 결코 정죄함이 없나니
2이는 그리스도 예수 안에 있는 생명의 성령의 법이 죄와 사망의 법에서 너를 해방하였음이라

[8 : 1-2] 8장의 첫 두 절은 예수 그리스도를 믿음으로 말미암아 의롭다 여김받은 자를 '율법의 정죄함에서 벗어난 그리스도인'으로 묘사한다. 1절은 7장의 마지막 구절인 "내 자신이 마음으로는 하나님의 법을 육신으로는 죄의 법을 섬기노라"(7 : 25하)처럼 교의(教義)적인 문장으로, 이 구절의 '그러므로'와

8장 서두에 병행구인 '그러므로 이제'가 사용된 것을 고려할 때 이는 어떤 근거를 대는 논증절이다. 그러나 1절은 직전 구절(7 : 25하)에 언급된 인간 실존의 분열 상황에 어울리지 않으며, 그 직전의 '탄식'(7 : 24)이나 '감사'(7 : 25상)에도 부합되지 않는다. 오히려, 여기서는 사망의 몸에서 해방된 구원이 아니라, 종말론적 심판에서의 구원이 묘사되어 있다. 이 두 절은 7 : 7~25 단락과는 대립 명제적으로 설정되어 있으며, 뒤따르는 단락을 요약하는 새로운 명제이다. 2절에서 이제 그리스도 안에 있는 자유가 '죄와 사망의 법'에 대립된 '생명의 성령의 법'이 주는 자유로 묘사된다. 이때 '생명의 성령의 법'이란 거듭난 자의 삶에 필요한 율법의 의미가 아니라, 묵시적 시대 전환이라는 종말론적 관점에서 '죄와 사망의 법'에 대립된 개념이다. '생명의 성령의 법'은 그리스도 안에서 '죄와 사망의 법'에서 신자를 해방시킨다. 5 : 5에 이어 로마서에서 두 번째로 나타나는 '성령'은 인간을 '죄와 죽음'에서 해방하여 그에게 생명을 가져다줄 뿐 아니라, '죄와 사망의 법'에서 해방시키기도 한다.

2) 육신이 아니라 영을 따라 행하는 그리스도인의 삶(8 : 3-4)

> 3율법이 육신으로 말미암아 연약하여 할 수 없는 그것을 하나님은 하시나니 곧 죄로 말미암아 자기 아들을 죄 있는 육신의 모양으로 보내어 육신에 죄를 정하사 4육신을 따르지 않고 그 영을 따라 행하는 우리에게 율법의 요구가 이루어지게 하려 하심이니라

[8 : 3-4] 여기서 '죄와 율법과 육신'의 관계를 통해 '육신'이 아니라 '영'을 따라 행해야 하는 그리스도인의 삶이 다루어진다. 사람이 율법의 요구를 온전하게 이룰(원어로는 '채울') 수 없는 것은 '율법' 자체에 문제가 있어서가 아니라 '육신'의 연약함 때문이다. 이에 하나님께서는 자기 아들을 죄 있는 육신의 모양으로 보내어 육신에 죄를 정하셨다. 예수 그리스도께서 대속(代贖)적으

로 죽으신 것은 그를 믿는 자로 하여금 율법의 요구를 더 이상 '육신을 따라'(kata sarka) 행하지 아니하고 '영을 따라'(kata pneuma) 행하도록 하기 위함이었다. 율법이 육신으로 말미암아 왜곡되었기 때문에 율법은 하나님의 뜻을 이룰 수 없었다. 인간은 하나님의 뜻을 이루지 않고는 죄와 죽음으로부터 자유하게 될 수 없다. 오직 성령만이 인간을 죄와 죽음의 권세로부터 자유하게 한다. 성령은 인간을 이런 권세로부터 해방시킬 뿐 아니라 새롭게 순종하게 함으로써 본래 율법에 나타났던 하나님의 뜻을 이루게 한다. "자기 아들을 죄 있는 육신의 모양으로 보내어"라는 '기독론'적인 삽입문은 성령을 단지 기독교적인 삶을 영위하는 원리로 이해하려는 것을 막는다. 성령은 초자연적 은혜의 능력이며 구원의 행위 위에 세워진, 또 늘 새롭게 그 구원 행위를 향해 설정된 은혜의 능력이다. 하나님만이 그가 요구하시는 것을 이루신다. 이 두 절에서 알 수 있는 것처럼, '성령론'이 기독론에 연결되어 있다는 것은 바울신학의 결정적 특징이다. 그러므로 바울은 '그리스도 안에'라는 공식 어구를 '영 안에서' 내지는 '영으로'라는 공식 어구와 밀접하게 관련지어 표현한다. 그리스도인은 성령으로 말미암아 그리스도의 지체가 된다. 마찬가지로, 예수 그리스도는 성령으로 말미암아 그리스도인 안에서 역사하신다. '그리스도 안에'-공식 어구를 '영 안에서' 또는 '영으로'라는 공식 어구와 대체하여 사용할 때, '영 안에서'는 영 안에 현존하시는 '그리스도의 다스림'(regnum Christi)을 의미한다.

3) 두 가지 방식의 삶 : '육신을 따르는 삶'과 '영을 따르는 삶'(8 : 5-8)

> 5육신을 따르는 자는 육신의 일을, 영을 따르는 자는 영의 일을 생각하나니
> 6육신의 생각은 사망이요 영의 생각은 생명과 평안이니라 7육신의 생각은 하
> 나님과 원수가 되나니 이는 하나님의 법에 굴복하지 아니할 뿐 아니라 할 수
> 도 없음이라 8육신에 있는 자들은 하나님을 기쁘시게 할 수 없느니라

5~8절은 결코 주제 이탈 단락이 아니다(E. Käsemann ; P. Stuhlmacher 등). 이 단락은 전후 맥락을 고려해 볼 때, 곧 '율법의 정죄함에서 벗어난 그리스도인'을 다루는 이전의 두 단락(1-4절)과 '하나님의 영, 그리스도의 영 안에 있는 그리스도인'을 다루는 이후 단락(9-11절) 사이에서 그 논리적인 흐름에 따라 놓여 있다. 여기서 인간 실존에 가능한 두 가지 방식의 삶이 묘사된다. 이 단락에서 바울은, 앞 단락(8 : 3-4)에서 전개했던 논리에 부합되게, '율법'과 '영'을 대립시키지 않는다. 오히려 그는 '육신'과 '영'을 마주보게 한다. '율법'이나 '그리스도'나 '성령'에서 핵심 주제는 '권세'이기 때문에, 이들은 '권세를 가진 자'와 '그 권세에 의해 지배 받는 자'와의 관계로부터만 올바르게 이해될 수 있다. 7장에서처럼 8장에서도 바울은 이런 '권세'의 관점에서 인간론을 다루고 있다. 이런 맥락에서 '육신을 따르는 자'와 '영을 따르는 자', 또 '육신의 생각'과 '영의 생각'이 다루어지며, 대조되어 있다.

[8 : 5] 이 절에서 두 부류의 사람이 언급된다. 곧, '육신을 따르는 자'와 '영을 따르는 자'가 그것이다. 신자는 그리스도의 몸으로 말미암아, 다시 말하면, 그의 대속적인 십자가 죽음으로 말미암아 율법에 대하여 죽었다. 이는 의롭다 여김 받은 자가 율법이 아니라 부활하신 그리스도께 속하여 하나님을 위하여 열매 맺도록 하기 위함이었다(7 : 4 참조). 그리스도인의 실존은 더 이상 율법에 속해 있지 않고, 부활하신 그리스도께 속해 있다. 그러므로 '육신을 따르는 자들'이 '육신의 일'을 생각하는 것처럼, '영을 따르는 자들'은 '영의 일'을 생각한다. 이는 '종말론적 시대 전환'이라는 관점에서 옛 시대에 속해 있을 당시 그리스도인의 실존 상태를 요약하는 진술이다. 고대 그리스 세계에서 '육'은 사람이 '그 안에' 있지 않으면서 신체적으로 가지고 있는 재질(材質)이지만, 구약성경과 유대교에서 '육'이란 하나님에 의해 지음 받은 피조물로서 그 지음 받은 뜻을 거역하여 창조자에 대하여 반항하는 인간이다. 그러므로 '육'은 '개인'의 영역을 넘어, 피조물인 '인간 전체'를 표현한다. 인간은

기본적으로 '육 안에' 있다. 그리스도 사건 이후 '종말론적 새 시대'의 관점에서 예수 그리스도를 거부하며 여전히 옛 시대에 속해 있는 자는 '육 안에' 있고, '육을 따라' 살고 있으며, 그 반면에 예수 그리스도를 믿음으로 말미암아 의롭다 여김 받은 그리스도인은 새 시대에 속해 있는 자로 '영 안에' 있으며, '영을 따라' 산다. '육을 따라' 사는 자는 '육신의 일'을 생각하고, '영을 따라' 사는 자는 '영의 일'을 생각한다.

[8 : 6] 이제 5절의 결과가 언급된다. '육신의 일'을 도모하는 '육신의 생각'이 이르는 결국은 '사망'이요, '영의 일'을 추구하는 '영의 생각'의 열매는 '생명과 평안'이다(6 : 23 참조). 이 절에 나타나는 '생각'(phronēma)이란 용어는 신약성경에서 오직 바울 서신, 그것도 로마서에서만 네 번 사용된 바울의 애(愛)용어이다. 이 용어의 동사 '프로눈'(phronoun) 역시 신약성경에 사용된 총 26회 중에서 23회가 바울 서신에서 나타난다. 이때 '생각'이란 단순히 떠오르는 '생각'이 아니라, 어떤 일에 매진하는 '집중적인 생각'이나, 삶의 자세나 태도와 관련하여, '지속적으로 품은 생각'을 의미한다(*EWNT* Ⅲ, 1049-1051).

[8 : 7-8] 여기서 바울은 '육신의 생각을 하는 육신에 있는 자'의 실존을 묘사한다. 육신의 생각을 하는 자는 하나님과 원수가 되며, 하나님의 법에 순종하지 않을 뿐 아니라 순종할 수도 없다. 그러므로 결국은 육신에 있는 자는 하나님을 기쁘시게 할 수도 없다.

4) 하나님의 영, 그리스도의 영 안에 있는 그리스도인(8 : 9-11)

9만일 너희 속에 하나님의 영이 거하시면 너희가 육신에 있지 아니하고 영에
있나니 누구든지 그리스도의 영이 없으면 그리스도의 사람이 아니라 10또 그

리스도께서 너희 안에 계시면 몸은 죄로 말미암아 죽은 것이나 영은 의로 말미암아 살아 있는 것이니라 [11]예수를 죽은 자 가운데서 살리신 이의 영이 너희 안에 거하시면 그리스도 예수를 죽은 자 가운데서 살리신 이가 너희 안에 거하시는 그의 영으로 말미암아 너희 죽을 몸도 살리시리라

바울은 이 단락에서 예수 그리스도를 믿음으로 말미암아 의롭다 여김 받은 자에게 성령과 관련하여 실존에 어떤 변화가 일어났는지를 서술하며, '영을 따라 행하는 삶'을 예수 그리스도 안에 있는 신자들에게 적용한다. 그리스도인이라면, 그 안에 그리스도께서 '하나님의 영', 곧 '그리스도의 영'으로 계신다. 그리스도께서 자신의 사람에게 거하신다는 것은 무엇을 의미하는가? 바울은 이를 부활과 관련하여 설명한다. 바울의 경우, 성령은 '하나님의 영'이요, '예수 그리스도의 영'이다. 곧, 성령은 '예수 그리스도를 죽은 자 가운데 살리신 이의 영'이다. 다시 말하면, 성령은 예수 그리스도로 말미암아 믿음 안에서 종말론적 삶을 가능하게 한다. 그와 동시에, 성령은 그리스도로 인하여 가능하게 된 새로운 현재적 순종에서 장래 몸의 부활을 보장해 준다. 바울의 경우, 성령은 종말론적인 '새 창조의 능력'이며, 또한 성령은 현재의 믿음을 미래의 종말론적 완성과 결합시킨다. 9~11절 단락은 이런 관점에서 해석되어야 한다.

[8 : 9] 누가 '영의 생각'을 하는, '영을 따라' 사는, '영 안에' 있는 사람인가? 바울에 의하면, 그것은 바로 '너희들', 곧 그리스도를 믿음으로 말미암아 의롭다 여김 받은 그리스도인들이다. 그리스도인 안에 하나님의 영이 거하신다면, 아니 거하시기에 그 사람은 더 이상 육신에 있지 않고, 영에 있는 사람이다. 다시 말하면, 누구든지 그리스도인이라면, '그리스도의 영'이 그 속에 거하는 사람이며, 그렇지 않다면, 그 사람은 그리스도인이 아니다.

[8 : 10] 그리스도께서 영으로 자신 안에 거하는 사람에게 어떤 실존의 변화가 일어나는가? 그 몸은 죄로 말미암아 죽었다. 이때 바울은 '육'(sarx)의 표현 대신 '몸'(sōma)이란 용어를 사용한다. 바울의 경우, '영'은 '몸'의 대립어가 아니라 '육'과 대립되어 나타난다. 몸은 '죄', 곧 '죄의 권세'로 말미암아 죽은 것이다. 여기서도 '죄'는 5~6장에서처럼 사람에게 권세를 행세하며 그를 주관하고자, 곧 왕 노릇 하고자 하는 권세이다. 그러나 영은 '의로 말미암아' 생명이 된다.

[8 : 11] '예수 그리스도를 죽은 자 가운데서 살리신 이의 영'이 그리스도인 안에 거하신다면, 그리스도인 역시 그 '죽을 몸'이 그리스도의 영으로 말미암아 다시 일으킴을 받을 것이다. 곧, 부활의 영으로 말미암아 그리스도인은 생명을 선취(先取)할 수 있다. 여기서 '몸'은 부정적으로 사용된 용어가 아니라 중립적으로 사용된 개념이다. 바울에 의하면, '몸'에는 '육의 몸'(sōma psychikon)이 있는 것처럼 '영의 몸'(sōma pneumatikon)도 있다(고전 15 : 44). 또 성령은 부활의 '보증'이며(고후 1 : 22 ; 5 : 5), 장차 영광의 '처음 익은 열매'(8 : 23)이다. 그러므로 바울에게 성령은 소망의 근거가 되며(5 : 5 ; 8 : 10-11 참조), 성령으로 말미암아 수세자는 현세에서 '생명'(8 : 10)을 미리 받게 된다. 그것은 하나님께서 바로 그의 영으로 말미암아 그리스도를 죽은 자들 가운데서 일으키신 것처럼 죽은 자들을 살리실 것이기 때문이다(8 : 11).

설교를 위한 묵상

이 본문 단락이 전하는 신학적 메시지를 요약하면, 다음과 같다. 첫째, 예수 그리스도 안에 있는 자는 '생명의 성령의 법'이 '죄와 사망의 법'에서 해방하여 결코 정죄함이 없다(1-2절). 둘째, 율법이 인간을 '죄와 사망의 법'에서 해방할 수 없는 것은 그 육신의 연약함 때문이다(3절). 셋째, 예수 믿는 자들이 '죄와 사망의 법'에서 벗어나도록 하나님께서 죄 있는 육신의 모양으로 보내신 그 아들의 육신에 죄를 정하시어 율법이 죄에 대하여 요구하는 바가 이루어지게 하셨다(3-4절). 넷째, 인간은 육신을 따라 살거나 아니면 영을 따라 산다. 그 중간 지대나 중립 지대는 없다(5절). 다섯째, 육신을 따르는 자는 육신의 일을 생각하며, 영을 따르는 자는 영의 일을 생각한다(5절). 여섯째, 육신의 생각이 이르는 결국은 사망이며(6절상), 육신의 생각은 하나님과 원수 되어 하나님의 법에 순종할 수 없고(7절), 또한 그 사람은 하나님을 기쁘시게 할 수도 없다(8절). 일곱째, 하나님의 영이 거하는 사람은 육신에 있지 아니하고 영에 있으며, 그리스도의 영이 있으면 그는 그리스도의 사람이다(9절). 여덟째, 그리스도께서 그 안에 계시는 자의 몸은 죄로 말미암아 죽은 것이나, 영은 의로 인하여 생명이 된다(10절). 아홉째, 예수를 부활하게 하신 하나님의 영은 그의 영이 거하는 자의 죽을 몸을 살릴 것이다(11절). 다시 말하면, 하나님의 영은 그리스도인의 부활을 선취(先取)하여 생명 가운데 살게 할 뿐 아니라 또한 마지막 날 그의 죽을 몸도 살릴 것이다.

2. 하나님의 자녀 된 그리스도인(8 : 12-17)

이 단락은 전후(前後) 단락 사이에서 양자(兩者)를 연결하는 이행(移行) 단락의 역할을 한다(K. Haacker, *Römer*, 155). 곧, 12~13절은 예수 그리스도로 말미암아 하나님의 영이 거하시는 그리스도인에게 몸은 죄에 대하여 죽은 것이지만 영은 의로 말미암아 살아 있는 것으로 묘사했던 '앞 단락'(8 : 9-11)에서 끌어낸 윤리적 진술 요약이고, 이어지는 14~16절은 하나님의 영으로 인도함을 받은 그리스도인이 '양자(養子)의 영'을 받은 하나님의 자녀 됨을 밝히는 진술이다. 그리고 이 단락을 마감하는 17절은 그 하나님의 자녀가 종말론적인 관점에서 상속자임을 알게 함으로써, '종말론적인 자유의 소망'을 다루는 다음 단락(8 : 18-30)로 넘어가는 이행절이다.

8 : 12-17　하나님의 자녀 된 그리스도인
- 8 : 12-13　윤리적 진술 요약
- 8 : 14-16　하나님의 자녀
- 8 : 17　하나님의 상속자

1) 윤리적 진술 요약(8 : 12-13)

12그러므로 형제들아 우리가 빚진 자로되 육신에게 져서 육신대로 살 것이 아
니니라 13너희가 육신대로 살면 반드시 죽을 것이로되 영으로써 몸의 행실을
죽이면 살리니

[8 : 12-13] 이 두 절은 바울이 '앞 단락'(8 : 9-11)에서 끌어낸 윤리적 요약 진술이며, 여기에 나타나는 '대구(對句)적 평행법'은 '육신의 생각'과 '영의 생각'이 대조적으로 서술된 단락(8 : 5-8)의 평행법을 윤리적으로 붙잡아 새로운 주제로 넘어가게 한다. 서두의 '그러므로'는 앞에 서술된 것을 마감한다. 그리스도인이 예수 그리스도 안에 있는 생명의 성령으로 말미암아 죄와 사망에서 벗어나 살게 되었다면, 육으로 살 것이 아니라 영으로써 몸의 행실을 죽여야 한다. 여기서 '몸'(sōma)이란 '육'에 의해 지배를 받는 인간을 의미한다. 이는 바울의 일반적인 용례에 일치하지 않는다. 바울의 경우 '몸'과 '육'은 기능적으로 서로 다른 기능을 하는 인간 자신을 표현할 때 사용하는 용어이다. 그런데 '몸'이 '육'에 의해 지배를 받는다면, 이는 바울이 관습적으로 사용하는 이 용어의 용례와 모순된다. 이런 점에서 어떤 사본(대문자 사본 D, F, G와 소문자 사본 630)의 필사자는 '몸' 대신 '육'의 용어로 대체하였다. 또 빌켄스는 '몸의

행실'을 '육의 행실'로 이해하였다(U. Wilckens, *Römer* Ⅱ, 134).

'앞 단락'(8 : 5-8)에서처럼, 바울의 경우 '영'과 대립되는 것은 '몸'이 아니라 '육'이다. 한편, '몸'이란 인격적 실체와 사귀는 인간 실존이다. 그렇다면, '몸'은 창조주를 떠나서 자의(自意)적으로 행할 수 있다. '몸'은 세상에 속해 있는 '육'과 동일하지는 않지만, '육'으로부터 위협을 받고 있다. 왜냐하면 '육'의 권세는 여전히 세상적인 것에 사로잡힌 '몸'을 공격할 수 있기 때문이다. '몸'이 육신대로 살면 반드시 죽을 것이지만, 영으로써 육의 행실을 죽인다면 살 것이다. 이런 점에서 바울의 윤리적 권고는 칭의자에게 주어진 그의 의무이다. 이런 바울의 생각은 "우리가 빚진 자"라는 표현에서 분명하게 나타난다.

2) 하나님의 자녀(8 : 14-16)

> 14무릇 하나님의 영으로 인도함을 받는 사람은 곧 하나님의 아들이라 15너희는 다시 무서워하는 종의 영을 받지 아니하고 양자의 영을 받았으므로 우리가 아빠 아버지라고 부르짖느니라 16성령이 친히 우리의 영과 더불어 우리가 하나님의 자녀인 것을 증언하시나니

[8 : 14-16] 이제 예수 그리스도로 말미암아 성령으로 인도함을 받는 사람은 '하나님의 아들들'로 나타난다. 그들은 '종의 영'이 아니라 '양자(養子)의 영'을 받았다. 여기서 '하나님의 아들'이라는 칭호를 전승사적으로 또 종교사적으로 살펴보면, 다음과 같다. 우선, 전승사적인 관점에서 이 호칭은 메시아나 종말론적 하나님의 백성을 가리키는, 구약과 초기 유대교에서 유래된 개념이다(삼하 7 : 14 ; 렘 31 : 31-34 ; 겔 36 : 28 ; 희년서 1 : 15-18, 23-45 등). 그 반면에 종교사적으로 보면, 이 칭호는 다양하게 사용되었다. 곧, 헬라 세계에서 그것은 '하나님의 사람'을 나타내었고, 밀의 종교에서는 입교자에게 적용되었으며, 영지주의에서는 천상 세계의 일원인 신자에 대한 호칭이었다. 그

러나 바울의 경우 이 칭호는 전승사적인 관점에서 종말론적으로 적용되어 그리스도인을 가리키는 용어다. 바울서신(롬 8 : 15, 23 ; 9 : 4 ; 갈 4 : 5 ; 엡 1 : 5)에서만 발견되는 '양자(養子) 됨', 곧 '하나님의 아들 됨'은 성령으로 인도함을 받는 그리스도인의 종말론적 실재(實在)이다. 성령은 그리스도인을 하나님의 자녀로 삼는 '양자의 영'(15절)이다. 양자의 영을 받은 그리스도인은 하나님을 '아빠 아버지'라고 부를 수 있다(갈 4 : 6 참조). '아빠 아버지'란 양자의 영으로 말미암아 그리스도인과 하나님 사이에 설정된 새로운 "신뢰, 내적 일치, 자유로운 책임성"(「독일성서공회 해설 성경전서」, 2004, 신약 249)의 관계를 의미한다. 본문에 사용된 이 용어는 가족 관계에서만 사용되던 '아빠'라는 아람어와 '아버지'(patēr)라는 헬라어가 혼합된 명칭이다. '아빠'는 예수의 찬양이나 기도 부름말에서 유래된 명칭(막 11 : 25 ; 14 : 36 참조)으로, '주기도'(마 6 : 9 ; 눅 11 : 2)에서 나타나는 것처럼 예수께서 제자들에게 하나님을 가리켜 부를 것을 가르치신 호칭이었다. 바울은 "우리가 아빠 아버지라고 부르짖느니라"라는 표현으로써 로마의 기독교인들로 하여금 그들이 예수 이름으로 드리는 기도를 상기시킨다(장흥길 역, 「페터 슈툴마허의 로마서 주석」, 225). 16절에서 '성령'과 '우리의 영'이 나란히 언급된다. '성령'은 하나님을 가리키는 성령론적 용어이고, '우리의 영'은 하나님과 교제하는 인간을 묘사하는 인간론적 용어이다. '양자의 영'인 성령은 그리스도인이 '하나님의 자녀'임을 증언한다. 이때 '하나님의 자녀'란 '하나님의 아들'(14절)을 바꾸어 표현한 대체 용어이다. 예수의 선포에서처럼 바울의 경우도, 성령으로 인도함을 받은 그리스도인은 종말론적 '하나님의 아들 됨'의 약속과 하늘에 계신 '아버지' 주제에 의해 규정되어 있다.

3) 하나님의 상속자(8 : 17)

17자녀이면 또한 상속자 곧 하나님의 상속자요 그리스도와 함께 한 상속자니

우리가 그와 함께 영광을 받기 위하여 고난도 함께 받아야 할 것이니라

[8 : 17] '자녀'란 곧 '상속자'를 의미하는데, 종말론적으로는 '하나님의 상속자'이다. 그러므로 '자녀 됨' 또는 '양자 됨'이란 세례를 통해서 중재되는 하나님 나라의 상속권이며, 또한 하나님 나라에 대한 현재적인 참여이다. '하나님의 상속자'는, 앞(5 : 17)에서 이미 밝힌 것처럼, '하나님의 통치'에 참여하는 자이다. 그리스도인은 '하나님의 상속자'일 뿐 아니라 '그리스도와 함께 한 상속자'이다. 하나님의 자녀는 하늘에 계시지만 지금도 영으로써 다스리시는 그리스도와 함께 유산 받은 상속자로서만 하나님의 통치에 참여할 수 있다. 이러한 '성령의 기독론적 결합'이란 관점에서, 그리스도인은 그리스도와 함께 영광을 받기 위하여 고난도 함께 받아야 한다. 이처럼 바울은 자신의 '십자가 신학'(theologia crucis)으로써 당시 기독교 공동체를 왜곡하고 위협하던 열광주의자들에 대항한다. 곧, 바울에 의하면, 그들에게 천상의 그리스도를 지상에 임재하게 하는 성령이 그리스도인으로 하여금 '나그네'로 살게 하면서 그와 함께 고난 받을 것을 요청한다. 하나님의 영으로 인도함을 받은 그리스도인은 그리스도와 함께 영광을 받기 위하여 고난도 함께 받아야 한다. 이로써 '종말론적인 자유의 소망'을 다루는 다음 단락으로 넘어갈 연결 고리가 만들어졌다.

설교를 위한 묵상

이 본문 단락에서 본문이 전하는 신학적 메시지를 찾아보면, 다음과 같다. 첫째, 성령 안에 있는 그리스도인은 육신대로 살지 말고 영으로써 몸의 행실을 죽이며 살아야 한다(12-13절). 둘째, 이는 구원 받은 자에게 '빚', 곧 그가 지켜야 할 '의무'이다(12절). 셋째, 하나님의 영으로 인도함을 받은 자가 '하나님의 아들'이다(14절). 넷째, 그것은 성령이 '양자의 영'이기 때문이다(15-16절). 다섯째, '양자의 영'을 받은

자는 하나님을 '아빠 아버지'라 부를 수 있다. '아빠'는 믿을 수 있고, 내적으로 하나 되고, 종의 속박이 아닌 아들의 자유함 속에서 책임을 져야 하는 하나님을 부르는 부름말이다(15절). 여섯째, 하나님의 자녀는 하나님의 상속자이며, 그리스도와 함께 한 상속자이다. 이런 점에서, 기독교의 성령은 그리스도와의 관계 안에서 규정된다. 마지막으로, 그리스도인이 그리스도와 함께 한 상속자라면, 그와 함께 영광을 받기 위하여 그와 함께 고난도 받아야 한다.

3. 종말론적인 자유의 소망(8 : 18–30)

8장에서 바울은 이신칭의로 말미암은 '성령 안에서의 자유'를 논증하기 위해, 먼저 '성령 안에 있는 그리스도인의 삶'(1–11절)과 '하나님의 자녀 된 그리스도인'(12–17절)을 다룬 다음, 이를 이어서 성령을 '열광주의적으로 이해하는 자들'(17절 참조)에 맞서 현재의 고난에 비교할 수 없는 미래의 영광을 상술(詳述)하는 '종말론적인 자유의 소망'(18–30절)을 전개한다. 이때, '현재의 고난에 비교할 수 없는 장차 나타날 영광'이라는 논지(論旨)를 보여 주는 18절은 그리스도인이 성령 안에서 가질 수 있는 '종말론적 소망'을 표현한 명제적 진술이다.

이 주제는 이어지는 세 단락(19–27절)에서 상세하게 전개된다. 먼저, 현실에서 고통 받고 있는 피조물의 소망, 곧 하나님 자녀들이 영광의 자유에 이르는 것이 그 첫 번째 논거(論據)로 제시된다(19–22절). 그런 다음, 성령의 처음 익은 열매를 받은 그리스도인이 기다리는 '몸의 속량'이 그 두 번째 논거로 묘사된다(23–25절). 그러고 나서, 이를 위해 말할 수 없는 탄식으로 도우시는 성령이 언급된다(26–27절). 그리고 마지막 단락(28–30절)에서 바울은 초기 기독교의 '세례 전승'(장흥길 역, 「페터 슈툴마허의 로마서 주석」, 236)에서 유래된 세 단계의 연쇄(連鎖) 추론(推論)으로써 확신에 찬 어조(語調)로 18절의 주제인

'고통당하고 있는 의롭다 여김 받은 자들의 영광'을 해명한다. 그러니까 바울은 이 단락에서 성령 안에 사는 삶을 소망 가운데 있는 삶으로 묘사한다.

이로써 그리스도인이 받아야 할 고난을 언급하는 17절의 반(反)열광주의적 경향이 분명하게 드러난다. 바울의 경우 예수의 경우와 마찬가지로 구원의 현재성이 강조된다. 그러나 현재적 구원은 단지 '십자가 신학'의 틀 안에서 주장된다. 현재 소망 가운데 있는 그리스도인의 삶에서 성령은 단지 장차 올 것의 '보증'이며 '담보'이다. 특히, 이 단락(8 : 18-30)은 1~8장을 하나의 큰 단락으로 이해하는 데 중요한 역할을 한다. 던에 의하면, 이 단락은 로마서 본론의 서두 단락(1 : 18-32)과 함께 수사(修辭)적으로 수미상관(首尾相關, inclusio) 기법으로 1~8장을 마감한다(J. D. G. Dunn, Romans 1-8, 467). 다시 말하면, 1~8장 단락의 서두(1 : 18-32)에 나타난 용어들이 이 단락의 말미(8 : 18-30)에도 나타난다. 곧, '피조물'(1 : 20, 25 ; 8 : 20-22), '허망함'(1 : 21 ; 8 : 20), '영화롭게 하다'(1 : 21 ; 8 : 30), '영광'(1 : 23 ; 8 : 18, 21), '형상'(1 : 23 ; 8 : 29), '몸'(1 : 24 ; 8 : 23) 용어가 그것이다. 이제, 위에서 이미 언급했던 것처럼, 단락을 구분하여 제목을 붙여 보면, 다음과 같다.

8 : 18-30 종말론적 자유의 소망
- 8 : 18 주제로서 '현재 고난에 비교할 수 없는 장차 나타날 영광'
- 8 : 19-22 고통 받고 있는 피조물의 소망
- 8 : 23-25 성령의 처음 익은 열매를 받은 그리스도인의 소망
- 8 : 26-27 말할 수 없는 탄식으로 도우시는 성령
- 8 : 28-30 세 단계 연쇄(連鎖) 추론을 통한 주제절 해설

1) 주제절 : 현재 고난에 비교할 수 없는 장차 나타날 영광(8 : 18)

18생각하건대 현재의 고난은 장차 우리에게 나타날 영광과 비교할 수 없도다

[8 : 18] 이 절은 단순하게 새로운 단락으로 들어가는 도입(導入)이나 이행(移行)을 위한 구절이 아니라, 단락의 논지(論旨)를 나타내는 명제(命題)절이다. 바울은 철저하게 현재적 종말론을 주장하는 로마 교회의 이방인 기독교인들의 열광주의적 입장에 대하여 현재의 고난과 함께 장래의 영광을 다루는 유대 묵시를 다시 고려함으로써 이를 반박한다. 다시 말하면, 바울은 자신의 '십자가 신학'으로써 열광주의적 현재적 종말론에 반박한다. 이를 위하여 바울은 '생각하건대'로 새로운 단락을 시작한다. '생각하건대'란 '말하자면, 내 생각으로는'을 의미한다. '현재의 고난'과 '장차 나타날 영광'은 유대 묵시에서 중요한 주제이다. 로마서를 쓰기 이전에 바울이 이미 다른 서신에서도 언급한 바 있듯이(고후 4 : 17 등 참조), 그리스도인이 현세에서 받는 고난은 내세에 받을 영광과 비교할 수 없이 가벼운 것이다.

2) **고통 받고 있는 피조물의 소망**(8 : 19-22)

> [19]피조물이 고대하는 바는 하나님의 아들들이 나타나는 것이니 [20]피조물이 허무한 데 굴복하는 것은 자기 뜻이 아니요 오직 굴복하게 하시는 이로 말미암음이라 [21]그 바라는 것은 피조물도 썩어짐의 종노릇한 데서 해방되어 하나님의 자녀들의 영광의 자유에 이르는 것이니라 [22]피조물이 다 이제까지 함께 탄식하며 함께 고통을 겪고 있는 것을 우리가 아느니라

[8 : 19-22] 그리스도인이 성령 안에서 바랄 수 있는 '종말론적 소망'에 대한 첫 번째 논리적 근거로, 현실에서 고통 받고 있는 피조물의 소망이 다루어진다. 이 단락에서는 고통 받고 있는 '피조물'(ktisis)이 문제이다. 이 용어로써 바울은 어떤 동식물, 곧 '자연'의 문제를 다루려는 것이 아니다. 오히려 그는 역사적 현상으로서 피조물에 관심을 두고 있다. 다시 말하면, 그는 '모든 피조물', 곧 만물을 인간 역사와 관련지어 다루고자 한다. 바울의 경우 인간은

세상을 대표하지만, 한편으로는 세상의 구성원이기도 하다.

19~21절에 언급된 '피조물'을 22절의 관점에서 본다면, 그것은 분명히 인간을 포함한 전체 피조물이다. 바울의 경우도 유대의 묵시에서처럼 피조물의 역사적 운명이 피조물인 자연, 그 자체보다 더 중요하다. 다시 말하면, 바울은 유대 묵시의 전통을 따라 인간이 죄를 범함으로써 하나님의 형상을 상실했다는 견해를 전제로 한다. 그러나 바울은, 로마서의 앞 단락(4 : 17-25 ; 6 : 4-11)에서 이미 밝혔듯이, '칭의'와 '새 창조'와 '부활'을 묶어 하나로 이해한다. 이로써 그는 그리스도인이 종말론적 영광 안에서 회복을 기다리며 소망하는 실존임을 강조한다. 이런 맥락에서 피조물도 썩어짐의 종노릇하던 데서 해방되어 하나님의 자녀들이 영광의 자유에 이르기를 바란다. 이때 '자유'(eleutheria)와 '영광'(doxa)은 내용적으로 동시에 일어난다(E. Käsemann, *Römer*, 226). 그러므로 여기서 '영광'은 절대적인 하나님의 초월성에 관련되어 있는 것이 아니라, 그리스도인의 종말론적 영광으로 '성취된 자유'이며, 마지막 때 하나님 자녀들이 이르게 될 영화(榮華)의 내용이다. 따라서 바울의 경우 세상은 '자율'(自律)과는 근본적으로 다른 '기독교적 자유'(libertas christiana)를 지향할 때만 피조물로서 의미 있다(E. Käsemann, *Römer*, 228).

3) 성령의 처음 익은 열매를 받은 그리스도인의 소망(8 : 23-25)

> 23그뿐 아니라 또한 우리 곧 성령의 처음 익은 열매를 받은 우리까지도 속으
> 로 탄식하여 양자 될 것 곧 우리 몸의 속량을 기다리느니라 24우리가 소망으
> 로 구원을 얻었으매 보이는 소망이 소망이 아니니 보는 것을 누가 바라리요
> 25만일 우리가 보지 못하는 것을 바라면 참음으로 기다릴지니라

[8 : 23-25] 이제 그리스도인의 '종말론적 소망'에 대한 두 번째 논거가 제시된다. 바울은 기독교 신앙을 위협하는 열광주의에 대항하여 자신의 '십자가 신

학'(theologia crucis)으로써 지상의 삶에 참여하였으며, 고난 받는 그리스도를 추종하였다. 그러나 동시에 그는 수난의 어려움을 알고 있었기 때문에 세상의 모든 권세를 이기시는 하나님의 완전한 승리를 간절히 소망하였다. 앞(8 : 11)에서 언급한 것처럼, 성령은 장차 '죽을 몸'의 부활을 보증한다. 그러나 그것은 아직 일어나지 않았다. 그러므로 바울은 성령을 구속사건의 '처음 익은 열매'(aparchē)라는 은유로 묘사한다(23절). 그리스도인은 '성령의 첫 열매를 받은 자'이다. 그러니까, 아직은 본격적인 추수 때가 아니다. '기독교적 종말론'이란 결코 현재 완성된 것이 아니다. 그것은 현재 시작되었으나 아직 완성되지 않았다. 비록 그리스도인이 예수 그리스도를 믿어 성령을 받고 하나님을 '아빠 아버지'로 부를 수 있다하더라도, 그 '죽을 몸'까지 죄와 사망의 권세에서 벗어나 구속(救贖), 곧 속량 받는 것은 '하나님의 자녀 됨', 곧 양자(養子) 됨이 실현될 때이다(K. Haacker, *Römer*, 164). 이때 '속량'(apolytrōsis)이란 본래 '속전'(贖錢)이나 '대속물'(代贖物, lytron)을 받고 죄수나 노예를 풀어 줌을 의미하였는데, 바울은 이를 자신의 복음을 설명하는 데 사용하였다(*EWNT* Ⅰ, 332). 이어서 바울은 자신을 포함하여 그리스도인이 소망으로 구원을 얻었다고 서술한다. 이 경우 '소망'은 보이지 않는다는 점에서 '믿음'과 동일하다. 보이는 소망은 더 이상 소망이 아니다. 보는 것은 볼 뿐이지 더 이상 바라는 것이 아니다. 그러므로 그리스도인이 보지 못하는 것을 바란다면 참음으로써 기다려야 한다. 이런 점에서 올바른 신학은 '영광의 신학'(theologia gloriae)이 아니라, 모든 피조물을 위한 약속인 복음 아래 있는 '나그네 신학'(theologia viatorum)이며, 또한 '희망의 신학'이어야 한다(E. Käsemann, *Römer*, 234). 그리스도인이 바라는 소망의 내용이 '종말론적 자유'라면, 오직 '죽은 자의 부활'만이 그 희망을 온전하게 실현할 수 있다. 다시 말하면, 바울에게 '죽은 자의 부활'이란 단순히 미래에 대한 소망이 아니라 지상의 고통을 종식한다. 그러므로 바울이 전하는 복음은 어떤 '이상'(理想)이 아니라 '약속'이다. 바울은 이 '약속'의 관점에서 자신이 온전한 자유를 갈망하며 부르짖는 구속받지 못한 피조물과 관련되어 있음을 알고 있다. 그러므로 기독교 신앙 공동체는 이 약속을 가지고 있는, 모든 피조물의 대표자이다.

4) 말할 수 없는 탄식으로 도우시는 성령(8 : 26-27)

> 26이와 같이 성령도 우리의 연약함을 도우시나니 우리는 마땅히 기도할 바를 알지 못하나 오직 성령이 말할 수 없는 탄식으로 우리를 위하여 친히 간구하시느니라 27마음을 살피시는 이가 성령의 생각을 아시나니 이는 성령이 하나님의 뜻대로 성도를 위하여 간구하심이니라

[8 : 26-27] 그리스도인이 성령 안에서 가지게 되는 '종말론적 소망'에 대한 세 번째 논증의 근거로, '말할 수 없는 탄식으로 도우시는 성령'이 묘사된다. 이 본문의 배경에 로마 교회 성도들이 드리는 기도 생활이 있다. 로마 교회 성도들은 마땅히 무엇을 위해 기도해야 할지 알지 못했다. 이신칭의의 '꽃방석'에 앉아서 안주(安住)하며 '영광의 신학'을 따르는 열광주의적 신앙인의 기도에는 고난을 감내하기 위해 그리스도를 추종하는 '십자가의 신학'이 보이지 않으며, 세상에서 종말론적인 소망을 가지고 '나그네'로서 추구하는 '희망의 신학'을 찾을 수 없다. 그러나 종말론적인 소망을 가지고 살아가는 자는 보지 못하는 것을 바라면서 세상에서 인내하며 살아야 한다. 그 사람은 연약하다. 그러나 성령께서 그 연약한 자를 도우신다. 이때, '돕다'에 해당하는 헬라어 원어는 '쉰안티람바네인'(synantilambanein)인데, 자구(字句)적으로는 '함께 마주 잡다'로, '다른 사람의 손을 잡아 주다'나 '짐을 들어 주다'라는 의미로 사용되었다. 바로 성령께서 연약한 기도자의 손을 잡아 주시는 것처럼 또한 중보자로서 그를 대신하여 친히 기도하신다. 이로써 바울의 경우 '기도'는 '성령론' 안에 들어 있다. 곧, '기도'와 '영'이 서로 관련되어 있다(8 : 15 참조). 물론, 성령께서 그리스도인을 위하여 친히 간구하신다고 하여, 여기서 바울

이 기도의 자세나 방법으로서 '신비적인 영이 주입된 기도'(mystica oratio infusa)를 말하고자 한 것은 아니다. 오히려 바울은 '성령의 중보기도'로써 당시 로마의 신앙공동체 안에서 오해 받거나 오해 받을 수 있는 기도에 대해 올바른 길을 제시하려 한다.

그러면, 당시 신앙공동체에서 오해될 만한 기도가 무엇이었을까? 이는 "말할 수 없는 탄식"이란 표현에서 찾을 수 있다. 이 어구(語句)에 대한 해석은 주석가들 사이에서 크게 두 가지로 구분된다. 어떤 주석가들(J. D. G. Dunn 등)은 이를 '일반적인 기도'로 여기고, 다른 주석가들(E. Käsemann)은 '방언'으로 해석한다(박익수, 「로마서 주석 II」, 71 참조). 여기서는 후자의 의미가 더 적절하다. 왜냐하면 '말할 수 없는'이란 '말이 없는'이 아니라 '말로 표현할 수 없는'의 뜻이며, '탄식'은 황홀경 속에서 나온 말을 의미하기 때문이다. 또한 이 어구의 배경에는 열광주의자들이 방언으로써 천상의 존재에 참여함을 과시하며 드렸던 기도를 엿볼 수 있기 때문이다. 그러므로 이런 방언기도는 기독교 신앙공동체의 능력과 부요함을 드러내는 것이 아니라, 오히려 연약함을 나타내는 것이다(E. Käsemann, *Römer*, 233). 성도들이 마땅히 기도할 바를 알지 못할지라도, 오직 성령께서 신령한 말로써 그들을 위하여 친히 간구하실 것이다. 이제 27절에서 결론에 이른다. 여기서 기도를 들어주시는 분과 기도를 도우시는 분이 함께 언급된다. '마음을 살피시는 이'는 구약과 유대교 전승에 의하면, 다름 아닌 하나님이시며, 그분은 기도를 들어주시는 분이다. 또 성도를 위하여 간구하시는 중보자는 성령이시다. 그리고 '마음을 살피시는 분'인 하나님은 성령의 생각을 아신다. 왜냐하면 기도를 도우시는 성령이 하나님의 뜻대로 성도를 위하여 간구하시기 때문이다.

5) 세 단계 연쇄 추론을 통한 주제절 해설(8 : 28-30)

28우리가 알거니와 하나님을 사랑하는 자 곧 그의 뜻대로 부르심을 입은 자들에게는 모든 것이 합력하여 선을 이루느니라 [29]하나님이 미리 아신 자들을 또한 그 아들의 형상을 본받게 하기 위하여 미리 정하셨으니 이는 그로 많은 형제 중에서 맏아들이 되게 하려 하심이니라 [30]또 미리 정하신 그들을 또한 부르시고 부르신 그들을 또한 의롭다 하시고 의롭다 하신 그들을 또한 영화롭게 하셨느니라

[8 : 28–30] 성도들이 이미 알고 있는 것을 믿는 '확신'을 시사하는 "우리가 알거니와"라는 어구(語句)로 시작되는 28절을 통해 바울은 자신의 가르침에 일치하는 유대교 전승 단편을 끌어들인다. 바벨론 탈무드에 의하면, "자비로운 자가 행하는 모든 것은 선을 위하여 행하는 것"(장흥길 역, 「페터 슈툴마허의 로마서 주석」, 236)이다. 이로써 바울은 주제절(8 : 18)의 명제인 '현재의 고난에 비교할 수 없이 큰, 장래 나타날 영광'을 다르게 표현하면서, 또한 뒤따르는 두 절을 준비한다. 세상에서 받는 고난에도 불구하고 하나님을 사랑하는 자, 곧 그의 뜻대로 부르심을 받은 자들에게는 하나님의 구원 의지 안에서 그의 '뜻'대로 모든 것이 합력하여 선을 이루게 된다. 이때 '뜻'(prothesia)은 하나님의 '계획', '의지', '목적'을 의미한다. 비록 그리스도인이 이 땅에 사는 동안 고난이 따를지라도, 이는 그리스도인의 지상적 삶에 등장하는 과정에 불과하다. 그러므로 종말론적 소망의 관점에서 볼 때 그리스도인이 겪는 모든 것은 합력하여 선을 이루는 것이다.

이는 이어지는 두 절인 29~30절에서 하나님께서 행하신 '과거'와 앞으로 행하실 '미래'에 의해 밝혀진다. 곧, 예수 그리스도를 믿는 자의 구원과정에 과거, 현재, 미래를 적용해 보면, 이는 '부르다', '의롭다 여기다', '영화롭게 하다'로 이어지는 연쇄 구조로 결합되어 공식화되고, 또 점점 강조되는 수사(修辭)적 문체와 비(非)바울적인 용어를 고려할 때, 바울 이전의 원시 기독교에서 유래된 예전(禮典)적 전승, 곧 '세례 전승' 단편이다(E. Käsemann, *Römer*, 235). 여기서 '구원의 단계순서'(ordo salutis)는 '미리 아심', '미리 정하심',

'부르심', '의롭다 하심', '영화롭게 하심'으로 서술되며, 그것도 모두 과거 시제로 묘사되어 있다. 이 단계들이 과거 시제로 표현되어 있다고 하여, 이것들이 모두 과거에 일어난 것을 의미하지는 않는다. 이는 '하나님과 그의 뜻'이라는 관점에서 볼 때 그리스도인에게 예정된 '구원의 길'에 대한 표현으로, 아직 일어나지 않은 '구원의 노정(路程)'은 하나님의 '예언적 확정'이라는 틀 안에서 과거로 서술되어 있다(장흥길 역, 「페터 슈툴마허의 로마서 주석」, 237).

이러한 확실한 구원 단계는 하나님께서 세우신 구원계획의 목표와 관련되어 있다. 다시 말하면, 그 목표는 하나님께서 아버지가 되시고, 예수 그리스도가 그 '맏아들'이 되시며, 예수를 믿어 아버지 하나님의 자녀가 됨으로써, 그의 형제자매가 된 그리스도인들이 하나가 되는 '하나님의 가족'(familia dei)을 이루는 것이다(K. Haacker, *Römer*, 171). 이처럼 '예정'을 비롯한 '구원의 단계'는 '하나님의 구원계획'의 관점에서, 또한 이를 회고하며 전망하는 그리스도인의 '신앙고백'이라는 관점에서 올바르게 이해될 수 있다. 여기서 "그 아들의 '형상'을 본받게 하기 위하여 미리 정하셨으니"라는 어구에서 '그의 형상'이란 창조 시 타락 이전 인간의 "하나님의 형상"(창 1 : 27)과 관련되어 있다.

설교를 위한 묵상

이 단락에서 바울은 칭의를 바라보는 시계(視界)를 확대하였다. 다시 말하면, 바울은 '개인적인 차원'에서 다루었던 칭의를 '우주적인 차원'으로 확대하였다. 그러므로 단지 '경건하지 못한 자의 칭의'(justificatio impii) 이상의 것으로 만물을 새롭게 하시는 하나님의 '새 창조'가 다루어진다. 그러니까, 하나님은 칭의자에게 단지 '새로운 종교성'을 요구하는 것이 아니라, 세상의 통치자인 그리스도 아래 온 피조물이 새롭게 되는 새로운 창조를 원하신다. 이런 점에서, 바울의 경우 '칭의'는 '새 창조'이다(고후 5 : 17 참조). 이제 이 본문 단락이 전하는 신학적 메시지를 찾아보면, 다음과 같다. 첫째, 그리스도인은 현재 받는 고난이 장차 받을 영광에 비교할 수 없으므로 소망 가운데 살 수 있다(18절). 둘째, 그리스도 예수로 말미암은 칭의 사건은 인간에 국한되지 않고 모든 피조물에도 적용되는 사건이며, 개인적인 사건에 머무르지 않고 그 이상의 우주적인 사건이다(19-22절). 셋째, 그리스도인은 성령을 받아 하나님을 아버지로 부르고 있지만(15절) 아직 양자(養子) 되는 구원의 목표점에 이르지 못하여 몸의 속량을 소망 가운데서 기다리는 자이다(23-25절). 넷째, 성령은 열광주의 신자들처럼 또 연약함으로 인하여 마땅히 기도할 바를 알지 못하는 그리스도인을 도와 하나님의 뜻대로 구할 수 있도록 친히 간구하시는 분이다(26-27절). 마지막으로, 그리스도인이 겪는 모든 것은 종말론적 소망의 관점에서 볼 때 합력하여 선을 이루게 되며, 결국 하나님께서 예정하신 구원계획이 그 뜻대로 이루어진다(28-30절). 이로써 그는 하나님의 가족이 된다.

4. 성령 안에 있는 승리자(8 : 31-39)

31 그런즉 이 일에 대하여 우리가 무슨 말 하리요 만일 하나님이 우리를 위하
시면 누가 우리를 대적하리요 32 자기 아들을 아끼지 아니하시고 우리 모든 사
람을 위하여 내주신 이가 어찌 그 아들과 함께 모든 것을 우리에게 주시지
아니하겠느냐 33 누가 능히 하나님께서 택하신 자들을 고발하리요 의롭다 하
신 이는 하나님이시니 34 누가 정죄하리요 죽으실 뿐 아니라 다시 살아나신 이
는 그리스도 예수시니 그는 하나님 우편에 계신 자요 우리를 위하여 간구하
시는 자시니라 35 누가 우리를 그리스도의 사랑에서 끊으리요 환난이나 곤고
나 박해나 기근이나 적신이나 위험이나 칼이랴 36 기록된 바 우리가 종일 주를
위하여 죽임을 당하게 되며 도살당할 양같이 여김을 받았나이다 함과 같으니
라 37 그러나 이 모든 일에 우리를 사랑하시는 이로 말미암아 우리가 넉넉히
이기느니라 38 내가 확신하노니 사망이나 생명이나 천사들이나 권세자들이나
현재 일이나 장래 일이나 능력이나 39 높음이나 깊음이나 다른 어떤 피조물이

라도 우리를 우리 주 그리스도 예수 안에 있는 하나님의 사랑에서 끊을 수 없으리라

8장 앞 단락에서 예수 그리스도를 믿음으로 말미암아 의롭다 여김 받은 그리스도인의 삶을 '죄와 사망의 법에서 해방된, 성령 안에서 자유로운 삶'으로 묘사한 바울은, 종말을 소망 가운데 기다리는 그리스도인은 어떤 시련과 어려움 가운데 있을지라도 '양자의 영'인 성령으로 말미암은 하나님의 자녀로서 그리스도와 함께 고난을 받을 뿐 아니라 영광에 이를 것을 확신 있게 논증하였다. 이처럼 하나님의 자녀가 그리스도와 함께 받는 고난과 장차 받을 영광을 역설(逆說)적으로 결합한 다음, 바울은 이제 끊을 수 없는 '그리스도 예수 안에 있는 하나님의 사랑'으로 시선(視線)을 돌린다. 이로써 바울은 이 편지를 받는 성도들에게 그들의 확실한 구원을 보여 주려 하였다. 다시 말하면, 그리스도인의 삶에 존재하는 이 '승리'의 주제로써 바울은 기독교 신앙 공동체에 구원의 확신을 심어 주고자 하였다. 의롭다 여김을 받는 것이 예수 그리스도를 믿음으로 말미암은 것처럼, 칭의자가 현실의 삶에서 어떤 고난과 역경 가운데서도 넉넉하게 이기고 구원의 확신을 가지고 소망 가운데 살 수 있는 것은 자신의 변치 않을 믿음 때문이 아니라 예수 그리스도 안에 있는 끊을 수 없는 하나님의 사랑 때문이다. 이런 점에서 이 단락(8 : 31–39)은 단지 8장을 마감할 뿐 아니라, 로마서의 '네 번째 큰 단락'(5–8장)을 마감한다. 이는 그 서두 단락(5 : 1–11)과 말미 단락(8 : 31–39)이 환형(環形) 구조로 연결된, 동일한 주제를 다루고 있다는 점에서도 잘 드러난다. 곧, '칭의'(5 : 1, 9 ; 8 : 33), '고난'(5 : 3 ; 8 : 35–37), '하나님의 사랑'(5 : 5, 8 ; 8 : 35, 39), '그리스도의 죽으심'(5 : 6, 10 ; 8 : 34), '진노하심에서 구원받음'(5 : 9 ; 8 : 31–34), '그리스도의 다시 사심'(5 : 10 ; 8 : 34), '하나님 안에서 즐거워함'(5 : 11 ; 8 : 31–39)은 두 단락에서 공통적으로 취급된다(R. Jewett, *Romans*, 535). '죽음'과 '죄' 그리고 '율법'의 권세에서 벗어난 그리스도인의 자유는 현실에서 위협

과 환난을 당하는 자가 성령 안에서 넉넉하게 이기는 자유이다. 이는 예수 그리스도께서 자신의 능력을, 그를 믿고 따르는 그리스도인에게 나타내시고 또 그들을 통해 나타내신다는 점에서 승리하는 자의 자유이다.

게다가 더 크게 보면, 이 단락은 지금까지 전개한 본문 단락 전체(1 : 18-8 : 30)를 끝맺는 종결 단락이다. 왜냐하면, 앞에 서술된 본문 단락에 의하면, 스스로 의에 이를 수 없는 인간(1 : 18-3 : 20)이 예수 그리스도를 믿어 의롭다 여김 받아(3 : 21-4 : 25), 사망과 죄와 율법의 권세로부터 자유하게 되었고(5-7장), 성령으로 말미암아 하나님의 자녀가 되었을 뿐 아니라 현실에서 고난과 역경을 당한다 할지라도 종말론적 소망 가운데 확실한 구원에 대한 확신을 가지고 끊을 수 없는 하나님과 그리스도의 사랑으로써 넉넉하게 이길 수 있게 되었다는 것(8장)은 바울이 논증하는 '이신칭의'의 주제 안에서, 논리적으로 하나로 연결되어 전개되는 내용이기 때문이다.

8장의 마지막 단락을 가끔 단락 서두에 전형적으로 나타나는 "우리가 무슨 말하리요?"라는 도입 질문과 '끊다'(나누다)라는 중심어의 관점에서 세부적으로 구분하면, 다음과 같다. 곧 31절은 종결단락이 시작되는 도입절로 수사(修辭) 의문문이며, 32절은 이에 대한 부연(敷衍) 설명이고, 33~34절은 그 자세한 해명이다. 그리고 이어지는 35~39절은 '끊을 수 없는 그리스도(하나님)의 사랑'을 밝힘으로써 현재의 고난에도 불구하고 최종적으로 승리하는 그리스도인을 묘사한다. 이로써, 그리스도인의 '소망의 삶'은 최고조에 이른다. 이때, 이러한 '희망의 신학'은 소단락들에서 점진적으로 고조된다.

8 : 31-39 성령 안에 있는 승리자

- 8 : 31-32 우리를 위하여 아들과 함께 모든 것을 주시는 하나님
- 8 : 33-34 우리를 위하여 의롭다 하시는 하나님과 간구하시는 그리스도
- 8 : 35-39 끊을 수 없는 하나님과 그리스도의 사랑

1) 우리를 위하여 아들과 함께 모든 것을 주시는 하나님(8 : 31–32)

> [31]그런즉 이 일에 대하여 우리가 무슨 말 하리요 만일 하나님이 우리를 위하시면 누가 우리를 대적하리요 [32]자기 아들을 아끼지 아니하시고 우리 모든 사람을 위하여 내주신 이가 어찌 그 아들과 함께 모든 것을 우리에게 주시지 아니하겠느냐

[8 : 31–32] 바울이 어떤 반대나 오해에 반박하기 위해 묻는 "그런즉 우리가 무슨 말을 하리요?"(6 : 1, 15 ; 9 : 14 참조)라는 수사의문문으로써 시작되는 31절은 단지 마지막 단락에서 논의될 주제를 제시할 뿐 아니라 '네 번째 큰 단락'(5–8장)을 요약하기 위해 도입된 구절이다. 이미 이 큰 단락의 서두(5 : 5)에서 밝혔던 것처럼, '하나님의 사랑'은 어떤 감성(感性)적인 정서(情緒)가 아니라, 그분의 구원의지와 관련하여 구속사(救贖史)적 관점에서 피조물인 인간을 위하시는 창조주 하나님과 그의 피조물 사이의 관계를 보여 준다. 앞(8 : 28–30)에서 묘사된 예정은 이런 관점에서 이해되어야 한다. 바울은 인간에 대한 진술에서 하나님 없는 독자(獨自)적 인간에 대하여 언급하지 않는다. 마찬가지로, 그는 하나님에 대한 진술에서 인간과 무관하게 스스로를 위해 존재하는 하나님에 대해서도 관심이 없다. 다시 말하면, 바울에게는 하나님에 대한 모든 구절은 동시에 인간에 대한 구절이다(R. Bultmann, *Theologie*, 129). '임마누엘'(사 7 : 14 ; 마 1 : 23 참조)이신 예수 그리스도 안에 계신 하나님이 '우리를 위하시는 하나님'이라면, 누구도 예수 그리스도를 믿어 의롭다 여김 받은 자에게 이의(異議)를 제기하거나 대적(對敵)할 수 없다. 이는 32절에서 다른 수사의문문으로써 다시 구체적으로 설명된다. 자신의 아들을 아끼지 아니하시고 모든 사람을 위하여 '내주신'(paradidoun, 수난 용어) 이는 그 아들과 함께 모든 것을 아들을 믿는 자에게 주신다.

2) 우리를 위하여 의롭다 하시는 하나님과 간구하시는 그리스도(8 : 33-34)

[33]누가 능히 하나님께서 택하신 자들을 고발하리요 의롭다 하신 이는 하나님
이시니 [34]누가 정죄하리요 죽으실 뿐 아니라 다시 살아나신 이는 그리스도 예
수시니 그는 하나님 우편에 계신 자요 우리를 위하여 간구하시는 자시니라

[8 : 33-34] 앞의 두 절에 언급된 '우리를 위하시는 하나님'은 이 두 절에서 다시 자세하게 묘사된다. 아무도 하나님께서 택한 자들을 고발할 수 없다. 왜냐하면 의롭다 여기신 분이 하나님이시기 때문이다. 그러므로 어느 누구도 의롭다 여김 받은 그리스도인을 정죄할 수 없다. 이는 그리스도인이 믿은 예수 그리스도는 죽으실 뿐 아니라 다시 살아나셨으며, 하나님 오른 편에 계시고, '우리를 위하여' 간구하시기 때문이다. 34절에서도 31~32절에서처럼, 하나님의 확실한 구원을 보여 주고 이에 대한 성도의 확신을 심어 주려는 '우리를 위하여'-공식어구가 사용된다. 특히, 예수 그리스도를 주격의 관계대명사로 연결하는 두 개의 관계절에서 초기 기독교 신앙고백의 단편을 찾아볼 수 있다. 곧, "그는 하나님 우편에 계신 자요", 그는 또한 "우리를 위하여 간구하시는 자시다"라는 두 개의 관계문으로써 바울은 기본적인 기독론 진술과 예전(禮典) 진술을 결합한다. 다시 말하면, 하나님 자녀의 종말론적 자유는 '오직 그리스도'(solus Christus)로부터 말미암는다(E. Käsemann, *Römer*, 240). '우리를 위하시는 하나님'은 이제 '하나님 우편에서 우리를 위하여 간구하시는 그리스도'로서 신앙 공동체 안에 현재하신다.

3) 끊을 수 없는 하나님과 그리스도의 사랑(8 : 35-39)

[35]누가 우리를 그리스도의 사랑에서 끊으리요 환난이나 곤고나 박해나 기근

이나 적신이나 위험이나 칼이랴 [36]기록된 바 우리가 종일 주를 위하여 죽임을
당하게 되며 도살 당할 양같이 여김을 받았나이다 함과 같으니라 [37]그러나
이 모든 일에 우리를 사랑하시는 이로 말미암아 우리가 넉넉히 이기느니라
[38]내가 확신하노니 사망이나 생명이나 천사들이나 권세자들이나 현재 일이나
장래 일이나 능력이나 [39]높음이나 깊음이나 다른 어떤 피조물이라도 우리를
우리 주 그리스도 예수 안에 있는 하나님의 사랑에서 끊을 수 없으리라

이제 '네 번째 큰 단락'은 이 작은 단락에 언급된 일종의 '찬가'로써 마감된다. 이 찬가는 '그리스도의 사랑'(35절)과 '하나님의 사랑'(39절)을 그 어떤 것에 의해서도 끊어지지 않는 위대한 사랑으로 노래한다. 35절에서는 '그리스도의 사랑'을 위협하는 일곱 가지의 '고생목록'(Peristasenkatalog)이 열거된다. 이를 이어 36절은 '끊을 수 없는 그리스도의 사랑'을 구약 시편을 인용하여 논증한다. 이어지는 37절에서 바울은 35절에 제기한 질문에 대하여 최종적으로 대답한다. 그리고 마지막 두 절에서 바울은 열 가지로 열거된, 그 어떤 세상 권세도 '그리스도 예수 안에 있는 하나님의 사랑'에서 끊을 수 없음을 확증함으로써 하나님을 찬양하고, 성령 안에서 이기는 그리스도인의 승리를 확실하게 보여 주려 하였다.

[8 : 35-37] 그리스도인이 현실에서 겪을 수 있는 어떤 고난도 성령 안에서 종말론적 소망 가운데 사는 그리스도인을 위하시는 그리스도의 사랑에서 끊을 수 없다. 이때 '끊다'로 옮겨진 '코리제인'(chōrizein)은 '나누다', '분리하다'의 의미이다. 여기서 일종의 '고생목록'이 등장한다. 이 목록에 그리스도인이 신앙생활과 선교와 관련하여 세상에서 겪을 수 있는 모든 종류의 고난이 히브리적 사고에서 완전수인 일곱 가지로 묶여 있다. 마지막 때의 '환난', '곤고', '박해', '기근', 입을 옷이 없는 '벗은 몸', '위험', '칼'(그리스도인에게 부과되는 재산세법), 그 어떤 고난도 그리스도인을 그리스도의 사랑에서 나눌 수 없다

(장흥길 역, 「페터 슈툴마허의 로마서 주석」, 243). 이는 36~37절에서 입증된다. 그리스도인이 현실에서 받는 고난은 "우리가 종일 주를 위하여 죽임을 당하게 되며 도살할 양같이 여김을 받았나이다"라는 시편 구절(44 : 22)로써 인증된다. 그러나 이 고난은 고난 받는 그리스도인이 예수 그리스도의 십자가 사랑 아래 머물 때 극복될 수 있다. 모든 고난은 '우리를 사랑하시는 그리스도'로 말미암아 넉넉하게 이길 수 있다(37절). 그리스도만이 진정한 고난의 승리자이시며, 그분을 따르는 것이 고난을 이기는 길이다. 이때 '넉넉하게 이기다'로 옮겨진 단어는 '휘페르니칸'(hypernican)인데, 이는 자구(字句)적으로는 '(승리) 이상으로 이기다', '넘치도록 승리하다'를 의미한다.

[8 : 38-39] 이 두 절은 단순히 35절에 제기된 질문에 대한 대답일 뿐만이 아니라, 예전(禮典)적 '그리스도 술어'로써 참되고 확실한 구원을 노래하며 '네 번째 큰 단락'(5-8장)을 마감하는 결론이다. 그러므로 이는 바울이 확신하는 확실한 하나님의 구원을 찬가(讚歌)적으로 표현한, 이전까지 전개된 장들의 요약이며 동시에 바울신학의 요약이다(E. Käsemann, *Römer*, 243). 여기서 유대의 묵시적 세계관뿐 아니라 고대 그리스-로마의 세계관에서 이 땅이나 땅 아래나 땅 위에 있는 '권세'로 여겨진 열 가지가 나열된다. '열'이란 수(數)는 히브리인의 사고(思考)에서 지상의 완전수를 의미하며, 이들은, 35절에서 여섯 번 나타나는 '또는'(ē)으로써 연결된 목록에서와 다르게, 부정어(否定語)인 '도 아니며'(oute)로써 연결된 목록으로 열거된다. 바울이 확신하는 바, '우리 주 그리스도 예수 안에 있는 하나님의 사랑'으로써 그리스도인이 극복한 권세들은 다음과 같다. 곧 최대의 적으로서 '사망', 하나님과 그리스도에게서 분리되어 있던 '생명', 세상에서 악을 일으키며 가르치는 '타락한 천사들'과 '권세자들', 믿음을 저버릴 수 있는 '현재 일'과 '장래 일', 사탄의 무리인 '능력', 당시 그리스-로마 점성술에서 가장 높은 곳을 의미하는 '높음'과 가장 낮은 곳을 의미하는 '낮음', 그리고 '다른 어떤 피조물'이 그것이다(장흥길 역, 「페터 슈툴마허의 로마

서 주석」, 244). 여기에 총망라된 바 사람에게 영향을 끼치는 어떤 권세도 그리스도인을 주 예수 그리스도 안에 있는 하나님의 사랑에서 끊을 수 없다.

설교를 위한 묵상

이 단락은 예수를 믿음으로 말미암아 의롭다 여김 받은 그리스도인이 그리스도를 통해 나타난 하나님의 사랑으로 인하여 고난의 현실에서도 소망 가운데서 구원의 확신을 가지고 살 수 있게 하는, 지금까지 서술된 로마서의 종결 단락이다. 이 본문 단락이 전하는 신학적 메시지를 요약하면, 다음과 같다. 첫째, 하나님은 자기 아들인 예수 그리스도까지도 모든 사람을 위해 내어 주심으로써 우리를 위하시는 하나님이시며, 그리스도 역시 하나님 우편에서 우리를 위해 간구하심으로써 우리를 위하시는 하나님의 아들이시다(31-34절). 둘째, 하나님은 우리를 사랑하시는 분이시며, 그 아들 그리스도도 십자가의 죽음으로써 우리를 사랑하시는 분이다(35-36, 38-39절). 이 사랑은 끊을 수 없는 사랑이다. 셋째, 하나님은 우리로 하여금 모든 권세들로부터 넉넉하게 이기게 하시는 하나님이다(37절).

H. 하나님의 의와 이스라엘(9 : 1-11 : 36)

9~11장은 로마서에서 '다섯 번째 큰 단락'이다. 이 단락을 어떤 기본해석 입장에서 이해하느냐에 따라 지금까지 로마서의 주석은 그 방향을 달리해 왔다. 그러므로 로마서 주석에서 9~11장을 해석하는 기본 통찰을 살펴보는 것은 대단히 중요하다. 로마서에서 이 단락은 그 본문의 밀도(密度)가 다른 본문 단락에 비해 훨씬 조밀하다. 다시 말하면, 이 단락은 로마서에서, 16장을 제

외하고는, 가장 통일성 있는 단락이다. 이런 이유로, 로마서 9~11장 단락은 1~8장에 전개된 핵심 논리(論理)인 '이신칭의'의 주제를 벗어난 독자(獨自)적 단락으로 여겨져(A. Feuillet 등) '부록'처럼 이해되기도 하였고, 로마서 이전에 기록된 바울의 글이 이 자리에 들어와 있는 '삽입' 단락으로 간주되기도(C. H. Dodd 등) 하였다(E. Käsemann, *Römer*, 243). 그러면, 과연 이 단락이 앞에 전개된 1~8장과 분리된 독자적인 주제를 논증하는가? 게다가, 이에 따른 단락 구분과 관련하여, 다음과 같은 여러 질문들이 제기되었다.

바울은 1~8장에서 '믿음'으로 말미암아 의롭다 여김 받은 신앙공동체인 '교회'의 구원론(이신칭의론)을 다루고, 그와는 다르게 9~11장에서 하나님의 선택을 받은 유대인을 위해 특별히 준비하신 '하나님의 백성 이스라엘'의 구원론(예정론)을 다루는가? 다르게 표현하면, 9~11장 단락에서 바울은 제기된 '이스라엘의 구원'에 대한 질문에 대하여 이신칭의가 아니라 '하나님의 예정'으로써 답하려고 하였는가? 이런 이유로 이 단락을 하나님의 '예정론'을 다루는 단락으로 이해하는 것이 적절한 해석의 통찰인가? 혹은 이 단락을 '초기 기독교 내에 있던 유대인과 이방인의 갈등'이란 '삶의 자리'에서 이방인 기독교인보다 구속사적 우위(優位)와 특권을 가졌던 유대인 기독교인에게 주도권을 인정하는 관점에서 해석하는 것이 바울의 본래 의도였는가? 또는 9~11장 단락의 중심 문제가 바울이 유대인에게 이방인과 다른 구원의 길을 예비하신 '하나님의 정당함'을 주장하는 '신정론'(神正論)을 변호하는 것이었는가? 바울이 자신의 선교 초기에 기록한 서신의 반(反)유대주의적 진술(살전 2 : 15-16 등)과 그의 선교 말기에 쓴 로마서의 이 단락에서 찾아볼 수 있는 유대 친화(親和)적 진술은 서로 모순되는 것인가? 이런 점에서 그 모순의 이유를 찾는 것이 이 단락 해석의 핵심인가?

위에 언급된 질문들에 대하여 한마디로 대답하면, 그것은 '결코 그렇지 않다.'이다. 우선, '단락 구분' 문제로 시선(視線)을 돌리면, '하나님의 의와 이스라엘' 주제를 다루는 9~11장 단락은 '이신칭의'를 논증하는 1~8장 단락에서 이탈(離脫)한 독자적인 단락이 아니다. 앞에 언급된 주석가들과는 달리,

아이히홀츠는 1~8장 단락과 9~11장 단락을 불가분(不可分)으로 결합되어 있는 큰 단락으로 여겼다. 심지어 그는 1~8장이 9~11장의 '준비'라고까지 주장하였다(G. Eichholz, *Theologie des Paulus*, 284-289). 이러한 아이히홀츠의 입장은 정도를 지나치기는 하였지만, 양자는 서로 다른 주제를 다루는 두 단락이 아니다. 캐제만이 자신의 주석에서 지적하였듯이, 이 둘은 동일하게 '하나님의 의'를 다루고 있다. 다시 말하면, '하나님의 의 계시의 불가피성'(1 : 1-3 : 20), '믿음의 의로서 하나님의 의'(3 : 21-4 : 25), '종말론적 자유의 현실로서 믿음의 의'(5-8장), '하나님의 의와 이스라엘'(9-11장)의 구분이 보여 주는 것처럼, 이 단락들은 모두 동일하게 '하나님의 의'와 '이신칭의'의 주제를 다루고 있다(E. Käsemann, *Römer*, [4]1980). 9~11장 단락이 독자적 단락이 아니라, 이전 단락들과 긴밀하게 관련되어 있는 큰 단락에 속해 있다는 것은 다음에 서술되는 네 가지 이유에서 그러하다. 이들은 단락 구분과 관련되어 제기된, 위의 질문들에 대한 대답과도 밀접하게 관련되어 있다.

그 첫째는 문맥(文脈)적 이유이다. 바울은 1~8장에서 이방인이 구원 받는 방법으로서 예수 그리스도를 믿음으로써 말미암는 칭의를 주장하고, 9~11장에서 유대인이 구원 받는 다른 길을 제시하지 않는다. 오히려 바울은 로마서 전체에서 유대인과 이방인의 구원에 대하여 똑같이 예수 그리스도를 믿음으로 말미암는 동일한 길을 제시한다. 무엇보다도, 이는 로마서에 언급된 '먼저는 유대인에게요 그리고 헬라인에게로다'-어구(1 : 16 ; 2 : 9, 10)에 잘 드러난다. 이에 대하여 최종상은 자신의 박사학위논문을 출판한 저술에서 적절하게 입증하였다. 그에 의하면, 유대인과 이방인은 '죄성'(罪性, 1 : 18-3 : 20), '칭의'(3 : 21-4 : 25), '신분'(5-8장), '하나님의 계획'(9-11장)에서 동등하다(최종상, 「이방인의 사도가 쓴 로마서」, 2003). 이런 문맥적인 연계성에서 9~11장은 결코 1~8장과 분리된 독자적 단락이 아니다.

9~11장이 독자적 단락이 아니라는 둘째 이유는 역사적 해석에서 찾을 수 있다. 초기 기독교를 신앙적 관념의 역사적 발전과정이라는 관점에서 바라보았던 바우르(F. C. Baur)는 9~11장 단락을 로마 교회 내 유대인 기독교인과

이방인 기독교인 사이에 가정되는 구성원의 갈등 상황에서 이해하였다. 이때 그는 유대인 기독교인들이 로마 교회 안에서 주도적 역할을 하였다고 주장함으로써, 9~11장 단락을 1~8장 단락과 관련지어 올바르게 하나의 큰 틀 안에서 이해하였다. 그러나 그는 유대인 그리스도인과 이방인 그리스도인을 지나치게 날카롭게 대립시켜 바울이 의도하지 않았던 역사주의의 오류에 빠졌다(F. C. Baur, *Vorlesungen über neutestamentliche Theologie*, 1864). 그러나 본 주석의 서론에서 밝힌 것처럼, 9~11장 단락은 바울이 로마서를 기록할 당시 로마 교회의 역사적 상황, 특히 로마 교회 내 유대인 기독교인과 이방인 기독교인의 구성원 점유율 변화와 밀접하게 관련되어 있다(장흥길 역, 「페터 슈툴마허의 로마서 주석」, 31-32). 곧, 글라우디오 통치 제9년(주후 49년) 황제가 내린 '로마에서의 유대인 추방 칙령'에 의해 유대인 그리스도인뿐 아니라 유대교 신자인 유대인들이 로마 제국의 수도 로마를 떠남으로 말미암아 로마 교회 내 이방인 기독교인만이 남아 있다가, 황제 사후(주후 54년) 유대인 기독교인을 포함한 유대인들이 로마로 되돌아왔을 때, 로마 교회에서는 이방인 그리스도인들이 주도적 역할을 하고 있었으며, 교회 구성원 점유율에 있어서도 유대인 기독교인보다 높았다. 9~11장에서 바울이 유대인에 대하여 친화적으로 서술한 것은 이런 역사적 상황과 관련되어 있다. 이런 점에서 1~11장은 하나의 큰 틀 안에서 이해해야 한다.

셋째로, 9~11장 단락을 1~11장의 틀에서 이해해야 합당한 것은 신학적 이유에서이다. 앞서 언급한 것처럼, '이스라엘과 하나님의 의'를 다루는 9~11장 역시 1~8장에서와 동일하게 '이신칭의'를 다룬다. 다시 말하면, 이 단락에서 핵심적인 문제는 이스라엘의 구원을 위해 특별한 길을 예정하신 하나님, 곧 '신론'(神論)이나 '예정론'이 아니다. 오히려 그것은 선택을 받았지만 '믿음에서 난 하나님의 의'(빌 3 : 9 참조)를 모르고 '자기 의'를 세우려고 힘써 '하나님의 의'에 복종하지 않는 이스라엘(10 : 1-4)의 '구원론'을 하나님의 '구속사'라는 우주적인 틀에서 논증하는 문제이다. 그러니까, 이스라엘의 경우도 이방인의 경우와 같이 여전히 '경건치 않는 자의 칭의'(justificatio impii)가 문제이다. 물론, 바울이 '이신칭의'를 논증하는 방식에서 이스라엘의 경우 이방인의 경우와 동일하지 않다. 그것은 이스라엘인은 하나님의 선택을 받았다는 점에서 이방인과 구별되기 때문이다. 또 바울은 이스라엘에 대해서는 단순하게 '개인의 칭의', 곧 '구원론'을 논증하는 데 그치지 않고, 한 걸음 더 나아가 칭의의 세계적인 차원, 곧 구속사(救贖史)적 관점에서 칭의를 다룬다. 이를 위해 바울은 8장에서 사전에 암시한 바 있다(8 : 18-30). '하나님의 의'가 개인의 칭의에서 구체화되지만, 단지 개인에게만 국한되지 않는다. '하나님의 의'는 유대인뿐 아니라 이방인에게도, 인간뿐 아니라 모든 피조물에게도, 한 시대뿐 아니라 모든 시대에 미치는 우주적인 면, 곧 구속사적인 면을 가지고 있다. 곧 '하나님의 의'가 구속사의 중심이며, 역(亦)으로, 구속사는 하나님의 의의 세계적인 차원이다. 하나님의 선택을 받았으나 하나님의 의를 거역한 이스라엘의 경우도 '이신칭의' 외에 다른 구원의 길은 없다. 바울은 유대인을 "나의 형제", 곧 "골육의 친척"이라고 부르며, 그들의 특권을 인정한다(9 : 1-5). 구속사는 '하나님의 말씀'이 청취될 수 있는 영역이다. 그 하나님의 말씀은 인간을 신(信) · 불신(不信)의 결단 앞에 서게 한다. 먼저는, 이 말씀이 아브라함에게 약속의 말씀으로 다가갔고, 그는 자신의 행위가 아니라 그를 부르시는 하나님으로 말미암아 의롭다 여김을 받았다(9 : 6-13). 구원은 유대인이라는 선민(選民) 의식이나 그들의 행위에 의해서가 아니라 긍휼히 여기시는 하나님으로 말미암는다. 그러므로 이스라엘의 역사에서도 '남은 자'만 구원 받았다(9 : 14-29). 이전에 아브라함이 '약속의 말씀' 앞에 섰던 것처럼, 이제 유대인들은 '복음의 말씀' 앞에 서 있다. 바울은 유대인의 구원 문제에서도 이방인과 동일하게 '율법의 마침'(10 : 4)이 되신 '그리스도의 말씀'(10 : 17), '믿음의 말씀'(10 : 8), '복음'(10 : 16)을 받아들임으로 말미암은 이신칭의를 제시한다.

예수 그리스도 안에 있는 '하나님의 의'를 거부하고 힘써 '자기 의', 곧 '율법으로 말미암는 의'를 좇는 유대인 역시 죄인이다(9 : 30-10 : 4). 유대인 역시 헬라인과 차별 없이 예수를 주로 시인하며 또 하나님께서 그를 죽은 자

가운데서 살리신 것을 믿으면 구원을 받는다(10 : 5–13). 그러나 이스라엘은 순종치 아니하였다(10 : 14–21). 이스라엘 역시 그리스도를 믿음으로써 의롭다 여김을 받지만 그들은 이를 거부하였다. 그럼에도 불구하고 그들은 선민이다. 선택 받은 하나님의 백성이 '복음'을 거부하는 모순된 현실에 대하여 바울은 11장에서 '남은 자' 사상으로써 대답한다(11 : 1–10). 또 이를 논증하기 위하여 그는 '접붙임'의 비유를 예시(例示)한다. 선택 받은 이스라엘의 넘어짐으로 말미암아 구원이 이방인에게 이르게 된 것은 이스라엘로 시기 나게 하기 위함이다(11 : 11–24). 이로써 구원 받을 이방인의 수가 찰 때 이스라엘도 돌이킬 것이다(11 : 25–27). 이는 구속사적인 관점에서 볼 때 '비밀'이다(11 : 25). 하나님께서 유대인이나 이방인이나 불순종에 가두어 두신 것은 모든 사람에게 긍휼을 베풀기 위함이다(11 : 28–32). 이처럼 시계(視界)를 '개인의 구원'에서 '하나님의 구속사'로 넓힌 사람은 하나님의 지혜와 지식의 풍성함을 찬양하지 않을 수 없다(11 : 33–36). 전체 하나님의 구속사(救贖史)로 사고(思考)의 지평을 넓힌 사람은 '구속사'와 '하나님의 의'에 대하여 양자택일적인 이해 대신 나누어질 수 없게 결합되어 있는 '구속사'와 '하나님의 의'를 이해하게 된다. 마땅히 이스라엘의 문제는 이런 테두리 안에서 논의되고 해석되어야 한다.

9~11장을 1~11장 단락 안에서 이해해야 하는 넷째 이유는 선교적인 이유에서이다. 로마서뿐 아니라 바울서신, 그리고 바울의 선교 동행자인 누가가 기록한 이부작의 속편인 사도행전(14 : 1 ; 17 : 1–4, 10–13, 17 ; 18 : 4 ; 19 : 1–7, 8 등)은 바울이 '이방인의 사도'(11 : 13)로 자처(自處)하지만, 이방인뿐 아니라 유대인에게도 복음을 전하였음을 알게 한다. 유대주의자에게 적합한 '다른 복음'은 없다. 그것은 변질된 그리스도의 복음이다(갈 1 : 6–9 참조). 유대인이나 헬라인이나 예수의 이름을 부르는 자가 구원을 받을 것이다(10 : 13).

이제 앞에서 제기했던 질문에 대하여 대답하면, 다음과 같다. 위에서 살펴본 대로, 바울은 1~8장에서는 '교회'의 구원론(이신칭의론)을, 9~11장에서는 '하나님의 백성 이스라엘'의 구원론(예정론)을 다루는 것이 아니라, 1~11장에서 동일하게 유대인과 이방인 그리스도인으로 구성된 하나님의 교회를 다룬다. 이 단락에서 바울은 제기된 '이스라엘의 구원'에 대하여 결코 '이신칭의'를 '하나님의 예정'으로써 대체하지 않는다. 또 9~11장 단락의 중심에 이방인의 구원 방식과는 다른 유대인을 위한 특별한 구원의 길을 예비하신 '하나님의 정당함'을 주장하는 '신정론'(神正論)이 자리 잡고 있는 것도 아니다. 유대인이나 이방인이나 모두 '그리스도의 말씀', 곧 '믿음의 말씀' 앞에 있다. 그러므로 이스라엘의 구원 문제 역시 '이신칭의'의 주제 안에 있으며, '하나님의 의'가 구체화되는 칭의는 한 걸음 더 나아가 개인의 차원을 넘어 우주적인 하나님의 전체 구속사 차원에서 논증된다. 이런 넓은 시계에서 9~11장에서는 전면(前面)에 '그리스도'가 아니라 그리스도를 보내신 '하나님'이 구원사의 주체로 나타난다.

9~11장 단락을 구분할 때, 이러한 기본 통찰이 고려되어야 한다. 로마서 전체를 '하나님의 의'와 관련지어 구분한 캐제만은 9~11장 역시 '하나님의 의와 이스라엘'이라는 표제어 아래 세 단락, 곧 '서언'(9 : 1-5)과 '논증'(9 : 6-11 : 32)과 '결어'(11 : 33-36)로 구분하였다. 이때, 서언은 동족 구원에 대한 바울의 간절한 바람으로 시작하지만, 그 결어는 대조적으로 측량할 수 없는 '하나님의 지혜'를 찬양하는 송영(doxology)으로 마감된다. 로마서에서 이런 찬가는 대개 중요한 신학적 진술 다음에 나타난다(1 : 25 ; 8 : 31-39 ; 9 : 5 ; 11 : 33-36). 따라서 '다섯 번째 큰 단락'은 이 단락의 서언으로부터 이해되어야 할 것이 아니라 말미의 결어 단락으로부터 해석되어야 한다. 다시 말하면, 9~11장 단락은 단순히 '유대인의 구원론'을 다룬다고 단정할 것이 아니라, 그보다 폭넓은 '이스라엘에 대한 하나님의 구속사'의 관점에서 밝혀져야 한다. 이 단락의 가운데 논증 부분을 세부적으로 나누어 보면, 다음과 같다.

9 : 1-11 : 36	하나님의 의와 이스라엘
9 : 1-5	서언(序言) : 동족 이스라엘의 구원을 바라는 바울의 애절한 소망

9 : 6-11 : 32 본격적인 논증 : 하나님의 구속사

9 : 6-29 이스라엘 구원에 대한 하나님의 자유

9 : 6-13 하나님의 택하심과 그 정당함

9 : 14-29 하나님의 긍휼히 여기심과 그 정당함

9 : 30-10 : 21 '하나님의 의' 대신 '자기 의'를 따라간 이스라엘의 죄

9 : 30-33 믿음의 의가 아니라 의의 법을 좇아간 이스라엘

10 : 1-13 믿음으로 말미암는 하나님의 의 대신 자기 의를 세우는 이스라엘

10 : 14-21 전파된 복음에 불순종한 이스라엘

11 : 1-32 하나님의 구속사에서 이스라엘에 대한 종말론적인 구원계획

11 : 1-10 하나님의 은혜로 택하심을 받은 남은 자와 다수의 완악한 이스라엘

11 : 11-24 이스라엘로 시기하게 하는 이방인의 구원

11 : 25-32 마지막 때 이스라엘에 대한 하나님의 비밀스런 구원

11 : 33-36 결어(結語) : 깊고 부요한 하나님 지혜를 찬양하는 송영(誦詠)

1. 서언(序言) : 동족 이스라엘의 구원을 바라는 바울의 애절한 소망(9 : 1-5)

바울은 1~8장 단락에서 예수 그리스도가 그 내용이 되는 복음에, 그를 믿는 모든 자를 의롭다 여기시는 하나님의 의가 나타났고, 따라서 모든 사람이 그를 믿으면 의롭다 여김을 받는다는 '이신칭의'에 대하여 밝혔다. 그렇다면, 이것은 이스라엘에게 그들의 선택 받음과 모순되지 않는가 하는 문제를 제기한다. 이에 대하여 바울은 하나님의 의를 거역한 이스라엘에게도 '이신

칭의' 외에 다른 구원의 길이 없다는 것을 논증한다. 이에 앞서 바울은 먼저 서두 단락에서 유대인을 자신의 형제, 곧 '골육의 친척'이라고 부르며, 그들이 하나님께로부터 받은 특권을 인정한다.

> 1–2내가 그리스도 안에서 참말을 하고 거짓말을 아니하노라 나에게 큰 근심이
> 있는 것과 마음에 그치지 않는 고통이 있는 것을 내 양심이 성령 안에서 나와
> 더불어 증언하노니 3나의 형제 곧 골육의 친척을 위하여 내 자신이 저주를
> 받아 그리스도에게서 끊어질지라도 원하는 바로라 4그들은 이스라엘 사람이라
> 그들에게는 양자 됨과 영광과 언약들과 율법을 세우신 것과 예배와 약속들이
> 있고 5조상들도 그들의 것이요 육신으로 하면 그리스도가 그들에게서 나셨으니
> 그는 만물 위에 계셔서 세세에 찬양을 받으실 하나님이시니라 아멘

[9 : 1–5] 바울은 1~2절에서 고백적 진술을 통해 동족인 이스라엘에 대한 애절한 마음이 있음을 알린다. 이때 '나', '마음', '양심'과 같은 인간론적인 용어들을 사용하는데, '나'는 '속사람'을 의미하며, '마음'(kardia)은 근심하고 고통받을 수 있는 '파토스'(pathos)적 자신을 가리키며, 신구약성경 전체에서 바울에게서 비로소 사용되는 '양심'(syneidēsis)은 스스로를 비평적으로 판단할 수 있는 인간 자신을 뜻한다. 다시 말하면, 바울은 이런 인간론적 용어들을 존재론적인 신체 기관(器官)의 의미가 아니라 기능적 의미로 사용한다. 동족 구원에 대한 바울의 간절함은 3절에서 절정을 이룬다. 이때 동족은 '나의 형제', '골육(육신)의 친척'으로 표현되었는데, 이스라엘의 구원은 바울 자신이 저주를 받아 그리스도에게서 끊어질지라도 원하는 바다.

이제 4절과 5절 상반절에서 유대인들이 주장하는 특권을 바울은 긍정적으로 나열한다. 곧, 유대인들은 '이스라엘'('하나님이 다스리시기를!'이란 뜻)의 이름을 얻은 야곱의 후예이다(창 32 : 28–29). 그들에게는 하나님과의 특별한 관계인 '양자 됨'(출 4 : 22 ; 삼하 7 : 14), 하나님께서 함께 거하시는 '영광'(출

29 : 43-46 등), 믿음의 선조인 노아와 족장들과 모세와 다윗이 받은 '언약들'(창 8 : 21-22 ; 12 : 2 ; 17 : 19 ; 출 24장 ; 시 89 : 4-5 등), 시내산에서 모세를 통하여 받은 '율법'(출 24 : 12 등), 하나님을 섬기는 '예배'(시 27 : 4 등), 수많은 '약속들'(창 12 : 2 등), 육신으로 말한다면 그리스도가 그들로부터 난, 믿음의 '열조들'이 있다(구약의 메시아 예언 구절 참조). 이처럼 유대인의 특권을 열거한 다음, 바울은 한 송영(誦詠)으로써 이 단락을 마감한다.

이때 이 송영이 '그리스도'에 대한 찬가인지, 아니면 '하나님'에 대한 찬가인지가 주석에서 문제가 된다. 문법적으로 보면, 이는 '그리스도'에 대한 찬가이다. 이 경우 유대인들의 하나님에 대한 찬가가 기독교적으로 그리스도에게도 동일하게 적용되어, 이 송영은 초기 기독교 전승에서 기독론적으로 확대되었다. 그러나 내용적으로 보면, 이는 '하나님'에 대한 찬가이다. 왜냐하면 로마서(1 : 25)나 다른 바울서신(고후 11 : 31)의 평행절에 의하면, 하나님이 찬송의 대상이기 때문이다(장흥길 역, 「페터 슈툴마허의 로마서 주석」, 250). 또 바울의 경우 그리스도는 하나님과 동일시되지만, 직접적으로 '그리스도는 하나님이시다'라는 표현 대신 '그리스도는 하나님의 형상이시다'로 표현된다(고후 4 : 4). 이런 점에서 후자의 해석이 적절하다. 이런 이유로 한글 개역성경은 본문 아래에 "만물 위에 계신 하나님께 세세에 찬양이 있으리로다"를 주(註)로 달았다. 이스라엘에게 앞에서 열거된 모든 특권을 주시는 하나님은 창조주로서 영원히 찬양 받으실 분이다. 이제 이어지는 단락(9 : 6-11 : 32)에서 '이스라엘의 구원' 문제가 '하나님의 구속사'의 관점에서 다루어진다.

2. 본격적인 논증 : 하나님의 구속사(9 : 6-11 : 32)

'모든 사람이 예수 그리스도를 믿기만 하면 의롭다 여김 받는다.'는 바울의 개방적 '이신칭의론'은 선민(選民) 의식을 가진 유대인에게, 하나님은 자신의 의와 또한 이스라엘의 선택하심에 대하여 공정하며 신실하신가 하는 질문을 제기하게 한다. 이에 대하여 바울은 세 가지로 대답한다. 첫째, 그것은 '하나님의 자유'이다(9 : 6-29). 둘째, 택하심을 받은 이스라엘이라 할지라도 하나님의 의를 모르고 자기 의를 세우며 믿음의 말씀을 거부한다면, 하나님의 신실성에 문제가 있는 것이 아니라 하나님의 의에 복종치 않는 '이스라엘의 불순종(죄)'이 문제이다(9 : 30-10 : 21). 셋째, 완악한 이스라엘에 대한 구원은 하나님께서 전개하시는 '구속사의 비밀'이다(11 : 1-32).

1) 이스라엘 구원에 대한 하나님의 자유(9 : 6-29)

먼저, 바울은 이스라엘을 선택하신 하나님이 예수 그리스도를 믿음으로 말미암아 의롭다 여기시는 것이 정당하며 그의 의가 신실한 것인가라는, 하나님의 신실성의 문제에 대하여, 이 단락에서 하나님의 절대적 주권, 곧 '절대적 자유'로써 대답한다. 이를 바울은 두 가지, 곧 하나님의 '선택의 자유'(9 : 6-13)와 '긍휼히 여기심의 자유'(9 : 14-29)라는 관점에서 논증한다.

(1) 하나님의 택하심과 그 정당함(9 : 6-13)

6그러나 하나님의 말씀이 폐하여진 것 같지 않도다 이스라엘에게서 난 그들이
다 이스라엘이 아니요 7또한 아브라함의 씨가 다 그의 자녀가 아니라 오직 이삭
으로부터 난 자라야 네 씨라 불리리라 하셨으니 8곧 육신의 자녀가 하나님의
자녀가 아니요 오직 약속의 자녀가 씨로 여기심을 받느니라 9약속의 말씀은
이것이니 명년 이때에 내가 이르리니 사라에게 아들이 있으리라 하심이라 10그
뿐 아니라 또한 리브가가 우리 조상 이삭 한 사람으로 말미암아 임신하였는데
11그 자식들이 아직 나지도 아니하고 무슨 선이나 악을 행하지 아니한 때에 택
하심을 따라 되는 하나님의 뜻이 행위로 말미암지 않고 오직 부르시는 이로 말
미암아 서게 하려 하사 12리브가에게 이르시되 큰 자가 어린 자를 섬기리라 하
셨나니 13기록된 바 내가 야곱은 사랑하고 에서는 미워하였다 하심과 같으니라

[9 : 6–13] 이 단락에서 바울은, 하나님의 구원 행위가 예수 그리스도의 복음으로 말미암아 유대인뿐 아니라 이방인에게도 유효하다면, 하나님의 약속이 폐기되었는가라는 문제를 다룬다(6절). 이를 해명하기 위해, 먼저 바울은 하나님 선민으로서 이스라엘의 선택 의미가 무엇인지를 밝힌다. 그에 의하면, 이스라엘에게서 난 자들이 다 이스라엘이 아니다(7절상). 곧, 하나님의 이스라엘 선택은 결코 획일적으로나 기계적으로 적용되는 '인종적' 선택이나 '혈통적' 선택이 아니다. 이는 이어지는 구절에서 구약의 두 선조(先祖), 아브라함과 이삭의 예로써 증명된다. 혈통적 자녀가 다 약속의 자녀는 아니다. 아브라함의 자녀 가운데 오직 이삭으로부터 난 자만이 약속의 자녀였고(7하–9절), 이삭의 자녀의 경우도 에서가 아니라 야곱이 약속의 자녀였다(10–13절). 여기서 바울은 이스라엘을 '육신의 자녀'와 '하나님의 자녀', 곧 '약속의 자녀'로 구별한다(8절). 그리고 하나님의 자녀가 되는 것은 '사람의 행위'가 아니라 오직 '부르시는 하나님의 뜻'으로만 가능하다(10–11절). 다시 말하면, 하나님의 구원 행위는 전적으로 '하나님의 자유', 곧 '하나님의 권리'에 따른 선택을 의미한다. 13절에서 "내가 야곱은 사랑하고 에서는 미워하였다"에 언급된 '사랑하다'와 '미워하다'의 대조는, 이를 히브리어 용법에서 이해한다면, '사랑하다'와 '덜 사랑하다'의 의미이다(창 29 : 31–33 ; 신 21 : 15–17 참조, 이에 대해서는 「독일성서공회 해설 성경전서」 참조).

(2) 하나님의 긍휼히 여기심과 그 정당함(9 : 14–29)

14그런즉 우리가 무슨 말을 하리요 하나님께 불의가 있느냐 그럴 수 없느니라
15모세에게 이르시되 내가 긍휼히 여길 자를 긍휼히 여기고 불쌍히 여길 자를
불쌍히 여기리라 하셨으니 16그런즉 원하는 자로 말미암음도 아니요 달음박질
하는 자로 말미암음도 아니요 오직 긍휼히 여기시는 하나님으로 말미암음이니
라 17성경이 바로에게 이르시되 내가 이 일을 위하여 너를 세웠으니 곧 너로 말
미암아 내 능력을 보이고 내 이름이 온 땅에 전파되게 하려 함이라 하셨으니

[18]그런즉 하나님께서 하고자 하시는 자를 긍휼히 여기시고 하고자 하시는 자를
완악하게 하시느니라 [19]혹 네가 내게 말하기를 그러면 하나님이 어찌하여 허물
하시느냐 누가 그 뜻을 대적하느냐 하리니 [20]이 사람아 네가 누구이기에 감히
하나님께 반문하느냐 지음을 받은 물건이 지은 자에게 어찌 나를 이같이 만들
었느냐 말하겠느냐 [21]토기장이가 진흙 한 덩이로 하나는 귀히 쓸 그릇을, 하나
는 천히 쓸 그릇을 만들 권한이 없느냐 [22]만일 하나님이 그의 진노를 보이시고
그의 능력을 알게 하고자 하사 멸하기로 준비된 진노의 그릇을 오래 참으심으
로 관용하시고 [23]또한 영광 받기로 예비하신 바 긍휼의 그릇에 대하여 그 영광
의 풍성함을 알게 하고자 하셨을지라도 무슨 말을 하리요 [24]이 그릇은 우리니 곧
유대인 중에서뿐 아니라 이방인 중에서도 부르신 자니라 [25]호세아의 글에도 이
르기를 내가 내 백성 아닌 자를 내 백성이라, 사랑하지 아니한 자를 사랑한 자
라 부르리라 [26]너희는 내 백성이 아니라 한 그곳에서 그들이 살아 계신 하나님
의 아들이라 일컬음을 받으리라 함과 같으니라 [27]또 이사야가 이스라엘에 관하
여 외치되 이스라엘 자손들의 수가 비록 바다의 모래 같을지라도 남은 자만 구
원을 받으리니 [28]주께서 땅 위에서 그 말씀을 이루고 속히 시행하시리라 하셨느
니라 [29]또한 이사야가 미리 말한 바 만일 만군의 주께서 우리에게 씨를 남겨
두지 아니하셨더라면 우리가 소돔과 같이 되고 고모라와 같았으리로다 함과 같
으니라

앞 단락에서 바울은 하나님의 이스라엘 선택이 자신이 전하는 칭의론에 대하여 모순이라고 주장하며 제기할 수 있는 문제에 대하여, '하나님의 선택의 자유'라는 관점에서 대답하였다면, 이제 그는 이를 '하나님의 자유로운 긍휼히 여기심'이라는 관점에서 논증한다. 이 단락은 두 개의 논쟁대화체(diatribe) 질문과 '우리' 진술로써 세부적인 단락으로 구분되는데, 그것은 다음과 같다.

9 : 14-18　　자유롭게 선택하시는 하나님의 공정성 이의 제기에 대한 답변

9 : 19-23　이처럼 자유롭게 행하시는 하나님을 대적하는 항변에 대한 답변
9 : 24-29　하나님의 긍휼하심으로 말미암아 부름 받은, 유대인과 이방인으로 구성된 구원 공동체

[9 : 14-18] 이 첫 작은 단락에서 바울은 '자유롭게 선택하시는 하나님이 불의하다'는 입장의 논박에 '그럴 수 없느니라'로써 대답한다. 여기서도 앞에서처럼 '그럴 수 없느니라'(mē genoito)는 '강한 부정'을 의미할 뿐 아니라, '간절한 바람'이 함께 어우러져 '결코 그렇게 생각하지 않기를 간절히 바라노라'라는 뜻이다(3 : 4, 31 ; 6 : 2 ; 7 : 7 참조). 바울은 하나님의 자유로운 선택이 그의 의로움과 모순되지 않음을 구약의 두 말씀을 인용함으로써 논증한다. 이때 그는 두 인물, 곧 모세(출 33 : 19)와 바로(출 9 : 16)의 예를 들어 인증한다. 모세의 경우 긍휼히 여기고 불쌍히 여김은 긍휼히 여기시는 하나님께 달려 있다(15-16절). 긍휼히 여김을 받는 것은 인간의 원함이나 노력(본문에서는 '달리기'로 표현)으로 말미암지 않는다. 하나님의 긍휼히 여기심은 그 어떤 것에도 의존되어 있지 않으며, 그로부터 독립적이다. 구약에 언급된 바로의 예에서도 구원은 바로의 의도나 행위와 무관하다. 오히려 바로를 사용하는 분은 하나님 자신이시고, 바로 역시 하나님의 능력을 보이고 하나님의 이름을 온 땅에 전파하는 도구로 사용되는데, 이는 하나님의 자유로운 결정에 의한 것이다(17절). 이 단락의 마감절인 18절은 위의 두 예증에 대한 요약이다. 여기에 '하나님께서 긍휼히 여길 자를 긍휼히 여기시고, 강퍅케 할 자를 강퍅케 하신다'는 '이중예정'(gemina praedestinatio)적 진술이 나타난다. 그렇기는 하지만, 이는 '이중예정'에 대한 '교리'적 진술이 아니다. 18절을 문맥 속에서 이해한다면, 이는 긍휼히 여기심에 대해 반박하는 이들의 항변에 하나님의 절대적인 자유를 알게 하는 '논증'적 진술이다.

[9 : 19-23] 둘째 작은 단락 역시 논쟁대화체 질문으로써 시작한다. 곧, 앞 단락에서 바울의 논증을 듣고도 하나님의 긍휼히 여기심에 대하여 그 공정성을 인정하지 않는 사람은 여전히 자신의 생각을 바꾸지 않은 채 "하나님이 어찌하여 책망하시느냐?"고 말하거나 "누가 그 뜻을 대적할 수 있느냐?"고 대꾸할 수 있다(19절). 자유롭게 행하시는 하나님께 더 이상 심판하고 책망하실 권한이 없다는 식으로 말하는 이러한 항변에 대하여, 바울은 하나님을 '토기장이'로 비유한 폭넓은 구약 전승(사 29 : 16 ; 45 : 9 ; 64 : 8 ; 렘 18 : 3-6 ; 욥 10 : 9 ; 33 : 6 등)을 사용하여 '하나님의 창조 주권'이라는 관점에서 대답한다. 지음 받은 피조물이 그를 지은 창조자에게 "어찌 나를 이같이 만들었느냐?"(20절)고 말할 수 없다. 진흙을 가지고 토기장이가 어떤 그릇을 만들지에 대해서는 그 자신의 권한에 속한 문제이다(21절). 토기장이는 귀하게 쓰일 그릇을 만들 수 있으며, 또한 천하게 쓰일 그릇도 만들 수 있다. 그 결정은 그의 권한에 속해 있다. 이처럼 하나님은 자신의 능력을 알게 하고자 하여 '진노의 그릇'을 만드실 수 있으며, 또한 자신이 영광을 받으시기 위하여 멸하기로 준비하였지만 오래 참으심으로써 관용하셔서 '진노의 그릇'을 '긍휼의 그릇'으로 바꾸실 수 있다(22-23절). 긍휼히 여기심은 전적으로 하나님의 절대 주권에 속해 있다. 오래 참고 관용하심으로써 기다리시는 하나님의 긍휼히 여기심에서 분명하게 알 수 있는 것은 하나님께는 심판하심, 그 자체가 목적이 아니라는 점이다.

[9 : 24-29] 이제 마지막 세 번째 작은 단락에서 바울의 시선(視線)은 '유대인'이 아니라 '우리'로 표현된, 로마에 있는 유대인과 이방인으로 구성되어 있는 구원 공동체인 로마 교회를 향한다. '교회'(ekklēsia)는 하나님에 의해 부름받은 신앙 공동체이다. '교회'의 어원(語源)은 하나님께서 그의 택하심을 받은 자를, '(세상) 밖으로'(ek)와 '부르다'(kalein)의 합성어인 '밖으로 부르다'(ek-kalein)에서 유래되었다. 하나님의 오래 참으심으로써 긍휼히 여김을 받은

'그릇'이 된 기독교 구원 공동체는 유대인뿐 아니라 이방인 중에서도 부르심을 받은 자들로 이루어져 있다(24절). 이를 입증하기 위하여 바울은 구약의 소예언서와 대예언서의 첫 번째 예언자인, 호세아와 이사야의 글을 인용한다(25-29절). 우선, 이 네 절의 문학적 구성을 살펴보면, 이는 교차대구법(chiasm)으로 이루어져 있다. '유대인을 부르신 하나님'(A)을 이어 '이방인을 부르신 하나님'(B)이 언급되고, 그런 다음, 교차적으로 '이방인 부르심에 대한 구약 인증'(B')을 이어 '유대인 부르심에 대한 구약 인증'(A')이 언급된다.

이어서, 이 네 절의 내용을 살펴보면, 다음과 같다. 먼저, 바울은 예언서 가운데 긍휼을 선포한 대표적인 예언자 호세아의 글을 인용한다(25-27절). '내 백성 아닌 자'(로암미)를 '내 백성'(암미)이라고 하고, '사랑하지 아니한 자'를 '사랑한 자'라고 부르신 분은 바로 하나님이시며, 로마 교회의 이방인 그리스도인 역시 '내 백성이 아니라고 하신 그곳'에서 '살아 계신 하나님의 자녀'라 일컬음을 받았다. 그러면, '하나님의 백성' 유대인의 경우는 어떠한가? 이에 대하여 이사야가 인용된다(28-29절). 유대인이라는 혈통적 이유만으로 자신이 '하나님의 백성'이라고 주장할 수 없다. 이사야에 의하면, 이스라엘 자손들이 바다의 모래와 같이 많을지라도 그들이 다 구원 받는 하나님의 백성이 아니라, 오직 '남은 자'만 구원을 받을 것이다(사 10 : 22). 그 말씀을 주께서 땅 위에서 이루실 것이며, 그것도 속히 그리 할 것이다(사 10 : 23). 이는 로마 교회 내 기독교로 개종하여 교회 공동체의 일원이 된 유대인을 고려하여 언급된 말씀이다. 이어서 이사야서의 다른 곳(사 1 : 9)이 인용된다. 주께서 이 구원의 공동체에 씨(생존자)를 남겨 두지 아니하셨더라면 그들은 소돔과 고모라에 내린 하나님의 심판에서처럼 전적으로 멸망할 수밖에 없었을 것이다.

이스라엘의 구원 역시 전적으로 하나님의 은혜로 말미암아 가능하다. 심지어, 유대인들이 특권으로 내세우는 혈통적 선민사상조차도, 예수 그리스도의 나타나심과 그가 전하신 복음의 관점에서 볼 때, 하나님의 심판을 면치 못한다. 하나님의 구원은 유대인이라는 선민(選民) 의식이나 그들의 율법 준수 행위에 의해서가 아니라 긍휼히 여기시는 하나님으로 말미암는다. 유대인이라 할지라도 구원은 하나님의 자유로운 긍휼히 여기심으로 말미암는다. 구원에서 이보다 앞선 그 어떤 것도 없다. 사람은 절대적인 하나님의 '오직 은혜로만'(sola gratia) 구원에 이르게 된다. 다시 말하면, 구원은 인간인 '우리 밖에서'(extra nos) 이루어지는 하나님의 선물이다. 그러므로 기독교 공동체는 하나님의 긍휼하심으로 말미암아 부름 받은, 유대인과 이방인으로 구성된 구원 공동체이다.

2) '하나님의 의' 대신 '자기 의'를 따라간 이스라엘의 죄(9 : 30-10 : 21)

모든 사람에게 열려 있는 바울의 '이신칭의론'에 의해 제기된, 이스라엘을 선택하신 하나님의 '공정성'과 '신실성' 문제에 대하여 앞 단락(9 : 14-29)에서 '하나님의 자유'라는 관점에서 대답했던 바울은 이제 둘째 논증을 펼친다. 곧, 이스라엘이 선택받았다 할지라도 '하나님의 의'를 외면한 채 '자기 의'를 내세우며 믿음의 말씀을 거부한다면, 문제는 '하나님의 신실하지 않으심'에 있는 것이 아니라, 오히려 하나님의 의에 복종치 않는 '이스라엘의 불순종'에 있다. 이에 대하여 바울은 앞 단락과 연결하는 이음매로 '첫 번째 작은 단락'(9 : 30-33)에서 '전체 이스라엘'이 아니라 '남은 자'가 구원받았음을 밝혔던 앞 단락의 논의를 요약하고, 또한 새로운 단락을 전개할 사전(事前) 포석으로 중요한 주제어들을 제시한다. 이어서 '남은 자들'이 선택 받은 이유가 제시된다. 먼저, 바울은 '믿음으로 말미암는 하나님의 의 대신 자기 의를 세우는 이스라엘'(10 : 1-13)에 대하여 이스라엘이 알지 못했던 '율법의 마침이 되신 그리스도'를 다루고(10 : 1-4), 그 후 이에 대한 성경적 근거를 댄 다음(10 : 5-13), '전파된 복음에 불순종한 이스라엘'을 논증한다(10 : 14-21). 이를 도식화하면, 다음과 같다.

9 : 30-33 '믿음의 의'가 아니라 '의의 법'을 좇아간 이스라엘
10 : 1-13 믿음으로 말미암는 '하나님의 의' 대신 '자기 의'를 세우는 이

스라엘
10 : 1-4 '율법의 마침'이신 예수 그리스도
10 : 5-13 믿음으로 말미암는 하나님의 의에 대한 성경적 근거
10 : 14-21 전파된 복음에 불순종한 이스라엘

(1) 믿음의 의가 아니라 의의 법을 좇아간 이스라엘(9 : 30-33)

> [30]그런즉 우리가 무슨 말을 하리요 의를 따르지 아니한 이방인들이 의를 얻었
> 으니 곧 믿음에서 난 의요 [31]의의 법을 따라간 이스라엘은 율법에 이르지 못하
> 였으니 [32]어찌 그러하냐 이는 그들이 믿음을 의지하지 않고 행위를 의지함이
> 라 부딪칠 돌에 부딪쳤느니라 [33]기록된 바 보라 내가 걸림돌과 거치는 바위를
> 시온에 두노니 그를 믿는 자는 부끄러움을 당하지 아니하리라 함과 같으니라

[9 : 30-33] 바울은 자신의 가상적 유대인 대화상대자를 향하여 '그런즉 우리가 무슨 말을 하리요?'(4 : 1 ; 6 : 1 ; 7 : 7 ; 8 : 31 ; 9 : 14)라는 전형적 어투의 수사의문문으로써 이 단락의 논증을 시작한다. 이방인은 의를 따르지 않았지만 믿음으로써 의를 얻었다. 반면에, 의의 법을 따라간 이스라엘은 율법에 이르지 못하였다(30-31절). 그 이유는 32절 상반절에 언급된다. 그것은 이스라엘이 '믿음' 대신 '행위'를 의지하였기 때문이다. 이스라엘은 믿음을 의지하지 않고 행위를 의지함으로 말미암아 부딪칠 돌에 부딪쳤다. 이를 입증하기 위하여 바울은 구약의 이사야서를 인용한다(33절). 인용되는 구절은 이사야서에서 서로 떨어져 있는 두 구절(사 28 : 16 ; 8 : 14)을 하나로 엮은 바울의 혼합 인용문이다. 이 구절들은 모두 '돌'과 관련되어 있다. 이사야 28 : 16에 언급된 '시온에 있는 초석(礎石)'은 유대인들에 의해 받아들여진 '메시아' 표상이며, 또한 8 : 14에 나타나는 '걸림돌과 걸려 넘어지는 반석' 역시 그 돌에 이스라엘이 걸려 넘어진다는 하나님의 심판 예언에 대한 그리스도의 성취라

는 기독교적 관점에서 볼 때 '그리스도' 표상이다(벧전 2 : 6-8 참조). 그러므로 이 '돌'은 예수 그리스도에 대한 표상이다. 그를 믿는 자는 부끄러움을 당하지 아니할 것이다.

(2) 믿음으로 말미암는 '하나님의 의' 대신 '자기 의'를 세우는 이스라엘 (10 : 1-13)

1형제들아 내 마음에 원하는 바와 하나님께 구하는 바는 이스라엘을 위함이니
곧 그들로 구원을 받게 함이라 2내가 증언하노니 그들이 하나님께 열심이 있
으나 올바른 지식을 따른 것이 아니니라 3하나님의 의를 모르고 자기 의를 세
우려고 힘써 하나님의 의에 복종하지 아니하였느니라 4그리스도는 모든 믿는
자에게 의를 이루기 위하여 율법의 마침이 되시니라 5모세가 기록하되 율법
으로 말미암는 의를 행하는 사람은 그 의로 살리라 하였거니와 6믿음으로 말
미암는 의는 이같이 말하되 네 마음에 누가 하늘에 올라가겠느냐 하지 말라
하니 올라가겠느냐 함은 그리스도를 모셔 내리려는 것이요 7혹은 누가 무저
갱에 내려가겠느냐 하지 말라 하니 내려가겠느냐 함은 그리스도를 죽은 자
가운데서 모셔 올리려는 것이라 8그러면 무엇을 말하느냐 말씀이 네게 가까
워 네 입에 있으며 네 마음에 있다 하였으니 곧 우리가 전파하는 믿음의 말씀
이라 9네가 만일 네 입으로 예수를 주로 시인하며 또 하나님께서 그를 죽은
자 가운데서 살리신 것을 네 마음에 믿으면 구원을 받으리라 10사람이 마음으
로 믿어 의에 이르고 입으로 시인하여 구원에 이르느니라 11성경에 이르되 누
구든지 그를 믿는 자는 부끄러움을 당하지 아니하리라 하니 12유대인이나 헬
라인이나 차별이 없음이라 한 분이신 주께서 모든 사람의 주가 되사 그를 부
르는 모든 사람에게 부요하시도다 13누구든지 주의 이름을 부르는 자는 구원
을 받으리라

앞 단락(9 : 30-33)에서 '믿음으로 말미암는 하나님의 의'를 그리스도와

관련지었던 바울은 이제 '자기 의를 내세우는 이스라엘'로 시선을 돌린다(10 : 1-13). 먼저, 그는 이스라엘의 잘못된 구원 지식을 '하나님의 의'와 '자기 의'를 대조함으로써 지적하며, '율법의 마침'이 되신 예수 그리스도를 알게 한다(10 : 1-4). 그러고 나서, 바울은 '믿음으로 말미암는 하나님의 의'에 대하여 구약성경을 인용하여 그 근거를 댄다(10 : 5-13).

[10 : 1-4] 바울은 '형제들', 곧 유대인과 이방인으로 구성되어 있는 혼합공동체(corpus permixtum)인 로마 교회의 성도들에게 말한다. 그의 소원과 중보기도의 제목은 이스라엘이 구원을 받는 것이다(1절). 이처럼 바울이 동족을 위하여 간구하는 것(9 : 1-5 참조)은 이스라엘이 하나님께 열심이 있다고 할지라도 그들이 올바른 지식을 따르지 않기 때문이다(2절). 무엇보다도, 그들은 '하나님의 의'를 알지 못하고 '자기 의'를 세우려고 힘써 하나님의 의에 복종하지 아니하였다(3절). 하나님의 의에 대한 그들의 불복종으로 말미암아 그리스도는 유대인이나 이방인이나 '모든 믿는 자'에게 의를 이루기 위하여 '율법의 마침'이 되신다(4절). 여기서 로마서의 이전 단락(3 : 19-20 ; 7 : 7-13)에 이어 바울의 '율법관'이 드러난다. 바울의 율법론은 율법, 그 자체에 대한 가르침이 아니라, 율법과 그리스도의 관계론이다. 그리스도는 율법의 '마침'(telos)이 되신다. 이때 '텔로스'에 대한 해석이 논란거리다. 이에 대해서는 슈넬레가 적절하게 다음의 세 가지로 요약하였다(U. Schnelle, *Einleitung*, 149). 곧, 그 첫째는 그리스도께서 율법을 성취하였음을 근거로 하여 '텔로스'를 '완성'으로 이해하는 입장이다(P. v. d. Osten-Sacken). 그리고 대부분의 주석가들(H. Lietzmann ; R. Bultmann ; E. Käsemann ; O. Michel)에 의해 주장되는 둘째 입장은 이를 바울의 언어 용례(6 : 21-22 참조)와 문맥을 고려하여 '마침'으로 이해한다. 마지막으로, 세 번째 입장은 그 중간 입장으로, '텔로스'를 예수 그리스도를 믿는 믿음 안에서 그리스도를 율법의 '마침이자 목표'로 해석한다(U. Wilckens). 물론, 사전(辭典)적 의미로는, '텔로스'의 의

미가 '마침', '목표', '의미성취', 세 가지 모두 가능하다. 그러나 직전 단락뿐 아니라 직후 단락의 문맥에서 이 용어를 고려한다면, '텔로스'를 '마침'과 함께 '완성'이나 '성취'로 이해하는 것이 적절하다(저자의 석사학위논문 "'율법의 종언이며 완성'(telos nomou)이신 예수 그리스도" 참조).

[10 : 5–13] 이제 이 단락에서 바울은 이스라엘에 대해서도 '믿음으로 말미암는 하나님의 의'를 '율법으로 말미암는 의'와 대비함으로써 논증한다. 이때 그는 유대인들이 이미 알고 있는 구약성경을 인증의 수단으로 삼는다. 그리고 바울은 구약성경의 구절들을 여러 곳(레 18 : 5 ; 신 30 : 11–14 ; 시 107 : 26 ; 사 28 : 16 ; 욜 2 : 32〈칠십인역 3 : 5〉)에서 인용하여 그리스도 중심의 구속사적 해석 입장에서 '수정' 또는 '삽입'하면서, 이들을 엮어 자신의 이신칭의론을 전개한다. 먼저, 바울은 "너희는 내 규례와 법도를 지키라 사람이 이를 행하면 그로 말미암아 살리라"(레 18 : 5)를 "율법으로 말미암는 의를 행하는 사람은 그 의로 살리라"로 옮긴다(5절). 이는 율법의 행위로 말미암은 구원에 대하여 바울의 입장에서 이미 밝혀졌던 것(3 : 20)처럼, 율법 자체에 결함이 있는 것이 아니라 율법을 행하는 육체에 문제가 있음을 알게 한다.

그러고 나서, 바울은 '율법으로 말미암는 의'를 '믿음으로 말미암는 의'와 대조시킨다(6절상). 이때 그는 신명기의 말씀(30 : 12–14)을 그대로 인용하는 것이 아니라, 부분적으로 해석하면서 인용한다(6하–7절). 그러니까, 바울은 구약과 유대교의 이해와 동일하게 신명기 30 : 13의 '바다'를 시편 107 : 26과 관련지어 '깊은 곳', 곧 '무저갱'(abyssos)으로 이해하였다. 또 원래 인용된 신명기의 본문은 '율법'(torah)에 관한 말씀이었는데, 바울은 그 '율법'의 자리에 '그리스도'를 두어 대체하였다. 이는 바울이 유대교에서 기독교로 개종한 이후 달라진 자신의 '그리스도 중심적 구약성경 해석의 관점'을 보여 준다. 그리스도께서 복음의 선포 안에 현존하고 계신다면, 더 이상 그분을 하늘에서 모셔 내리거나 무저갱에 내려가 죽은 자 가운데서 모셔 올릴 필요가 없다.

다시 말하면, '믿음으로 말미암는 의'는 예수 그리스도 안에 나타났기 때문에, 더 이상 인간의 행위나 노력이 아니라 하나님의 은혜로 주어지는 선물이다. 이는 무슨 뜻인가? 그 의미는 그리스도께서 바울 일행이 전파하는 믿음의 말씀 안에 가까이 계신다는 것이다(8절). 그리스도가 그 안에 계신 말씀은 얼마나 가까이 있는가? 그것은 신명기 30 : 14처럼 말씀(rēma)을 듣는 사람의 입과 마음에 있다. 다만, 이 구절이 신명기의 구절과 다른 것은 가까이 있는 말씀이 '행함'이 아니라 '믿음'과 관련되어 있는 점이다. 이 말씀에 직면하여, 사람이 입으로 시인하고 마음으로 믿으면 의에 이르고 구원을 받는다(9-10절). 이는 초기 기독교의 신앙고백과 관련되어 있다(고전 12 : 3 ; 빌 2 : 9-11 참조). 믿음으로 의롭다 여김 받은 사람은 이사야 28 : 16 말씀처럼 부끄러움을 당하지 않을 것이다(11절). 이신칭의는 유대인에게나 이방인에게나 차별이 없다(1 : 16 ; 2 : 10 ; 3 : 22, 29 ; 9 : 24 참조). 그 이유는 하나님은 누구에게나 한 분이시며 또한 동일하신 분이시기 때문이다(12절). 그러므로 유대인이나 헬라인이나 누구든지 '주의 이름을 부르는 사람'이 구원을 받을 것이다(13절). 그 구약적 근거가 되는 요엘 2 : 32은 마지막 때 부어 주실 성령에 대한 약속과 관련되어 있다. 이때 야훼는 기독론적으로 해석되어 예수 그리스도와 동일시되어 있다.

(3) 전파된 복음에 불순종한 이스라엘(10 : 14-21)

> 14그런즉 그들이 믿지 아니하는 이를 어찌 부르리요 듣지도 못한 이를 어찌
> 믿으리요 전파하는 자가 없이 어찌 들으리요 15보내심을 받지 아니하였으면
> 어찌 전파하리요 기록된 바 아름답도다 좋은 소식을 전하는 자들의 발이여
> 함과 같으니라 16그러나 그들이 다 복음을 순종하지 아니하였도다 이사야가
> 이르되 주여 우리가 전한 것을 누가 믿었나이까 하였으니 17그러므로 믿음은
> 들음에서 나며 들음은 그리스도의 말씀으로 말미암았느니라 18그러나 내가 말

하노니 그들이 듣지 아니하였느냐 그렇지 아니하니 그 소리가 온 땅에 퍼졌
고 그 말씀이 땅끝까지 이르렀도다 하였느니라 [19]그러나 내가 말하노니 이스
라엘이 알지 못하였느냐 먼저 모세가 이르되 내가 백성 아닌 자로써 너희를
시기하게 하며 미련한 백성으로써 너희를 노엽게 하리라 하였고 [20]이사야는
매우 담대하여 내가 나를 찾지 아니한 자들에게 찾은 바 되고 내게 묻지 아니
한 자들에게 나타났노라 말하였고 [21]이스라엘에 대하여 이르되 순종하지 아
니하고 거슬러 말하는 백성에게 내가 종일 내 손을 벌렸노라 하였느니라

[10 : 14–21] 이 단락에서 바울은 이제 이스라엘이 가까이 있는 말씀 듣기를 거절하였을 뿐 아니라 그 말씀에 복종하지 않았음을 밝힌다. 이를 위해 여기서도 앞 단락에서처럼 구약을 인용하여 논증의 증거로 삼는다. 14~15절에서 그는 당시 잘 알려져 있던 수사학적 연쇄 추론의 네 가지 '어찌' 양식문을 사용하여 구약을 인용함으로써, 이스라엘이 예수 그리스도의 복음을 외면함에 대하여 변명하지 못하게 한다. '믿음'이란 인간의 자의(自意)적 결정이 아니라 하나님의 은혜로 선포된 말씀에 대한 수용적 응답이며, 그 반대로 '불신앙'이란 그 복음의 말씀에 대한 배타적 응답이다(E. Käsemann, *Römer*, 283). 이런 점에서 믿음은 순종이며, 불신앙은 불순종이다. 이미 구약성경(사 52 : 7)에서 복음과 이를 전하는 자는 예언되었다(15절). 랍비들은 이 구절을 메시아 시대의 예언으로 알고 있었다(P. Billerbeck, *Kommentar III*, 282). 바울은 초기 기독교의 선교 활동에서 이 예언이 실행된다고 믿었으며, 이런 이유로 이사야서에서 단수로 표현된 '좋은 소식을 전하는 자'를 복수로 바꾸어 인용한다. '아름답도다'(hōraioi)란, 캐제만(E. Käsemann)에 의하면, 그 사전(辭典)적 의미를 고려하여 '적절한 때로다'로 해석되기도 한다.

14~15절을 전제로 하여, 16절에서 복음에 순종하지 않은 이스라엘의 죄가 지적된다. 직전 단락에서 모세의 신명기가 인용되었던 것처럼, 이 단락에서는 메시아 예언에 대한 대표적인 예언서인 이사야(53 : 1)가 계속 인용된다.

대부분의 유대인이 복음을 거절하는 것은 이미 구약에서 예언되었던 일이다. 이때 바울은 히브리 성경에는 없지만 칠십인역본의 이사야 본문에는 있는 '주여'를 따옴으로써 예언을 탄식처럼 느껴지게 한다. 이 인용문의 '전한 것'은, 원문(原文)의 자구(字句)에 따르면, '들려진 것'(akoē)으로, 칠십인역본과 데살로니가전서 2 : 13에서처럼 '전해진 메시지'를 의미한다(P. Billerbeck, *Kommentar Ⅲ*, 283). 이는 앞의 두 절과 그 요약인 17절을 잇는 이음매 역할을 한다. 초기 기독교 선교 상황에서 믿음은 하늘에 계시지만 현존하시는 그리스도의 말씀을 들음에 대한 응답이다. 이때 '그리스도의 말씀'에서 '말씀'은 헬라어로 '레마'(rēma)인데, 전체 말씀을 가리킬 때는 복수로 사용되어야 하지만, 단수로 사용되어 '개별적인 말씀'을 나타낸다. 또한 히브리서 1 : 3처럼 여기서도 이는 그리스도에 대하여 기독론적으로 사용되었다.

18절에서 바울은 예수 그리스도의 십자가 사건 이후 적어도 4반세기가 지난 초기 기독교 선교 상황을 알게 함으로써 복음을 배척하는 이스라엘의 핑계 댈 수 없는 죄를 드러낸다. 그들이 복음을 듣지 못하였는가? 이에 대하여 바울은 원래 피조 세계와 율법에 나타난 하나님의 영광을 노래하는 시편 구절(19 : 4)을, 복음을 거절함에 대한 이스라엘의 변명을 막기 위해 인용한다. 동일한 목적을 위해, 바울은 18절에서 시편(성문서)을 인용하고, 이어 19~21절에서 모세의 율법서(신 32 : 21)와 이사야의 예언서(사 65 : 1-2)를 각각 인용함으로써 지금까지의 논증을 요약하고 이스라엘의 반박을 일축한다. 신명기 32장은 출애굽 후 광야유랑 시기에 하나님의 진노를 불러일으킨 이스라엘의 우상숭배 죄에 대한 보응으로 이방인으로써 그들을 시기 나게 하고 노엽게 하리라는 심판 말씀이며, 이사야 65 : 1은 하나님이 '그를 찾지 아니한 자들'과 '그에게 묻지 아니한 자들', 곧 이방인들을 구원에 초대하는 종말론적 예언의 말씀이다. 바울은 이 두 구절을 복음을 믿은 이방인과 이를 배척한 유대인에 적용하였다. 그러므로 이스라엘은 '믿음의 말씀'(10 : 8), '복음'(10 : 16), '그리스도의 말씀'(10 : 17)을 배척하고 불순종함에 대하여 구실을 대거나 핑계할 수 없다.

그러나 바울은 21절로써 11장의 구속사(救贖史)적인 지평을 열어 놓는다. 하나님께서는 순종하지 아니하고 거슬러 말하는 백성인 이스라엘에 대하여 여전히 자신의 손을 벌리고 계신다. 이어지는 11장에서 이스라엘이 하나님에 의해 어떻게 구원의 길로 인도될 것인지를 알게 하는 하나님의 구속사가 전개된다. 구원은 인간이 실현할 수 있는 어떤 것이 결코 아니다. 오히려 그것은 오직 '믿음의 말씀'과의 대면에서 이를 받아들임으로써 가능하다. 이런 점에서 '예정'은 숙명(宿命)적으로 결정되는 것이 아니라 말씀 안에서 일어난다.

3. 하나님의 구속사에서 이스라엘에 대한 종말론적인 구원계획(11 : 1–32)

9~10장에서 '이스라엘의 구원 문제에 대한 하나님의 자유'와 '하나님의 의 대신 자기 의를 따라간 이스라엘의 죄'를 다루면서, 폐할 수 없는 하나님의 말씀과 그와 함께 이방인의 구원 받음에 시기하고 분노하는 이스라엘 가까이 있는 믿음의 말씀을 논증한 바울은 이제 11 : 1~32 단락에서 예언적 통찰력을 가지고 앞의 진술들로부터 추론된, 온 이스라엘을 구원의 길로 인도하시는 '하나님의 구속사'가 지닌 비밀을 보여 준다. 이 단락에서 바울은 이스라엘에 대하여 하나님께서 주신 구원 약속이 단절되지 않았음을 작은 세 단락으로써 논증한다. 그 첫째 단락(11 : 1–10)은 은혜를 받은 소수의 '남은 자'를 제외한 '대다수의 완악한 이스라엘'을, 둘째 단락(11 : 11–24)은 이러한 이스라엘의 완악함으로써 가능하게 된 '이방인의 구원'을, 그리고 셋째 단락(11 : 25–32)은 '온 이스라엘 구원을 위한 하나님의 비밀스런 구속사'를 다룬다. 물론, 이스라엘에 대한 하나님의 구속사 역시도 바울의 '칭의 신학', 곧 예수 그리스도를 믿음으로 말미암은 죄인의 칭의라는 관점 안에서 논증된다. 바울은 결코 이스라엘 구원을 위하여 이방인의 구원과 다른 '특별한 길'을 제시하지 않는다.

1) 하나님의 은혜로 택하심을 받은 남은 소수와 다수의 완악한 이스라엘 (11 : 1-10)

1그러므로 내가 말하노니 하나님이 자기 백성을 버리셨느냐 그럴 수 없느니
라 나도 이스라엘인이요 아브라함의 씨에서 난 자요 베냐민 지파라 2하나님
이 그 미리 아신 자기 백성을 버리지 아니하셨나니 너희가 성경이 엘리야를
가리켜 말한 것을 알지 못하느냐 그가 이스라엘을 하나님께 고발하되 3주여
그들이 주의 선지자들을 죽였으며 주의 제단들을 헐어 버렸고 나만 남았는
데 내 목숨도 찾나이다 하니 4그에게 하신 대답이 무엇이냐 내가 나를 위하
여 바알에게 무릎을 꿇지 아니한 사람 칠천 명을 남겨 두었다 하셨으니 5그
런즉 이와 같이 지금도 은혜로 택하심을 따라 남은 자가 있느니라 6만일 은
혜로 된 것이면 행위로 말미암지 않음이니 그렇지 않으면 은혜가 은혜 되지
못하느니라 7그런즉 어떠하냐 이스라엘이 구하는 그것을 얻지 못하고 오직
택하심을 입은 자가 얻었고 그 남은 자들은 우둔하여졌느니라 8기록된 바
하나님이 오늘까지 그들에게 혼미한 심령과 보지 못할 눈과 듣지 못할 귀를
주셨다 함과 같으니라 9또 다윗이 이르되 그들의 밥상이 올무와 덫과 거치
는 것과 보응이 되게 하시옵고 10그들의 눈은 흐려 보지 못하고 그들의 등은
항상 굽게 하옵소서 하였느니라

이스라엘 백성에 대한 하나님의 약속은 결코 폐하여지지 않았다. 다시 말하면, 이스라엘이 완악하지만 온 이스라엘이 완악한 것은 아니다. 이스라엘 가운데에 약속을 받은 남은 자가 있다. 이를 바울은 둘로 나누어 해명한다. 먼저, 바울은 구원 받은 남은 자를 엘리야와 자신의 모형(模型)론으로써 논증하고(1-6절), 이를 이어 그는 모세와 다윗의 예언으로써 남은 자를 제외한 대다수 이스라엘의 완악함을 밝힌다(7-10절).

[11 : 1-6] 하나님은 결코 자기 백성 이스라엘을 버리지 않으셨다(삼상 12 : 22

참조). 바울은 그렇게 생각하지 않기를 간절히 바란다(mē genoito). 이를 논증하기 위해 바울은 구약의 엘리야를 자신과 비교할 '모형론' 또는 '유형론'(類型論)적 인물로 인증한다. 세 가지 점에서 그러하다. 첫째로, 엘리야와 바울은 이스라엘인이며 아브라함의 씨에서 난 자이고, 베냐민 지파에 속한 자다(1절). 둘째로, 하나님께서 엘리야 당시 바알에게 무릎을 꿇지 아니한 신실한 7천 명을 남기셨던 것처럼(왕상 19 : 18), 바울 당시에도 복음에 순종하는 소수의 남은 자를 택하셨다(4절). 셋째, 엘리야와 바울은 둘 다 목숨이 위태로운 '외톨이' 상황에 처해 있었다(3절, 왕상 19 : 10 참조). 5절에 언급된 '남은 자'(leimma)란 바울 당시 은혜로 택하심을 받은 자로서, 로마 교회에 있는 유대인 그리스도인을 포함한 소수의 유대인 기독교인이다. 이스라엘 백성이라 할지라도 남은 자는 행위가 아니라 은혜로 말미암아 선택된 것이다. 이러한 '남은 자' 사상은 초기 유대교 문헌이나 쿰란 문헌에서도 찾아볼 수 있다. 그러나 거기서는 율법을 준수함으로써 '남은 자'가 된다(6절). 이와는 달리, 바울의 경우 '남은 자'는 오직 이신칭의로 말미암아 가능하다(E. Käsemann, *Römer*, 290–291).

[11 : 7–10] 하나님의 은혜로 선택 받은 '남은 자'는 유대인 전체가 아니라 유대인 기독교인을 가리킨다. 그 외에 '남은 자들'인 대다수의 유대인들은 복음의 말씀을 거절하고 완악하여 우둔한 자가 되었다. 이로써 이스라엘은 구하는 것을 얻지 못하였다(7절). 이때 '남은 자들'(loipoi)은 4절에 언급된 신실한 '남은 자'(leimma)와 다르다. 후자(後者)의 '남은 자'가 '선택'과 관련된 전문용어라면, 전자(前者)의 '남은 자들'은 '그 밖의 사람들'이라는 일반적 의미의 무리를 가리킨다. 이에 대하여 논증하기 위해 바울은 구약의 대표적 인물인 모세와 다윗에 의해 진술되었던 두 구절을 인증한다. 그 하나는 "그러나 깨닫는 마음과 보는 눈과 듣는 귀는 오늘 여호와께서 너희에게 주지 아니하셨느니라"(신 29 : 4)라는 모세의 심판적 예언이며(8절), 다른 하나는 "그들의 밥상이

올무가 되게 하시며 그들의 평안이 덫이 되게 하소서 그들의 눈이 어두워 보지 못하게 하시며 그들의 허리가 항상 떨리게 하소서"(시 69 : 22-23)라는 다윗의 기도이다(9-10절). 이때 '밥상'이란 '밥을 먹는 식탁'을 의미하는 것이 아니라 '제물을 바치는 상'을 뜻한다. 곧, 대다수의 이스라엘은 자신들의 완악함으로써 선택 받은 '남은 자'에 들지 못하였다. 이런 점에서 바울의 칭의 선포는 유대인의 경우에도 동일하게 적용된다.

2) 이스라엘로 시기하게 하는 이방인의 구원(11 : 11-24)

11그러므로 내가 말하노니 그들이 넘어지기까지 실족하였느냐 그럴 수 없느니
라 그들이 넘어짐으로 구원이 이방인에게 이르러 이스라엘로 시기나게 함이
니라 12그들의 넘어짐이 세상의 풍성함이 되며 그들의 실패가 이방인의 풍성
함이 되거든 하물며 그들의 충만함이리요 13내가 이방인인 너희에게 말하노
라 내가 이방인의 사도인 만큼 내 직분을 영광스럽게 여기노니 14이는 혹 내
골육을 아무쪼록 시기하게 하여 그들 중에서 얼마를 구원하려 함이라 15그들
을 버리는 것이 세상의 화목이 되거든 그 받아들이는 것이 죽은 자 가운데서
살아나는 것이 아니면 무엇이리요 16제사하는 처음 익은 곡식 가루가 거룩한즉
떡덩이도 그러하고 뿌리가 거룩한즉 가지도 그러하니라 17또한 가지 얼마가
꺾이었는데 돌감람나무인 네가 그들 중에 접붙임이 되어 참감람나무 뿌리의
진액을 함께 받는 자가 되었은즉 18그 가지들을 향하여 자랑하지 말라 자랑할
지라도 네가 뿌리를 보전하는 것이 아니요 뿌리가 너를 보전하는 것이니라
19그러면 네 말이 가지들이 꺾인 것은 나로 접붙임을 받게 하려 함이라 하리
니 20옳도다 그들은 믿지 아니하므로 꺾이고 너는 믿으므로 섰느니라 높은 마
음을 품지 말고 도리어 두려워하라 21하나님이 원 가지들도 아끼지 아니하셨
은즉 너도 아끼지 아니하시리라 22그러므로 하나님의 인자하심과 준엄하심을
보라 넘어지는 자들에게는 준엄하심이 있으니 너희가 만일 하나님의 인자하
심에 머물러 있으면 그 인자가 너희에게 있으리라 그렇지 않으면 너도 찍히

는 바 되리라 [23]그들도 믿지 아니하는 데 머무르지 아니하면 접붙임을 받으리
니 이는 그들을 접붙이실 능력이 하나님께 있음이라 [24]네가 원 돌감람나무에
서 찍힘을 받고 본성을 거슬러 좋은 감람나무에 접붙임을 받았으니 원 가지
인 이 사람들이야 얼마나 더 자기 감람나무에 접붙이심을 받으랴

앞 단락에서 하나님의 은혜로 택함 받은 '소수의 남은 자'들과 '다수의 완악한 이스라엘'을 다루었던 바울은 이제 이스라엘로 하여금 시기 나게 하는 '이방인의 구원' 주제로 눈을 돌린다. 이스라엘인은 약속을 받은 하나님의 백성이었다. 그러나 그들이라 할지라도 예수 그리스도를 믿지 아니하면, 종말론적 구원에서 제외된다. 이 문제를 논증하기 위해 바울이 직전 단락에서 '남은 자' 주제를 다루었다면, 이 단락에서는 그 문제를 예수 그리스도를 배척하는 이스라엘의 종말론적 의미를 밝힘으로써 해명하려 한다. 캐제만에 의하면, 이 단락은 다시 작은 세 단락으로 구분되는데(E. Käsemann, *Römer*, 294), 그 첫 작은 단락(11-12절)은 이스라엘의 믿지 않음으로 인하여 이방인 기독교 공동체가 세워질 수 있었음을 서술하며, 둘째 작은 단락(13-15절)은 그것이 '이방인의 사도'로서 바울의 사도직과 어떻게 관련되어 있는가를 밝히며, 마지막 작은 단락(16-24절)은 이스라엘의 불신앙이 이방인 그리스도인에게 미친 결과, 그들에게 생길 수 있는 자만(自慢)에 대한 권면을 다룬다.

[11 : 11-12] 이 두 절은 이 단락의 명제 역할을 한다. 논증은 "그들이 넘어지기까지 실족하였느냐?"라는 논쟁대화체(diatribe)로 시작된다. 그렇게 생각하지 않기를 바라는 것은, 이스라엘의 '실족'(paraptōma, 여기서는 '범죄'의 뜻이 아님)으로 인하여 구원이 이방인에게 이르게 되었고, 이로써 이스라엘은 이방인들을 시기하게 되었다는 진술에 잘 드러난다(11절). 이를 이어, 바울은 유대인의 '작은 것에서 큰 것으로'(a minori ad majus)의 추론(推論) 방식을 사용하여 불신앙으로 인한 이스라엘의 넘어짐이 세상, 곧 이방인에게 풍성함이

되었고, 이스라엘의 부족함이 이방인에게 풍성함이 되었다면, 더욱더 이스라엘의 충만함은 두말할 것도 없다고 논증한다(12절).

[11 : 13–15] 이어서 바울은 로마 교회 내 소수의 유대인 기독교인들과 함께 있는, 자만할 수 있는 다수의 이방인 기독교인들에게 대화체(2인칭)로 앞의 두 절에 언급된 명제와 자신의 사도직(使徒職)과의 관련성을 다룬다. 바울은 '이방인의 사도'로서 자신의 직분을 영광스럽게 여긴다(13절). 바울이 이방인들에게 이신칭의의 복음을 전함으로 말미암아 이들이 구원에 이르게 된 것은 자신의 골육인 동족 이스라엘로 하여금 시기하게 하여 그들 중에서 이 복음을 받아들이는 자들을 구원하기 위해서다(14절). 그러니까, 바울은 직접적으로는 '이방인의 사도'이지만, 간접적으로는 이방선교로써 유대인들을 자극하여 마지막 때 그들로 회심하게 하는 일꾼이다(E. Käsemann, *Römer*, 297). 그러므로 복음을 배척하는 이스라엘을 버리는 것이 '세상', 곧 '이방인'의 화목이 되었다면, 더욱더 복음을 받아들이는 것은 죽은 자 가운데서 살아나는 것이다(15절).

[11 : 16–24] 11~12절의 명제는 이 단락의 서두(16절)에서 두 가지 비유, 곧 '처음 익은 곡식 가루와 떡덩이'(민 15 : 20–21)와 '뿌리와 가지' 비유로써 논증된다. 제물에 사용되는 떡을 만드는 재료인 떡덩이는 그 '처음 익은 곡식 가루'(aparchē)가 구별되어야만 거룩하다(16절상). 또 믿는 사람을 '의의 식물'로 가정한다면, '거룩한 뿌리', 곧 믿음의 선조 아래 '거룩한 가지', 즉 신앙의 후손이 나올 수 있다(16절하). 여기에 '접붙임'의 비유가 자연스럽게 연결된다. 이때 일반적인 접붙임의 방법은 아니지만, 때때로 행해지는 접붙임이 비유로 언급된다(장흥길 역, 「페터 슈툴마허의 로마서 주석」, 289). 다시 말하면, 더 이상 열매 맺지 못하는 '참감람나무'(elaia)의 경우, 이 나무에 야생의 '돌감람나무'(agrielaia)의 싹을 접붙여 참감람나무 뿌리의 진액을 함께 받게 한

다면 이 나무는 결실할 수 있게 된다(17절). 이 경우, '참감람나무'란 '하나님의 이스라엘'(롐 11 : 16 ; 갈 6 : 16)을 가리키며, '돌감람나무'란 '이방인'을 의미한다. 당연히, 접붙임을 받은 이방인은 꺾인 원 가지인 유대인을 향하여 자만하지 않아야 한다. 그것은 접붙임을 받은 가지라도 가지가 뿌리를 보존하는 것이 아니라 뿌리가 가지를 보전하기 때문이다. 원 가지인 '이스라엘'이 믿지 않으므로 꺾인 것은 믿는 이방인의 가지를 접붙이기 위함이다(18-19절). 그러므로 접붙임을 받은 가지는 자만하지 말고, 오히려 두려워해야 한다(20절). 왜냐하면 하나님이 원 가지들도 아끼지 아니하시고 꺾으셨다면, 접붙임을 받은 가지도 그렇게 할 수 있기 때문이다(21절).

그러므로 접붙임을 받은 이방인 기독교인들은 자신의 자만 대신 하나님의 '인자하심'과 '준엄하심'을 보라는 권면을 받는다(22절). 신앙이나 구원이 인간의 업적이나 그에 대한 대가가 아니라 하나님의 선물이기 때문에, 하나님 앞에서 유대인이 자신의 특권을 내세울 수 없는 것처럼, 이방인은 더욱 그러하다. 하나님의 '구원'과 '심판'은 분리될 수 없는 동전의 양면(兩面)과 같다. 하나님의 구원의 '인자하심'과 심판의 '준엄하심'도 마찬가지다. 그러므로 이방인 그리스도인이 하나님의 선하심으로 말미암아 가지에 붙어 있다면, 결코 자만하지 말아야 한다. 그렇지 않으면, 그 역시 꺾일 것이다(22절). 왜냐하면 가지가 붙어 있는 것은 가지 자체의 능력 때문이 아니라, 접붙이시는 하나님의 능력 때문이다(23절). 그러므로 이방인이 믿음으로써 '돌(야생)감람나무'에서 꺾여 본성을 거슬러 좋은 감람나무에 접붙임을 받았다면, 원 가지인 유대인들은 더욱더 자기 감람나무에 다시 접붙임을 받는 것은 당연한 이치이다(24절). 앞에서 유대인의 항변을 막았던 바울은 이제 예상될 수 있는 이방인의 항변도 저지(沮止)한다. 이처럼 바울은 자신의 '칭의론', 곧 '기독론적 이신칭의론'을 이스라엘에게도 적용함으로써 칭의를 '죽은 자의 부활'과 '새로운 세상의 창조'의 관점에서 일어날 종말적 사건으로 여긴다(E. Käsemann, *Römer*, 301).

3) 마지막 때 이스라엘에 대한 하나님의 비밀스런 구원(11 : 25-32)

> 25형제들아 너희가 스스로 지혜 있다 하면서 이 신비를 너희가 모르기를 내가
> 원하지 아니하노니 이 신비는 이방인의 충만한 수가 들어오기까지 이스라엘의
> 더러는 우둔하게 된 것이라 26그리하여 온 이스라엘이 구원을 받으리라 기록
> 된 바 구원자가 시온에서 오사 야곱에게서 경건하지 않은 것을 돌이키시겠고
> 27내가 그들의 죄를 없이 할 때에 그들에게 이루어질 내 언약이 이것이라 함
> 과 같으니라 28복음으로 하면 그들이 너희로 말미암아 원수 된 자요 택하심으
> 로 하면 조상들로 말미암아 사랑을 입은 자라 29하나님의 은사와 부르심에는
> 후회하심이 없느니라 30너희가 전에는 하나님께 순종하지 아니하더니 이스
> 라엘이 순종하지 아니함으로 이제 긍휼을 입었는지라 31이와 같이 이 사람들
> 이 순종하지 아니하니 이는 너희에게 베푸시는 긍휼로 이제 그들도 긍휼을
> 얻게 하려 하심이라 32하나님이 모든 사람을 순종하지 아니하는 가운데 가두
> 어 두심은 모든 사람에게 긍휼을 베풀려 하심이로다

[11 : 25-32] '하나님의 구속사'라는 넓은 지평에서 이스라엘의 구원 문제를 다루는 11장의 이전 단락들에서 바울은 '복음을 거부한 대다수의 완악한 이스라엘'(11 : 1-10)을 언급하고, 이로 인하여 '이스라엘로 하여금 시기 나게 하는 이방인의 구원'(11 : 11-24)을 서술한 다음, 그럼에도 불구하고 이 단락에서 마지막 때 일어날 모든 이스라엘의 최종적 구원에 대하여 '하나님의 신비'로써 논증하고자 한다. 그 비밀의 내용이란 복음을 거부한 이스라엘의 완악함으로 인하여 이를 받아들인 이방인에게 구원이 이르게 되었고, 이들의 수가 차게 되면 온 이스라엘이 하나님의 긍휼하심으로 말미암아 구원 받을 것이라는 것이다. 이를 논증하기 위해, 바울은 먼저 9~11장의 결론적 명제를 언급하고(25-26절상), 이에 대한 성경적 근거를 댄 다음(26하-27절), 신비로운 이스라엘의 구원 문제를 자신의 칭의론과 관련지어 그 비밀이 지닌 '예정론'적 의미(28-29절)와 '구원론'적 의미(30-32절)를 밝힌다(장흥길 역, 「페터 슈툴마

허의 로마서 주석」, 292 참조).

이 단락의 서두(25-26절상)는 9장에서 시작된 '이스라엘의 구원' 문제에 대한 결론적 명제이다. 물론, '형제들'은 이 서신의 일차적 수신인인 로마 교회 내 소수의 유대인 기독교인들과 다수의 이방인 기독교인들이다. 이들에게 바울은 자신이 받은 계시에 의한 '신비'(mystērion), 곧 비밀을 말한다. 그 비밀이란 복음을 믿은 이방인의 충만한 수가 구원 받는 무리에 들어오기까지 일부 이스라엘이 우둔하게 되었지만, 하나님의 구속사에서 최종적으로는 '온 이스라엘이 구원을 받으리라'는 것이다. 이때 주석가들 사이에, 구원 받을 '온 이스라엘'에 대한 해석이 문제가 된다. 박익수는 이에 대한 여러 견해를 네 가지로 정리하였다. 그 견해들에 의하면, '온 이스라엘'은 "유대인과 이방인 가운데서 선택받은 이스라엘(Calvin), 이스라엘 백성 가운데 선택받은 모든 사람(Bengel, Olsghausen), 선택받은 백성 이스라엘 전체(Aquinas, Kuhl, Schmidt), 그리고 그리스도인들의 총체로서의 이스라엘(Zahn, Lagrange, Sanday & Headlam, Barrett, Käsemann, Schlier, Cranfield) 등"(박익수, 「로마서 주석 II」, 219)이다. 그러나 바울의 칭의론의 테두리 안에서 논의되는 현대 주석가들의 입장은 크게 나누어서 둘이다(U. Schnelle, *Einleitung*, 151). 그 하나는 무스너(F. Mußner)로 대변되는 입장인데, 그는 10 : 12을 근거로 삼아 이를 '종족적 이스라엘'로 여겨 자구(字句) 그대로 '전체 이스라엘'로 해석한다. 그에 의하면, '온 이스라엘'이란 율법의 행위가 아니라 '오직 은혜'로, 그러나 복음에 대한 회개 없이 하나님의 '특별한 방식'으로 재림하시는 그리스도에 의해 구원받는 '전체 이스라엘'이다. 다른 입장(F. Hahn 등)은 이전 단락의 맥락(11 : 20, 23)에서 이를 종말의 때 구원하시는 하나님의 긍휼하심으로 말미암아 '회심하여 예수 그리스도를 믿는 이스라엘'로 여긴다. 두 입장 모두 이스라엘의 구원은 그들의 율법의 행위가 아니라 '하나님의 은혜'로 말미암는다. 그렇기는 하지만, 유대인에게나 이방인에게나 동일하게 적용되는 복음을 믿음으로 말미암아 의롭다 여김 받는다는 바울의 칭의론을 따른다면, 후자의 입장이 본문에 적절한 해석이며 이 글을 기록한 바울의 의도이다.

이어지는 구절(26하–27절)은 이러한 비밀에 대한 성경적 인증이다. 이는 바울이 구약성경 구절(사 59 : 20–21 ; 27 : 9 ; 렘 31 : 31–34)을 혼합하여 나름대로 해석한 인용이다. 이사야 59장의 예언처럼, 약속된 구속자는 묵시문학적 기대와 함께 시온에서 올 것이며, 그분은 이스라엘 가운데 경건치 않은 것을 제거하실 분이다. 이방인의 충만한 수가 하나님 나라에 들어갈 때에 복음을 거부했던 이스라엘의 완악함은 제거될 것이다. 그러므로 이스라엘은 시온에서 나타나는 그리스도로 말미암아 약속 받은 구속사의 목표점에 이를 수 있다. 이들은 복음으로는 이방인 그리스도인으로 말미암아 원수 된 자이나, 택하심을 따른다면 약속을 받은 선조들로 말미암아 사랑을 받은 자이다(28절). 물론, '선조들로 말미암아'가 '선조들의 공적(功績)으로'라는 의미는 아니다. 오히려, 이는 '하나님께서 조상들에게 주신 약속과 그들에게 베푸신 사랑으로 말미암아'라는 뜻이다. 다시 말하면, 바울의 경우 '예정론'은 결코 사전(事前)에 결정된 '결정론'이나 '운명론'이 아니다. 하나님의 '예정'은 언약의 '말씀' 아래 놓여 있다. 택함을 받지 않은 이방인이 복음을 받아들여 구원에 이르게 되었다면, 약속을 받았지만 복음을 받아들이지 않은 이스라엘 역시 이 복음의 말씀 앞에서 회개의 기회를 가지게 된다는 것은 두말할 필요가 없다. 이처럼 바울은 자신의 '칭의론'을 '예정론'과 관련지어 해명한 다음, '칭의론'의 '구원론'적 의미를 밝힌다(30–32절). 불의한 자를 의롭다 하시는 하나님의 은사와 부르심에는 후회하심이 없다(30절). 이때, 이방인 그리스도인의 회심을 기점(起點)으로 '그때'와 '지금'이 대조적으로 묘사된다. 이방인들이 예전에 하나님께 불순종하였지만, 이스라엘의 불순종으로 말미암아 하나님께서 베푸시는 긍휼하심을 받았던 것처럼, 순종치 아니하는 이스라엘에게도 긍휼을 베푸시는 것이 하나님의 구속사에서 그분의 의도이다(31절). 분명히 바울은 예언자적 확신을 가지고, 모든 이스라엘의 긍휼히 여김 받는 시간을 애타게 기다렸을 것이다.

이어 32절에서 바울은 이제 이스라엘 문제와 관련된 자신의 칭의론을 중요한 구원론적 요약 진술로써 마감한다. 바르트(K. Barth)는 자신의 「교회 교의학」(*Kirchliche Dogmatik*)에서 이 구절을 신학적으로 가장 중요한 열쇠 구절로 보았는데, 그는 여기서 그리스도의 십자가 사건이 모든 피조물을 하나님과 화해에 이르게 한다 하여 '만인 구원'과 구별되는 '만인 화해' 사상을 찾을 수 있다고 하였다. 그러나 여기서 바울은 어떤 교리를 도출하려 하지 않는다. 오히려, 그에게는 교리가 아니라 우주적 차원에 있는 '하나님의 의'를 묘사하는 것이 문제이다. 하나님께서 이방인이든, 유대인이든 모든 사람을 불순종 가운데 가두어 두신 것은 그리스도 안에서 모든 사람에게 긍휼을 베푸시기 위함이다. 바울은 마지막 때 온 이스라엘이 택함 받은 소수의 남은 이스라엘과 이방인 그리스도인들과 함께 오직 하나님의 은혜와 긍휼 베푸심으로 말미암아 다시 오실 그리스도에 의해 받아들여지는 묵시적인 그날을 '하나님의 구속사'라는 넓은 시계(視界) 지평에서 서술하고, 이를 학수고대한다. 이로써 마지막 때에는 '인간의 부정(否定)'은 '하나님의 긍정(肯定)' 속에 완전히 흡수된다.

4. 결어(結語) : 깊고 부요한 하나님 지혜를 찬양하는 송영(誦詠)(11 : 33-36)

> 33깊도다 하나님의 지혜와 지식의 풍성함이여, 그의 판단은 헤아리지 못할 것이며 그의 길은 찾지 못할 것이로다 34누가 주의 마음을 알았느냐 누가 그의 모사가 되었느냐 35누가 주께 먼저 드려서 갚으심을 받겠느냐 36이는 만물이 주에게서 나오고 주로 말미암고 주에게로 돌아감이라 그에게 영광이 세세에 있을지어다 아멘

[11 : 33-36] '하나님의 의와 이스라엘' 주제를 논증하는 로마서의 '다섯 번째

큰 단락'인 9~11장에서 '동족 구원에 대한 간절한 바람과 그리스도 찬가'(9 : 1-5)로써 이 단락을 시작했던 바울은 이제 '신실하심'과 '긍휼하심'으로 구원하시는 하나님의 깊고도 넘치는 '지혜'를 찬양하는 '하나님 찬가(讚歌)'로써 마감한다. 이때, 이 찬가는 시적(詩的)으로 잘 짜여진 3분(分) 구조의 서두(33절상)를 이어, 하나님의 깊은 '지식'(33절하)과 '지혜'(34절)와 '풍성함'(35절)을 찬양한 다음, 마지막 절(36절)에서 다시 셋으로 구분할 수 있는 '송영'(doxology)으로 끝난다.

이 단락의 서두인 33절 상반절의 원문(原文)을 직역하면, 한글 개역성경과는 다르게 '오, 하나님의 지혜와 지식과 풍성함의 깊음이여!'인데, 이를 의역(意譯)하면, '오, 깊도다. 하나님의 지혜와 지식과 풍성함이여!'로 옮길 수 있다. 이어지는 "그의 판단은 헤아리지 못할 것이며 그의 길은 찾지 못할 것이로다"라는 구절로써 바울은 깊은 '하나님의 지식'을 묘사하고(33절하), "누가 주의 마음(nous, '뜻, 의지의 마음')을 알았느냐? 누가 그의 모사가 되었느냐?"는 구절로써 깊은 '하나님의 지혜'를 서술하며(34절), "누가 주께 먼저 드려서 갚으심을 받겠느냐?"는 구절로써 깊은 '하나님의 풍성함'을 노래한다(35절). 그러고 나서, 바울은 9~11장의 큰 단락의 서두(9 : 5)에 나타나는 송영을, 삼분 구조로 잘 구성된 찬가절인 "이는 만물이 주에게서 나오고 주로 말미암고 주에게로 돌아감이라"(36절상)를 이어 영광송(36절하)으로써, 만물을 지으시고 또한 다스리시는 하나님을 구속사의 주체로 찬양한다(36절상). 9~11장의 본론 단락(9 : 6-11 : 32)에서 신앙적 사고의 시계(視界)를 폭넓게 '개인의 구원'에서 '하나님의 구속사'로 확대한 바울은, 하나님의 지혜와 지식과 풍성함의 깊이를 찬양함으로써 9~11장 단락을 마감한다. 바울에 의하면, 이 단락에서 논증되었듯이, '하나님의 구속사'와 '하나님의 의'는 결코 양자택일적인 것이 아니라, 둘이 불가분으로 결합되어 있는 주제이다. 그러므로 이스라엘의 문제는 이런 바울의 '칭의론'과 '구속사'의 테두리 안에서 논의되어야 한다.

I. 그리스도인의 일상생활에 나타나야 할 하나님의 의 : '일반 권면'(12 : 1–13 : 14)

본서의 "제1부 개론적 문제"에서 밝혔듯이, 로마서는 서두(書頭)와 말미(末尾)를 제외하고 본체(本體)에서 바울의 다른 서신들(갈, 엡, 골, 살전)에서처럼 '교리적 가르침과 윤리적 권면'으로 구분되는, 거시(巨視)적 이분(二分) 구조를 뚜렷하게 보여 준다. 곧, 서두(1 : 1–17)를 제외한 1~11장은 '교리'를 다루며, 말미(15 : 14–16 : 27)를 제외한 12~15장은 '권면'을 다룬다. 물론, 이러한 구분을 지나치게 도식(圖式)적으로 이해하는 것은 바울의 의도와 일치하지 않는다. 왜냐하면 '이신칭의'의 교리를 다루는 앞 단락(1–11장)에서도 기본적인 '권면'이 나타나기 때문이다(6 : 11–12, 19 참조). 또 양대(兩大) 단락은 두 번째 큰 단락의 서두(12 : 1)에서 '그러므로'라는 인과(因果) 접속사로써 결합되어 있다. 이처럼 로마서에서 '교리'와 '권면'은 불가분(不可分)으로 결합되어 있다. 이런 점에서, 로마서 후반부에서 요구되는 바울의 윤리적 권면은 결코 독자(獨自)적인 주제가 아니다. 오히려 알트하우스(P. Althaus)가 자신의 「로마서」 주석에서 '교리'와 '윤리'를 양면을 가진 하나의 주제로 여겨, '교리' 단락(1–11장)과 '윤리' 단락(12–15장)을 분리될 수 없는 단일 단락으로 본 것처럼(P. Althaus, *Römer*, [13]1978), '윤리'는 바울의 '기독론적 이신칭의'라는 '교리'에 함께 속해 있다. 물론, 그렇다고 해서 전반부(1–11장)에서 길게 다루어지는 이신칭의의 교리를 무시하고, 고린도전서처럼 로마서를 전적으로 '권면서'로 이해하는 것은 적절하지 않다. 이는 로마서의 본래 수신인인 로마 교회가 바울에 의해 세워진 교회가 아니어서 바울은 자신의 복음을 그들에게 알려야 했기 때문이다. '예수 그리스도의 복음'에 나타난 '하나님의 의'를 받아들이고 '하나님의 의'를 나타내시는 예수 그리스도를 믿는 자가 의롭다 여김을 받는다는 '교리'가 바로 의롭다 여김을 받은 자에게 의로운 행위를 요구하는 '권면'의 이유이며 또한 전제이다. 바꾸어 말하면, 바울의 경우 의롭다 여김 받은 그리스도인에게 의로운 삶을 요구하는 권면은 이신칭의 교리의 결과이며 또한 결론이다. 물론, 앞서 언급한 것처럼, 교리와 권면의 관계는 단순한 '인과 관계'가 아니다. 오히려 그것은 '통합 관계'이다. 왜냐하면 로마서에서 윤리 단락뿐 아니라 믿음으로 초대하는 교리 단락에서도 행함을 요구하는 권면이 포함되어 있고, 또 기독교인의 윤리적 행함의 전제가 하나님께 자신을 드리는 것이기 때문이다(6 : 12-23 참조).

로마서의 '권면' 단락(12 : 1-15 : 13)을 로마 교회가 처한 역사적 상황과 관련지어 구분한다면, 이는 크게 두 단락으로 구분된다. 곧, 이 단락은 로마 교회의 특정 상황과 관련됨이 없이 다른 지역의 교회에도 적용될 수 있는 '일반 권면' 단락(12-13장)과 당시 로마 교회가 처해 있던 특정 상황과 밀접하게 관련되어 있는 '특별 권면' 단락(14 : 1-15 : 13)으로 구분될 수 있다. '일반 권면'이라고 함은 바울의 일차적이고 본래적 권면 대상이 로마 교회라는 지역 교회이지만 이 교회가 처한 구체적 상황을 뛰어넘어 일반적으로 보편 교회에도 적용될 수 있는 권면이며, 그 반면에 '특별 권면'이란 로마 교회가 처해 있던 상황과 직접적으로 관련되어 있는 구체적인 권면이다. 당시 로마 교회의 특정 상황에 대해서는, 앞서 '서론'(로마서의 개론적 문제) 단락에서 언급했던 것처럼, 무엇보다도 두 가지를 고려해야 한다. 그 하나는 당시 로마 교회 구성원이었던 유대인 기독교인과 이방인 기독교인의 구성 비율 변화이고, 다른 하나는 유대 전통의 음식 가려 먹기와 특정일 준수와 관련된 일부 행위에 대하여 이 두 부류의 성도들 사이에 있었던 이견(異見)과 갈등이다. 이 두 가지는 로마 교회가 제국의 수도 로마에서 일어났던 유대인들 간의 소요로 인해 글라우디오(Claudius, 주후 41-54년 재위) 황제가 내린 '유대인 추방 칙령'(주후 49년)에 의해 쫓겨났던 유대인 기독교인들(행 18 : 1-3 참조)이 황제 사망(주후 54년)에 따른 칙령의 효력 상실로 인하여 로마 교회로 복귀했던 역사적 사실과 밀접하게 관련되어 있다. 이로 보건대, 로마 교회에는 유대인 기독교인들이 교회를 떠나 있는 동안, 교회에 남아 있던 이방인 기독교인들이 수적(數的)인 구성원 점유율에서 우위(優位)에 있었을 뿐 아니라, 또한 중심적인 역할을 하였을 것이다. '특별 권면' 단락(14-15장)에서 유대인 기독교인들이 내세울 수 있었던 '특정 음식'과 '특정한 날' 준수 문제는 이러한 역사적 배경과 밀접하게 관련되어 있었다.

전술(前述)한 것처럼, 로마서에서 '아홉 번째 큰 단락'(12-13장)은 예수 그리스도를 믿는 자를 의롭다 여기시는 하나님의 의가 일상적 삶에서도 실현되어야 할 것을 그리스도인에게 권하는 윤리적 '권면'을 다루는 로마서 단락(12 : 1-15 : 13)의 첫째 단락으로서 로마 교회뿐 아니라 모든 지역 교회에도 보편적으로 적용될 수 있는 '일반 권면' 단락이다. 이 단락의 구조를 세부적으로 살펴보면, 다음과 같이 '일반 권면'의 머리말, '일반 권면'의 본론, '일반 권면'의 요약으로 나눌 수 있다.

12 : 1-2	'일반 권면'의 머리말 : 일상생활에서 드리는 예배로서 그리스도인의 삶
12 : 3-21	'일반 권면 Ⅰ' : 신앙공동체 안에서 그리스도인에게 요구된 하나님의 의
12 : 3-8	믿음의 분수대로 생각하고 행하라
12 : 9-21	사랑함으로써 선을 행하고 선으로써 악을 이겨라
13 : 1-7	'일반 권면 Ⅱ' : 세상의 국가 안에 사는 그리스도인에게 요구된 하나님의 의
13 : 8-14	'일반 권면'의 요약 : 이웃을 사랑하고 빛의 갑옷을 입으라

1. '일반 권면'의 머리말 : 일상생활에서 드리는 예배로서 그리스도인의 삶(12 : 1-2)

1그러므로 형제들아 내가 하나님의 모든 자비하심으로 너희를 권하노니 너희 몸을 하나님이 기뻐하시는 거룩한 산 제물로 드리라 이는 너희가 드릴 영적 예배니라 [2]너희는 이 세대를 본받지 말고 오직 마음을 새롭게 함으로 변화를 받아 하나님의 선하시고 기뻐하시고 온전하신 뜻이 무엇인지 분별하도록 하라

이 두 절은 '일반 권면' 단락의 서두로 그리스도인의 신앙생활에서 기본 전제가 되는 '기독교 윤리 대헌장(大憲章)의 서문'이다. 여기에 예수 그리스도를 믿음으로 말미암아 의롭다 여김 받은 그리스도인의 의로운 삶을 위한 기본 권면이 서술되어 있다. 이처럼 '교리 위에 세워진 권면', 곧 '신학의 근거 위에 세워진 윤리'에 대하여 캐제만은 "세상의 일상에서 드리는 예배"라는 표어로써 적절하게 표현하였다(E. Käsemann, "Gottesdienst im Alltag der Welt," *BZNW*〈1960〉: 165-171 참조).

[12 : 1] '신학(이신칭의의 구원론)의 기반 위에 세워져 있는 바울 윤리'(장흥길, 「신약성경윤리」, 131-170 참조)라는 이러한 성격은 서두의 인과(因果) 접속사 '그러므로'에서 찾을 수 있다. 이는 직전 문맥과 직접적으로 연결된 것은 아니지만, 전체적으로 볼 때, 그 이전의 전체 로마서 본문들과 인과적으로 연결된 접속어이다(C. E. B. Cranfield, *Romans*, 4). 따라서 '그러므로'란, 내용적으로 볼 때, '예수 그리스도를 믿음으로 말미암아 의롭다 여기심을 받았으므로'를 의미한다.

1절은 '내가 권하노니'라는 권면으로 시작된다. 이때 '권면'(paraklēsis)이란 바울의 윤리에서 가장 중요한 용어 중 하나이다. 왜냐하면 이 용어에서 '신학적 윤리'와 세상에서 통용되는 '비(非)신학적 윤리'를 구분하는 분기(分岐)점을 찾을 수 있기 때문이다. 바울 당시 그리스-로마 세계에서 윤리적 요구를 의미하는 '권고'(parainesis)라는 용어가 통용되고 있었다. 그러나 바울은 자신의 서신에서 단 한 번도 이 용어를 사용하지 않았다. 그 대신, 그는

‘권면’(paraklēsis)이란 용어를 사용한다. 양자(兩者)의 차이는 이렇다. 곧, 주로 그리스 수사학(修辭學)에서 사용된 ‘권고’는 인간의 ‘양심’이나 ‘이성’에 호소하는 윤리적 요구를 의미한다. 그러나 ‘권면’은 인간의 그 무엇에 호소하는 요구가 아니라, 하나님께로부터 받은 바 ‘은혜’와 ‘자비’의 근거 위에 세워진 요구로, 하나님의 은혜가 권면의 근거이며, 그 은혜에 대한 응답(response) 또는 책임(responsibility)으로서 요구되는 윤리적 행위를 뜻한다. 이런 점에서, 권면은 ‘위로(慰勞)적 권고’ 내지는 ‘신적(神的) 권고’이다. 그러므로 한글 개역성경에서 이 용어는 ‘권위’(勸慰) 또는 ‘위로’로 옮겨졌다(행 4 : 36 ; 롬 12 : 8 등).

원래 이 용어는 ‘파라칼레인’(parakalein)이란 동사에서 유래된 파생어다. 이 동사는 대개 ‘곁에’나 ‘함께’를 의미하는 전치사 ‘파라’(para)에서 유래된 접두어(接頭語)와 ‘부르다’(kalein〈영어의 call〉)라는 동사의 합성어로, 자구(字句)적으로는 ‘곁(옆)에서 (위로, 격려, 변호, 충고 등을 위해) 부르다’라는 의미를 지니고 있다. 여기서 이 동사는 신약성경에서 ‘호출하다’, ‘권하다’, ‘위로하다’, ‘호소하다’, ‘요구하다’, ‘정답게 말하다’ 등 다양한 뜻으로 사용되었다. 그러니까, ‘권면’은 하나님께서 예수 그리스도를 믿음으로 말미암아 은혜로 주시는 구원의 선물(Gabe)을 받아 의롭다 여김 받은 그리스도인에게 요구된 의로운 삶의 과제(Aufgabe)이다. 이러한 성격은 바울이 권면의 근거로 언급하는 ‘하나님의 자비하심’에서 분명하게 나타난다.

칭의자에게 요구하는 바울의 권면에서 그 기본적 내용은 ‘너희 몸, 곧 자신을 하나님께 드리라’는 것이다. 물론, 이때 ‘몸’(sōma)이란 결코 ‘육’(sarx)과 동일하지 않다(고전 15 : 35-44 ; 고후 5 : 1-10 ; 고후 12 : 1-3 참조). 그것은 바울이 ‘내가 몸을 가졌다’라고 말하지 않고, ‘내가 곧 몸이다’라고 말하는 데서(R. Bultmann, *Theologie*, 195) 분명하게 드러난다(고전 13 : 3 참조). ‘몸’은 하나님께서 ‘값으로 사서’ 그의 자녀와 사귀는 ‘성령의 전(殿)’이며(고전 6 : 19-20), 세상의 일상생활에서 드리는 ‘합당한 예배’의 주체이다(롬 12 : 1).

그러므로 여기서 '몸'은 인간의 한 부분이 아니라, '하나님께 드리는, 전인(全人)으로서 인간 자신'을 의미한다. 이때 바울은 '드리다'(paristanai)로써 기독교적 삶의 성격을 특징짓는다. '드리다'란 '곁(옆)에'라는 뜻을 가진 접두어 '파라'(para)와 '서다'(histanai)라는 동사가 결합된 합성동사로, 자구(字句)적으로는 '곁(옆)에 서다', 곧 '함께하다'를 뜻하며, '바치다', '드리다', '맡기다', '마음대로 하게 하다', '돕다' 등의 의미로 사용된다. 여기서 이 용어는 제의(祭儀)적 용어로 구체적으로 제물을 드리는 행위를 의미한다.

자신을 하나님께 드리는 것은 기독교적 삶이 시작되는 출발점이요 전제이다. '기독교적 성화(聖化)' 내지는 기독교 윤리는 자신을 하나님께 드리는 헌신(獻身)에서 비롯된다. 그것도 하나님께 자신을 '의의 도구'(6 : 13)로, '순종의 종'(6 : 16, 19)으로 드림으로써 시작된다. '하나님께 자신을 드리는 삶'이란 곧 '하나님과 함께 동행하는 삶'을 의미한다. 성화를 '법정적 칭의'(justificatio forensis)로 의롭다 여김 받은 그리스도인이 자신을 하나님께 드림으로 말미암아 '하나님의 의'가 삶에 효과를 미치며 작용하는 '효과적 칭의'(justificatio effectiva)의 적용이나 실현으로 이해한다면, 성화란 '하나님께로부터 난 새 생명'(life from God)이 '하나님과 함께하는 삶'(life with God) 이외에 다른 것이 아니다.

이처럼 '기독교적인 삶', 곧 '기독교적 성화'는 자신을 하나님께 드리는 '헌신'에서 비롯된다. 그러므로 하나님께 자신을 드림으로써 하나님과 동행하는 그리스도인의 행위와 삶은 '영적 예배'를 표방하여 윤리적 삶을 간과하거나 무시하는 헬라 세계의 밀의(密儀) 종교나 종교적 광신주의에 의해 드려지는 비(非)이성적 제의(祭儀)의 희생제물 드림과 구분된다. 의롭다 여김 받은 칭의자가 의로운 삶을 살 수 있도록 자신을 하나님이 기뻐하시는 거룩한 산 제물로 드려 하나님과 동행하는 삶을 사는 것이 세상의 일상 안에서 그리스도인이 드려야 하는 '합당한 예배(logikē latreia)'(P. Althaus)이며, 그것이야말로 유대교나 헬라의 비밀 의식 종교의 왜곡된 '영적 예배'와 구별되는 진정한 '영적 예배'(E. Käsemann)이다.

[12 : 2] 자신을 하나님께 드림으로써 시작되는 기독교적 일상생활을 위한 기본 권면의 내용은 두 가지다. 첫 번째 권면은 '이 세대에 물들지 말라'(2절상)는 것이며, 두 번째 권면은 '하나님의 뜻을 분별하도록 자신이 변화되어라'(2절하)는 것이다. 여기서 한글 개역성경에서 '본받다'로 옮겨진 '쉬스케마티제스타이'(syschēmatizesthai)의 어근(語根)이 되는 '스케마'(schēma)는 '겉모습'을 나타내며, '변화를 받다'(metamorphousthai)의 어근이 되는 '모르페'(morphē)는 '내면적 인간'을 의미한다. 그러므로 '본받다'란 '물들다', '따라가다', '순응(順應)하다'를 의미하며, '변화를 받다'란 세례 권면의 맥락에서 '옛 시대'에서 '새 시대'로 종말론적 실존의 전환을 의미하는 내적 변화를 가리킨다. 이러한 '시대 교체'를 경험한 그리스도인에게 그 내면의 변화가 요구된다(V. P. Furnish, *Theology & Ethics*, 103-104). 유대교의 묵시 사상에서 유래된 '이 세대'와 '새롭게 됨', 곧 '다시 새로워짐'(anakainōsis)이라는 표현이 나타나고, '하나님의 뜻'이 행위의 기준으로 언급된다는 점에서, 본문은 초기 기독교의 '세례 권면'과 관련되어 있으며, 수세자에게 요구되는 기본 권면이다. 여기서 바울은 진정한 '영적 예배', 곧 '합당한 예배'를 위하여 스토아 철학에서 비롯된 인간의 독자(獨自)적 이성 대신, '선하시고 기뻐하시고 온전하신 하나님의 뜻'을 '분별하는'(dokimazein) 변화된 이성(한글 개역성경에서는 '마음'으로 옮겨짐.)을 요구한다.

설교를 위한 묵상

이 서론 단락에서 찾을 수 있는 신학적 메시지는 다음과 같다. 첫째, 권면의 근거는 하나님의 자비하심이다. 곧, '윤리적 권면'은 '이신칭의의 신학' 위에 세워져 있다.

둘째, 기독교적인 삶은 '몸'(자신)을 하나님께 드리는 '헌신'으로써 시작된다. 셋째, 자신을 하나님께 제물로 드려 하나님과 '동행'하는 삶이 윤리적 삶이 없는 열광주의적 예배와 차별화된 '영적 예배'이며 '합당한 예배'이다. 넷째, 하나님께 드리는 제물은 '하나님이 기뻐하시는 거룩한 산 제물'이어야 한다. 다섯째, 그 헌신의 방법은 겉치레의 세상을 본받지 말고 속마음을 새롭게 함으로써 속사람이 변화되는 것이다. 여섯째, 기독교적 윤리의 시작은 '자신의 뜻'이 아니라 선하시고 기뻐하시고 온전하신 '하나님의 뜻'이 무엇인지 분별하는 것이다. 하나님의 뜻을 분별하는 것이 자신을 하나님께 드려 하나님과 동행하는 삶의 출발점이다.

2. '일반 권면' Ⅰ : 신앙공동체 안에서 그리스도인에게 요구된 하나님의 의(12 : 3-21)

1) 믿음의 분수대로 생각하고 행하라(12 : 3-8)

3내게 주신 은혜로 말미암아 너희 각 사람에게 말하노니 마땅히 생각할 그
이상의 생각을 품지 말고 오직 하나님께서 각 사람에게 나누어 주신 믿음의
분량대로 지혜롭게 생각하라 4우리가 한 몸에 많은 지체를 가졌으나 모든 지
체가 같은 기능을 가진 것이 아니니 5이와 같이 우리 많은 사람이 그리스도
안에서 한 몸이 되어 서로 지체가 되었느니라 6우리에게 주신 은혜대로 받은
은사가 각각 다르니 혹 예언이면 믿음의 분수대로, 7혹 섬기는 일이면 섬기는
일로, 혹 가르치는 자면 가르치는 일로, 8혹 위로하는 자면 위로하는 일로,
구제하는 자는 성실함으로, 다스리는 자는 부지런함으로, 긍휼을 베푸는 자
는 즐거움으로 할 것이니라

1~2절에서 그리스도인의 삶을 위한 기본자세에 대하여 권면한 후, 바

울은 신앙공동체 안에서, 특히 공적(公的) 예배에서 눈에 띄게 드러나는 '은사 받은 자'에게로 시선을 돌려, 이들의 '열광적 은사주의' 이해와 성향에 대하여 권면한다. 여기서 예수를 믿어 '새 생명'을 얻은 그리스도인(1–11장)의 '새로운 삶'(12 : 1–15 : 13)은 이제 개인적 차원을 벗어나 공동체적 차원에서 다루어진다. 의롭다 여김 받은 자들로 이루어진 기독교 신앙공동체 안에서 그리스도인들은 그리스도 안에서 하나가 됨으로써 하나님의 의를 실현해야 한다.

이때 바울은 1절에서처럼 '몸' 주제를 사용한다. 그러나 1절에서 '몸'은 '그리스도인의 삶에 대한 기본적인 정의(定義)인 '하나님과 동행하는 삶'을 위해 하나님께 드려야 하는 '전인'(全人)으로서 '인간 자신'을 의미하는 반면, 이 단락(3–8절)에서 '몸'은 교회론, 은사론, 기독론과 관련된 윤리적 권면의 맥락에서 '지체'(melos) 개념과 함께 사용되었다(12 : 4–5). 곧, '몸'이란 다양한 공동체 구성원으로 이루어진 신앙공동체의 하나 됨을 위하여 사용된 은유적인 표상(表象)이다. 그리고 몸의 '지체들'(melē)은 신앙공동체 내 다양한 은사 받은 자들을 가리키는 은유적 표현이다. 그러니까 '몸'은 하나지만 '지체'는 여럿이며, 이와 같이 은사를 받은 지체들은 다양하지만, 지체들로 이루어진 그리스도의 몸 된 교회는 하나가 되어야 한다. 의롭다 여김 받은 그리스도인은 신앙공동체 안에서 하나님의 의를 실현할 때 '몸의 하나 됨'을 고려해야 하며, 또한 지체들에게 주신 은사의 다양성을 함께 고려해야 한다.

[12 : 3] 권면의 내용은 은사를 받은 자들이 하나님께서 각 사람에게 나누어 주신 믿음의 분량대로 지혜롭게 생각하라는 것이다. 여기서 '믿음의 분량(metron)대로'란 양적(量的)인 의미가 아니다. 오히려 그것은 하나님께서 각 사람에게 다양한 방식으로 주신 믿음의 경험 또는 '믿음(의 한계) 안에서'를 의미한다(「독일성서공회 해설 성경전서」 참조). 그리스도인이 각각 받은 '은사'대로 행한다는 점에서 바울의 권면은 제한적으로만 '윤리'로 묘사될 수 있다.

앞(1 : 11 ; 5 : 15 ; 6 : 23 ; 11 : 29)에서 단편적으로 언급되었지만, 전체 바울 신학(고전 12-14장 참조)에서 중요한 의미를 지니고 있는 '은사'(charisma)는 이 단락에서 이제 중심 주제로 등장한다.

[12 : 4-5] 고린도전서에서 한 성령으로 말미암은 각 '은사'(고전 12 : 4-10)들은 이 단락에서 기독론적으로 한정되어 있다. 예수 그리스도를 믿음으로 말미암아 의롭다 여김 받은 자들은 그리스도 안에서 하나가 되어 서로 지체가 되었다. '은사'는 단순히 탈아(脫我)적이고 이적(異蹟)적인 영역을 능가한다. 그것은 그리스도인이 그리스도의 몸 된 교회를 섬기도록 그에게 주어진 '영적인 것'이며, 또한 개별적으로 또 구체적으로 나타난 하나님의 은혜다.

[12 : 6-8] 여기서 이제 교회 안에서 눈에 띄게 드러나는 다양한 은사를 받은 자에 대한 권면이 구체적인 '지침'의 형태로 서술된다. 그리스도인에게 주어진 '은사'(charisma)는 하나님의 '은혜'(charis)를 따라 각 사람에게 다르게 주어진 선물이다. 신앙공동체 내 출중(出衆)한 은사들은 '예언', '섬김', '가르침', '위로', '구제', '다스림', '긍휼 베풂'으로 나열된다. 이러한 은사를 받은 자들에게 그리스도 안에서 한 몸 된 지체에 부합되게 각각의 지침이 주어진다. 곧, '예언을 받은 자'는 '믿음의 분수(analogia)대로', 곧 '믿음에 맞게', '섬기는 일을 받은 자(집사)'는 '섬김'(diakonia)으로, '가르치는 자'는 '가르침'으로, 위로적 권면인 '권위(勸慰)하는 자'는 '위로적 권면'(paraklēsis)으로, '구제하는(나누는) 자'는 '성실함'으로, '다스리는 자'는 '부지런함'으로, '긍휼을 베푸는 자'는 '즐거움'으로 하라는 구체적인 지침이 각양 은사를 받은 사람에게 주어진다.

이 단락 본문이 전하는 신학적 메시지는 다음과 같다. 첫째, 은사는 은혜로 말미암아 각 사람에게 주어진 하나님의 선물이다. 둘째, 그러므로 이는 자랑거리가 아니라 하나님께서 각인에게 나누어 주신 믿음의 분량대로 지혜롭게 생각해야 한다. 셋째, 은사를 받은 사람들은 교회, 곧 한 몸이신 그리스도의 여러 지체들이다. 넷째, 은사는 각 사람에게 다르게 또 다양하게 주어진 것이다. 다섯째, 이런 이유로 은사는 기능적이다. 여섯째, 은사는 그 기능에 따라 권면의 지침이 주어진다.

2) 사랑함으로써 선을 행하고 선으로써 악을 이기라(12 : 9-21)

9사랑에는 거짓이 없나니 악을 미워하고 선에 속하라 10형제를 사랑하여 서로
우애하고 존경하기를 서로 먼저 하며 11부지런하여 게으르지 말고 열심을 품
고 주를 섬기라 12소망 중에 즐거워하며 환난 중에 참으며 기도에 항상 힘쓰며
13성도들의 쓸 것을 공급하며 손 대접하기를 힘쓰라 14너희를 박해하는 자를
축복하라 축복하고 저주하지 말라 15즐거워하는 자들과 함께 즐거워하고 우
는 자들과 함께 울라 16서로 마음을 같이하며 높은 데 마음을 두지 말고 도리
어 낮은 데 처하며 스스로 지혜 있는 체하지 말라 17아무에게도 악을 악으로
갚지 말고 모든 사람 앞에서 선한 일을 도모하라 18할 수 있거든 너희로서는
모든 사람과 더불어 화목하라 19내 사랑하는 자들아 너희가 친히 원수를 갚지
말고 하나님의 진노하심에 맡기라 기록되었으되 원수 갚는 것이 내게 있으니
내가 갚으리라고 주께서 말씀하시니라 20네 원수가 주리거든 먹이고 목마르
거든 마시게 하라 그리함으로 네가 숯불을 그 머리에 쌓아 놓으리라 21악에게
지지 말고 선으로 악을 이기라

예수 그리스도를 믿음으로 의롭다 여김 받은 그리스도인이 일상적인 삶을 영위할 때, 먼저 신앙공동체(교회) 안에서 실현되어야 할 하나님의 의, 곧 기뻐하시고 선하시고 온전하신 하나님의 뜻을 하나님의 '은사'라는 관점에서 해명했던 바울은 이제 이 단락에서 '기독교적 사랑', 곧 서로 불가분으로 관련되어 있는 '형제사랑-이웃사랑-원수사랑'의 관점에서 그리스도인이 신앙공동체 안에서 실천해야 할 '하나님의 의'를 요약적으로 서술한다. 다시 말하면, 이 단락의 주제어는 '사랑'(agapē)이다. 바울은 이 용어를 당시 세상에서 통용되던 '사랑' 용어(philia, storgē, eros)와 달리 신학적으로 사용하였다.

다시 말하면, 바울서신에서 바울에 의해 사용된 '아가페' 용어의 용례를 살펴보면, '아가페'는 하나님의 사랑을 경험한 그리스도인이 그 하나님의 사랑으로써 하나님을 사랑하거나, 또는 받은 바 하나님의 사랑에 대한 반향(反響)으로 남을 받아들이는 사려 깊은 사랑을 뜻하는 용어이다(*EWNT* Ⅰ, 19-29 〈특히 24-25〉). 이 '사랑'은 교회 내 형제를 배려하는 '형제사랑'(philadelphia)뿐 아니라(12 : 10), 나아가 '손님을 접대'(philoxenia)하는 '이웃사랑'을 포함한다(12 : 13 ; 참조, 13 : 9). 심지어 그 사랑은 원수가 주리면 먹이고 목마르면 마시게 하는 '원수사랑'에까지 미친다(12 : 20). 이처럼 그리스도인이 모든 사람과 더불어 화목하게 지내는 '만인 사랑'(12 : 18)으로써 일상생활에서 하나님의 의를 실천하는 것이 자신을 하나님께 드려 하나님과 동행하는 삶이다.

이 단락 전체가 신앙공동체 안에서 성도들이 지켜야 할 실천적 지침을 권면하는가에 대해서는 주석가들의 입장에 따라 차이가 있다. 9~13절에서 교회 안에서 성도들 간에 지켜져야 할 실천적 지침이 다루어진다는 점에 대해서는 이견(異見)이 없다. 그러나 어떤 학자들(A. Jülicher, C. H. Dodd, P. Stuhlmacher 등)은 14~21절 단락의 지침을 비기독교인과 적대자에 대한 기독교인의 자세에 대한 권면으로 여기며, 다른 학자들(E. Käsemann 등)은 이 단락을 반드시 비기독교인에 대하여 기독교인에게 요구된 권면 지침으로 여기지는 않는다. 14~16절 단락을 내용적으로 살펴보면, 이 단락은 신앙공동체 구성원 상호 간에도 적용될 수 있는 권면이다. 한편, 17~21절 단락은 분명히 교회 밖 세상에 있는, 기독교인을 대적하는 박해자에 대한 성도들의 자세를 일러 주는 권면이다. 그러나 이는 개별 그리스도인에게 요구된 권면이 아니라 신앙공동체 구성원에게 요구된 권면이다. 이런 점에서 9~21절 단락을 하나의 단락으로 취급할 수 있다. 다만, 3~8절 단락이 순수하게 교회 공동체 내적인 '은사' 문제를 다룬다면, 9~21절 단락은 신앙공동체 내 신앙생활에 대한 권면일 뿐 아니라 세상과의 소통을 고려한 교회생활에 대한 권면이라는 점에서 앞 단락과는 구분된다. 이때 9~21절 단락 전체는, 앞서 밝힌 것처럼, '사랑' 주제를 다루고 있다. 그러나 14~21절 단락에서는 '원수사랑' 권면과 관련된 적대자들의 '박해' 주제가 '사랑' 주제에 부속(附屬)된 주변 주제로 다루어진다. 전술(前述)한 점들을 고려하여 9~21절 단락을 구분해 보면, 다음과 같다.

12 : 9	신앙공동체 내 신앙생활에 대한 기본권면
12 : 10-13	형제사랑과 성도들 간에 지켜야 할, 세 가지 구체적 권면지침
12 : 14-16	모든 사람들에 대하여 지켜야 할 구체적 권면지침
12 : 17-21	신앙공동체를 대적하는 박해자에 대한 그리스도인의 기본자세 권면

[12 : 9] 앞 단락에서 교회 내 신앙생활을 위하여 은사와 관련된 구체적 권면에 이어, 이제 원칙적인 '일반 권면'으로서 '사랑으로 악을 미워하고 선에 속하라'는 권면이 주어진다. 이 절에서 바울이 로마 교회 성도들에게 그들이 신앙공동체 안에서 지켜야 할 행위와 삶에 대하여 당부하는 기본 권면은 두 가지로 언급된다. 그 하나는 '악을 미워하라'는 권면이고, 다른 하나는 '선에 속하라'는 권면이다. 둘로 표현된 이 권면들은 사실상 '사랑하라'는 하나의 기본 권면에 그 뿌리를 두고 있다. 이 절의 서두에 언급된 '사랑'은 이 단락의 주제

일 뿐 아니라, 기독교적 신앙생활의 기초인 '하나님 사랑'(5 : 5 ; 8 : 39)에서 요구된 기독교 윤리의 표지(標識)이다. "사랑에는 거짓이 없나니"란, 이를 원문대로 번역하면, "사랑은 위선적이지 않으니"이다.

[12 : 10-13] 신앙공동체 안에서 이루어져야 할 '하나님의 의'를 위해 바울은 이제 하나님의 사랑을 받은 자에게 요구되는 '사랑'을 공동체에 적용하여 교회 안에서 성도들 간에 실천되어야 하는 '형제사랑'을 요구하며, 이에 대한 구체적인 권면 지침을 세 가지로 열거한다. '형제사랑'(philadelphia)의 주제는 이 작은 단락의 서두인 10절에 묘사된다. 곧, 그리스도인은 '하나님의 가족'(familia dei)으로서 "형제를 사랑하여 서로 우애하고 존경하기를 서로 먼저" 해야 한다. 뒤따르는 세 절(11-13절)에서 이 권면을 이어 세 가지 지침이 주어진다. 그 첫째 권면 지침은 "부지런하여 게으르지 말고 열심을 품고 주를 섬기라"(11절)는 원칙적인 것이며, 둘째 권면 지침은 "소망 중에 즐거워하며 환난 중에 참으며 기도에 항상 힘쓰는"(12절) 영적인 것이고, 셋째 권면 지침은 "성도들의 쓸(필요한) 것을 공급하며 손님 대접하기를 힘쓰라"(13절)는 실천적인 지침이다. 이때 '손님 접대'(philoxenia) 용어는 권면의 맥락에서 여기서와 히브리서(13 : 2)에만 나타나는 신약성경의 희귀어이다.

[12 : 14-21] 이제 구체적 권면지침이 적용되어야 할 대상은 신앙공동체 내 다른 구성원뿐 아니라 예수 그리스도를 믿지 않는 모든 사람에게까지, 심지어 성도들을 대적하는 원수들에게까지 확대된다. 이때, 지침들은 바울 자신이 고안한 것이 아니라 구약성경, 초기 유대교, 예수 전승에서 전해 받은 것이다(장흥길 역, 「페터 슈툴마허의 로마서 주석」, 330). 다시 말하면, "너희를 박해하는 자를 축복하라 축복하고 저주하지 말라"(14절)는 지침은 '원수사랑'을 요구하는 예수 전승(마 5 : 44 ; 눅 6 : 28)에서 그 뿌리를 찾을 수 있으며, "즐거워하는 자들과 함께 즐거워하고 우는 자들과 함께 울라"(15절)는 지침은 개인적

자기완성을 중시하는 스토아 철인들의 가르침과 달리, 공동체적 동거동락(同居同樂)을 강조하는 초기 유대교의 가르침에서 그 유래를 찾을 수 있다. 또 "서로 마음을 같이하며 높은 데 마음을 두지 말고 도리어 낮은 데 처하며 스스로 지혜 있는 체하지 말라"(16절)는 권면지침은 구약의 잠언(3 : 7)에서 그 근거를 찾을 수 있다.

17~21절 단락의 서두이면서, 말미인 21절에서 다시 부연(敷衍)되는 "아무에게도 악을 악으로 갚지 말고 모든 사람 앞에서 선한 일을 도모하라"(17절)는 일반적 권면지침 역시 구약성경(잠 17 : 13 ; 렘 18 : 20)과 원수사랑을 요구하는 예수 전승에서 유래되었으며, 동일한 권면을 바울은 자신이 기록한 첫 번째 서신(살전 5 : 15)에서도 권면한 적이 있었다. 뒤이은 "할 수 있거든 너희로서는 모든 사람과 더불어 화목하라"(18절)는 지침은 17절의 권면에 대한 설명이다. 또 "친히 원수를 갚지 말고 하나님의 진노하심에 맡기라"는 19절의 지침도 17절을 부연해서 설명하는 것이며, "원수 갚는 것이 내게 있으니 내가 갚으리라"(19절하)는 지침 역시 바울이 신명기 전승(신 32 : 35상)에서 자신의 의도에 부합되게 해석하여 인용한 것이다. 이때, '하나님의 진노하심'은 하나님의 심판을 의미한다. 마지막 두 절(20-21절)은 '일반 권면'의 내용중심인 '사랑'에 대한 실천적 기본권면이다. "네 원수가 주리거든 먹이고 목마르거든 마시게 하라 그리함으로 네가 숯불을 그 머리에 쌓아 놓으리라"(20절)는 구체적인 지침은 '히스기야 때 편집된 솔로몬의 잠언'(잠 25-29장) 가운데서 인용되었다(잠 25 : 21-22). 여기서 '숯불을 머리에 얹고 서 있는 것'은 고대 이집트의 회개 의식(儀式) 중 하나였다(장흥길 역, 「페터 슈툴마허의 로마서 주석」, 335). 이제 '형제'나 '이웃'이나 '원수'에 대한 추상적인 '사랑'은 이 단락의 말미에서 "악에게 지지 말고 선으로 악을 이기라"(21절)는 실천적 지침의 권면으로써 마감된다.

이 단락 본문에서 찾을 수 있는 신학적 메시지는 다음과 같다. 첫째, 신앙공동체의 삶에서 가장 중요한 것은 '거짓 없는 사랑'이다. 둘째, 그 사랑은 '형제 사랑'에서 구체화된다. 셋째, '형제 사랑'은 일방적인 배려나 베풂이 아니라 '서로 먼저' 하는 것이다. 셋째, 이는 개인의 신앙적 열심뿐 아니라 구체적으로 다른 성도들의 쓸 것을 공급하며 손님을 대접하는 것이다. 넷째, 거짓이 없는 형제 사랑은 원수에게도 동일하다. 다섯째, 기독교적인 행동은 단지 그 근거에서뿐 아니라 그 내용에 있어서도 비기독교적 행동과 구별될 수 있는데, 이러한 구별된 기독교적 행위란 자신을 박해하는 자를 축복하고 악을 악으로 갚지 않는 원수 사랑에서 드러난다. 여섯째, 이웃 사랑의 대상은 신앙적 형제뿐 아니라 세상에 속해 있는 원수를 포함한 모든 사람이다. 일곱째, 원수사랑 역시도 먹이고 마시게 하는 구체적 행위로 실천되어야 한다. 여덟째, 원수 갚는 것은 오직 재판장이신 하나님께 있으며, 악을 이기는 것은 선으로써만 가능하다.

3. '일반 권면' Ⅱ : 국가(사회) 안에서 그리스도인의 삶(13 : 1-7)

1각 사람은 위에 있는 권세들에게 복종하라 권세는 하나님으로부터 나지 않
음이 없나니 모든 권세는 다 하나님께서 정하신 바라 2그러므로 권세를 거스
르는 자는 하나님의 명을 거스름이니 거스르는 자들은 심판을 자취하리라
3다스리는 자들은 선한 일에 대하여 두려움이 되지 않고 악한 일에 대하여
되나니 네가 권세를 두려워하지 아니하려느냐 선을 행하라 그리하면 그에게
칭찬을 받으리라 4그는 하나님의 사역자가 되어 네게 선을 베푸는 자니라 그
러나 네가 악을 행하거든 두려워하라 그가 공연히 칼을 가지지 아니하였으니
곧 하나님의 사역자가 되어 악을 행하는 자에게 진노하심을 따라 보응하는

자니라 [5]그러므로 복종하지 아니할 수 없으니 진노 때문에 할 것이 아니라
양심을 따라 할 것이라 [6]너희가 조세를 바치는 것도 이로 말미암음이라 그들
이 하나님의 일꾼이 되어 바로 이 일에 항상 힘쓰느니라 [7]모든 자에게 줄 것
을 주되 조세를 받을 자에게 조세를 바치고 관세를 받을 자에게 관세를 바치
고 두려워할 자를 두려워하며 존경할 자를 존경하라

'일반 권면' 단락(12-13장)에서 바울은 하나님과 동행하는 삶을 위해 자신을 하나님께 드릴 것을 요구하는 '서론적 기본권면'(12 : 1-2)을 전제로 삼고, '신앙공동체 안에서 그리스도인에게 요구된 하나님의 의'(12 : 3-21), 곧 '그리스도인의 교회생활'을 다룬 다음, 이어지는 단락(13 : 1-7)에서 '그리스도인의 사회생활', 곧 '국가 권력 아래서 하나님의 의를 실천하는 삶'을 위한 권면으로 시선을 돌린다. 여기서 '그리스도인과 국가'라는 주제가 다루어진다. 로마서 주석에서 이 주제와 관련하여 여러 질문들이 제기되었다. 바울은 국가 권력을 어떻게 이해하고 있는가? 그리스도인은 국가 권력에 대하여 어떤 자세와 태도로 살아야 하는가? 바울이 로마서에서 서술하는 국가관은 체계적인 기독교 국가론으로 일반화될 수 있는가? 그렇지 않다면, 바울의 국가에 대한 가르침은 어떤 의미를 지니고 있는가?

한마디로 요약해서 말하면, 바울은 이 단락에서 결코 일반화될 수 있는 이론적 체계를 갖춘 '기독교 국가론', 곧 국가의 본질이나 역할과 기능 등 어떤 원칙적인 기독교 국가론을 다루지 않는다. 그것은 바울과 다른 신약 저자들(막 13장 ; 벧전 2 : 13-17 ; 계 13장 참조)의 경우, 국가에 대한 기독교인의 자세를 언급하는 서술이 일치하지 않는다는 점에서 분명하게 알 수 있다(장흥길, "신약성경에서의 국가," 「성서마당」 제27호(1997. 10.) : 7-10). 신약의 저자들은 어떤 경우에는 국가에 대한 그리스도인의 '복종'을 말하지만, 다른 경우에는 그들에게 국가에 대한 '저항'을 요구한다. 다시 말하면, 신약의 어떤 저자도 일반화되거나 평준화될 수 있는 원칙적인 기독교 국가론을 서술하지 않

는다(W. Schrage, *Die Christen und der Staat nach dem Neuen Testament*, 11-12 ; 77-80 참조). 다만, 이들은 역사적 배경과 수신자인 신앙공동체가 처한 '상황'에 따라 국가에 대하여 그리스도인이 취해야 할 자세나 태도에 대하여 '권면'할 뿐이다. 곧, 그리스도인에게 요구되는 국가에 대한 태도는 '권면'의 맥락 안에 있다. 바울의 경우도 이와 다르지 않다. 그 역시 이 단락에서 기독교인이 국가에 대하여 취해야 하는 올바른 태도와 자세를 권하기 위하여 '권면'의 테두리 안에서 당시 국가의 과제와 기능을 언급할 뿐이다. 게다가 본문 단락은, 하나님의 의가 일상생활 안에서 이루어져야 하는 '일반 권면'의 맥락에서 볼 때, 전후 문맥의 주제어인 '이웃사랑'(12 : 9-10, 14-21 ; 13 : 8-10)의 맥락 안에 있다. 이처럼, 이 단락에서 국가 권력에 대한 그리스도인의 관계는 일반적인 국가론이 아니라 형제뿐 아니라 원수도 포함하는 '이웃사랑'의 주제와 관련하여 단지 '권면'의 틀 안에서 다루어진다. 왜냐하면 바울은 그리스도인의 모든 행위를 사랑 아래 두고 있으며(고전 13장 참조), 또한 이 사랑이 교회뿐 아니라 세상에서도 실천되어야 하기 때문이다.

그리스도인의 대(對) 국가관을 다루는 신약의 다른 본문들처럼 이 단락에서도 국가의 본질이나 의미, 기능과 역할을 밝히는 어떤 이상(理想)적인 기독교 국가이론의 체계를 찾을 수 없다. 단지 신약성경에서 발견할 수 있는 것은 역사적 상황 아래 있는 신앙공동체에게 요구되는 국가에 대한 올바른 자세나 태도와 관련된 '권면'이다. 이런 점에서, 신약성경은 국가에 대한 기독교 윤리의 편람이 아니다. 오히려, 그것은 예수 그리스도를 믿음으로 말미암아 시작된 '하나님 나라'라는 새로운 세상을 경험하였지만, 여전히 '새 하늘과 새 땅'을 기다려야 하는 세상과의 변증법적인 관계 안에 놓여 있는 기독교공동체에게 필요했던 '권면'이었다. 본문 단락에 나타나듯이, 지나가는 임시적 세상의 제도인 국가는 그 자체 때문에 인정받는 것이 아니라, 오히려 국가에게 주어진 권력의 기능과 역할 때문에 인정받는다. 또 국가 그 자체가 사탄의 대리자로 마성(魔性)적 권세이거나 절대적 권력을 휘두를 수 있는 신격화(神

格化)된 권세가 아니다.

이와 마찬가지로, 국가에 대한 그리스도인의 입장 역시도 '원칙적 불충성'이나 '원칙적 충성'으로 확정된 어떤 것이 아니다. 이런 점에서 국가에 대한 기독교인의 입장은 "비평적 충성"(W. Huber, "Staat und Kirche", *EKL*[3] Ⅳ, 457)의 성격을 지닌다. 바로 이 점이 그리스도인의 국가에 대한 입장이나 자세에서 고려해야 하는 신학적 원리이다. 이는 그리스도인을 결코 비(非)정치적 집단거주지(Ghetto)나 현실 도피적 내세 종교로 인도하지 않으며, 또한 절대적으로 신격화된 국가에 대한 무조건적인 복종으로도 이끌지 않는다. 요약하면, 바울은 이 단락에서 결코 원칙적 국가론을 제시하거나 보편적으로 적용할 수 있는 일반적 국가 이론을 전개하지 않는다. 오히려, 그는 예수를 믿음으로 말미암아 의롭다 여김 받고 그리스도 안에서 '새로운 피조물'(고후 5 : 17)이 되었지만, 여전히 세상 가운데 살고 있는 성도들이 국가 권력과의 관계 안에서도 실천해야 하는 '하나님의 의'라는 관점에서 국가에 대한 그리스도인의 자세를, 단지 '이웃사랑'과 관련된 '권면'의 틀 안에서 서술할 뿐이다. 이런 관점에서 본문 단락을 세부적으로 살펴보면, 다음과 같다.

[13 : 1–7] 이 단락은 '일반 권면의 명제'(12 : 1–2)의 틀 안에서 통일성 있게 '국가' 주제를 다루면서 그리스도인이 '국가 권력'에 대하여 지켜야 하는 지침들(1, 5, 7절)로 구성되어 있는 '권면' 단락이다. 이들은 모두 일반적인 국가론에 관련된 원칙적인 법규가 아니라, 당시 로마 제국의 공권력에 실질적으로, 또 구체적으로 관련되었던 권면 지침이다. 이러한 구체적인 공권력은 이 단락에 복수(複數)로 사용된, '권세들'(1절), '다스리는 자들'(3절), '일꾼들'(6절)의 용어들에서 잘 드러난다. 스트로벨(A. Strobel)이 밝혔던 것처럼, 이 세 용어들은 당시 로마 세계에 통용되던 헬라적 행정 전문술어이다(E. Käsemann, *Römer*, 341). 곧 '정해진(임명된) 권세들'(exousiai tetagmenai, 1절)이란 로마의 '국가 통치자들'을 가리키며, '다스리는 자들'(archontes, 3절)은 '시(市) 당

국의 권력자'를 나타내고, '일꾼들'(leitourgoi, 6절)은 권세를 위임 받은 '관청의 관리들'을 의미한다. 이처럼 이들은 구체적인 당시 국가 기관들과 관련된 용어들로서, 단순하게 국가권력에 대하여 언급하는 것이 아니라, 다양한 기능을 가지고 있던 실질적인 국가 행정기관의 관리들을 가리킨다(*EWNT* Ⅱ, 28).

앞 단락에 언급된 바, 원수까지도 포함하는 '이웃사랑'인 '선함'의 맥락 안에서, 기독교인이든 비기독교인이든, 모든 사람은 위에 있는 권세들, 로마 국가권력자들에게 복종하라는 권면이 주어진다(1절상). 앞에서 밝힌 것처럼, 이는 시대나 상황을 초월한 기독교인의 대(對) 국가관이나 국가에 대한 자세를 요구하는 일반적인 원칙이나 규정이 아니라, 불가피하게 네로 황제의 통치(주후 54-68년 재위) 아래서 신앙생활을 하던 기독교인에 대한 권면이다. 이때 '복종하다'(hypotassesthai)란 대개 '자발적으로 따르다'라는 뜻을 지닌 '순종하다'(hypakouein)와는 다르게, 하나님에 의해 만들어진 세상 질서 안에서 강요된 '하나님의 명령이나 법을 따르다'를 의미한다. 이처럼 권세에 복종해야 하는 이유는 모든 '권세'(단수)가 하나님으로부터 나왔기 때문이다. 바울은 초기 기독교 선교 상황에서 로마 제국과 불필요한 긴장관계나 대치국면에 놓이는 것을 원치 않았다. 세상에 존재하는 모든 권세들(복수), 곧 권력자들은 하나님께서 정(임명)하신 것이다. 그러므로 이들을 거스르는 자는 하나님의 명을 거스르는 것이며, 이로써 심판을 자초(自招)하는 자들이다.

동일한 기조(基調)가 다음 절에서도 계속된다. 시(市) 당국 관리들인 '다스리는 자들'(archontes, 3절)은 선한 일을 행하는 자들에게가 아니라 악한 일을 행하는 자들에게 두려움이 된다(3절상). 소극적이고 수동적인 첫 번째 권면인 '복종하라'에 이어 적극적이고 능동적인 두 번째 권면으로 '선을 행하라'가 요구된다(3절하). 그러면 그로부터 칭찬을 받을 것이다. 이때 그 관리는 하나님의 '사역자'가 되어 선을 베푸는 자가 되지만, 악을 행할 경우 두려워해야 한다. 왜냐하면 그가 이유 없이 칼을 가지고 있지 않기 때문이다(4절상).

여기서 '칼'은 심판의 칼이 아니라 국가의 사법 기관이나 경찰 기관의 칼을 의미한다(장흥길 역, 「페터 슈툴마허의 로마서 주석」, 337). 칼을 가진 자들은 하나님의 사역자로서 악을 행하는 자에게 진노하심을 따라 보응하는 자이다(4절하). 4절에서 두 번 사용된 '사역자'(diakonos)는 신학적 용례가 아니라 단순히 일반적 용례로 '도구'라는 의미로 사용되었다. 그러므로 그리스도인이 국가에 복종해야 하는 것은 잘못한 이에 대한 진노 때문만이 아니라 '양심' 때문이다(5절). 이때 신약성경에서 바울의 경우 처음 등장하는 '양심'(syneidēsis, 2 : 15 참조)이란 일반적인 인간 본성, 곧 '선악 의식', '비판적 책임 의식'이다(장흥길 역, 「페터 슈툴마허의 로마서 주석」, 343).

6~7절에서 바울은 1절에서 언급한 '위에 있는 권세들에게 복종하라'는 권면의 구체적 지침으로서 '납세'의 주제를 다룬다. 곧, 사도는 일상생활에서 '권세자들'(1절)이나 '다스리는 자들'(3절)보다 더 자주 대하게 되는 세금을 징수하는 '일꾼들'(leitourgoi)에 대한 기독교인의 자세에 대하여 권면한다. 조세나 관세를 징수하는 관리들도 '하나님의 일꾼'인데, 4절의 '하나님의 사역자' 경우처럼 이때도 '일꾼'은 '도구'를 의미한다. 국가 권력에 대한 납세의 의무는 그리스도인도 지켜야 한다. 그리스도인 역시 로마 제국을 다스리는 통치자에게 기본적으로 바치는 인두세(人頭稅)로서 '조세'(phoros)뿐 아니라, 소비세, 교통세, 영업세와 같은 '관세'(telos)도 바쳐야 한다.

7절에서 권세를 가진 권력자들은 "관세를 받을 자", "두려워할 자", "존경할 자"로 다양하게 묘사된다. 요약하면, 이 단락에서 '하나님의 도구'로 인정된 국가 권력에 대한 복종 요구는 시대나 상황을 초월하여 적용될 수 있는 불변하는 일반적인 국가론의 항구적 원리가 아니라, 기독교가 확산되는 당시 상황에 기독교인들이 권력을 가진 국가와 불필요한 마찰이나 충돌을 최소화해야 하는 바울 사도의 '권면' 맥락 안에 제시된 지침이다.

이 단락이 전하는 신학적 메시지를 살펴보면, 다음과 같다. 첫째, '위에 있는 권세들에게 복종하라'는 지침은 시대를 초월하여 적용될 수 있는 일반화된 원칙이나 원리가 아니라 당시 상황에 한정되어 주어진, 상황 관련적 권면이다. 둘째, 이런 관점에서 바울 당시 모든 권세는 하나님께서 임명하신 것이다. 셋째, 그와 동일한 관점에서 모든 권세는 하나님의 사역자로 하나님의 도구이다. 넷째, 그러므로 각 사람은 권세에 복종해야 하며, 그리스도인이든 비기독교인이든, 국가의 구성원으로서 국가에 대한 의무를 다해야 한다. 다섯째, 모든 사람은 의무를 준수하되, 특히 납세의 의무를 지켜야 한다.

4. '일반 권면'의 요약 : 이웃을 사랑하고 빛의 갑옷을 입으라(13 : 8–14)

> 8피차 사랑의 빚 외에는 아무에게든지 아무 빚도 지지 말라 남을 사랑하는
> 자는 율법을 다 이루었느니라 9간음하지 말라, 살인하지 말라, 도둑질하지 말
> 라, 탐내지 말라 한 것과 그 외에 다른 계명이 있을지라도 네 이웃을 네 자신
> 과 같이 사랑하라 하신 그 말씀 가운데 다 들었느니라 10사랑은 이웃에게 악
> 을 행하지 아니하나니 그러므로 사랑은 율법의 완성이니라 11또한 너희가 이
> 시기를 알거니와 자다가 깰 때가 벌써 되었으니 이는 이제 우리의 구원이 처
> 음 믿을 때보다 가까웠음이라 12밤이 깊고 낮이 가까웠으니 그러므로 우리가
> 어둠의 일을 벗고 빛의 갑옷을 입자 13낮에와 같이 단정히 행하고 방탕하거나
> 술 취하지 말며 음란하거나 호색하지 말며 다투거나 시기하지 말고 14오직 주
> 예수 그리스도로 옷 입고 정욕을 위하여 육신의 일을 도모하지 말라

바울은 이제 '일반 권면'(12–13장)을 마감하는 '종결 단락'(13 : 8–14)에서

이를 '이웃을 사랑하라'는 율법 성취 권면(13 : 8-10)과 '빛의 갑옷을 입으라'는 종말론적 자세 권면(13 : 11-14)으로써 요약한다. 다시 말하면, 사도는 이 종결 단락을 신앙공동체 안에서 믿음의 삶을 영위하는 그리스도인들에게 요구하는 첫 번째 '일반 권면'(12 : 3-21)과 세상(국가) 안에 사는 성도들에게 요구하는 두 번째 '일반 권면'(13 : 1-7)의 핵심 내용인 율법의 성취로서 '이웃사랑' 권면(13 : 8-10)과, 이를 이어, 의롭다 여김 받은 그리스도인의 의롭게 사는 삶의 기본자세를 진술한 '일반 권면'의 서론 단락(12 : 1-2)에 부합되게, 또 뒤따르는 '특별 권면'(14 : 1-15 : 13) 단락을 준비하여 '종말론적 삶의 자세'를 요구하는 종결 권면으로써 마감한다.

[13 : 8-10] 이제 바울은 이 세 절에서 '일반 권면'을 요약한다. 바울이 '일반 권면'의 핵심어로서 제시하는 '사랑'(agapē)은 신앙공동체 안에서 다른 이들을 배려하는 '형제사랑'뿐 아니라(12 : 10), 나아가 구체적으로 '손님을 접대'하는 '이웃사랑'을 포함하며(12 : 13 ; 13 : 9), 심지어는 원수가 주리면 먹이고 목마르면 마시게 하는 '원수사랑'에까지 미친다(12 : 20). 이처럼 의롭다 여김 받은 그리스도인은 모든 사람과 화목하게 지내는 '만인 사랑'(12 : 18)으로써 일상적인 삶에서도 하나님의 의를 실천해야 한다. 원수까지도 포함하는 폭넓은 이웃사랑의 기준은 예수 그리스도의 사랑을 본받을 뿐 아니라 '자기 자신과 같이' 사랑하는 것(13 : 9)이다.

이러한 바울의 강조점은 이미 예수의 가르침에서 찾을 수 있다(막 12 : 28-31과 그 평행 단락 참조). 신약의 다른 저자들의 경우에서처럼 바울의 경우에서도 '사랑'이 그리스도인의 모든 행동과 판단의 결정기준이며, 또한 '하나님의 의' 실천과 실현의 기본 원리이다(W. Schrage, *Die Ethik des Neuen Testaments*, [2]1989, 348-355 참조). 그러므로 사랑은 하나님의 의가 계시된 '율법의 완성'이다(13 : 10). 구약(레 19 : 18)과 예수(막 12 : 28-31과 그 평행 단락)의 가르침에서처럼, 모든 계명은 "네 이웃을 네 자신과 같이 사랑하라"는 말씀 가운데 들어 있다. '이웃사랑'에 대한 구체적인 계명으로서, 이스라엘 백성이 하나님께로부터 직접 받았던 십계명의 '두 번째 돌판'(신 5 : 16–22)에 새겨진 계명들이 나열된다. 사도가 일차적으로 로마 성도들에게 요구하는 이웃사랑은 피차에게 요구된 권면이다. 사랑은 이웃에게 악을 행하지 않는다(12 : 9, 17, 21). 그러므로 사랑은 '율법의 완성'이다. 이때 '완성'(plērōma)이란 '들었느니라'(9절)와 관련지어 문맥에서 살펴보면, '요약' 또는 '정수'(精髓)의 의미를 지닌다. 이 경우 율법은, 루터(M. Luther)의 표현을 따르면, '제3의 율법용도'(terminus usus legis)인 '교훈적 용도'(usus didacticus)로 사용되어 하나님의 의를 실천하는 그리스도인의 삶에서 그 기준이 된다(E. Käsemann, *Römer*, 348).

[13 : 11–14] 이제 종결 단락에서 바울은 종말론적 진술로써 '일반 권면'의 근거를 댄다. 이는, 앞서 밝힌 것처럼, '일반 권면'의 명제 단락(12 : 1–2)과 짝을 이루면서, '특별 권면' 단락(14 : 1–15 : 13)으로 넘어가는 이행(移行) 단락이다(장흥길 역, 「페터 슈툴마허의 로마서 주석」, 356). 바울은 예수 그리스도를 믿음으로 말미암아 의롭다 여김을 받아 종말론적 구원에 참여하였으나(3 : 24–26), 아직 그 구속사의 완성에는 이르지 않은(5 : 9 ; 8 : 23, 29–30 ; 11 : 15, 25–32) 그리스도인에게 목록으로 열거된 짝으로 이루어진 세 가지 짧은 '악덕'(惡德)을 따르지 말고 '빛의 갑옷'인 '예수 그리스도의 옷'을 입을 것을 권면한다. 예수처럼 바울도 '마지막이 가까웠다'는 임박한 종말을 전하며, 그 때가 경성(警醒)할 때임을 말한다(살전 4 : 13–18, 5 : 1–11 등). 곧, 그리스도인이 살고 있는 이 시기(kairos)는 '자다가 깰 때'(11절상)이며, '처음 믿을 때보다 가까워진 구원의 때'(11절하)이고, '밤이 깊고 낮이 가까이 온 때'(12절)이다. 그러므로 구원이 이미 시작되었지만 아직 구속사적 완성인 종말에 이르지 않은 중간기와 관련되어 있는 이러한 '선취(先取)적 종말론'은 윤리를 '배제'하는 것이 아니라 도리어 '요구'한다. 밤이 깊었기 때문에, 곧 마지막이 가

까이 있기 때문에 단정치 못한 행위인 '방탕함'과 '술 취함', '음란함'과 '호색', '다툼'과 '시기(猜忌)함'과 같은 '어둠의 일'(12절), 즉 '육신의 일'(14절)을 벗어 버리고(13절), 낮에 다니는 것처럼 단정하게 행하고 '빛의 갑옷'(12절), 곧 주 예수 그리스도로 옷 입어야 한다(14절). '육신의 일'에 대해서는 바울은 이미 갈라디아 성도들에게 '악덕 목록'(갈 5 : 19-21)으로 열거한 바가 있다. 이러한 '종결권면'은 수세자에게 요구하는 일종의 '세례 권면'에 속한다(갈 3 : 27 ; 엡 4 : 22-24 참조).

이처럼 바울의 경우 '종말론'은 윤리의 근거가 되고, '윤리'는 종말론의 내용이 된다. 그것은 바울이 예수의 가르침을 따라 '선취(先取)적 종말론'을 주장하기 때문이다. 예수는 하나님 나라를 전하기 위해 세상에 오셨다. 물론, 예수 이전에도 하나님 나라를 선포한 선지자들은 많이 있었다. 그렇기는 하지만 예수 이전의 하나님 나라 선포자들은 단지 다가올 하나님 나라, 곧 미래적인 하나님 나라를 전하였다. 그러나 예수는 하나님 나라를 선포하신 '선포자'일 뿐 아니라 하나님 나라를 가지고 오신 '운반자'이시며, 또한 이를 자신 안에 가지고 계신 '담지(擔持)자'이시다(장흥길, "예수의 하나님 나라 선포", 2001, 41-63). 그러니까 예수는 하나님 나라를 단지 미래적으로만이 아니라 현재적으로도 전하셨다. 이 점에서 예수께서 전하신 하나님 나라, 곧 '예수와 함께' 또 '예수 안에' 도래하는 하나님 나라의 선포는 '복음'이다. 마지막에 일어날 종말의 심판과 구원이 예수 그리스도의 현재적 하나님 나라 선포로써 '세상 안으로' 또 '현재 속으로' 앞당겨 도래하였다. 그러므로 예수를 그리스도로 믿는 자는 그 안에 있는 하나님 나라를 선취한다. 바울의 경우도 마찬가지다. 예수를 그리스도와 하나님의 아들로 믿고, 그분 안에 계시된 하나님의 의를 믿는 자는 장차 마지막 때가 아니라, 이 세상에서 예수를 믿을 때 자신의 죄가 간과되고 의롭다 여김을 받는다. 그러므로 바울의 종말론도 예수의 종말론처럼 '선취(先取)적 종말론'이다. 이 점이 바울의 경우 '윤리'와 '종말론'이 서로 배타적이지 않고 조화로울 수 있는 이유이며 근거이다. 다시 말하면,

다른 신약 저자의 경우처럼 바울의 경우도 종말론은 '윤리적 종말론'이며, 윤리는 '종말론적 윤리'이다.

설교를 위한 묵상

이 단락이 전하는 신학적 메시지를 요약하면, 다음과 같다. 첫째, '일반 권면'의 핵심적인 기본 내용은 '이웃사랑'이다. 둘째, 이웃사랑은 율법의 요약이며, 정수(精髓)이고, 완성이다. 셋째, 이웃사랑의 방법은 남을 '자기 자신과 같이' 사랑하는 것이다. 넷째, 바울의 경우 권면은 종말론의 빛 아래 놓여 있다. 다섯째, 종말론적 구원은 처음 믿을 때보다 가까이 있다. 여섯째, 종말에 대한 그리스도인의 생활 자세는 어둠의 일을 벗고 빛의 갑옷, 곧 주 예수 그리스도로 옷 입는 것이다. 마지막으로, 낮에와 같이 단정히 행하는 삶이란 정욕을 위하여 육신의 일을 도모하지 않는 삶이다.

예수 그리스도를 믿어 하나님께로부터 의롭다 여김을 받은 그리스도인이 일상생활에서 하나님의 의를 행하도록 요청하는 '일반 권면' 단락(12-13장)에 언급된 권면적 진술은 바울이 그리스도인의 행함과 삶을 다루는 기독교 윤리의 기본 윤곽을 제공한다. 바울에 의하면, 기독교 윤리는 다음의 몇 가지 특성을 지닌다. 첫째, 기독교 윤리는 그리스도 안에 나타난 하나님의 자비 위에 세워진 '신학적 윤리'이며, '기독론적 윤리'이다. 둘째, 기독교 윤리의 출발점은 예수를 믿어 의롭다 여김을 받은 그리스도인이 하나님께 자신을 '종'으로, 또 '의의 도구'로 드리는 것이다(6 : 12-23). 셋째, 기독교 윤리는 개인의 자기완성을 목표로 하는 스토아 윤리와 다르게 신앙 공동체 안에서 하나님께서 주신 은사대로 섬기는 '은사적 윤리'이다. 넷째, 기독교 윤리의 핵심 개념과 가치 판단 기준은 형제뿐 아니라 원수까지도 포함하는 '이웃 사랑'이다. 마지막으로, 기독교 윤리는 '종말론적 윤리'이며, 그것도 마지막 날 구원을 얻기 위해 행하는 '목적 윤리'가 아니라 지금 세상에서 미리 앞당겨 경험한 '선취적 종말론(구원)'의 결과 감사함으로 섬기는 '결과 윤리'이며 '감사할 수 있음의 윤리'(W. Nauck, "oun-paräneticum", 134)이다. 그러므로 하나님께서 베푸신 자비의 토대

위에 세워져 요구되는 바울의 권면은 그리스도인의 세상 일상(日常) 생활에서 나타나야 할 '하나님의 의'의 실천이자 신앙적 응답으로 신학적으로 규정되었다. '선물적인 하나님의 의'와 '능력으로서 하나님의 의'가 서로 분리될 수 없는 것처럼, 그리스도인에게 '이신칭의의 교리'와 칭의자에게 의로운 행위를 요구하는 '윤리적 권면'은 서로 분리될 수 없고, '새 생명'과 '새 생활'은 결코 나누어질 수 없다.

J. 로마 교회 내 성도 간에 나타나야 할 하나님의 의 : '특별 권면'(14 : 1–15 : 13)

이 단락은 로마서에서 '열 번째 큰 단락'으로 로마 교회뿐 아니라 모든 기독교 공동체에 적용될 수 있는 '일반 권면' 단락(12–13장)을 이어서, 특별한 상황에 처해 있던 로마 교회에 요구된 '특별 권면'(14 : 1–15 : 13)을 다룬다. 이처럼 '일반 권면'을 이어 '특별 권면'을 다루는 서신은 바울서신 중 로마서가 유일하다(E. Käsemann, *Römer*, 351). 이는 아마도 로마서가, 다른 바울서신과 달리, 바울이 설립하지 않은 교회에 보내진 편지라는 점과 무관하지 않다. 그런데, 로마서에서만 발견되는 '일반 권면'과 '특별 권면'으로 구분되는 '권면' 단락은 별개의 주제를 다루지는 않는다. 오히려 '특별 권면' 단락도 원수까지도 포함하는 이웃사랑을 구체화하는 것으로서 '형제사랑'을 다루었던 '일반 권면' 단락과 마찬가지로, '형제사랑'이라는 동일한 주제를 다루고 있다. 이런 점에서 '특별 권면'은 '일반 권면'의 핵심 주제인 '형제사랑'을 로마 교회 상황에 적용한, '일반 권면'의 구체화이다.

바울이 로마 교회가 처해 있던 특정 상황과 관련하여 이 교회에 '특별 권면'을 하게 된 것은, 슈툴마허의 역사적 입장을 반영하여 본서의 '제1부 개론적 문제'에서 언급하였던 것처럼, 주후 54년 글라우디오 황제의 사후 로마로 복귀한 유대인 그리스도인으로 인하여 로마 교회의 구성원 간에 갈등이 있음을 알았기 때문이다(장흥길 역, 「페터 슈툴마허의 로마서 주석」, 370-371). 글라우디오 통치 제9년(주후 49년) 그의 '유대인 추방령'(행 18 : 2)으로 인하여 로마를 떠났던 유대인들이 그의 죽음으로 인하여 다시 로마로 돌아갈 수 있게 되었다. 로마로 복귀한 유대인 기독교인들 가운데는 '브리스가와 아굴라' 부부도 포함되어 있었다(16 : 3). 글라우디오가 영을 내리기 전까지 가정 교회 형태로 흩어져 있던 로마 교회는 유대인 기독교인과 이방인 기독교인이 섞여 있던 '혼합 공동체'였다. 그러나 글라우디오의 유대인 추방령으로 인해 로마 교회에는 이방인 기독교인만 남게 되었고, 황제의 사후(死後) 그의 칙령이 효력을 잃자 유대인 기독교인들이 다시 로마로 복귀하였다. 유대인 기독교인이 로마 교회를 떠났던 5년 동안(주후 49-54년) 로마 교회에는 이방인 기독교인들만 남아 있었는데, 유대인 기독교인이 다시 돌아왔을 때 이 교회는 이방인 기독교인들이 다수를 이루고 있었고, 그뿐만이 아니라 기득권(旣得權)도 가지고 있었을 것이다. 이런 역사적 배경 아래 '특별 권면' 단락에서 믿음이 '강한 자'(15 : 1)와 믿음이 '약한 자'(14 : 1 ; 15 : 1)의 불화가 다루어지고, 이에 대하여 바울은 '형제사랑'의 구체적인 적용인 '서로 받으라'(15 : 7)로써 권면한다.

'특별 권면' 단락에 '강한 자'와 '약한 자'의 대조로써 양자가 대립되어 이들 사이에 갈등과 불화가 나타난다. 그런데, 누가 '강한 자'이고 누가 '약한 자'인가? 본문에 의하면, '강한 자'란 '할 수 있다고 생각하는 자'이고, '약한 자'란 '할 수 없다고 생각하는 자'이다. 이때 '할 수 있음'과 '할 수 없음'은 음식을 먹는 것과 특정한 날을 지키는 것과 관련되어 있다. 곧, '강한 자'는 모든 음식을 먹을 수 있다고 주장하는 자들이며, '약한 자'는 음식을 가려 채소만 먹어야 한다는 입장을 가진 금욕적 채식주의자들이다(14 : 2). 또 '할 수 있다 하는 강한 자'는 모든 날들이 동일하다고 생각하는 사람들이며, '할 수 없다 하는 약한 자'는 특정일을 다른 날보다 낫게 여기는 사람들이다(14 : 5). 이로 인해 로마 교회 안에서 '강한 자'가 '약한 자'를 경멸하며, 또한 '약한 자'가 '강한 자'를 비판하는 일이 일어났다. 로마 교회를 바울 자신이 세우지는 않았지만, 그는 로마 교회의 이러한 사정에 대하여 당시 사통팔달한 로마의 교통망을 통해 어느 정도 알고 있었을 것이다. 이는 로마서 16장에 언급된 문안 목록에서 찾을 수 있는 것처럼, 바울이 개인적으로 문안하는 사람들에서 분명하게 알 수 있다. 이러한 '강한 자'와 '약한 자' 사이에 일어난 갈등을 해결하고 로마 교회의 하나 됨을 위하여 바울은 '너희는 서로 받으라'(15 : 7)고 권면한다. 이때 바울은, '일반 권면' 단락의 서두(12 : 1)에서 권면의 신학적 근거로 '하나님의 모든 자비하심'을 언급한 것처럼, '그리스도께서 우리를 받으심'을 근거로 제시함으로써 세상의 '권고'(parainesis)와 구별되는 신학적 '권면'(paraklēsis)으로써 로마 교회의 일치를 촉구한다. 이처럼 바울은 '할 수 있음'과 '할 수 없음'이라는 '자유'와 '권리'의 문제를, 이전 단락(13 : 8-10)에서 강조한 것처럼, '이웃을 자신과 같이 사랑하라'는 '사랑'의 원칙 아래 둠으로써 로마 교회의 하나 됨을 호소한다(고전 8-10장 참조). 이런 관점에서 '특별 권면' 단락을 세분해 보면, 다음과 같다.

14 : 1-15 : 13	로마 교회 특정 상황에서 나타나야 할 하나님의 의('특별 권면')
14 : 1-12	'강자'와 '약자' 모두를 위해 죽으시고 다시 살아나신 그리스도
14 : 13-23	화평과 덕 세움으로써 신앙공동체 안에 나타나야 할 하나님의 나라
15 : 1-6	자기를 기쁘게 하지 않고 이웃을 기쁘게 한 본으로서 그리스도
15 : 7-13	'서로 받으라'는 권면

1. '강자'와 '약자' 모두를 위해 죽으시고 다시 살아나신 그리스도(14 : 1–12)

> 1믿음이 연약한 자를 너희가 받되 그의 의견을 비판하지 말라 2어떤 사람은 모
> 든 것을 먹을 만한 믿음이 있고 믿음이 연약한 자는 채소만 먹느니라 3먹는 자는
> 먹지 않는 자를 업신여기지 말고 먹지 않는 자는 먹는 자를 비판하지 말라 이는
> 하나님이 그를 받으셨음이라 4남의 하인을 비판하는 너는 누구냐 그가 서 있는
> 것이나 넘어지는 것이 자기 주인에게 있으매 그가 세움을 받으리니 이는 그를
> 세우시는 권능이 주께 있음이라 5어떤 사람은 이 날을 저 날보다 낫게 여기고
> 어떤 사람은 모든 날을 같게 여기나니 각각 자기 마음으로 확정할지니라 6날을
> 중히 여기는 자도 주를 위하여 중히 여기고 먹는 자도 주를 위하여 먹으니 이는
> 하나님께 감사함이요 먹지 않는 자도 주를 위하여 먹지 아니하며 하나님께 감
> 사하느니라 7우리 중에 누구든지 자기를 위하여 사는 자가 없고 자기를 위하여
> 죽는 자도 없도다 8우리가 살아도 주를 위하여 살고 죽어도 주를 위하여 죽나니
> 그러므로 사나 죽으나 우리가 주의 것이로다 9이를 위하여 그리스도께서 죽었
> 다가 다시 살아나셨으니 곧 죽은 자와 산 자의 주가 되려 하심이라 10네가 어찌
> 하여 네 형제를 비판하느냐 어찌하여 네 형제를 업신여기느냐 우리가 다 하나
> 님의 심판대 앞에 서리라 11기록되었으되 주께서 이르시되 내가 살았노니 모든
> 무릎이 내게 꿇을 것이요 모든 혀가 하나님께 자백하리라 하였느니라 12이러므
> 로 우리 각 사람이 자기 일을 하나님께 직고하리라

'특별 권면'의 첫 단락에서 바울은 먼저 '강자'에게로 시선을 돌린다. 그에 의하면, '강자'는 '약자'를 받아들이고 '약자'의 의견을 비판하지 말아야 한다. 이때, 주석가들 사이에 로마 교회 내 '강자'와 '약자'의 정체에 대한 해석에서 차이가 있다. 예건대, 알트하우스(P. Althaus)에 의하면, 로마 교회 안에서 '강자'는 다수를 이루고 있는 이방인 기독교 열광주의자이며, '약자'는 아직도 유대 관습을 존중하는 적은 무리의 유대인 기독교인이다(P. Althaus, *Römer*,

145). 한편, 빌켄스(U. Wilckens)는 양자를 유대인 기독교인과 이방인 기독교인이 아니라, 신앙적 입장이 다른 두 기독교 공동체로 여긴다(U. Wilckens, *Römer* Ⅲ, 109-115). 곧, 빌켄스는 양자의 갈등을, 글라우디오의 영을 따라 로마에서 유대인들이 추방된 후, 유대인 회당 예배에 참여했던 '경건한 이방인들'(sebomenoi)이 기독교로 개종하였지만 여전히 모세의 율법과 유대 관습을 존중하는 유대적 이방인 기독교인과 그렇지 않은 비(非)유대적 이방인 기독교인 사이에 있었던 갈등으로 여긴다.

그러나 로마 교회가 처해 있던 역사적 상황과 '특별 권면' 단락의 문맥을 고려한다면, '강자'와 '약자'를 대개 다수의 이방인 기독교인과 소수의 유대인 기독교인으로 여길 수 있겠지만, 이를 지나치게 엄격하게 종족적으로 구분할 수는 없다. 왜냐하면 브리스가와 아굴라도 바울과 동일한 입장을 취하는 유대인 기독교인으로 추정되기 때문이다(장흥길 역, 「페터 슈툴마허의 로마서 주석」, 368). 이 단락을 세분하여 구분해 보면, 다음과 같다. 1절은 '강자'에게 요구하는 명제적 기본 권면이다. 이어지는 세 절(2-4절)은 '강자'와 '약자' 사이에 일어나는 갈등의 첫 번째 실례와 권면, 권면의 첫 번째 근거로 신론(神論)적 근거를 다루며, 그 다음의 두 절(5-6절)은 두 무리 간의 갈등에 대한 두 번째 실례와 권면을 서술한다. 그런 다음, 바울은 7~9절에서 자신의 권면에 대한 결정적인 근거로 '기독론적 근거'를 댄다. 그러고 나서, 10절에서 바울은 두 무리를 책망한 뒤, 11~12절에서 자신의 권면에 대한 세 번째 근거로 '종말론적 · 법정적 근거'를 댄다(U. Wilckens, *Römer* Ⅲ, 81).

[14 : 1-6] 첫 절은 '특별 권면'에서 명제적 기본 권면이다. 바울은 먼저 2인칭 복수(대화형)인 '너희'로 표현된 '강자' 무리들에게 '약자', 곧 '믿음에 있어서 연약한 자'를 받아들이고 그의 의견을 비판하지 말라고 권면한다(1절). 이때 '받다'(proslambanesthai)는 '특별 권면'의 핵심어로 '받아들이다'라는 뜻 외에 '함께 먹다'라는 의미도 지니고 있어, 이 단락에서 그 이중적 의미가 절묘

하게 맞아떨어진다(14 : 1, 3 ; 15 : 7 참조). 믿음에 있어서 '강자'에 속한다고 생각하는 사람들은 모든 것을 먹을 수 있다고 여기지만, 믿음에 있어서 '약자'로 비난받는 사람들은 채소만 먹을 수 있다고 생각한다(2절). 이로 인해 생겨나는 갈등에 대하여 바울은 아무 음식이나 먹을 수 있다고 생각하고 먹는 '강자'는 아무 음식이나 먹지 않고 먹어서는 안 된다고 생각하는 '약자'를 업신여기지 말고, 역(亦)으로, 먹지 않는 자는 먹는 자를 '비판하지 말라'고 권면한다. 이처럼 고기나 술을 먹지 않는 음식 절제 관습은 당시 그리스·로마 세계의 헬라적 제의나 철학자들(피타고라스파) 가운데서도 행해졌던 것으로 로마에 살던 그리스도인들에게는 익숙한 것이었다(장흥길 역, 「페터 슈툴마허의 로마서 주석」, 372). 그리스도인은 음식 절제로써 믿음에 관련하여 자신이 '강자'임을 내세우거나 남을 '약자'라고 비난해서는 안 된다(3절). 바울은 이 권면에 대하여 신론(神論)적인 근거를 댄다. 곧 그것은 하나님께서 그 비난 받는 사람을 이미 받으셨기 때문이다. 이때 '비난 받는 사람'은 하나님의 '하인'(oiketēs)에 비유된다. 그렇다면, 그 '하인'을 서 있게 하거나 넘어지게 하는 것은 주인의 소관이다. 그를 세우는 권능이 하나님께 있고, 하나님이 그를 세우신다면 '강자'로 자처하는 사람이 '남의 하인'을 판단하지 말아야 한다(4절).

이어지는 두 절(5-6절)은 '강자'와 '약자' 간의 갈등에 대한 두 번째 실례와 권면을 서술한다. 두 무리 사이에 일어난 첫 번째 갈등의 실례가 '음식 절제'에 관한 것이라면, 그 두 번째 실례는 유대적 관습과 관련하여 안식일을 포함한 '특정일'에 대한 입장 차이에서 생긴 갈등에 관한 것이다. 남에게 '약자'로 비난받는 사람들은 특정한 날을 다른 날보다 낫게 여겼고, 이와는 반대로 자신을 '강자'로 내세우는 사람은 모든 날을 같게 여겼다. 아마도 당시 로마 교회 안에서 그리스도인이 '안식일을 거룩하게 지키라'는 구약성경의 말씀(출 20 : 8-11 ; 신 5 : 12-15)을 어느 정도 지켜야 하는가는 문제가 제기되었을 것이다. 신앙공동체의 구성원들은 각자가 자신이 생각하는 '(이성적인) 마음'(nous)으로 판단할 수 있었다. 바울에 의하면, 두 무리의 신앙적 태도가 결코 서로를 비난하거나 업신여길 수 있는 기준이 될 수 없다(5절). '날을 소중하게 여기는 사람'(약자)도 주를 위하여 소중하게 여긴다고 하고, '먹는 사람'(강자)도 주를 위하여 먹는다고 한다면, 이는 하나님께 감사할 일이다. 또한 '먹지 않는 사람'(약자)도 주를 위하여 먹지 아니한다고 한다면, 이것 역시 하나님께 감사할 일이다. 이처럼 바울은 두 무리의 '주를 위한' 믿음을 다루면서 권면 중에 감사드린다.

[14 : 7–12] 이어지는 7~9절에서 바울은 자신의 권면에 대하여 결정적 근거로 '기독론적 근거'를 제시한다. 여기서 바울은 '하나님의 가족'(familia dei)의 일원(一員)으로서 로마 교회 성도들을 자신의 형제자매로 여기며, 권면의 근거로 '주'를 언급한다. 여기서 사도는 그들에게 다시 한번 '이신칭의'의 가르침을 상기시킨다. 그리스도께서 '우리'를 위하여 죽으시고 다시 살아나셨다면(4 : 25 참조), 그로 말미암아 새 생명을 얻은 '우리'도 마땅히 주를 위하여 살고 주를 위하여 죽어야 한다. 이런 의미에서, 그리스도인이라면 누구든지 자기중심적으로 자기를 위하여 살지 않고 자기를 위하여 죽지도 않는다(7절). 오히려 그는 살아도 주를 위하여 살고 죽어도 주를 위하여 죽는다(8절상). 그것은 믿음으로써 그리스도인은 그리스도와 하나 되었고 살든지 죽든지 주의 것이기 때문이다(6 : 1–11 참조). 그리스도께서 '죽은 자와 산 자의 주'가 되기 위하여 죽었다가 다시 살아나셨다(9절).

그러고 나서, 바울은 두 무리가 상대 무리를 대하는 태도, 곧 형제를 '비판함'과 형제를 '업신여김'에 대하여 논쟁대화(diatribe) 문체로 책망하고, 이에 대한 근거를 댄다(10절). 그리스도인은 형제 된 그리스도인을 비판하지도 업신여기지도 말아야 한다. 이는 모든 그리스도인이 예외 없이 '하나님의 심판대'(bēma theou) 앞에 설 것이기 때문이다(계 20 : 11–15 참조). 이 어구는 신약성경에서 여기서만 유일하게 발견된다. 이와 유사하게, 고린도후서(5 : 10)에서는 '그리스도의 심판대'라는 표현이 등장하지만, 바울의 경우 심판자는 하나님이시며, 예수 그리스도는 그를 믿는 신자들을 위한 중보자이며 변호인이시다(8 : 33-34 참조). 그런 다음, 바울은 자신의 권면에 대하여 '종말론적 · 법정적 근거'를 댄다(11-12절). 이를 위하여 사도는 구약성경에서 하나님의 맹세 시 서두에 사용된 "(내가) 나의 삶으로 맹세하노니"(사 49 : 18 ; 렘 22 : 24 등)라는 '도입 공식문'과 함께 구약의 한 구절(사 45 : 23)을 인용한다. 하나님 앞에서 모든 사람들은 심판을 받을 자이지 결코 심판할 자가 아니다. 하나님의 심판대 앞에서 모든 그리스도인은 자신의 일에 대하여 각자가 해명해야 한다. 요약하면, 바울은 신앙공동체 안에서 형제간에 다른 신앙적인 입장을 가지고 서로 판단하거나 업신여기는 심판자가 되지 말고, 다른 입장을 가진 사람을 '서로 받으라'고 권면함으로써 로마 교회의 하나 됨을 촉구한다.

설교를 위한 묵상

신앙공동체 안에서 '강자'와 '약자'의 갈등과 관련된 '특별 권면'의 첫 단락이 전하는 신학적 메시지를 요약하면, 다음과 같다. 첫째, 신앙공동체가 '형제사랑'을 구체적으로 실천하여 그리스도 안에서 하나가 되려면, 믿음과 관련하여 '강한 자'라고 내세우는 사람이 '약한 자'로 여기는 사람을 받아들이고, 그 의견을 비판하거나 업신여기지 말아야 한다(1, 3절). 이 권면에 대하여 바울은 세 가지 근거, 곧 '신론적', '기독론적', '종말론적' 근거를 댄다. 둘째, 그 첫째 이유는 신론적 이유로 하나님께서 그 비판 받는 자를 받으셨기 때문이다(3절). 셋째, 비판하지 말아야 할 둘째 이유는 기독론적 이유로 그리스도께서 모든 형제 · 자매들을 위하여 죽으셨을 뿐 아니라 다시 살아나셔서, 모든 형제 · 자매가 다 주의 것이기 때문이다(8-9절). 넷째, 비판하지 말아야 할 셋째 이유는 종말론적 이유로 모든 사람이 (마지막 때) 하나님의 심판대 앞에 설 것이기 때문이다(10절).

2. 화평과 덕 세움으로써 신앙공동체 안에 나타나야 할 하나님의 나라 (14 : 13-23)

13그런즉 우리가 다시는 서로 비판하지 말고 도리어 부딪칠 것이나 거칠 것을
형제 앞에 두지 아니하도록 주의하라 14내가 주 예수 안에서 알고 확신하노니
무엇이든지 스스로 속된 것이 없으되 다만 속되게 여기는 그 사람에게는 속
되니라 15만일 음식으로 말미암아 네 형제가 근심하게 되면 이는 네가 사랑으
로 행하지 아니함이라 그리스도께서 대신하여 죽으신 형제를 네 음식으로 망
하게 하지 말라 16그러므로 너희의 선한 것이 비방을 받지 않게 하라 17하나님
의 나라는 먹는 것과 마시는 것이 아니요 오직 성령 안에 있는 의와 평강과
희락이라 18이로써 그리스도를 섬기는 자는 하나님을 기쁘시게 하며 사람에
게도 칭찬을 받느니라 19그러므로 우리가 화평의 일과 서로 덕을 세우는 일을
힘쓰나니 20음식으로 말미암아 하나님의 사업을 무너지게 하지 말라 만물이
다 깨끗하되 거리낌으로 먹는 사람에게는 악한 것이라 21고기도 먹지 아니하
고 포도주도 마시지 아니하고 무엇이든지 네 형제로 거리끼게 하는 일을 아
니함이 아름다우니라 22네게 있는 믿음을 하나님 앞에서 스스로 가지고 있으
라 자기가 옳다 하는 바로 자기를 정죄하지 아니하는 자는 복이 있도다 23의심
하고 먹는 자는 정죄되었나니 이는 믿음을 따라 하지 아니하였기 때문이라 믿
음을 따라 하지 아니하는 것은 다 죄니라

직전 단락(14 : 1-12)에서 바울 사도가 '강자'와 '약자'가 함께 있는 로마 교회의 역사적 상황과 관련하여 이 공동체 안에 구체적으로 나타나야 할 '하나님의 의'를 '형제 사랑'의 관점에서 '형제를 비판하거나 업신여기지 말라'고 권면함으로써 이 공동체의 하나 됨을 촉구하였다면, 이제 이 단락에서는 신앙 공동체의 구성원끼리 서로 소중히 여김을 통하여 '화평의 일'과 '덕 세움'으로써 이 공동체에게 하나 됨을 촉구한다. 이를 위해 바울은 두 평행 단락으로써 논증한다. 그 첫째 단락(13-18절)은 직전 단락과 연계되어 있는 기본 권

면(13절)과 그 권면의 근거(14-18절)를 묘사하며, 그와 나란히 둘째 단락(19-23절)은 한 요약 진술(19절)과 기본 권면과 관련된 권면들(20-22절)과 함께 종결절(23절)로써 마무리된다(장흥길 역, 「페터 슈툴마허의 로마서 주석」, 379).

[14 : 13-18] '그런즉'으로써 모든 사람이 하나님의 심판대 앞에 설 것이라고 말하는 앞 단락(10-12절)과 연결된다. 그러므로 그리스도인은 서로 비판하지 말아야 하며, 형제 앞에 '부딪칠 것'이나 '거칠 것'을 두지 않도록 주의해야 한다(13절). 여기서 '부딪칠 것'(proskomma)이나 '거칠 것'(skandalon)은 내용적으로는 아무런 차이가 없는 중언(重言)법이다. 이는 사본들의 다른 읽기에서 한 표현이 나타나지 않는다는 점에서도 알 수 있다. 이때, '비판하다'와 '주의하다'는 헬라어 원문으로는 동일한 단어, '크리네인'(krinein)이다. 이 기본 권면에 의하면, 모든 사람이 하나님의 심판을 받아야 하기에, 남을 비판하지 말고, 오히려 자신을 주의 깊게 살펴보아야 한다.

이어지는 13절 이후의 단락에서 바울은 이 권면의 근거를 댄다. 유대교의 전력(前歷)을 가지고 있던 바울이 회심한 후 주 예수 안에서 알고 확신하는 대로, 또 '강자들'이 주장하는 대로, 무엇이든지 스스로 속된 것이 없으며(막 7 : 15 참조), 다만 속되게 여기는 그 사람에게는 속될 뿐이다(14절). 여기서 '속되다'(koinos)란 유대교 제의(祭儀)의 정결규정과 관련되어 있는 용어이다. 그리스도인에게는 음식 자체가 '깨끗한' 음식이나 '더러운' 음식으로 구별되지 않는다. 그러므로 성도에게는 모든 음식을 먹을 자유가 있다. 그러나 '하나님의 의'를 교회 공동체 안에서 실천하는 '형제 사랑'의 관점에서 보면, 그 자유에는 한계가 있다. 곧, 자신의 믿음으로 모든 음식을 먹을 수 있다. 그러나 음식으로 말미암아 다른 형제가 근심하게 된다면, '형제 사랑'의 관점에서 이 자유를 유보하거나 포기하는 것이 그리스도께서 대신하여 죽으신 형제를 음식으로써 망하게 하지 않는 것이다(15절). 그러므로 성도의 '선한 것'이 비방을 받지 않게 해야 한다(16절). 이때 '선한 것'이란 윤리적 의미에서 '선한 행위'를 의미하는 것이 아니다. 이를 17절의 '하나님 나라'와 관련지어 이해한다면, 이는 구원이나 하나님에 대한 기독교적 지식을 의미한다. '하나님의 나라'는 먹고 마시는 것, 곧 유대교 정결음식 규정의 준수에 달려 있지 않다. 오히려 그 나라가 신앙 공동체 안에 현존하고 있음을 나타내는 표지(標識)는 성령 안에 있는 '의와 평강과 희락'이다(17절).

여기서 바울서신에서는 드물게 나타나는 '하나님의 나라'(basileia tou theou) 어구(語句)가 등장한다. 일반적으로 바울은 자신의 서신에서 이 어구 대신 '하나님의 의'를 더 선호(選好)한다. 그럼에도 불구하고 바울이 이 어구를 사용할 때는 주로 초기 기독교의 '세례 권면'에서 '하나님의 나라를 유업으로 받다'라는 어구와 함께 윤리적으로 권면할 때이다(고전 6 : 10 ; 15 : 50 ; 갈 5 : 21). 17절에서도 '하나님의 나라' 어구는 '권면'의 맥락에서 나타나는데, 신앙공동체 안에서 이 나라는 성령의 능력 안에 있는 의와 평강과 희락에서 선취(先取)적으로 미리 경험된다. 이 경우, '의'(dikaiosynē)는 의로운 행위가 아니라 교회의 지체들의 몸 된 교회에 대한 신실함을, '평강'(eirēnē)은 교회 구성원들 간에 다투지 않음을, '희락'(chara)은 신앙공동체 안에서 형제 간의 문제로 일어날 수 있는 온갖 시련을 이겨 내고 다시 오실 주님을 기다리게 하는 초연한 기쁨을 의미한다. 이로써 그리스도를 섬기는 그리스도인은 하나님을 기쁘시게 하며 또한 사람에게서도 칭찬, 곧 인정을 받게 된다(18절).

[14 : 19-23] 이제 첫째 단락과 나란히 반복적으로 부연되는 둘째 단락이 19절의 요약 진술로써 전개된다. 신앙공동체 안에서 실천되어야 할 '하나님의 의'로써 '형제 사랑'은 '화평의 일'과 '서로 덕을 세우는 일'로 묘사된다(19절). 여기서 '화평의 일'은 두말할 것도 없이 '강자'와 '약자'의 갈등을 없애는 일이며, '서로 덕을 세우는 일'은 이러한 형제 사랑으로써 교회의 덕을 세우는 일, 곧 신앙공동체를 하나 되게 하는 일이다. 그러므로 음식으로 말미암아 '하나님

의 사업', 곧 '교회의 덕 세우는 일'을 무너뜨리지 말아야 한다(20절상). 만물이 다 깨끗하지만, 거리낌으로 먹는 사람에게는 악할 뿐이다(20절하). 이는 14절을 역으로 표현한 부연 설명이다. 여기서도 '속한'의 대립어인 '깨끗한'(kathara)은 유대교 정결규정과 관련된 전문술어이다.

이어서 '음식으로 형제를 근심하게 하지 말라'는 15절 권면이 부연해서 설명된다. 신앙공동체의 화평과 덕 세움에서 고기나 포도주를 먹고 마시는 것보다도 더 중요한 것은 형제를 거리끼게 하지 않는 그에 대한 배려이다(21절). 그것이 아름다운 일이다. 만일, '강자'라고 생각하는 사람이, 혼자 있을 때 아무런 거리낌이 없다고 여기고 음식을 먹는다면, 곧 자신이 옳다고 생각하는 것으로써 자기를 정죄하지 않는 사람은 복이 있는 사람이다(22절). 그러나 신앙공동체 안에서는 사정이 다르다. 형제 사랑을 배려하는 믿음이라는 관점에서 교회 안에서 먹는 문제는 다른 이들을 고려해야 하고 이로써 자신이 먹을 수 있는 자유는 제한될 수 있다(고전 10 : 27 ; 11 : 22 참조). 이제 바울은 23절에서 이 단락을 마무리한다. 소위 '속된' 음식을 의심하면서 먹는 사람은 믿음을 따라 먹지 않았기 때문에 정죄되었다. 믿음을 근거로 하지 않은 모든 행위는 죄이다.

설교를 위한 묵상

'강자'와 '약자'의 갈등과 대립이라는 로마 교회의 특수한 상황과 관련되어 있는 이 단락이 전하는 신학적 메시지는 다음과 같다. 첫째, 신앙공동체 안에서는 '강자'든 '약자'든 서로 비판하지 말고 다른 형제 앞에 거칠 것을 두지 말며(14절), 서로 화평과 덕을 세우는 데 힘써야 한다(19절). 둘째, 원래 음식 자체는 속되거나 깨끗한 것으로 구분되지 않으며, 원칙적으로 모두 다 먹을 수 있다(14, 20절). 셋째, 그러므로 음식으로써 형제를 근심하게 하거나, 망하게 하거나, 하나님의 사업을 무너뜨리지 말아야 한다(15, 21절). 넷째, 그러므로 그리스도인의 '선한 것'이 비방을 받지 않게 하고, 형제를 거리끼게 하지 않는 것이 아름답다(16, 21절). 다섯째, 하나님의 나라는 결코 교회 안에서 먹고 마시는 문제로써 '강자'와 '약자'가 대립하여 서로 판단하는 신앙공동체 안에 있는 것이 아니라, 성령 안에서 서로에게 신실한 '의'와, 갈등과 분쟁을 멀리하며 서로를 배려하는 '화평'과 주님의 다시 오심을 기다리는 소망 가운데 초연하고도 태연한 마음으로 온갖 시련을 이겨내는 '희락' 가운데 있는 신앙공동체 안에 현존한다(17절). 여섯째, 확신을 가지고 있는 '강자'가 자신이 옳다고 생각함을 따라 행한다면, 이는 복된 것이다(22절). 일곱 째, 그러나 그가 여전히 의심하는 '약자'에게 자신의 의식이나 행태를 따르도록 강요하거나 그 앞에서 자신의 그것을 과시한다면 이는 그리스도께서 그에게 보여 주신 형제 사랑을 범하는 죄이며, 반대로, 의심하고도 먹는 '약자' 역시 자신의 믿음을 따라 행하지 않았으므로 그것은 죄이다(23절). 그러므로 그리스도를 섬기는 사람은 자신이 확신하는 믿음을 따라 하나님을 기쁘시게 할 뿐 아니라, 형제를 배려함으로써 때에 따라서는 자신의 자유를 유보하거나 포기함으로써 사람에게서도 인정과 칭찬을 받아야 한다(18절).

3. 자기를 기쁘게 하지 않고 이웃을 기쁘게 한 본으로서 그리스도(15 : 1–6)

1 믿음이 강한 우리는 마땅히 믿음이 약한 자의 약점을 담당하고 자기를 기쁘게 하
지 아니할 것이라 2 우리 각 사람이 이웃을 기쁘게 하되 선을 이루고 덕을 세우
도록 할지니라 3 그리스도께서도 자기를 기쁘게 하지 아니하셨나니 기록된 바
주를 비방하는 자들의 비방이 내게 미쳤나이다 함과 같으니라 4 무엇이든지 전
에 기록된 바는 우리의 교훈을 위하여 기록된 것이니 우리로 하여금 인내로 또
는 성경의 위로로 소망을 가지게 함이니라 5 이제 인내와 위로의 하나님이 너희
로 그리스도 예수를 본받아 서로 뜻이 같게 하여 주사 6 한마음과 한 입으로 하
나님 곧 우리 주 예수 그리스도의 아버지께 영광을 돌리게 하려 하노라

이제 바울은 '강자'와 '약자'의 갈등 문제와 관련하여 이전 단락에서 요구했던 '자기를 기쁘게 하지 않고 이웃을 배려하는 삶'이라는 권면을 일반화하여 요약하고, 그러한 삶의 본보기로서 그리스도를 제시함으로써 권면의 근거를 대며, 그들이 하나가 되어 하나님께 영광 돌리기를 원한다. 이 단락을 세부적으로 구분하면, 작은 세 단락으로 나눌 수 있다. 곧, 첫 두 절은 '약자'와 관련하여 '강자'에게 요구된 일반화된 권면 요약이며(1-2절), 이를 잇는 두 절은 이 요약 권면의 기독론적인 근거를 대기 위하여 바울이 구약성경을 인용하여 그리스도 중심적으로 해석한 구약인증(3절)과 초기 기독교 공동체에서 (구약)성경이 지닌 해석학적 의미를 제시(4절)한다(3-4절). 그리고 이 단락을 마무리하는 마지막 두 절은 '수사(修辭)적으로 잘 구성된 예전(禮典)적 기원' (E. Käsemann, *Römer*, 368)으로 로마 교회의 전체 구성원의 하나 됨을 기원하는 바울의 축원(祝願)이다(5-6절).

[15 : 1-2] 여기서 바울은 로마 교회에서 다수를 이루고 있던 '강자'에게 '약자'를 어떻게 대해야 하는지에 대한 권면을 일반화하여 요약한다. 먼저, '믿음이 강한 우리'라는 표현에 의하면, 바울은 자신의 입장을 '강자'의 입장과 동일시한다. 그러나 이어지는 권면에 의하면, '강자'는 '약자'에 대한 의무와 '약자'보다 더 큰 책임을 가지고 있다. 곧, '할 수 있다고 생각하는 사람'인 '강자'는 마땅히 '할 수 없다고 생각하는 사람'인 믿음이 약한 자의 약점을 담당해야 하며, 자기를 기쁘게 하지 말아야 한다. 이때 '약점을 담당하다'라는 어구에 사용된 '담당하다'는 헬라어로 '바스타제인'(bastazein)인데, 이는 '책임을 지다'라는 뜻 외에 '인내하다'라는 의미도 지니고 있는 용어이다. 또 '기쁘게 하다'(areskein)라는 용어는, 하커(K. Haacker, *Römer*, 293)에 의하면, 단지 금욕적 관점에서뿐 아니라 바울의 윤리에서도 중요한 의미를 지니고 있는 용어이다(롬 8 : 8 ; 12 : 1-2 ; 14 : 18 ; 고전 7 : 32-33 ; 고후 5 : 9 ; 갈 1 : 10 ; 살전 2 : 4, 15 ; 4 : 1). '강자'는 선을 이루고 덕을 세우도록 이웃을 기쁘게 해야

한다. 이때 '선'은 '덕'과 함께 사용됨으로써 도덕적 의미의 선행이라기보다는 신앙공동체의 덕을 세우는 일을 의미한다. 예수 그리스도를 믿음으로 말미암아 의롭다 여김을 받은 사람은 하나님을 사랑할 뿐만이 아니라 이웃도 배려해야 한다. '강자'의 배려로써 '약자'인 이웃이 덕을 세운다면 이는 그를 기쁘게 하는 것이다. 이처럼 '이웃을 기쁘게 하다'라는 바울의 생각에서 기독교적으로 첨예화된 이웃 사랑을 엿볼 수 있다.

[15 : 3–4] 이어지는 두 절에서 바울은 앞의 권면에 대하여 '기독론적 근거'를 댄다. 이때 그는 단순히 그리스도의 본을 제시하는 것이 아니라, 구약성경을 인용하여, 이를 그리스도 중심적인 구속사의 관점에서 해석하여 인증하면서(3절), 당시 기독교 신앙 공동체에서 구약성경이 지닌 해석학적 의미를 보여준다(4절). '선을 이루고 덕을 세우도록 이웃을 기쁘게 하라'는 권면의 근거는 그 본을 보이신 예수 그리스도이다(3절). 이때 바울은 구약의 시편(69 : 9하)을 인용한다. 그러나 그는 이를 그대로 인용하지는 않는다. 곧, 바울은 시편 구절을 인용하면서 이를 기독론적으로 해석하여 권면의 근거로 삼는다. 바울의 눈에는 이 시편의 기도는 그리스도의 기도이다. 다시 말하면, 자신을 기쁘게 하지 않는 본을 보여 주신 그리스도는 성경대로 자신에 대한 비방을 담당하셨다. 이렇게 자신을 기쁘게 하지 않으면서 비방을 담당하신 본보기로서 그리스도에 대하여 바울은 이미 초기 기독교 전승을 사용하여 빌립보 성도들에게 전한 바 있다(빌 2 : 5–11 참조). 이렇게 함으로써 바울은 권면의 근거를 댈 뿐 아니라 그 권면을 해설한다. 그는 그리스도의 본을 권면의 근거로 제시함으로써 로마 성도들에게 그리스도에 대한 단순한 모방이 아니라 그와의 일치를 요구한다. 4절에서 성경을 기독교 공동체에 종말론적으로 현재화하여 적용한 바울의 성경관이 나타난다. 곧, 바울의 경우 (구약)성경은 그리스도인으로 하여금 인내하게 하고, 또 그들을 위로함으로써 소망을 가지도록 '교훈'(didaskalia)하도록 기록된 교훈서이다(딤후 3 : 16–17 참조). 이 경우 '성경'이

'인내'와 '위로'에 관련된 것인지 아니면 '위로'에만 관련된 것인지 주석상의 문제가 제기되었다. 한글 공동번역성경에서처럼 일부 주석가들은 바로 다음 절의 '인내와 위로의 하나님'이 등장하는 문맥적 이유를 들어 '인내로 또는 성경의 위로로'를 '성경의 인내와 위로로'로 해석한다(박익수, 「로마서 주석 Ⅱ」, 366). 그러나 이는 한글 개역성경의 번역대로 '인내로 또는 성경의 위로로'로 옮기는 것이 적절하다. 왜냐하면 첫 번째 '인내'에 걸리는 '~로(써)'(dia)는 상황을 나타내지만, 두 번째 '~로(써)'는 원인을 나타내기 때문이다(E. Käsemann, *Römer*, 370). 바울에 의하면, 성경은 성도들을 '위로'(격려, 권면)하여 소망을 가지도록 하기 위해 기록된 교훈서이다. 이때 '위로'(paraklēsis)는 '격려'나 '권면'의 뜻도 가지고 있다. 또 5장에서처럼 '인내'와 '소망'은 서로 밀접하게 관련되어 있으며(5 : 3-5), '인내'와 '위로'와 '소망'은 고린도후서(1 : 6-7)처럼 여기서도 함께 나타난다.

[15 : 5-6] 이 두 절은 로마 교회의 하나 됨을 기원하는, 잘 구성된 예선(禮典)적 축원으로, 바울이 예배 때 읽힐 것을 전제로 미리 생각하여 구성한 의식(儀式) 문체의 기원이다. 특히, '우리 주 예수 그리스도의 아버지'(6절)라는 칭호는 대표적인 예전적 용어이다. 하나님은 '인내와 위로의 하나님'이시다. 여기서 '인내'와 '위로'는 하나님의 '속성'이 아니라, 그를 믿는 사람에게 나타내시는 그의 '능력과 은사'이다(R. Jewett, *Romans*, 884). 바울은 로마 교회의 성도들이 그리스도 예수를 본받아 '한마음과 한 입으로' 하나님께 영광을 돌리기를 기원한다. 이때 바울서신에서 유일하게 나타나는 '한마음으로'(homothymadon)는 사도행전(1 : 14 ; 4 : 24 ; 8 : 6 ; 15 : 25 ; 19 : 29)에서 찾아볼 수 있는 '건덕'(健德) 용어로, 바울이 로마 교회 성도들로 하여금 서로 같은 뜻으로 하나님께 영광을 돌리도록 요구하는 자세나 태도의 권면을 위해 선택한 용어이다. '한마음으로' 하나님을 찬양하는 것은 그리스도를 본받은 사람이 추구하는 목표이다. '한마음으로' 하나님을 예배하는 것이야말로 진정한

'영적 예배'요 또한 '합당한 예배'이다(12 : 1-2).

설교를 위한 묵상

본문 단락이 전하는 신학적 메시지는 다음과 같다. 첫째, 믿음에 있어서 '할 수 있다고 여기는 강자'는 자신을 기쁘게 하지 아니 하고 '약자'를 기쁘게 하고 그로 하여금 선과 덕 세움에 이르도록 그의 약점을 담당해야 한다(1-2절). 둘째, 그 권면의 근거는 예수 그리스도께서 그 본보기가 되셨기 때문이다(3절). 셋째, 자기를 기쁘게 하지 않고 이웃을 기쁘게 한 본으로서 그리스도에 관해서는 이미 성경에 예언된 것이다(3-4절). 넷째, 그리스도인에게 (구약)성경은 그들을 위로함으로써 소망을 가지게 하려고 기록된 교훈서이다(4절). 다섯째, 위로와 인내의 하나님은 '그리스도 예수를 본받아' 서로의 뜻을 동일하게 하시는 분이시다(5절). 마지막으로, 신앙공동체 안에서 구성원들이 예수를 본받아 그 마음이 하나가 될 때 하나님께 영광이 된다. 이는 로마서에서 '열 번째 큰 단락'의 핵심 권면인 '서로 받으라'(7절)로 넘어가는 경첩 역할을 한다.

4. '서로 받으라'는 권면(15 : 7-13)

7그러므로 그리스도께서 우리를 받아 하나님께 영광을 돌리심과 같이 너희도
서로 받으라 8내가 말하노니 그리스도께서 하나님의 진실하심을 위하여 할례
의 추종자가 되셨으니 이는 조상들에게 주신 약속들을 견고하게 하시고 9이방
인들도 그 긍휼하심으로 말미암아 하나님께 영광을 돌리게 하려 하심이라 기
록된 바 그러므로 내가 열방 중에서 주께 감사하고 주의 이름을 찬송하리로
다 함과 같으니라 10또 이르되 열방들아 주의 백성과 함께 즐거워하라 하였으

며 [11]또 모든 열방들아 주를 찬양하며 모든 백성들아 그를 찬송하라 하였으며 [12]또 이사야가 이르되 이새의 뿌리 곧 열방을 다스리기 위하여 일어나시는 이가 있으리니 열방이 그에게 소망을 두리라 하였느니라 [13]소망의 하나님이 모든 기쁨과 평강을 믿음 안에서 너희에게 충만하게 하사 성령의 능력으로 소망이 넘치게 하시기를 원하노라

이제 바울은 이 단락에서 로마 교회에 대한 '특별 권면' 단락(14 : 1-15 : 13)을 요약 권면과 축원(祝願)의 송영(誦詠)으로써 마무리 지으려 한다. 그러나 이는 결코 단순한 송영적 종결 단락이 아니다. 왜냐하면 여기서 바울은 로마 교회 내 '강자'와 '약자'에 대한 권면을 '유대인 기독교인'과 '이방인 기독교인'에 대한 '기독론적 칭의론'과 관련지어 이 단락에 이르기까지 로마서 전체에서 논증했던 '개인적 차원의 구원론'과 '우주적 차원의 구속사'를 마무리하려 하기 때문이다. 이 단락을 세부적으로 구분하면, 다음과 같다. 7절은 '특별 권면' 단락의 요약으로서 '서로 받으라(용납하라)'는 권면이다. 이를 잇는 8~12절 단락은 그 권면에 대한 구속사적인 근거이며, 이는 다시 둘로 나누어진다. 곧, 권면의 '기독론적 근거'(8-9절상)와 그 '구약적 근거'(9하-12절)가 그것이다. 그리고 13절의 '축원'은 이 단락을 마감하면서, 동시에 '특별 권면' 단락(14 : 1-15 : 13)의 종결절 역할도 한다.

[15 : 7] 이 단락의 서두에서 바울은 "너희도 서로 받으라"는 요약 권면과 "그리스도께서 우리를 받아 하나님께 영광을 돌리심과 같이"라는 그 권면의 '기독론적 전제'를 제시한다. 그는 '특별 권면' 단락 첫 절(14 : 1)의 권면에서 '강자'에게 '약자'를 '받으라'고 권면했던 반면, 여기서는 '강자'와 '약자', 모두에게 '서로 받으라'고 권면한다. 다시 말하면, 권면의 핵심어인 '받으라'(proslam-banesthe)고 요청하는 바울의 권면 대상은 한편에 속해 있는 '강자'만이 아니라 양편에 속해 있는 무리들이다. 그러니까 7절에서 권면의 대상이 달라졌다.

그러나 단지 권면의 대상만이 달라진 것이 아니다. 나아가 권면의 전제가 되며 그 근거로 제시되는 그리스도에 대한 묘사도 다르게 나타난다. 이전 단락에서 '강자'가 '약자'를 용납해야 하는 권면의 근거는 그리스도께서 자신을 기쁘게 하지 않으셨기 때문이었다. 그러나 이 단락에서는 '강자'든 '약자'든, 그들이 서로 용납해야 하는 이유는 그리스도께서 '강자'와 '약자' 모두를 받으셨기 때문이다.

이처럼 바울의 경우 윤리적 권면은 그리스도론적인 토대 위에 세워져 있다. 다시 말하면, 기독교 윤리는 인간의 자율(自律)적 이성이나 양심 위에 세워져 있는 것이 아니라, 하나님의 구원, 곧 신율(神律)적 기초 내지는 기독률(基督律)적 기초 위에 세워져 있다. 게다가 '서로 받으라'는 권면은 그 권면이 겨냥하는 목표인 '하나님께 영광을 돌림'과 관련되어 있다. 이는 직전 단락의 종결 축원인 5~6절을 이어받아, 전후 단락을 주제적으로 연결하는 역할을 한다. 여기서 '우리'는 다른 고대사본(시내사본 등)에는 '너희'로 나타난다. 이는 아마도 바울이 '너희'로 말하였으나, 내용적으로는 바울도 포함되므로 후대 사본의 필사자가 '우리'로 대체한 데서 비롯되었을 것이다.

[15 : 8-12] 이 단락은 7절의 '서로 받으라'는 '요약 권면'에 대한 '구속사적 근거'로, 그 권면의 '기독론적 근거'(8-9절상)와 '구약적 근거'(9하-12절)로 이루어져 있다. 먼저, 전자(前者)는 권면의 구속사적 근거 중 기독론적 근거이다. 여기서 '특별 권면'의 대상인 '강자'와 '약자'는 로마 교회에 있는 다수의 '이방인 기독교인'과 소수의 '유대인 기독교인'이다. 이제 '강자'와 '약자'는 구속사의 관점에서 '이방인 기독교인'과 '유대인 기독교인'으로 묘사된다. 이로써 바울은 로마 교회의 구체적인 정황과 관련되어 있는 '특별 권면'을 로마서 전체의 주제인 '이신칭의'라는 '신학적 칭의론'과 예수 그리스도를 통해 이루시는 하나님의 '구속사'라는 관점에서 마무리 짓고자 함을 보여 준다. 이때 로마 교회 내 소수의 구성원이지만, 구속사의 우선권을 따라, '약자'로 여겨진 유

대인 기독교인이 먼저 서술된다(8절). 유대인을 구원하시기 위하여 그리스도께서 '할례의 추종자'가 되어, 조상들에게 주신 하나님의 약속을 견고하게 하심으로써 하나님의 '진실하심'(alētheia)을 드러내셨다. 또한 이방인 그리스도인들도 하나님의 '긍휼하심'(eleos)으로써 그리스도로 말미암아 의롭다 여김을 받았으며 하나님께 영광을 돌리게 되었다(9절상). 여기서 '은혜'와 '진리'(진실)가 유대인에게 어울린다면, '긍휼'은 이방인에게 어울린다.

이어지는 9절 하반절 이후로 12절까지의 단락은 '서로 받으라'는 권면의 구속사적 근거를 구약의 말씀으로써 입증하는 구약 인증구절이다. 이때 바울은 전체 '성경', 곧 '율법서'와 '예언서'와 '성문서'에서 인용한다. 곧, 그는 율법서에서는 신명기에 수록된 '모세의 마지막 노래' 종결절(32 : 43)을, '예언서'에서는 이사야의 한 예언 구절(11 : 10)을, 그리고 '성문서'에서는 그 대표적인 책인 시편 구절들(18 : 49 ; 117 : 1)을 인용한다. 이 경우, 직전 단락에서 바울이 구약을 그대로 인용하지 않고 해석하면서 인용한 것처럼(15 : 3-4 참조), 여기서도 히브리어 성경의 헬라어 번역인 '칠십인역본'의 구절을 자신의 방식대로 그리스도 중심적으로 해석하여 인용함으로써 그 인증 구절로 삼는다. 인용된 모든 (구약)성경의 구절들은 '열방'(ethnē)이란 용어로써 주제적으로 연결되어 있다. 바울은 이 '열방' 용어와 그리고 이 용어가 사용된 구약 본문들로써 그리스도로 말미암은 '유대인과 이방인', 곧 '열방'에 대한 하나님의 구원을 알게 하고, 유대인 기독교인과 이방인 기독교인 모두가 드릴 수 있는 예배와 찬양의 보편성과 개방성을 보여 준다(차정식, 「로마서 Ⅱ」, 417). 이를 자세하게 살펴보면, 다음과 같다.

첫 번째 구약 인용절(9절하)은 원래 이방 나라와의 전쟁에서 승리한 다윗왕이 노래한 구절이지만, 이를 바울은 그리스도께서 '열방' 가운데 하나님께 감사하고 찬송하는 것으로 해석한다. 두 번째 구약 인용절(10절)은 본래 모세가 '열방'에게 이스라엘을 구원하시고 그 원수들을 심판하신 하나님을 함께 찬양할 것을 요구한 노래의 종결절(히 1 : 6에서도 인용)이지만, 이를 바울은

‘하나님의 구속사’라는 넓은 관점에서 유대인 기독교인과 이방인 기독교인이 드려야 할 종말론적인 찬양에 적용한다. 세 번째 구약 인용절(11절)은 이방에게 하나님 찬양을 요구하는 시편의 구절(117 : 1)을 로마 교회에 적용하여 종말론적으로 현재화한다. 그리고 마지막 구약 인용절(12절)은 바울이 이사야서(11 : 10)에서 인용한 구절로서, 이사야가 예언한 장차 올 메시아 왕국을 다스릴 ‘이새의 뿌리’를 ‘열방’이 소망해야 할 예수 그리스도로 해석하였다. 마지막 때 ‘열방’에게 요구된 이러한 찬양은 유대인과 이방인으로 구성된 기독교 신앙공동체인 로마 교회가 마지막 때에 앞서 이 땅에서 선취(先取)적으로 드릴 수 있는 찬양이다(장흥길 역, 「페터 슈툴마허의 로마서 주석」, 390). 이처럼 주후 1세기 초기 기독교 공동체에게 ‘(구약)성경’은 살아 있는 하나님의 말씀이었다(15 : 4 참조).

[15 : 13] 직전 단락(15 : 1–6)이 ‘축복기원’으로써 끝맺은 것처럼(5–6절), 이 단락도 종말이 되기 전에 열방의 그리스도인이 드리는 ‘종말론적 찬양’(8–12절)과 함께 이제 ‘축원’으로써 전체 ‘특별 권면’을 종결한다. 이로써 ‘특별 권면’은 그리스도인들이 의를 이루도록 하기 위한 ‘명령’이 아니라, 의롭다 여김 받은 사람에게 요구된 ‘청원’(請願)적 성격을 갖는다. 모든 민족이 드리는 찬양 가운데 ‘소망의 하나님’이 언급된다. 아직 시간은 마지막에 이르지 않았고 그리스도인들은 이 세상 속에 살고 있다. 하지만, ‘하나님의 구속사’라는 우주적인 관점에서 볼 때, 하나님께서는 예수 그리스도를 믿어 의롭다 여김 받은 모든 이들에게 모든 ‘기쁨’과 ‘평강’을 충만하게 하시고 또한 성령의 능력으로 ‘소망’을 넘치게 하시는 ‘소망의 하나님’이시다. 성령과 관련되어 있는 종말론적 ‘소망’에 관해서는 바울이 이미 로마서의 앞 단락에서도 밝힌 바 있다(5 : 1–5 ; 8 : 23–25 ; 14 : 17 ; 15 : 4 참조). 13절의 축원으로써 바울은 로마 교회 성도들이 ‘믿음 안에서 기쁨과 평강’의 충만을 기원하며, 또한 ‘성령 안에서 소망’이 넘치기를 기원한다. 이로써 마지막 단락(15 : 7–13)은 ‘특별

권면' 단락(14 : 1-15 : 13)을 마감할 뿐 아니라 전체 '권면 단락'(12 : 1-15 : 13)을 마무리 짓는다.

설교를 위한 묵상

이제 이 단락이 전하는 신학적 메시지를 찾아보면, 다음과 같다. 첫째, 신앙공동체 안에서 '할 수 있다'는 입장을 표명하는 '강자'나 '할 수 없다'는 견해를 주장하는 '약자' 사이에 일어나는 갈등과 대립의 문제를 해결할 수 있는 길은 '강자'가 '약자'를 받는 '일방적 수용'이 아니라, 서로 받는 '상호 용납'이다(7절하). 둘째, 그 근거는 그리스도께서 '강자'와 '약자'를 함께 받으셨기 때문이다(7절상). 그리스도의 용납 행위가 그리스도인에게 요청된 상호 용납 행위의 '전제'요 '근거'다. 셋째, 이러한 용납 행위는 하나님께 '영광'이 된다(7절상). 넷째, 그리스도께서 '하나님의 진실하심'을 위하여 유대인의 할례를 받으셨고, '하나님의 긍휼하심'을 위하여 이방인에게도 의롭다 여김 받는 이신칭의의 복음을 주셨다. 다섯째, 유대인 기독교인과 이방인 기독교인의 상호 용납으로 말미암아 하나 된 신앙공동체가 드리는 찬양은 이미 구약성경에서 예언된 것이다(8-12절). 여섯째, 이러한 열방의 찬송에 대해서는 구약의 세 부분인 율법서, 예언서, 성문서 모두에서 증언되었다(8-12절). 일곱째, 바울의 (구약)성경 해석의 관점은 '그리스도 중심적 하나님의 구속사관'이다(8-12절). 여덟째, 하나님께서는 '강자'와 '약자'의 '상호 용납'을 통하여 영광을 받으시고, 또한 유대인과 이방인으로 구성된 '혼합 공동체'로 하나가 된 기독교 신앙공동체를 통하여 찬송을 받으신다. 마지막으로, 서로 받아들이는 '혼합 공동체'에게 하나님은 '소망의 하나님'이시며, 또한 믿음 안에서 기쁨과 평강을 충만케 하시고 성령 안에서 소망을 넘치게 하실 것이다(13절).

바울은 '특별 권면' 단락에서 정결 음식 규정과 특정일 준수와 관련된 신앙공동체 내 갈등 문제에서 자신과 동일한 입장에 있는 로마 교회의 '강자'들을 두둔하지 않았다. 또한 그는 그들이 '약자'에게 비방하는 방식으로 '약자'들을 비난하거나 반대하지도 않았다(장흥길 역, 「페터 슈툴마허의 로마서 주석」, 390). 바울은 처음부터 유대인에게나 헬라인에게나 동일한 '이신칭의의 복음'(1 : 16-17)이 그리스도인에게 주는 자유로써 '강자'에게 '약자'의 연약함을 담당할 것을 권면하고, 나아가 '강자'든 '약자'든, 모든 그리스도인에게 '그리스도께서 그들을 받으신 것처럼 서로 받으라'고 권면하였다.

이런 관점에서 '권면' 단락(12 : 1-15 : 13)의 신학적 메시지를 요약하면, 다음과 같다. 첫째, 의롭다 여김 받은 그리스도인의 삶, 곧 '거룩한 삶'(성화)의 출발점은 자신을 하나님께서 기뻐하시는 거룩한 산 제물로 드리는 것이다(12 : 1-2). 이로써 그리스도인은 자신만의 신앙적인 삶이 아니라, 하나님과 동행하는 삶을 살게 된다. 둘째, 이러한 그리스도인의 삶은, 그것이 교회생활이든 사회생활이든, 하나님께로부터 받은 사랑으로써 형제자매를 사랑하는 것이다(12 : 9 ; 13 : 8-10 ; 14 : 15). 셋째, 이처럼 형제자매를 사랑하는 공동체는 성령 안에서 역사하는 의와 평강과 희락이 있는 '하나님 나라의 그림자'이며(14 : 17), 덕이 세워지는 교회이다(14 : 19). 마지막으로, 이러한 '형제사랑'으로 '서로 받을' 때 하나님께서 영광을 받으시고, 열방의 모든 기독교 신앙공동체가 마지막 때 하나님께 드릴 찬송에 현재적으로 참여할 수 있게 된다.

K. 로마서의 종결 단락(15 : 14-16 : 27)

이 단락은 로마서에서 '열한 번째 큰 단락'으로, 로마서를 마감하는 서신의 '종결 단락'(15 : 14-16 : 27)이다. 특히, 로마서의 마지막 장인 16장이 처음부터 로마서에 속해 있던 본문이었는가를 다루는 로마서의 '통일성' 문제가 주석가들 사이에 제기되었다. 예컨대, 알트하우스(P. Althaus)나 슐리어(H. Schlier)는 '종결 송영'(doxology, 16 : 25-27)을 제외한 16장 단락(16 : 1-24)을 본래 로마서의 종결 단락으로 여겼다. 그러나 캐제만은 이를 나중에 삽입된 '부록'이라고 생각하였다(E. Käsemann, *Römer*, 394). 여러 주석가들이 '통일성' 문제를 제기하는 이유를 크게 구별하여 살펴보면, 그것은 두 가지이다. 그 첫째 이유는 '이신칭의'의 주제를 다루는 로마서의 내용이 실질적으로 바울 사도의 '첫 번째 축원'(15 : 33)으로써 15장에서 끝난다는 점이며, 다른 이유는 16장에서 바울이 문안 인사를 하는 사람들이 로마가 아니라 에베소에 있다고 여겨, 이 마지막 장을 에베소에 보내진 다른 독자(獨自)적 서신으로 보는 것이다. 또 이 단락(16 : 1-24) 외에 현재 로마서 본문 형태의 결미(結尾) 부분인 '종결 송영'(16 : 25-27)이 처음부터 로마서의 종결 단락이었는가 아니면 후기 삽입 단락인가 하는 문제도 제기되었다.

이 '두 단락'(16 : 1-24, 25-27)의 통일성 문제에 대한 해답은 두 가지 관점에서 찾을 수 있다. 그 두 관점 중 하나는 원래의 로마서가 기록되고 그것이 전달된 '사본학적' 내지는 '본문사(本文史)적' 관점이며, 다른 하나는 로마서를 그 저작 당시 역사적 정황과 관련짓는 '역사적' 관점이다. 먼저, 로마서가 후대로 전달되는 과정에 나타난 사본 증거를 살펴보면, 제기된 통일성 문제에 대답할 수 있다. '16장이 원래 로마서에 속하는가?'라는 문제를 밝히기 위해 사본의 본문 증거들을 조사해 보면, 다음과 같은 세 가지 사실을 발견할 수 있다. 첫째, 구약성경을 배척한 이유로 소아시아에서 로마로 이주하였으나 주후 144년경 로마에 있는 교회들로부터 출교당했던, 반(反) 유대주의자 마르시온(Marcion)의 로마서 본문은 14장으로써 끝난다. 둘째, 주후 200년경에 필사된 파피루스 46번 사본의 로마서에는 현재의 로마서 본문에서 16 : 24을 제외한 모든 본문이 나타나며, '종결 송영'(16 : 25-27) 단락은 15장 마지막 절 다음에 나타난다. 셋째, 파피루스 46번 사본에 의하면, '아멘'이 '첫 번째 축원'(15 : 33)에는 생략되어 있고, 그 바로 뒤에 나타나는 '종결 송영'에 붙어 있으며, 이 송영을 잇는 16 : 1~23 단락으로써 로마서 전체가 마감된다.

이런 조사 결과로써 로마서 본문의 전달 과정을 추정해 보면, 다음과 같은 단계들로 구분된다(장흥길 역, 「페터 슈툴마허의 로마서 주석」, 405-407). 최초의 전승 단계에서 필사본(筆寫本)의 대본이 되었던 로마서의 원래 본문은 16장까지였다(제1단계). 그러나 2세기 중엽 마르시온에 의해 유대인 기독교인의 구속사적 우위가 나타나는 단락이 제거된 로마서는 14장으로 종결되었다(제2단계). 그러고 나서, 주후 200년경 필사된 파피루스 46번 사본에서 '아멘'이 없는 15장 마지막 절의 '첫 번째 축원'(15 : 33)과 16장 단락(16 : 1-23) 사이에 '아멘'이 있는 '종결 송영'(16 : 25-27)이 자리 잡게 되었다(제3단계). 이로 인해, 다양한 로마서 본문 사본들이 등장하게 되었다. 예를 들면, 주후 5세기에 필사된 '알렉산드리아'(A) 사본의 로마서 본문에서는 '종결 찬양'이 14장의 결미와 16장의 결미에 각각 나타난다. 또 16 : 23 다음에, 한글 개역성경에 의하면 '없음'으로 표시되어 있는 "우리 주 예수 그리스도의 은혜가 너희 모든 이에게 있을지어다 아멘"이라는 내용을 담고 있는 '두 번째 축원'(16 : 24)은 '고대 사본'(200년경의 파피루스 사본과 주후 4세기 시내 사본과 바티칸[B] 사본)에서는 발견되지 않고, 오히려 후대의 '비잔틴(코이네) 사본' 본문에서야 비로소 나타난다. 이처럼 전술(前述)한 이 모든 사정을 고려하여 판단해 보면, 원래의 로마서 본문 형태는 현재의 정경 형태의 본문과 동일하게 '두 번째 축원'(16 : 24)이 없는 로마서 전체 본문(1 : 1-16 : 27)으로 이루어져 있었음을 알 수 있다.

16장이 원래부터 로마서에 소속되어 있었는지 아니면 후대에 삽입된 것인지를 결정하는 두 번째 결정기준은 15~16장을 로마서 저술 당시의 역사적 정황과 관련짓는 '역사적' 관점이다. 16장에서 찾아볼 수 있는 바울의 '문안 인사' 목록에 언급된 로마 교회의 성도들은, 비록 그 자신의 복음 전파로써 예수 그리스도를 믿은 사람들은 아니었지만, 이미 다른 경로를 통해 그리스도인이 된 사람들이었다. '로마서의 개론적 문제' 단락에서 이미 밝혔던 것처럼, 글라우디오 황제가 내린 로마에서의 유대인 추방령으로 말미암아 로마를 떠났다가 그의 죽음으로 인해 로마로 복귀했던 그리스도인들과 바울은, 바울이 고린도에서 일 년 반 동안 함께 선교 활동을 하였던 브리스가와 아굴라 부부에게 문안하는 것을 볼 때(행 18 : 1-2 ; 롬 16 : 3), 서로 소통하고 있었음이 분명하다. 게다가 바울이 로마 교회의 사정에 대하여, 어떤 경로로든지 또 어떤 방식으로든지, 들어서 알고 있었다는 것은 로마 교회 내 '강자'와 '약자' 사이의 갈등과 불화 문제를 다루었던 '특별 권면' 단락(14 : 1-15 : 13)을 통해서도 충분히 짐작할 수 있다.

위에 서술한 두 가지 이유 외에도, 내용(신학)적인 면을 살펴보거나 문학적으로 '에베소 가설' 자체가 지닌 논증의 허술함을 보더라도 로마서 16장은 원래 로마서 본문이라는 점이 분명하게 드러난다. 다시 말하면, 16장에는 내용적으로 '추천의 글'과 '문안 인사'만 들어 있는 것이 아니라 로마 교회의 '거짓 교사 경계에 대한 권면'(16 : 17-20)도 담겨져 있으며, '종결 송영' 단락(16 : 25-27)의 '복음' 진술은 로마서 서두 단락(1 : 1-17)의 그것과 관련되어 있다. 또 16장을 바울이 에베소 교회에 보낸 독자(獨自)적인 편지라고 주장하는 '에베소 가설'은 이 장에 에베소 교회와 관련지을 수 있는 '문안 목록'에 등장하는 몇 인물에 대한 언급 외에 '추천사'와 '종결 권면'이 들어 있는 이유를 분명하게 설명할 수 없다. 그러므로 16장은 원래 로마서의 마지막 장이었다는 점은 대부분의 주석가들 사이에 일치할 수 있는 합의점이다.

요약하면, 16장은 위에서 밝힌 대로, '본문사적', '역사적', '내용(신학)적', '문학적' 이유에서 원래부터 로마서의 마지막 장이었다. 바울은 로마서의 '마지막 큰 단락'(15 : 14-16 : 27)에서 의도적으로 서신을 종결하고자 하였다. 이 단락을 좀 더 세부적으로 살펴보면, 바울이 이 서신을 기록한 목적과 이유, 로마 교회의 역사적 상황, 이 교회에 대한 그의 바람 등을 알 수 있다. 바울은 이 종결 단락에서 사도로 부르심을 받은 자신의 선교 활동을 회고하며(15 : 14-21), 앞으로 남은 자신의 선교 사역에 대한 계획을 알리고(15 : 22-29), 이러한 복음 전파 활동에서 예상되는, 예루살렘의 유대인과 교회와 관련되었던 걱정거리에 대하여 로마 교회에 중보 기도를 요청하며 첫 번째 축원을 한다(15 : 30–33). 이를 잇는 16장에서 바울 사도는 겐그레아 교회 일꾼으로서 로마서의 전달자로 추정되는 뵈뵈를 추천하고(16 : 1–2), 다양한 동기(動機)를 통해 알게 된 로마 성도들에게 문안한 다음(16 : 3–16), 그들에게 거짓 교사에 대해 경계할 것을 권면하고(16 : 17–20), 자신과 함께 로마 교회 성도들에게 문안 인사를 하는 선교 동역자들의 인사말을 전달한 후(16 : 21–23), '복음'을 소개했던 로마서 서두와 관련된 '종결 송영'으로써 자신의 전체 서신을 마감한다(16 : 25–27). 마지막 단락을 세분하여 구분한 단락들의 주제는 다음과 같다.

15 : 14–16 : 27	로마서의 결미(結尾)와 문안 인사
15 : 14–33	바울의 사도직과 선교 활동 계획
15 : 14–21	'이방인의 사도'로서 바울의 선교 활동 요약
15 : 22–29	바울의 선교 활동 계획
15 : 30–33	바울의 중보기도 요청과 축원(祝願)
16 : 1–27	문안 인사와 종결 권면 및 종결 송영(誦詠)
16 : 1–2	뵈뵈 추천사
16 : 3–16	바울의 문안 인사
16 : 17–20	종결 권면 : 거짓 교사에 대한 경계 권면
16 : 21–23	동역자들의 문안 인사 전달
16 : 25–27	종결 송영

1. 바울의 사도직과 선교 활동 계획(15 : 14–33)

1) '이방인의 사도'로서 바울의 선교 활동 요약(15 : 14–21)

14 내 형제들아 너희가 스스로 선함이 가득하고 모든 지식이 차서 능히 서로

권하는 자임을 나도 확신하노라 [15]그러나 내가 너희로 다시 생각나게 하려고
하나님께서 내게 주신 은혜로 말미암아 더욱 담대히 대략 너희에게 썼노니
[16]이 은혜는 곧 나로 이방인을 위하여 그리스도 예수의 일꾼이 되어 하나님의
복음의 제사장 직분을 하게 하사 이방인을 제물로 드리는 것이 성령 안에서
거룩하게 되어 받으실 만하게 하려 하심이라 [17]그러므로 내가 그리스도 예수
안에서 하나님의 일에 대하여 자랑하는 것이 있거니와 [18]그리스도께서 이방
인들을 순종하게 하기 위하여 나를 통하여 역사하신 것 외에는 내가 감히 말
하지 아니하노라 그 일은 말과 행위로 [19]표적과 기사의 능력으로 성령의 능력
으로 이루어졌으며 그리하여 내가 예루살렘으로부터 두루 행하여 일루리곤까지
그리스도의 복음을 편만하게 전하였노라 [20]또 내가 그리스도의 이름을 부르
는 곳에는 복음을 전하지 않기를 힘썼노니 이는 남의 터 위에 건축하지 아니
하려 함이라 [21]기록된 바 주의 소식을 받지 못한 자들이 볼 것이요 듣지 못한
자들이 깨달으리라 함과 같으니라

바울은 로마서의 일차적인 수신인인 로마 교회에게 자신의 '사도직'과 '선교 활동 계획'을 알리는 단락(15 : 14-33)의 첫 번째 작은 단락에서 '이방인의 사도'인 자신의 선교 활동을 다음과 같이 요약한다. 먼저, 그는 첫 두 절(14-15절)에서 자신이 전도하지는 않았지만, 이미 그리스도인이 된 로마 교회의 성도들에게 서신을 보내는 이유를 조심스럽게 서술한다. 이어서, 그는 로마 교회에게 스스로에 대한 자기이해, 자기소개, 자신의 사도직, 지중해 동부 지역에서 복음 전파 활동의 마무리됨을 알린다(16-19절). 그러고 나서, 바울 사도는 자신이 행한 선교 활동의 특징으로서 '개척 선교'를 실행하였음을 서술한다(20-21절).

[15 : 14-15] 이 두 절은 로마서 서두의 서문 단락(1 : 1-7)에서처럼 여기서도 서신의 발신인인 바울이 그 수신인인 로마 교회에 조심스럽게 편지를 보냄을 알게 한다. 브룬너의 표현을 빌면, 바울은 마치 '사과'(謝過)하는 것처럼

(E. Brunner, *Römerbrief*, 111), 로마 교회 성도들의 환심을 사려는 수사법(captatio benevolentiae)을 사용한다(E. Käsemann, *Römer*, 376). 바울은 로마 성도들을 '내 형제들'로 호칭하며, 그들이 스스로 선함이 가득하고 모든 지식이 차서 바울의 권면 없이도 기본적으로 서로의 잘못을 교정할 수 있도록 훈계할 수 있다는 것을 확신한다(14절). 이때 '권하다'로 옮겨진 '누세테인'(nouthetein)은 바울이 로마 교회를 권면할 때 사용하는 '권하다'(parakalein)는 용어와 달리, 교정(敎正)을 위하여 '훈계하다'를 의미한다. 그럼에도 불구하고, 바울 사도는 자신이 받은 하나님의 은혜를 근거로 하여 그들이 받은 복음과 가르침을 다시 생각나게 하려고 '더욱 담대하게 대략적으로' 그들에게 편지를 쓴다(15절). 여기서 '다시 생각나게 하다'(epanamimēskein)란 당시 유대교와 그리스-로마 세계에서 가르침을 받은 '교훈'을 반복하는 것을 의미하는 전문 술어이다.

[15 : 16-19] 이 단락에서 바울은 로마 성도들에게 그 자신의 '자기이해', '자기소개', '사도직', 지중해 동부 지역에서 '복음 전파 활동의 마무리됨'을 묘사한다. 먼저, 그는 스스로를 어떻게 이해하고 있는지에 대하여 알게 한다(16절). 11장에서 이미 밝혔던 것처럼, 바울은 자신을 '이방인의 사도'(11 : 13)로 이해하고 있다. 로마 교회가 자신이 개척한 교회는 아니기는 하지만, 자신으로 하여금 이 교회에 편지를 보내게 하신 하나님의 '은혜'란 다름 아닌 자신을 '이방인을 위한 그리스도 예수의 일꾼'으로 삼은 은혜이다. 곧, 그는 스스로의 직분을 이방인을 제물로 드리는 '하나님의 복음의 제사장'으로 이해한다. 여기서 '일꾼'이란 일반적 일꾼의 의미로 사용되는 '에르가테스'(ergatēs)가 아니라, 하나님께 드리는 거룩한 제사를 섬기는 '레이투르고스'(leitourgos)이다(13 : 6 참조). 이 용어와 함께 바울은 다른 제사 용어인 '제물을 드리다'(hierourgein)와 '하나님 앞에 가져온 것'에서 유래된 '제물'(prosphora) 용어를 사용함으로써 자신의 이방인 선교 활동을 성령 안에서 거룩하게 되어 하

나님께서 받으시는 제사 행위에 빗대어 묘사한다.

16절의 '자기이해'를 이어서 바울은 다음의 두 절에서 차별적으로 자신을 소개한다(17-18절). 그는 그리스도 예수 안에서 '하나님의 일'에 대하여 자랑할 것이 있지만, '자신의 일'에 대해서는 자랑할 것이 없다. '자신의 일'에 대한 자랑거리는 그가 회심할 때 이미 배설물처럼 버렸다(빌 3 : 1-11, 특히 8절 참조). 바울은 '자신의 일'이 아니라 '하나님의 일'을 자랑함으로써 자신의 신앙적 열심을 자랑하는 유대인에 대하여 스스로를 차별화한다. 그리스도께서는 이방인들을 순종하게 하기 위하여 그를 사용하셨다(18절). '하나님의 일'의 자랑인 바울의 선교 활동은 '말과 행위'로, 곧 복음 전파와 함께, 성령의 능력으로 말미암은 '표적과 기사(奇事)'로 표현된 '이적' 행위로써 실행되었다(19절 상). 이러한 복음 전파 활동의 범위는 구속사의 발원지(發源地)요 중심지인 '예루살렘'에서부터 오늘날의 유고슬라비아인 '일루리곤'(달마디아, 딤후 4 : 10 참조)까지 로마 제국의 동방 지역 전체에 미쳤다(19절하). 물론, 이는 제국의 동방이 바울에 의해 모두 복음화되었다는 것을 의미하지 않는다. 오히려, 그것은 이 지역에 복음화의 토대가 마련되었음을 의미한다. 이때, 하나님이 기원(起源)이 되시는 '하나님의 복음'(16절)은 예수 그리스도가 그 내용이 되는 '그리스도의 복음'(19절)과 동일하다.

[15 : 20-21] 이제 바울 사도는 로마 교회에 다른 의도가 없음을 자신이 실행한 '개척 선교'로써 알리고자 한다. 곧, 그는 자신에 의해 세워지지 않았던 로마 교회에 편지를 쓰는 입장에서 불필요한 오해나 비난을 받지 않도록 자신의 선교 활동 방식 중 하나인 '개척 선교'를 언급한다. 다시 말하면, 그는 그리스도의 이름이 불리는 곳에는 복음을 전하지 않기를 이미 힘썼고, 다른 선교사가 세운 터 위에는 교회를 세우려 하지도 않았다(20절). 그러고 나서, 바울은 그 근거를 대기 위해 성경(사 52 : 15)을 인증한다. 여기서 그는 자신의 이방인 선교 활동을 '주의 소식을 받지 못한 자들이 보고, 듣지 못한 자들이 깨닫는

것'으로 이해한다. 이로써 바울은, 자신이 초기 기독교 교회와 함께 예수 그리스도의 활동을 구약 예언의 성취로 이해하였던 것처럼, 성령 안에서 이루어지는 자신의 선교 활동 역시도 종말론적으로 구약과 결부시킨다. 이런 묵시적 관점에서 바울은 스스로를 성경(구약)에 예시된 '예언의 실행자'로, 또 하나님의 구속사에서 하나님에 의해 '예정된 도구'로 이해한다(E. Käsemann, *Römer*, 381).

설교를 위한 묵상

로마서 저술 당시 바울과 로마 교회 사이의 역사적 정황을 알게 하는 첫째 본문 단락이 전하는 신학적 메시지는 다음과 같다. 첫째, 바울은 스스로를 이방인을 위해 그리스도 예수를 섬기는 일꾼, 곧 '하나님의 복음의 제사장'으로 이해한다(16절). 둘째, 바울의 선교 활동은 '자기의 일'을 자랑하지 않고 '하나님의 일'을 자랑함으로써, 다른 이들의 그것과 차별화된다(17-18절). 셋째, 다음 단락에서 제국의 수도 로마를 발판으로 하여 자신의 선교 활동을 넓혀 나갈 계획을 가지고 있었던 바울은 로마 제국의 동방에서 복음화의 토대가 마련되었다고 여겼다(19절). 넷째, 이런 선교 계획과 관련하여 불필요한 오해를 받거나 논란에 휩쓸리지 않도록 그는 로마 교회에 자신의 '개척 선교' 방식을 알게 한다(20절). 마지막으로, 이렇게 선교하는 바울은, '하나님의 구속사'라는 관점에서 볼 때, 스스로를 구약의 예언을 이루는 하나님의 도구로 이해한다(21절).

2) 바울의 선교 활동 계획(15 : 22-29)

[22]그러므로 또한 내가 너희에게 가려 하던 것이 여러 번 막혔더니 [23]이제는

이 지방에 일할 곳이 없고 또 여러 해 전부터 언제든지 서바나로 갈 때에 너
희에게 가기를 바라고 있었으니 [24]이는 지나가는 길에 너희를 보고 먼저 너
희와 사귐으로 얼마간 기쁨을 가진 후에 너희가 그리로 보내 주기를 바람이라
[25]그러나 이제는 내가 성도를 섬기는 일로 예루살렘에 가노니 [26]이는 마게도
냐와 아가야 사람들이 예루살렘 성도 중 가난한 자들을 위하여 기쁘게 얼마
를 연보하였음이라 [27]저희가 기뻐서 하였거니와 또한 저희는 그들에게 빚진
자니 만일 이방인들이 그들의 영적인 것을 나눠 가졌으면 육적인 것으로 그
들을 섬기는 것이 마땅하니라 [28]그러므로 내가 이 일을 마치고 이 열매를 그
들에게 확증한 후에 너희에게 들렀다가 서바나로 가리라 [29]내가 너희에게 나
아갈 때에 그리스도의 충만한 복을 가지고 갈 줄을 아노라

직전 단락에서 바울은 '이방인을 위한 사도'로서 자신이 행한 지난 선교 활동을 요약하였다. 그런 다음 그는 이제 로마 교회 성도들에게 앞으로 하려고 하는 자신의 선교 활동 계획을 알게 한다. 먼저, 이 단락의 첫 세 절(22-24절)에서 바울은 로마를 방문한 다음, 서바나(spania, 지금의 스페인)로 선교하고자 하는 자신의 선교 활동 계획을 서술한다. 이때 22절은 '그러므로'로써 직전 단락과 인과(因果)적으로 연결되면서, 로마서 서두의 한 단락(1 : 13-15 참조)에서 밝혔던, 로마를 향한 선교 여행 계획 주제를 부연(敷衍)한다. 그런 다음, 23~24절은 로마를 방문하려는 그의 목적을 밝힌다. 여기서 바울은 로마 제국의 서방 지역에 대한 '개척 선교'에 대한 자신의 바람을 알게 한다. 그러고 나서, 그는 25~29절 단락에서 자신의 선교지에서 모았던 기부금 전달을 위한 예루살렘 여행 계획을 서술한다.

[15 : 22-24] 첫 번째 단락은 로마를 방문한 후 서바나로 선교 여행을 떠나고 싶어하는 바울의 선교 활동 계획을 보여 준다. 22절에서 그는 로마를 방문하기 위해 여러 차례 시도했으나 차단되었음을 밝힌다. 그러나 이제는 로마

제국의 동쪽 지방, 곧 '예루살렘과 일루리곤 사이 지역'(19절)에서 완전한 복음화는 이루어지지 않았지만 자신이 부름 받은 사역과 관련된 '개척 선교'(Pioniermission)의 의미에서 선교의 터 닦기 작업을 할 곳이 더 이상 없다고 그는 생각했다. 이처럼 바울 사도는 세 번째 선교 여행의 말기에, 고린도에 3개월 체류하고 있을 때 이미 로마 제국의 동방 지역에서 복음화를 위한 전초 기지를 구축하는 자신의 일이 일단락되었다고 인식하였다. 이런 사실은 바울이 로마서를 56년 초 고린도에서 저술했다는 간접적인 증거가 될 수 있다(K. Haacker, *Römer*, 309). 그러므로 그는 여러 해 전부터 마음에 품고 기도하며 준비해 왔던 서바나 선교 계획을 이제는 실행에 옮기고자 하였고 이를 위해 그는 먼저 로마를 방문하고자 하였다(23-24절). 이것이 그가 로마를 방문하고자 하는 목적이었다.

누가의 경우 '땅끝'은 로마였지만(행 28장 참조), 바울에게 '땅끝'(10 : 18)이란 당시 상당수의 유대인 회당이 있던 서바나였다(E. Käsemann, *Römer*, 383). 또한 그에게 로마는 서바나로 가는 중간 경유지이며 '땅끝' 선교의 전초 기지였다. 이런 점에서, 로마는 '땅끝' 선교의 종착지가 아니라, 바울이 동방에서의 이방인 개척 선교를 마감할 새로운 출발지이다(장흥길 역, 「페터 슈툴마허의 로마서 주석」, 399). 세계 선교에 대한 이런 묵시적 소망을 품고 바울은 하나님의 구속사에 참여하는 '이방인의 선교사'로서 땅끝까지 가서 복음화를 위한 선교 기지를 구축하려 하였다. 이를 위해 바울은 경유지로 택한 세상의 수도(首都) 로마에서 이곳의 성도들과 교제하고, 그 후에 그들이 바울을 서바나로 파송해 주기를 바라면서 로마서를 썼다.

[15 : 25-29] 둘째 단락에서는 이러한 선교 여행 전에 바울이 유럽 지역 교회에서 모금한 기부금을 전달하기 위한 예루살렘 여행 계획을 밝힌다(25-29절). 세부적으로는, 25절에서 바울은 로마 방문 전 예루살렘 방문 계획과 목적을 알리고, 이어 26~27절에서 예루살렘 방문 목적의 근거를 댄 다음, 마지막

두 절(28-29절)에서 로마 방문과 서바나 선교 계획을 다시 반복하여 진술한다. 이를 세부적으로 살펴보면, 다음과 같다.

먼저, 바울은 자신의 예루살렘 방문 계획과 그 목적을 서술한다(25절). 그의 예루살렘 방문 목적은 '성도를 섬기는 일', 곧 '모금된 기부금을 전달하는 일'이다. 이때 '섬김'(diakonein)이란 모금을 통한 섬김을 의미한다. 요세푸스(Josephus)의 「유대고대사」(20 : 101)에 의하면, 글라우디오 황제의 재임 기간 중인 주후 46~48년 유대 지방에 사는 주민들이 이 지방에 내린 큰 기근(행 11 : 27-30)으로 인하여 경제적으로 곤경에 빠져 있었다. 이에 바울은 성도를 섬기는 일을 위하여 복음의 발상지인 예루살렘으로 가려 한다. 이를 언급한 다음, 바울은 예루살렘을 방문하려는 목적에 대한 근거를 댄다(26-27절). 바울이 예루살렘 교회에 전달하고자 하는 기부금은 그가 복음을 전하기 위해 마게도냐와 아가야 지방을 여행하는 가운데 복음을 받은 성도들이 예루살렘 교회의 가난한 사람들을 구제하기 위해 기쁘게 연보(捐補)한 것이었다(26절). 이때 '연보'(koinōnia)란 이방인 교회와 예루살렘 교회 사이의 사랑을 나누는 교제의 선물로 '연대(連帶)의 기부금'(E. Käsemann, *Römer*, 385)이었다. 이러한 기부금 전달 행위는 주후 48년 초 예루살렘에서 모였던 최초의 사도공회 때 바울과 바나바가 예루살렘 교회의 사도들에게 이미 약속했던 합의 사항(갈 2 : 10)이었다.

그렇기는 하지만, 바울은 자신이 모금한 기부금 전달 행위를 '약속 이행'이라는 관점에서 언급하지 않고, 그 대신 이방인과 유대인 기독교인 간의 '영적 교제'의 관점에서 다룬다. 이 모금은 이방인 그리스도인들이 억지로 한 것이 아니라, 기쁘게 자발적으로 행한 것이다. 그들이 예루살렘 모(母)교회로부터 '영적인 것'(1 : 11 참조)을 빚진 자라면, '육적인 것', 곧 '연보'로써 예루살렘 교회의 성도들을 섬기는 것이 마땅하다(27절). 이제 마지막 두 절(28-29절)에서 바울은 자신의 로마 방문과 서바나 선교 계획을 다시 진술한다. 바울의 경우 이방인 기독교인들이 예루살렘 성도들을 위하여 연보한 것은 단순한 구제금이 아니다. 오히려 그것은 그가 마게도냐(빌립보와 데살로니가 교회)와 아가야 지방에서 행한 선교 활동의 '열매'이며, 또한 '예루살렘 교회의 축복에 대한 감사'(「독일성서공회 해설 성경전서」 참조)이다(28절). 바울은 이방 지역에서 모금된 기부금을 예루살렘 모교회에 전달하여 이 열매를 예루살렘 성도들에게 보여 주고, 인증을 받은 후에 '이방인 그리스도인과 유대인 그리스도인의 하나 됨'이라는 '그리스도의 충만한 복'을 가지고 로마를 들렀다가 서바나로 가고자 한다(29절). 이때 바울은 '열매'(karpos) 용어를 사용함으로써 모든 그리스도인의 행위가 스스로의 경건한 신앙행위의 '산물'(産物)이나 노력의 '대가'(代價) 또는 '업적'(業績)이 아니라 하나님에 의해 은혜로 맺혀지는 '선물'(膳物)임을 알게 한다. 또 '그리스도의 충만한 복(eulogia)'을 서두에 언급된, 로마 방문 목적을 진술하는 단락(1 : 11-12)과 관련지어 해석한다면, 이는 바울이 로마 교회 성도들에게 나누어 주려 했던 '신령한 은사'로 이해할 수도 있을 것이다(박익수, 「로마서 주석 Ⅱ」, 400).

설교를 위한 묵상

사도 바울의 선교 여행 계획을 서술하는 이 본문 단락이 전하는 신학적 메시지는 다음과 같다. 첫째, 자신을 '이방인의 사도'로 이해한 바울은 당시 '땅끝'으로 알려진 서바나까지 선교할 계획을 오래전부터, 적어도 여러 해 동안 가지고 있었다(23절). 둘째, 이 서바나 선교를 위해 바울은 무리하게 시도하지 않고 적절한 때를 기다렸다(22절). 셋째, 서바나 선교를 하기 전에 바울은 당시 '세상의 수도'로서 사통팔달한 교통망을 가지고 있는 로마를 경유지로 삼는 선교 전략을 세웠다(24절). 넷째, 바울은 서바나 선교를 위해 로마 교회가 자신을 거기로 보내 주기를 희망했다(24절). 다섯째, 서바나 선교를 위한 로마 방문 전에 바울은 예루살렘 모교회에 들러 마게도냐와 아가야 사람들의 연보를 전달하는 일을 '성도를 섬기는 일'로 이해하였다(25-26절). 여섯째, 바울은 이 연보 행위를 예루살렘 교회와 이방인 기독교인 상호 간의 '교제'

와 그리스도 안에서 하나 된 '유대'(紐帶)를 위해 예루살렘 교회로부터 영적인 것을 받은 이방인 교회가 마땅히 해야 할 것으로 여긴다(27절). 일곱째, 이방인 그리스도인이 기쁘게 모금한 '연보'는 바울이 섬긴 복음 전파 사역의 '열매'이다(28절). 마지막으로, 바울은 로마 교회에 '그리스도의 충만한 복', 곧 '신령한 은사'(1 : 11)를 가지고 가서 그들을 견고하게 세우려 한다(29절).

3) 바울의 중보기도 요청과 축원(15 : 30-33)

> [30]형제들아 내가 우리 주 예수 그리스도와 성령의 사랑으로 말미암아 너희를
> 권하노니 너희 기도에 나와 힘을 같이하여 나를 위하여 하나님께 빌어 [31]나로
> 유대에서 순종하지 아니하는 자들로부터 건짐을 받게 하고 또 예루살렘에 대
> 하여 내가 섬기는 일을 성도들이 받을 만하게 하고 [32]나로 하나님의 뜻을 따
> 라 기쁨으로 너희에게 나아가 너희와 함께 편히 쉬게 하라 [33]평강의 하나님께
> 서 너희 모든 사람과 함께 계실지어다 아멘

바울은 서바나 선교와 로마 방문에 앞서, 예루살렘 교회를 방문하여 이방인 그리스도인들에게서 모금했던 연보를 전달해야만 했다. 이러한 여행 계획과 관련하여 바울은 심하게 마음이 쓰이는 두 가지 중보 기도를 로마 교회 성도들에게 요청한다(30-32절). 그런 다음, 바울은 그들에게 '축복 기원'을 한다(33절).

[15 : 30-32] 이 단락에 기록된 중보기도 요청은 바울이 처한 당시 입장이 상당히 어려운 상황이었음을 짐작하게 한다. 다시 말하면, 그는 로마서를 저술할 당시 적지 않은 심적 부담을 가지고 있었다. 이에 대하여 두 가지를

말할 수 있다. 그 한 가지는 그가 예루살렘에 있는 기독교인, 특히 헬라적 기독교인을 박해하는 유대인에 대해 가졌던 두려움이 있었다. 다른 한 가지는 그가 예루살렘 모교회에 아직도 율법을 지켜야 한다고 주장하는 유대적 성향의 기독교인에 대하여 가졌던 염려이다. 비(非)기독교인 유대인들과 유대적 기독교인들은 바울이 선교 활동을 할 때 어려움이나 부담을 주었던 자들이다. 바울은 수리아의 안디옥에서 예루살렘 교회의 '기둥'이었던 야고보로부터 보냄을 받았던 유대인 그리스도교인과 충돌했던 경험을 가지고 있었다(갈 2 : 11–14). 이로 보건대, 그는 예루살렘 교회의 유대인 기독교인 무리에 대하여 염려하였을 것이 분명하다. 특히, 바울은 자신이 모금한 이방인 기독교인들의 연보를 이들이 받아들일지에 대하여 알지 못하였다. 게다가, 설령 예루살렘 교회가 이 연보를 받아들인다고 하더라도, 이에 대하여 비(非)기독교인 유대인들이 어떻게 반응할지 그는 상당히 우려하였음이 틀림없다. 예루살렘 교회를 위한 바울의 모금 전달 행위는 예수를 믿지 않는 유대인들에게 충분히 도발적으로 여겨질 수 있었다. 이런 점에서, 바울은 '자신의 선교 활동'과 '전체 교회의 하나 됨'의 문제에 대하여 예루살렘 교회의 판단을 초조하게 기다렸을 것이다. 그러므로 이 단락에서 바울이 주목하는 주요 대상은 로마 교회가 아니라 예루살렘의 유대인 기독교인이었으며, 그와 함께 유대교인들에 대해서도 마음이 쓰였다. 이런 점을 고려한다면, 사도 바울이 로마서를 기록할 때, 그는 '로마'와 '서바나'뿐 아니라 '예루살렘'을 함께 염두에 두고 있었다(E. Käsemann, *Römer*, 390–391). 이 세 도시는, '로마서의 개론적 문제' 단락에서 밝혔듯이, 바울의 로마서 저술 목적에 밀접하게 관련되어 있다.

바울은 자신이 처해 있는 이런 역사적 상황에서 로마 교회의 성도들에게 자신을 위한 중보기도를 요청한다(30절). 그 기도의 내용은 두 가지다. 첫째는, '유대에서 순종하지 아니하는 자들', 곧 바울이 전달하는 모금을 받는 것에 반대하거나 이를 비방하는 자들로부터 자신이 건짐을 받게 해 달라는 것이며, 둘째는, 그가 '섬기는 일(diakonia, 봉사)'인 '모금 전달' 시 이 기부금을 예루살렘 교회의 성도들이 받을 수 있게 해 달라는 것이다(31절). 이 기도가 하나님께 상달(上達)됨으로 말미암아 바울은 하나님의 뜻을 따라 기쁨으로 로마의 성도들에게 나아가 그들과 함께 편히 쉬게 되기를 바란다.

[15 : 33] 이처럼 로마 교회에 중보 기도를 요청한 다음, 바울은 "평강의 하나님께서 너희 모든 사람과 함께 계실지어다 아멘"으로써 그들을 축원한다. '평강의 하나님'이란 바울이 자신의 '축복기도'에서 예수 그리스도로 말미암아 모든 이들과 화목하게 하시는 평화의 기원(起源)이 되시는 하나님(5 : 1)이라는 의미로 자주 사용하는 유대적 호칭이다(고후 13 : 11 ; 살전 5 : 23 ; 참조, 히 13 : 20–21).

2. 문안 인사와 종결 권면 및 송영(16 : 1–27)

로마서에 붙은 '추가장'으로 여겨지기도 했던 16장은, 앞에서 밝힌 대로, '본문사적', '역사적', '신학적', '문학적' 이유에서 원래 로마서의 마지막 장이었다. 다시 말하면, 이 장은 후대의 편집자가 덧붙인 '후기'(後記)나 바울이 기록한 다른 편지를 이곳에 삽입한 '부록'(附錄)이 아니라, 바울 사도가 의도적으로 로마서의 '마지막 큰 단락'(15 : 14–16 : 27)을 마감하고자 기록한 종결장(終結章)이다. 왜냐하면, 앞에서 해명한 이유 외에, 이 장에 '문안 인사'와 함께 바울의 개인적인 '추천사'(推薦辭)와 '종결 권면'과 '종결 송영'이 들어 있기 때문이다. 로마서의 마지막 장에서 바울 사도는 이 편지를 쓰고 있는 고린도의 외항 겐그레아 교회 출신인 뵈뵈를 추천하고(16 : 1–2), 할 수만 있으면 자신이 알고 있는 최대한의 로마 성도들에게 문안한 다음(16 : 3–16), 그의 서신 결미에 통상적으로 등장하는 '종결 권면'에서 거짓 교사에 대한 경계를 권면하고(16 : 17–20), 자신과 함께하는 선교 동역자들의 문안 인사를 전한 후

(16 : 21-23), 로마서의 주제인 '이신칭의'(以信稱義) 개념에서 핵심 용어인 '복음'을 다시 상기시키는 '종결 송영'으로써 로마 교회 성도들에게 보내는 자신의 전체 서신을 마감한다(16 : 25-27).

1) 뵈뵈 추천사(16 : 1-2)

> [1]내가 겐그레아 교회의 일꾼으로 있는 우리 자매 뵈뵈를 너희에게 추천하노니 [2]너희는 주 안에서 성도들의 합당한 예절로 그를 영접하고 무엇이든지 그에게 소용되는 바를 도와줄지니 이는 그가 여러 사람과 나의 보호자가 되었음이라

[16 : 1-2] 바울은 16장의 서두에서 가장 먼저 '뵈뵈'(Phoibē, '뵈베'가 올바른 음역)를 언급한다. 그것은 아마도 그녀가 로마 교회에 로마서를 전하는 '서신 전달자'였기 때문일 것이다(*EWNT* Ⅲ, 1039). '뵈뵈'란 '빛나는, 맑고 순수한'을 의미하는, 그리스 신화에서 유래된 여자 이름이다. 이 여인은 바울이 아가야 지방에서 활동한 자신의 두 번째, 세 번째 선교여행 중 고린도에 머물면서 사역할 때, 그를 많이 도와준 겐그레아 교회 출신의 여성도였다. 겐그레아는 고린도 지협(地峽)의 북쪽에 자리 잡은 레가이온 항구와 함께 그 남쪽에 위치해 있던 고린도의 외항(外港)으로 고린도에서 11㎞ 정도 떨어진 곳에 있었다. 바울은 자신이 고린도에 체류하는 동안 여러모로 도와주었던 겐그레아 교회의 일꾼인 뵈뵈를 로마 교회에 추천한다. 이때, '추천하다'란 원어로는 '쉰이스타나이'(synistanai)로 원래의 뜻인 '함께 서다', '함께하다'가 전이(轉移)적으로 사용된 용어이다. 이는 바울이 디모데를 고린도 교회에 추천할 때도 동일하게 사용했던 단어이다(고전 16 : 10-11). 고대 지중해 주변 세계에서는 추천서를 가지고 있는 사람은 보호를 받을 수 있었는데, 바울은 로마서의 전달자로서 뵈뵈를 추천함으로써 로마 교회가 그녀를 기쁘게 영접해 주기를 바란다.

1절에서 추천을 받은 뵈뵈는 '우리 자매'로 소개된다. 신약성경에서 '형제'(adelphos, 343회) 용어에 비해 상대적으로 드물게 나타나는 '자매'(adelphē, 26회)는, 바울의 경우 혈육(血肉)의 자매가 아니라 전이(轉移)적 용례로 사용되어 '여성 그리스도인'(고전 7 : 15 ; 9 : 5)이나 그의 '여성 동역자(同役者)'를 지칭할 때 사용된 용어이다(*EWNT* Ⅰ, 71-72). 바울이 소개하는 뵈뵈는 겐그레아 교회에서 '일꾼으로 있는 사람'이다. 이때 '일꾼'(diakonos)이란 일반적 용례의 '일하는 사람'이 아니라 교회 안에서 '섬기는 사람'으로, 아마도 뵈뵈는 교회 내 약한 사람들, 특히 병든 사람이나 여인들을 돕고 또 여성 수세자가 세례 받을 때 이 일을 도왔던 사람(O. Michel, *Römer*, 377)으로 겐그레아 교회에서 이미 직분(職分)화되어 있던 '봉사자'였을 것이다(W.-H. Ollrog, *Paulus und seine Mitarbeiter*, 1979, 31).

1절에서 로마 교회에 '우리 자매', '겐그레아 교회의 일꾼'으로 소개하며 추천하는 바울은 이어 2절에서 그들이 바울의 이 여성 동역자를 주 안에서 성도의 예절에 합당하게 영접하고 그녀가 필요한 것이 무엇이든지 도와주기를 바란다. 왜냐하면 그녀는 여러 사람들뿐 아니라 바울 자신의 후원자가 되었기 때문이다. 한글 개역성경에서 '보호자'로 옮긴 '프로스타시스'(prostasis, 자구〈字句〉적으로는 '앞에 서 있는 자')는 여기서는 바울의 선교 사역을 위해 많이 도와준 '후원자'가 적절한 번역이다. 이로 보건대, 뵈뵈는 당시 '가정교회'로 존재했던 교회 형태를 따라 겐그레아 교회가 모일 수 있도록 자신의 집을 예배 장소로 제공하고 여러 가지로 교회의 일들을 섬겼던 봉사자였을 것이다. 당시 가부장(家父長)적 사회에서 뵈뵈가 여성으로서 교회의 중요한 일꾼이었으며, 또 바울의 편지를 전달하는 중요한 일을 맡은 것을 통해 유추해 볼 때, 이와 같이 여성을 존중하는 기독교는 예수를 믿지 않는 외인(外人)들에게는 일종의 '문화적 충격'이었음이 틀림없었을 것이다.

'뵈뵈 추천사' 단락이 전하는 신학적 메시지는 다음과 같다. 곧, 고대의 가부장적 사회에서 대부분의 여성들의 지위와 달리, 바울은 성차별 없이 뵈뵈를 자신의 동역자로 '우리 자매'요 '겐그레아 교회의 일꾼'이자 바울의 '후원자'로 로마 교회에 소개하며, 그녀에게 서신을 전달하는 중요한 일을 맡기고, 그녀를 로마 교회가 보호하고 환대할, 자신의 추천을 받은 사람으로 받아주기를 바란다(1-2절).

2) 바울의 문안 인사(16 : 3-16)

[3]너희는 그리스도 예수 안에서 나의 동역자들인 브리스가와 아굴라에게 문안
하라 [4]그들은 내 목숨을 위하여 자기들의 목까지도 내놓았나니 나뿐 아니라
이방인의 모든 교회도 그들에게 감사하느니라 [5]또 저의 집에 있는 교회에도
문안하라 내가 사랑하는 에배네도에게 문안하라 그는 아시아에서 그리스도
께 처음 맺은 열매니라 [6]너희를 위하여 많이 수고한 마리아에게 문안하라 [7]내
친척이요 나와 함께 갇혔던 안드로니고와 유니아에게 문안하라 그들은 사도
들에게 존중히 여겨지고 또한 나보다 먼저 그리스도 안에 있는 자라 [8]또 주
안에서 내 사랑하는 암블리아에게 문안하라 [9]그리스도 안에서 우리의 동역자
인 우르바노와 나의 사랑하는 스다구에게 문안하라 [10]그리스도 안에서 인정
함을 받은 아벨레에게 문안하라 아리스도불로의 권속에게 문안하라 [11]내 친척
헤로디온에게 문안하라 나깃수의 가족 중 주 안에 있는 자들에게 문안하라
[12]주 안에서 수고한 드루배나와 드루보사에게 문안하라 주 안에서 많이 수고
하고 사랑하는 버시에게 문안하라 [13]주 안에서 택하심을 입은 루포와 그의 어머
니에게 문안하라 그의 어머니는 곧 내 어머니니라 [14]아순그리도와 블레곤과 허
메와 바드로바와 허마와 및 그들과 함께 있는 형제들에게 문안하라 [15]빌롤로

고와 율리아와 또 네레오와 그의 자매와 올름바와 그들과 함께 있는 모든 성
도에게 문안하라 16너희가 거룩하게 입맞춤으로 서로 문안하라 그리스도의
모든 교회가 다 너희에게 문안하느니라

16장의 둘째 단락에, 바울이 이미 알고 있는 로마 교회 성도들에게 문안하는 일련의 긴 '문안 인사' 목록이 나타난다. 바울 서신에서 이처럼 긴 문안 인사는 로마서 외에는 거의 나타나지 않는다. 이는 당시 로마 교회와 바울 주변 교회의 역사적 상황을 유추해 볼 수 있는 소중한 역사적 자료이다. 이때 '문안하라'(aspasasthe)는 2인칭 복수 명령형으로, 바울의 문안 부탁은 로마의 여러 가정 교회들을 향해 세워져 있음을 알 수 있다. 이런 역사적 상황은 바울의 문안 대상이 되는 사람들에게 붙은 수식어구나 당시 제작된 비문(碑文)이나 자료 증거를 통해 유추해 볼 수 있다.

이 단락에 언급된 바울의 문안 대상자를 성별, 가족별, 종족별, 가정교회별, 사회계층별, 또 바울과의 개인적 친밀도별로 살펴보면, 다음과 같다. 우선, 성별을 살펴보면, 이 문안 목록에 남자 성도가 15명, 여자 성도가 10명(루포의 어머니를 포함하여), 그 외 아리스도불로의 권속과 나깃수 가족의 일부가 나타난다. 또 가족별로는 세 쌍의 부부, 곧 '브리스가와 아굴라'(3절), '안드로니고와 유니아'(7절), '빌로로고와 율리아'(15절), 그리고 두 쌍의 자매, 곧 '드루배나'와 '드루보사'(12절), '네레오'와 '올름바'(15절)가 언급된다. 종족별로 구분해 보면, '브리스가'와 '아굴라', '마리아', '안드로니고'와 '유니아', '헤로디온'은 글라우디오 황제의 영(令)으로 로마를 떠났다가 그의 사후 영의 효력 상실로 인하여 다시 로마로 귀환한 유대인 기독교인이었으며, 그 외는 이방인 기독교인이었다. 가정 교회별로는, 적어도 세 교회가 확실하게 언급된다. 곧, '브리스가와 아굴라의 집에 있는 교회'(5절), '아순그리도와 블레곤과 허메와 바드로바와 허마와 및 그들과 함께 있는 형제들'(14절), '빌롤로고와 율리아와 또 네레오와 그의 자매와 올름바와 그들과 함께 있는 모든 성도'(15절)

가 그것이다. 사회계층별로는 '브리스가'와 '아굴라'는 자영업자였으며, 당시 비문 증거에 따르면, 최소한 10명은 종의 신분이거나 종에서 해방된 자유인이었다.

바울과의 개인적 친밀도를 살펴보면, 이는 문안 인사 목록에서 이름과 함께 그 사람을 알 수 있게 하는 수식어구나 전후 배치순서와 관련되어 있는데, 이에 따라 본문 단락을 세분해 보면, 다음과 같이 네 개의 작은 단락으로 나눌 수 있다. '첫째 단락'(3-7절)에서 바울은 선교적 의미에서 자신과 특별한 친분 관계가 있었던 두 쌍의 부부와 마리아에 대하여 문안한다. '둘째 단락'(8-13절)은 바울과 개인적인 친분 관계가 있었음을 알게 하는 수식어구가 붙어 있는 문안 인사 단락이다. '셋째 단락'(14-15절)은 아무런 수식어구 없이 나열된 성도들로 구성된 두 가정교회에 대한 문안 인사 단락이다. 그러고 나서 바울은 이 단락의 마지막 절(16절)에서 자신의 선교 활동과 관련되어 있는 로마 제국의 동방에 있는 그리스도의 모든 교회가 문안하는 인사를 로마 교회에 전달한다. 이 단락들에 언급된 문안 인사를 세부적으로 살펴보면, 다음과 같다.

[16 : 3-7] 첫째 단락에서 바울은 먼저 자신의 로마 제국 동편 지역의 선교 활동에서 중요하게 동역하였던 '브리스가와 아굴라' 부부와 그의 집에 있는 교회에게 문안하고(3-5절상), 에배네도와 마리아에게 문안한 다음(5하-6절), 자신의 친척인 '안드로니고와 유니아' 부부에게 문안 인사를 한다(7절). 먼저, 바울은 유대인 그리스도인 '브리스가와 아굴라' 부부에 대한 문안으로써 로마 교회에 로마서를 종결하기 전에 문안 인사를 한다. 디모데후서(4 : 19)에서처럼 여기서도 '브리스가와 아굴라'는 서신 말미에 나타나는 바울의 문안 인사에서 첫 번째 자리에 언급된다(*EWNT* Ⅰ, 134-135). 애칭(愛稱)으로 부르는 '축소어미형태'(deminutivum) 이름인 '브리스길라'의 본명(本名)인 '브리스가'(Prisca)는 라틴어 이름에 대한 헬라어 음역명(音譯名)이다. 이는 신약성경

에서 모두 여섯 번 등장하는데, 세 번은 바울서신에서, 나머지 세 번은 사도행전에 나타난다. 사도행전에서는 모두 '브리스가' 대신 '브리스길라'(Priscilla)로 사용되었다. 여섯 번 중 두 번은 남편인 아굴라가 브리스가보다 먼저 언급되지만(행 18 : 2 ; 고전 16 : 19), 나머지 네 번은 모두 아내인 브리스가가 아굴라보다 먼저 등장한다(행 18 : 18, 26 ; 롬 16 : 3 ; 딤후 4 : 19). 이는 아마도 로마 교회에서 여성인 브리스가의 역할이 컸거나(H. Schlier, *Römerbrief*, 443), 그녀가 남편보다 먼저 회심하였기 때문일 것이다(R. Jewett, *Romans*, 957). 아굴라(Aquila)는 본도 출신의 유대인(행 18 : 2)으로, 바울은 이 부부를 고린도에서 처음 만났다. 천막을 만드는 그들의 직업이 바울과 같았으므로 그들은 함께 생활하며 일하면서 선교하였다(행 18 : 2-3). 고린도 선교 후 이 부부는 겐그레아 항구에서 바울과 함께 배를 타고 에베소로 가서 그의 선교 활동을 도왔으며(행 18 : 18-19 ; 19 : 8-10), 거기서 요한의 세례만 아는 아볼로에게 예수에 관한 것을 가르치기도 하였다(행 18 : 24-26). 이 부부는 바울이 고린도전서를 쓸 당시 에베소에서 큰 어려움을 당하였을 때 그에게 크게 도움을 준 사람들이었다(행 19 : 23-20 : 1 ; 고전 15 : 32 ; 고후 1 : 8-10 참조). 바울은 이 모든 것을 요약하여, 이들을 "그리스도 예수 안에서 나의 동역자들인 브리스가와 아굴라"(3절)로 묘사한다. 이들은 바울이 생명이 위태로운 심각한 위험을 당하고 있을 때에 "자기들의 목까지도 내놓았던"(4절상), 바울을 희생적으로 섬겼던 사람들이다. 이 부부가 에베소에 머물러 있을 때 그 집에 교회가 있었으며(고전 16 : 19), 로마로 복귀한 다음에도 이들의 집에서 가정교회가 모였다(5절상).

이 주요 선교 동역자에게 문안 인사를 한 다음, 바울은 아가야 주의 수도(首都)인 고린도 교회의 '첫 열매'로 스데바나의 집안사람을 언급한 것처럼(고전 16 : 15), 여기서도 아시아 주의 수도 에베소에서 처음 맺은 열매, 곧 이 지역 최초의 신자인 에배네도(Epainetos)에게 문안한다(5절하). 헬라 문헌(Diodorus Siculus 19.79.2)의 증거에 의하면, 이는 이방인의 이름이었다(박익수, 「로마서 주석 Ⅱ」, 418). 바울이 '내가 사랑하는 에배네도'라고 표현한 것을 미루어 볼 때, 그와는 개인적으로 아주 친밀한 관계에 있었다. 이어서 바울은 유대인 기독교인 여성 마리아(Maria)에게 문안한다(6절). '마리아'란 히브리어로는 '미리암'이지만, 라틴어 비문에서는 이방 여인의 이름으로 나타나기도 하였다. 그러나 마리아가 고대 파피루스 사본(P^{46})에서 유대 여성의 이름으로 나타나고(L. Morris, *Romans*, 533), 문안 목록의 첫 번째 무리에 언급되는 것을 고려한다면, 그녀는 유대인 기독교인 여성일 것이다. 이 여인은 로마 교회를 위하여 많이 수고하였다. 이때 '수고하다'란 바울이 자신의 동역자들의 헌신을 묘사할 때 자주 사용했던 용어이다(고전 15 : 1 ; 갈 4 : 11 ; 빌 2 : 16 등).

이어 7절에서 바울은 자신의 친척인 '안드로니고와 유니아'에게 문안한다. 이들은 바울 이전에 믿은 (헬라적) 유대인 그리스도인 부부로 자신과 함께 감옥에 갇혔던 사람들이다. 이들은 '사도들에게 존중히 여김을 받는 사람들'이었다. 초기의 여러 주석자들은 여자가 사도의 무리에 속하는 자가 된다는 것에 부담을 가져, 본문에 쓰인 '유니아'(Junian)를 여성 '유니아'(Junia)의 대격(對格)으로 보지 않고, 남성인 '유니아스'(Junias)의 대격으로 보아, '안드로니고와 유니아'를 '유대인 기독교인 형제'로 이해하려 하였다. 그러나 이는 고대 문헌이나 자료에서 입증될 수 없고, 여성 유니아를 수용하기 어려웠던 필사자가 사본 전승 단계에서 이를 남성 이름인 '율리아스'(Julias)로 변경하였던 예가 있었던 것(P^{46} 등)을 고려한다면, 원래 여성 유니아였음이 확실하다. 이러한 언어적인 조사와 발견된 고고학적 자료인 고대 비문에 의하면, 유니아는 남성(Junias)이 아닌 여성(Junia)으로 보아야 적절하다. 그러므로 유니아는 '안드로니고'(Andronikos)의 아내였으며, 이들을 부부로 해석해야 한다. 이때 '사도들에게 존중히 여겨진 사람들'이란 헬라어 '에피세모이'(episēmoi)

를 옮긴 것인데, 그 뜻은 '사도들 가운데 탁월한 자들'(E. Käsemann, *Römer*, 398)로, 이들은 헬라어를 사용하는 유대인 기독교인들(행 6 : 1)이었으며, 야고보와 열두 제자들과 함께 예수 그리스도의 부활을 목격했던 '예루살렘의 사도 무리에 속한 자들'(갈 1 : 17 ; 고전 15 : 7)이었다(박익수, 「로마서 주석 Ⅱ」, 419).

[16 : 8–13] 이 단락에서 바울은 자신과 개인적 친분이 있음을 알게 하는 수식어와 함께 로마의 성도들에게 문안한다. 우선, '주 안에서 자신이 사랑하는 암블리아'에게 문안한다(8절). '암블리아도'(Ampliatos)는 신약성경에서 여기에만 등장하는데, 한글 개역성경에서처럼 코이네 D 사본에서는 '암블리아'(Amplias)로 나타난다. 그러나 이는 후대 사본으로 '암블리아도'가 원래 이름이다. 이에 해당하는 라틴어명 '암플리아투스'(Ampliatus)는 자주 노예 이름으로 나타난다(*EWNT* Ⅰ, 173–174). 이어서 바울은 '그리스도 안에서 그 일행의 동역자인 우르바노와 자신의 사랑하는 스다구'에게 문안한다(9절). 이때 '우르바노'(Ourbanos)는 라틴어 '우릅스'(urbs)에서 유래된 이름인데(*EWNT* Ⅱ, 1338), 이는 자주 황제 가솔(家率) 명단에서 노예나 그로부터 풀려난 자유인의 이름으로 나타난다(R. Jewett, *Romans*, 965). 그리고 '스다구'(Stachys)는, 로마의 비문 증거에 의하면, 종에서 해방되어 자유인이 되었던 이방인 그리스도인으로, 같은 이름이 고대 문서인 '제논(Zenon) 파피루스'에 여러 번 나타난다.

이어 10절에서 바울은 '그리스도 안에서 인정함을 받은 아벨레'와 '아리스도불로의 권속'에게 문안한다. 로마 제국에서는 낯선 이름인 '아벨레'(Apellēs)는 동쪽 지방에서 로마로 이주한 남자로, 어떤 시련을 이김으로써 바울에게 인정함을 받은 자이다. 이 사람은, 바로 뒤따르는 '아리스도불로의 집안에 속해 있는 사람들'이라는 어구로 미루어 볼 때, 아마도 그중 한 사람이었을 것이다. '아리스도불로'(Aristoboulos)란 '최고의 상담자' 뜻을 지닌 그리스어에서 유래되어 나온 이름으로 신분이 높은 유대인들에 의해 사용되기도 했던 이름인데, 바울이 개인적으로 문안 인사를 하지 않은 것을 미루어 볼 때, 그는 비기독교인이었다(H. Schlier, *Römerbrief*, 445). 이때 '아리스도불로의 권속'이란 그 집안에 속해 있는 사람들, 곧 가장(家長)인 아리스도불로의 종이나 종에서 해방된 자유인들이다.

11절에서 바울은 자신의 친척 헤로디온과 비기독교인 나깃수의 가족 중 일부 사람들에게 문안한다. '헤로디온'(Herōdiōn)은, 비문 증거에 의하면, 헤롯 왕가의 종이었거나 혹은 종살이에서 해방된 자유인으로 유대인 기독교인이다. 그리고 비기독교인 '나깃수'(Narcissos)는 일단(一團)의 식솔(食率)을 거느린 가장(家長)으로, 이 가족 중 일부는 기독교인이 되었다. 신약외경인 베드로행전(48 : 7 ; 49 : 15 ; 53 : 13 ; 61 : 8, 27)에 의하면, 그는 장로가 되었다(*EWNT* Ⅱ, 1127). 이를 이어 12절에서 바울은 세 여성들에게 문안한다. 발견된 당시 비문에 의하면, '드루배나'(Tryphaina)와 '드루보사'(Tryphōsa)는 로마에 거주하는 그리스 이름을 가진 여 성도들로, '부드러운'을 의미하는 '트루페'(tryphē)를 공유한 이름에서 어떤 주석가는 이들을 쌍둥이 자매로 여기기도 한다(박익수, 「로마서 주석 Ⅱ」, 422). 이들을 이어 바울이 문안하는 '버시'(Persis)는, 당시 기록에 의하면, 여종의 이름으로 발견되며, 그럴 경우 이 두 자매의 종일 수도 있다. 이들 세 사람은 바울에 의해 선교 활동에서 많이 수고한 사람으로 인정받은 여인들이다.

그리고 이 단락의 마지막 절(13절)에서 바울은 특별한 사명을 위해 '주 안에서 택하심을 입은 루포'와 자신을 도와주었던 '그의 어머니'에게 문안한다. '루포'(Rhouphos)는 종종 발견되는 라틴어 노예나 종에서 해방된 자유인 이름이나, 유대 자료에서는 디아스포라 유대인 이름으로 등장하기도 한다. 복음서에서는 이 인명이 구레네 사람 시몬의 아들(마 27 : 32 ; 막 15 : 21 ; 눅 23 : 26)이자 알렉산더의 형제의 이름으로도 나타나는데, 이러한 동일시는 확실치 않다(*EWNT* Ⅲ, 513). 쥬웨트에 의하면 이 둘은 동일인으로, 구레네 사람

시몬의 아내는 '바울의 어머니'로 여겨졌다(R. Jewett, *Romans*, 969).

[16 : 14-15] 이 단락에서 바울 사도는 특정한 수식어 없이 이름만 나열된 두 가정 교회에 문안한다. 먼저, 그는 다섯 남자 성도들(아순그리도와 블레곤과 허메와 바드로바와 허마)과 그들과 함께한 형제들에게 문안한다(14절). '비교할 수 없는 자'라는 뜻을 지닌 '아순그리도'(Asynkritos)는, 로마의 자료 증거에 의하면, 해방된 자유인이며(*EWNT* Ⅰ, 422), '블레곤'(Phlegōn) 역시, 로마 자료에 의하면, 노예 또는 해방된 자유인이다(*EWNT* Ⅲ, 1025). 또 여행자의 좋은 동반자나 조력자, 때로는 도적의 조력자, 신과 인간의 중재자 역할을 한 그리스의 신(神)에서 유래된 인명 '허메'(Hermēs)는 종이나 혹은 그로부터 해방된 이방인 기독교인일 것이다. '바드로비오'(Patrobios)의 단축형인 '바드로바'(Patrobas)는 종살이에서 해방된 기독교인이었으며(*EWNT* Ⅲ, 138), '허마'(Hermas)는, 로마 자료에 의하면, 이방인 기독교인이다. '이들과 함께한 형제들'은 다름 아닌 '가정 교회'를 가리킨다(E. Käsemann, *Römer*, 399). 로마의 '브리스가와 아굴라'의 집에 가정 교회가 있었던 것처럼(5절), 이 다섯 형제들과 함께 있는 형제들도 가정 교회 구성원이었다(14절). 로마에서 유대인들이 '가정 회당'에서 모였던 것처럼, 로마에 거주하는 기독교인들도 '가정 교회'로 모였다. 최근의 고고학적 발굴에 의하면, 로마의 가정 교회는 최대 70~80명을 수용할 수 있었다(장흥길 역, 「페터 슈툴마허의 로마서 주석」, 410).

이어지는 15절에서 사도 바울은 빌롤로고와 율리아, 네레오와 그의 자매, 올름바와 그들과 함께 있는 모든 성도에게 문안한다. '빌롤로고'(Philologos)는 율리아의 남편으로 추정되며(*EWNT* Ⅲ, 1021), '율리아'(Julia)는 빌롤로고의 아내였다. 그러니까 이들은 부부였다. 뒤따르는 '네레오'(Nēreus)와 '올름바'(Olympas)가 자매인 것을 감안하면, 이들은 '빌롤로고와 율리아' 부부의 딸들이었을 것이다. 이때 '빌롤로고'는 이방인 기독교인로 추정되며, 그 아내 '율리아'는 율리아 가문의 라틴어 이름이다. '올름바'는 그리스 이름 '올림푸스'(Olympus)와 같은 '올림프'(Olymp)-어근(語根)을 가진 이방인 기독교인 이름의 단축형이다(*EWNT* Ⅱ, 1244). 이들과 함께 있는 모든 성도들은 가정 교회의 구성원이었다.

[16 : 16] 이제 바울은 로마 교회에 '거룩한 입맞춤(philēma)'의 문안과 '그리스도의 모든 교회'의 문안 인사를 전달함으로써 이 '문안 인사' 단락을 종결짓고자 한다. 먼저, 그는 "너희가 거룩하게 입맞춤으로 서로 문안하라"고 부탁한다. '거룩한 입맞춤'이란 성도들 간의 교제를 확증하는 표시(살전 5 : 26 ; 고전 16 : 20 ; 고후 13 : 12 ; 벧전 5 : 14)로 신앙 공동체의 결속과 함께 상호 간의 친밀함을 나타낸다. 다시 말하면, '거룩한 입맞춤'이란 전체 기독교의 공동체성을 나타낸다. 이를 요구함으로써 바울은 동시에 전체 기독교의 이름으로 로마 교회에 문안할 수 있었다(E. Käsemann, *Römer*, 400). 그러고 나서, 바울은 자신의 문안이 아니라 '그리스도의 모든 교회'의 문안을 전한다(16절 하). 이때 '그리스도의 모든 교회'란 그 내용상 바울이 선교하여 개척한, 혹은 선교적 의미에서 자신과 관련된 로마 제국 동편 지역의 전체 교회를 의미한다. 이 경우 이러한 전체 교회의 문안 인사는 로마에 있는 교회를 가정할 때만 가능하다. 이렇게 함으로써 바울은 로마 교회와 자신에 의해 세워진 모든 교회가 주 예수 그리스도의 복음 아래서 하나 됨을 알게 하고자 한다.

설교를 위한 묵상

바울은 종결 단락을 제외한 전체 로마서에서 로마에 있는 성도들에게 예수 그리스도를 믿음으로 말미암아 의롭다 여김을 받는 '이신칭의'의 복음을 전하고(1-11장), 또 의롭다 여김 받은 사람에게 요구된 의로운 삶을 권면한 뒤(12 : 1-15 : 13), 자신의 로마 방문 계획을 알리고, 남은 자신의 '땅끝' 선교를 위한 협조를 바라면서, 할 수만 있으면 그 자신이 인사할 수 있는 최대한 많은 동역자와 지인(知人)들에게 문안한다. 이런 점에서 '종결 문안 인사' 단락은 단순한 서신 결미 문안이 아니라 바울의 신학적 의도를 담고 있는 잘 구성된 문안 목록이다.
바울이 자신의 서신을 마감하는 '문안 인사' 단락에서 전하는 신학적 메시지는 다음과 같다. 첫째, 바울은 '유대인에게나 헬라인에게나 차별 없는 복음'을 전했던 것처럼, 문안을 하는 사람들의 경우도 성별, 종족별, 사회계층별에서 차별이 없다. 둘째, 바울은 이 문안 목록으로써 로마에 '가정 교회'의 형태로 있던 교회들(5, 14, 15절)과 자신의 선교 활동의 열매로 세워졌던 로마 제국 동편 지역에 있던 '그리스도의 모든 교회들'(16절하)의 '하나 됨'을 촉구한다. 셋째, 바울은 이들 교회 사이의 결속과 교류를 위해 로마 교회에 '거룩한 입맞춤'으로써 문안한다(16절상).

3) 종결 권면 : 거짓 교사에 대한 경계 권면(16 : 17–20)

> 17형제들아 내가 너희를 권하노니 너희가 배운 교훈을 거슬러 분쟁을 일으키
> 거나 거치게 하는 자들을 살피고 그들에게서 떠나라 18이 같은 자들은 우리
> 주 그리스도를 섬기지 아니하고 다만 자기들의 배만 섬기나니 교활한 말과
> 아첨하는 말로 순진한 자들의 마음을 미혹하느니라 19너희의 순종함이 모든
> 사람에게 들리는지라 그러므로 내가 너희로 말미암아 기뻐하노니 너희가 선
> 한 데 지혜롭고 악한 데 미련하기를 원하노라 20평강의 하나님께서 속히 사탄
> 을 너희 발아래에서 상하게 하시리라 우리 주 예수의 은혜가 너희에게 있을
> 지어다

두 '문안 인사' 단락(16 : 3–16과 16 : 21–24) 사이에 로마서의 '종결 권면'이 자리 잡고 있다. 이는 종종 주석가들에 의해 주장되는 후대의 '삽입'이나 바울의 '주제이탈'이 아니라, 로마 교회가 시급하게 해결해야 할 역사적 문제, 곧 외부에서 로마 교회로 침투해 들어온 거짓 교사에 대한 바울의 처방적 권

면 조치이다. 왜냐하면 문맥상으로 바울이 로마 교회의 성도들에게 문안하고 거짓 교사를 경고하는 권면을 하는 것은 자연스럽기 때문이다. 바울은 이 단락에 이르기 전에 로마서에서 처음부터 '이신칭의'의 복음과 다르게 이해하며 이에 대해 반대하는 유대교인이나 유대적 그리스도인들의 주장에 반박해 왔다(2 : 17–29 ; 3 : 1–8, 27–31 ; 4 : 1–25 ; 7 : 1–6 ; 9 : 1–11 : 36 ; 14 : 1–15 : 13 참조). 그러므로 바울 사도가 서신 종결 관습을 따라 로마서에서 자신의 다른 서신(갈 6 : 12–13 ; 고전 16 : 22 ; 살후 3 : 14 참조)에서처럼 서신의 말미에서 자신이 개척한 교회를 위태롭게 하고 해롭게 하는 거짓 교사에 대하여 경고하는 것은 문맥의 흐름을 이탈하는 것이 아니다.

이때 바울은 신약의 다른 곳에서는 전혀 나타나지 않거나 드물게 나타나는 용어나 어투(語套)로 거짓 교사들에 대한 신랄한 경고를 권면한다. 곧, '떠나다'(ekklinein), '교활한 말'(chrēstologia), '순전한'(akokos), '들리다'(aphiknesthai), '상하게 하다'(syntribein), '속히'(en tachei), '부정(否定)적인 의미'(sensu malo)로 사용된 '아첨하는 말'(eulogia)은 신약성경에서 오직 이 단락에서만 등장하는 용어(hapax legomena)이다(R. Jewett, *Romans*, 987). 다시 말하면, 바울이 거짓 교사들을 '교활한 말과 아첨하는 말로 순진한 자들의 마음을 미혹하는 자'로 묘사하거나 '사탄을 너희 발아래에서 상하게 하다'라는 표현은 신약의 다른 곳에서는 나타나지 않는다. 이 단락을 세분해 보면, 17절은 거짓 교사 경고에 대한 바울의 권면이며, 18절은 그 권면의 근거이고, 19절은 로마 교회 성도들을 위한 바울의 간절한 권면적 바람이다. 그리고 마지막 절은 '하나님의 종말론적 약속'(20절상)과 바울 사도의 '축원'(20절하)이다.

[16 : 17–19] 17절에서 바울은 로마의 가정 교회 안에 있는 성도들에게 자신들이 배웠던 복음을 비난하며 분쟁을 일으키면서 그로부터 떠날 것을 선동하는 거짓 교사들을 경계하고(skopein, '감시하고'의 뜻) 그들에게서 떠날 것을 권면한다. '복음', 곧 '선포'(kerygma)의 내용은 이제 '교훈'(didachē)의 내용이 된

다(E. Käsemann, *Römer*, 401). 권면을 이어 18절은 그 권면의 근거를 댄다. 여기서 거짓 교사들의 특성이 언급된다. 곧, 그들은 기독교 신앙 공동체의 주님이신 그리스도를 섬기는 것이 아니라 자기들의 배만 섬긴다. 이들에게 '배'(koilia)는 곧 신(神)이다(빌 3 : 18-19 참조). 다시 말하면, 그들은 자신이 침투한 교회 안에서 그럴듯한 '교활한 말'(chrēstologia)과 '아첨하는 말'(eu-logia)로써 악의가 없는 순진한 자들의 마음을 속여서 부양받는 것에 집착하거나 심지어 성도들의 재물을 착복한다. 그것은 마치 낙원에서 뱀이 하와를 유혹하여 선악을 알게 하는 열매를 먹게 한 것과 같다(창 3 : 13).

19절에서 바울 사도는 로마 교회 성도들을 위한 권면을 간절한 바람으로 표현한다. 그는 자신이 로마 교회에 요구하는 권면이 이루어질 수 있도록, 먼저 소문으로 들었던 그들의 순종을 칭찬하고, 그러고 나서 '선한 데 지혜롭고 악한 데 미련하기'를 간절히 바란다. 이때 '순종'은 '믿음'의 다른 표현이다(1 : 5 ; 6 : 17 ; 16 : 26 등 참조).

[16 : 20] 이제 이 단락의 마지막 절에서 바울은 '종결 권면' 단락을 끝맺으면서 로마 교회 성도들에게 '하나님의 종말론적 약속'(20절상)을 알게 하고, 이들을 축원하려고 다시 '평강의 하나님'(15 : 33 참조)을 언급한다. 바울은 창세기의 '낙원 기사'에 있는 소위 '원(原) 복음'(Protoevangelium)을 종말론적으로 해석하여, 하나님께서 이 거짓 교사들을 멸하실 것이라는 약속에 적용한다. 이때 '사탄'과 '뱀'은 동일시된다. 이에 따라 후대 기독교 전통은 "하나님께서 뱀으로 여자와 원수가 되게 하시고 뱀의 후손도 여자의 후손과 원수가 되게 하여 여자의 후손이 뱀의 머리를 상하게 하고 뱀은 그의 발꿈치를 상하게 할 것이라"(창 3 : 15)는 말씀에 하와의 후손 예수 그리스도가 악을 정복하는 사전(事前) 암시가 들어 있다고 해석하였다(「독일성서공회 해설 성경전서」 참조). '약속'을 이어, 사도는 "우리 주 예수의 은혜가 너희에게 있을지어다"(20절하)라는 정형(定形)화된 양식(樣式)의 '축원문'(고전 16 : 23 ; 살전 5 : 28 ; 살후

3 : 18 참조)으로써 로마 교회 성도들에게 축복을 기원한다.

설교를 위한 묵상

'종결 권면' 단락이 전하는 신학적 메시지는 다음과 같다. 첫째, 복음을 왜곡하고 교활하게 아첨하는 말로써 순진한 성도들을 속이며 자신의 배만 섬기는 거짓 교사들에 대하여 신앙공동체는 경계하고 그들을 멀리해야 한다(17-18절). 둘째, 거짓 교사와 거짓 교훈에 대하여 성도는 '선을 위하여 지혜롭고, 악에 대하여 미련해야' 한다(19절하). 셋째, 바울은 거짓 교사에 대한 경고를 위하여 권면할 때까지도 로마 교회에 대한 '칭찬'과 '약속'과 '축복기원'을 잊지 않았다(19절상, 20절).

4) 동역자들의 문안 인사 전달(16 : 21-24)

21나의 동역자 디모데와 나의 친척 누기오와 야손과 소시바더가 너희에게 문
안하느니라 22이 편지를 기록하는 나 더디오도 주 안에서 너희에게 문안하노
라 23나와 온 교회를 돌보아 주는 가이오도 너희에게 문안하고 이 성의 재무
관 에라스도와 형제 구아도도 너희에게 문안하느니라 24(없음)

'거짓교사 경고 권면' 단락 전에 로마 교회 성도들에게 문안했던 바울은 이제 그들에게 자신과 함께 문안하는 동역자들의 인사를 전한다. 이것 역시 전체 교회의 결속과 교류에 대한 바울의 관심을 반영하고 있다. 다시 말하면, 바울의 로마서는 사적(私的) 서신의 차원이 아니라 자신의 선교와 관련된 교회들과 로마 교회 사이의 의사소통을 위한 수단으로써 보낸 공적 서신의 성

격을 가지고 있다. 21~23절은 그 '문안 목록'이며, 24절은 고대의 사본에는 나타나지 않고 원문으로 추정할 수 없는 구절이어서 한글 개역성경에서는 '없음'으로 표시되어 있다. 바울의 선교 동역자들이 로마 교회에 문안하는 구절들은 세 절인데, 21절에서 바울은 자신의 선교 사역에서 아주 중요한 비중을 차지했던 '디모데'와 '바울의 친척'으로 언급된 세 유대인 기독교인의 문안 인사를 전달한다. 이어서 22절에서 바울은 로마서의 대필자인 '더디오'의 인사를 전하고, 그러고 나서 23절에서 로마서의 저작 장소인 고린도에 거주하던 세 이방인 기독교인 교회 지도자들의 문안 인사를 전한다.

[16 : 21] 바울은 자신의 동역자 디모데와, 자신의 친척 누기오와 야손과 소시바더의 문안을 로마 교회에 전한다. 이때 '디모데'는 '자신의 동역자'로 묘사되는데, '동역자'(synergos)란 어의(語義)적으로는 '함께 일하는 자'이다. 바울은 이 용어로써 자신의 사역이 예수 그리스도의 복음을 전하는 '협력 선교'임을 알게 한다. '디모데'(Timotheos)는 고대 문헌에 자주 나타나는 그리스 이름으로, 그 뜻은 '하나님(신)을 경외하는 자'이다. 누가에 의하면, 그는 헬라인 부친과 유대인 모친 사이에 다문화 가정의 자녀로 태어났다(행 16 : 1). 바울에 의하면, 그는 바울과 함께 서신을 보낸 공동 발신인(고후 1 : 1 ; 빌 1 : 1 ; 몬 1, 골 1 : 1)이거나 바울 및 실라와 함께 서신을 보낸 공동 발신인(살전 1 : 1 ; 살후 1 : 1)이기도 하였으며, '형제'(고후 1 : 1 ; 살전 3 : 2 ; 골 1 : 1), '동역자'(살전 3 : 2 ; 롬 16 : 21), '주 안에서 사랑하고 신실한 아들'(고전 4 : 17) 등으로 불리기도 하였다. 디모데는 바울과 함께 복음 전파에서 중요한 역할을 하였으며 독자(獨自)적 과제를 수행하기도 하였다. 특히, 그는 바울에 의하여 어려움 가운데 있는 '데살로니가 교회'(살전 3 : 1-6), '고린도 교회'(고전 4 : 17 ; 16 : 10-11), '빌립보 교회'(빌 2 : 19-22)를 굳세게 하는 사명을 받기도 하였다(*EWNT* Ⅲ, 861).

또 고린도 교회의 유대인 기독교인으로서 '바울의 친척'으로 소개된 누기오와 야손과 소시바더도 로마 교회에 문안한다. ‘누기오’(Loukios)는 동방 교부(敎父) 오리게네스(Origenes) 이래로 여러 주석가들에 의해 사도행전의 저자요 의사였던 ‘누가’(골 4 : 14 ; 몬 24 ; 딤후 4 : 11)와 동일인으로 여겨지기도 하였다(*EWNT* Ⅱ, 891). 그러나 이는 확실치 않다. ‘야손’(Jasōn)이란 이름은 헬라적 유대교에서 음운론적으로 비슷한 발음이 나는 ‘요수아’(Josua)나 ‘예수아’(Jesua) 혹은 ‘예수’(Jesus)에 해당하는 그리스어 인명이다(K. Haacker, *Römer*, 329). 이 사람은 데살로니가에서 바울과 실라를 영접한 사람으로 바울 일행으로 인한 유대인들의 소동으로 자신이 구금되었다가 보석금을 주고 풀려난 자(행 17 : 5-9)로 추정된다. 또 ‘소시바더’(Sōsipatros)는 단축형인 소바더(Sōpatros)로도 불렸는데, 바울이 세 번째 선교여행의 귀환길에 아시아까지 동행했던 자로 베뢰아 사람 부로의 아들(행 20 : 4)로 추정된다(*EWNT* Ⅲ, 780).

[16 : 22] 이어서 바울은 자신의 말을 받아 기록한 로마서의 대필자 ‘더디오’(Tertios)의 문안을 전달한다. 이 인명의 어의적인 뜻은 출생의 순서로 볼 때 ‘세 번째 태어난 자’(삼남)이다. 고대 비문에 의하면, 이 이름은 종종 종이었거나 종에서 해방되었던 자유인인 로마식 이름이다(*EWNT* Ⅲ, 840). 이 절에서처럼 바울이 자신의 서신에서 기록자를 밝힌 경우는 로마서 외에는 없다. 그 외의 서신에서 바울은 ‘친필로’, 곧 자신의 손으로 썼다고 밝히기도 한다(고전 16 : 21 ; 갈 6 : 11 ; 살후 3 : 17 ; 골 4 : 18). 바울이 로마서의 대필자로 더디오의 이름을 대면서 그의 문안 인사를 전하는 것은 이 편지를 받는 로마 교회가 그를 알고 있었기 때문일 것이다(R. Jewett, *Romans*, 979).

[16 : 23] 이제 바울은 자신의 동역자로서 로마서의 저작 장소인 고린도에서 거주하는 고린도 교회의 이방인 기독교인 지도자의 문안 인사를 전한다. 21절에서 바울이 유대인 기독교인 세 동역자의 문안을 전하였다면, 이 절에

서는 대칭적으로 이방인 기독교인 세 사람의 문안을 전한다. '가이오'(Gaios)는 고대 자료에서 자주 등장하는 라틴어 이름으로, 신약성경에서는 동명이인(同名異人)인 가이오가 네 명이 등장한다. 곧, 에베소에서 바울과 같이 다니던 마게도냐 사람으로 아리스다고와 함께 극장에 붙잡힌 사람 가이오(행 19 : 29), 헬라 지방에서 예루살렘으로 여행할 때 바울과 동행한 루가오니아 지방의 더베 사람 가이오(행 20 : 4), 그리스보와 함께 바울에게 세례를 받은 고린도 사람(고전 1 : 14)으로 고린도 교회를 돌보았던 이방인 그리스도인 가이오(롬 16 : 23), 그리고 요한3서의 수신인 가이오(1절)가 그들이다(*EWNT* Ⅰ, 556-557).

23절에 언급된 가이오는, 1절과의 문맥을 고려해 볼 때, 바울이 고린도에서 세례를 베풀었던 사람으로(고전 1 : 14), 바울 일행에게 숙식을 제공할 뿐 아니라 자신의 집을 예배의 처소와 로마서의 저작 장소로 제공했던 가정교회의 집주인으로 추정된다. 이어 언급되는 '에라스도'(Erastos)는 그리스식 이름으로, 고린도 시의 재정을 담당하는 '재무관'(oikonomos, 라틴어로는 quaestor)이었다. 이는 여러 주석자들에 의해, 1929년 고대 고린도 유적지에서 발견된 비문에 새겨진 포장도로 등 공공노역 등을 책임 맡은 건설관(aedilis) '에라스도'와 동일시된다(G. Theissen, *Social Setting*, 76-83 참조). 이 이름이 등장하는 두 구절(행 19 : 22 ; 딤후 4 : 20)에서 에라스도는 동일하게 아가야 지방과 관련되어 있으므로, 그는 바울의 선교 여행 시 함께했던 선교 동역자로 여길 수 있다(*EWNT* Ⅱ, 120). 마지막으로, 바울은 '구아도'(Kouartos, 라틴어로 Quartus)의 문안을 전하는데, 이는 로마식 이름으로 '사남'(四男)의 뜻을 지니고 있으며, 고대 자료에 의하면, 그는 종이었거나 종에서 해방되었던 자유인이었다(*EWNT* Ⅱ, 773). 이때 '형제'란 에라스도의 형제가 아니라, 주 안에서 한 가족이 된 '그리스도인'이란 의미로 사용되었다.

[16 : 24] 이 절은, 16장 단락을 전체적으로 이해하기 위하여 앞에서 서술했던 개론적 단락에서 이미 해명한 것처럼, 사본 증거들에 근거하여 판단해 보면, 원래 로마서 본문에는 없던 구절이다. 이런 이유로 '네스틀레-알란트'(Nestle-Aland)가 편집한 「헬라어 신약성경」(*Novum Testamentum Graece*) 제28판에서는 이 절을 본문에 두지 않고, 다만 사본의 다른 읽기 본문 정보를 제공하는 '비평자료'(criticus apparatus) 난에서 언급한다. 곧, 사본 증거에 따라 데살로니가후서의 종결절(3 : 18)과 동일한 '종결절'(Eschatokoll)인 "우리 주 예수 그리스도의 은혜가 너희 모든 이에게 있을지어다"가 다양하게 나타난다. 다시 말하면, 사본에 따라 이 종결절이 있기도 하고 없기도 하며, 이 자리에 있거나 25~27절 다음에 놓여 있거나 혹은 14장이나 15장 마지막 절 뒤에 나타나기도 한다. 그러나 사본의 내적 가치와 외적 가치를 고려해서 판단하면, 이 구절은 중요한 고대 사본에 없는 것처럼 본래의 본문에 있지 않았다.

설교를 위한 묵상

'바울 동역자들의 문안 인사' 단락이 전하는 신학적 메시지는 다음과 같다. 바울은 자신이 낳은 '믿음의 아들' 디모데(딤전 1 : 2, 18 ; 딤후 1 : 2 ; 2 : 1 참조)와 로마 교회를 어느 정도 알고 있는 세 유대인 기독교인 대표자들과 로마서의 저작 장소인 고린도 교회의 대표적인 세 이방인 기독교인, 그리고 로마서의 대필자를 언급하는 것을 볼 때, 그의 선교는 구원에 있어서 '보편적 선교'였으며, 또한 '협력 선교'였다(21–23절).

5) 종결 송영(16 : 25-27)

[25]나의 복음과 예수 그리스도를 전파함은 영세 전부터 감추어졌다가 [26]이제는 나타내신 바 되었으며 영원하신 하나님의 명을 따라 선지자들의 글로 말미암아 모든 민족이 믿어 순종하게 하시려고 알게 하신 바 그 신비의 계시를 따라 된 것이니 이 복음으로 너희를 능히 견고하게 하실 [27]지혜로우신 하나님께 예수 그리스도로 말미암아 영광이 세세무궁하도록 있을지어다 아멘

로마서는 사도 바울이 '복음'을 소개하기 위해 조심스럽고도 정교하게 구성했던 서문(1 : 1-7)으로써 시작되었던 것처럼 그 자신이 전하는 '복음'의 내용이신 예수 그리스도를 모든 민족으로 하여금 믿어 순종하게 하시는 하나님을 찬양하는, 잘 짜인 예전(禮典)적 '종결송영'으로써 끝난다. 어떤 주석가들은 이 단락이 의도적으로 서문에 부합되게 잘 다듬어진 단락이라는 점을 근거로 들어, 이 단락을 원래의 로마서에 이차적으로 삽입된 단락으로 여기도 한다. 그러나 다른 주석가들은 사본의 본문 전달사적 이유를 들어 이 단락을 원래 로마서의 종결 단락으로 여긴다(장흥길 역, 「페터 슈툴마허의 로마서 주석」, 405-406, 423). 이 종결 단락의 짜임새를 살펴보면, 25~26절에서 로마서 서문 단락의 주제인 '복음'이 다시 나타나며, 그것도 예전을 위한 송영 형식으로 나타난다. 이를 이어, 종결절인 27절은 하나님을 찬양하는 '영광송'으로써 이 단락뿐 아니라 로마서 전체를 마감한다.

[16 : 25-26] '나의 복음'이란 로마서의 저자 바울이 전하는 복음으로, 그것은 하나님으로부터 유래된 복음이며, '예수 그리스도'가 '그 내용이 되는 복음'(auctor evangelii)이다. 이 복음은 구속사(救贖史)의 한 시점에 갑자기 나타난 하나님의 계시가 아니라, 영세 전부터 감춰져 있다가 영원하신 하나님의 명을 따라 선지자들의 글에 예언되었고, 때가 되어 이제 나타난 신비로운

계시이다(25-26절상). 이때 '예수 그리스도의 복음'은 이중(二重)적인 기능을 한다. 그 하나는 모든 민족으로 하여금 복음이신 예수 그리스도를 믿어 하나님께 순종하게 하는 기능이며(1 : 5 참조), 다른 하나는 성도들을 견고하게 하는 기능이다(26절하). '나의 복음'과 '예수 그리스도를 전파함'이란 '설명적 동격(同格)'으로 동일한 내용에 대한 두 가지 표현이다. 그것은 영세 전부터 감추어졌지만, 이제는 드러났다. 여기서 '이제는'(nun)과 '드러나게 하다'(pha-neroun)는 계시의 종말론적 현재화와 관련된 표현이다. 예수 그리스도의 복음은 영원하신 하나님의 명을 따라 선지자들의 글을 통하여 전달된 신비한 계시이다. 여기서 '영원하신 하나님'은 영속적인 '하나님의 명'을 강조하기 위해 사용된 표현으로, 신약성경에서 오직 여기에만 나타난다.

[16 : 27] 성도들에 의해 드려지는 찬양은 오직 '지혜로우신 하나님'께만 유효하다. 그러나 이 종결 찬양은 유대교의 범주를 넘어서 기독교적으로 확대되었다. 다시 말하면, 하나님은 예수 그리스도로 말미암아 영광을 받으신다. 이로써 이 종결 송영은 기독교적으로 확대된다. 바울은 로마 교회 성도들에게 홀로 지혜로우신 하나님께 예수 그리스도로 말미암아 영광이 영세무궁하도록 있기를 바라며, 또한 종결절을 마감하는 '아멘'으로써 로마서를 읽거나 이를 들은 로마 교회 성도들이 '그렇게 될지어다'를 의미하는 '아멘'으로써 들은 말씀을 받아들이기를 바란다.

설교를 위한 묵상

로마서의 마지막 큰 단락뿐 아니라 로마서 전체를 마감하는 '종결송영' 단락이 전하는 신학적 메시지는 다음과 같다. 첫째, '예수 그리스도'만이 '복음'이시다(25절상). 둘째, 이 복음은 구속사적인 관점에서 구약적 뿌리를 가지고 있으며, 바울의 복음 선포로써 종말론적으로 현재화된다(25하-26절상). 셋째, 모든 민족이 이 복음을 믿음으로써 하나님께 순종할 수 있으며, 또한 견고해질 수 있다(26절하). 마지막으로, 예수 그리스도로 말미암아 하나님께 영원토록 영광을 돌리는 것이 복음으로써 구원받은 자들이 추구하는 삶의 목적이다(고전 10 : 31 참조).

| 참고문헌 |

I. 성경 및 사전

Novum Testamentum Graece. Ed. by E. Nestle & K. Aland. Stuttgart : Deutsche Bibelgesellschaft, [28]2012.

Das Neue Testament. Translated & Commented by U. Wilckens. Gütersloh : Gerd Mohn, 1970.

The Reformation Study Bible. Ed. by R. C. Sproul. Orlando : Ligonier Ministries, 2005.

Stuttgarter Erklärungsbibel. Stuttgart : Deutsche Bibelgesellschaft, 1992. (=「독일성서공회 해설 성경전서」. 서울 : 대한성서공회, 2004.)

Blass, F. & Debrunner, A. *Grammatik des neutestamentlichen Griechisch*. Ed. by F. Rehkoph. Gttingen : V. &. R., [16]1984.

Griechisch-deutsches Wörterbuch zu den Schriften des Neuen Testaments und der frühchristlichen Literatur von Walter Bauer. Ed. by K. Aland & B. Aland. Berlin : Walter de Gruyter, [6]1988.

Exegetisches Wörterbuch zum Neuen Testament(EWNT) I / II / III. Ed. by H. Balz & G. Schneider. Stuttgart : Kohlhammer, 1980 / 81 / 83.

Ⅱ. 단행본 및 관련 논문

박익수. 「로마서 주석 Ⅰ/Ⅱ」. 서울 : 대한기독교서회, 2008.

박수암. 「로마서」. 서울 : 대한기독교서회, 2000.

장흥길. "'율법의 종언이며 완성'(telos nomou)이신 예수 그리스도". 장로회신학대학 대학원 미간행석사학위논문. 1988.

_____. "신약성경에서의 국가." 「성서마당」 제27호(1997. 10.), 7-10.

_____. "바울 윤리의 핵심과 바울서신에 나타난 윤리의 강조점." 「그 말씀」 제68호(1998. 3.), 69-75.

_____. "바울에게 있어서 직설법과 명령법 : 로마서 6장을 중심으로." 「장신논단」 제15집(1999), 118-139.

_____. "바울 윤리의 기초." 「신약성서의 바른 해석」. 서울 : 성지출판사, 2000, 267-292.

_____. "예수의 하나님 나라 선포," 「하나님 나라와 선교」. 서울 : 대한기독교서회, 2001, 41-63.

_____. "신약성경에서 그리스도인의 믿음과 행함." 「바른 신학, 균형 목회」. 서울 : 대한기독교서회, 2006, 97-128.

_____. 「신약성경윤리」. 서울 : 장로회신학대학교, ^{2}2009.

전경연. 「로마서연구」. 서울 : 향린사, 1966.

차정식. 「로마서 Ⅰ/Ⅱ」. 대한기독교서회 100주년 기념 성서주석. 서울 : 대한기독교서회, 1999.

최종상. 「이방인의 사도가 쓴 로마서」. 서울 : 아가페, 2003.

Althaus, P. *Der Brief an die Römer*. NTD 6. Göttingen : V. & R., (1932) ^{13}1978.

Barth, K. *Der Römerbrief*. Zürich : Theologischer Verlag Zürich, ^{2}1922. (=조남홍 역. 「로마서 강해」. 서울 : 한들출판사, 1997.)

_____. *Nein! Antwort an Emil Brunner*. Theologische Existenz Heute

14, München : Kaiser, 1934.

Beker, J. Christian. *Paul–the Apostle : The Triumph of God in Life and Thought*. Philadelphia : Fortress, 1980. (=장상 역. 「사도 바울」. 천안 : 한국신학연구소, 1991.)

Billerbeck, P. *Kommentar zum Neuen Testament aus Talmud und Midrasch III. Die Briefe des Neuen Testaments und die Offenbarung Johannis*. München : C. H. Beck'sche Verlagsbuchhandlung, (1926) [7]1979.

Brunner, E. *Natur und Gnade*. Tübingen : Mohr, (1934) [2]1935.

______. *Der Römerbrief*. Kassel : Oncken Verlag, 1956.

Bultmann, R. "Das Problem der Ethik bei Paulus". *ZNW* 23(1924) : 121–140.

______. *Theologie des Neuen Testaments*. UTB 630. Complemented by Otto Merk. Tübingen : Mohr, [9]1984.

Cranfield, C. E. B. *A Commentary on Romans 12–13*. Edinburgh : Oliver & Boyd, 1965.

Dunn, J. D. G. *Romans 1–8 / 9–16*. WBC 38A / B. Dallas : Word Books, 1988.

Eichholz, G. *Die Theologie des Paulus im Umriß*. Neukirchen–Vluyn : Neukirchener Verlag, [6]1988.

Furnish, V. P. *Theology & Ethics in Paul*. Nashiville : Abingdon Press, [6]1988. (=김용옥 역. 「바울의 신학과 윤리」. 서울 : 대한기독교출판사, 1991.)

Haacker, K. *Der Brief des Paulus an die Römer*. ThHNT 6. Leipzig : Evangelische Verlagsanstalt, 1999.

Huber, W. s. v. "Staat und Kirche." *EKL*[3] IV.

Jewett, R. *Romans*. Hermenia. Minneapolis : Fortress, 2007.

Käsemann, E. *An die Römer*. HNT 8a. Tübingen : Mohr, [4]1980. (=한국신학연구소 역. 「로마서」. 국제성서주석 34. 서울 : 한국신학연구소, 1982.)

_____. "Gottesdienst im Alltag der Welt." *Exegetische Versuche und Besinnungen* Ⅱ. Göttingen : V. & R., [2]1965. 198–204. (=*BZNW* 〈1960〉 : 165–171).

Kümmel, W. G. *Römer 7 und das Bild des Menschen im Neuen Testament*. TB 53, München : 1974.

Lohse, E. "Summa Evangelii – Zu Veranlassung und Thematik des Römerbriefs." NAWG.PH(1993). 89–119.

_____. *Die Entstehung des Neuen Testaments*. ThW 4. Berlin : Kohlhammer, [4]1983. (=박두환, 이영선 공역. 「신약성서, 어떻게 이루어졌는가?」. 서울 : 한국신학연구소, 1998.)

Luther, M. *Vorlesung über den Römerbrief 1515 / 1516*. Übertragen von E. Ellwein. München : Chr. Kaiser Verlag, 1928.

Michel, O. *Der Brief an die Römer*. KEK. Göttingen : V. & R., (1955) [14]1978.

Morris, L. *The Epistle to the Romans*. Grand Rapids : Eerdmans, 1988.

Nauck, W. "oun–paräneticum." *ZNW* 49(1958) : 134–135.

Ollrog, W.–H. *Paulus und seine Mitarbeiter*. Neukirchen–Vluyn : Neukirchener Verlag, 1979.

Roloff, J. *Neues Testament*. Neukirchen–Vluyn : Neukirchener Verlag, [7]1999.

Schlatter, A. *Der Glaube im Neuen Testament*. Darmstadt : Wissenschaftliche Buchgesellschaft, [5]1963.

Schlier, H. *Der Römerbrief*. HThK.NT Ⅵ. Freiburg im Br. : Herder, (1977) 2002.

Schnelle, U. *Einleitung in das Neue Testament*. UTB. W 1830. Göttingen : V. & R., [4]2002. (=Tr. by M. E. Boring. *The History and Theology of the New Testament Writings*. London : SCM, 1998.)

_____. *Gerechtigkeit und Christusgegenwart*. GTA 24. Göttingen : V. & R., [2]1986.

Schrage, W. "Römer 3 : 21–26 und die Bedeutung des Todes Jesu Christi bei Paulus," *Das Kreuz Jesu*. Göttingen : V. & R., 1969. 65–88.

_____. *Die Christen und der Staat nach dem Neuen Testament*. Gütersloh : Gütersloher Verlagshaus, 1971.

_____. *Die Ethik des Neuen Testaments*. Göttingen : V. & R., [2]1989.

Stuhlmacher, P. *Gerechtigkeit Gottes bei Paulus*. Göttingen : V. & R., [2]1966.

_____. "Zur neueren Exegese von Römer 3, 24–26." *Versöhnung, Gesetz und Gerechtigkeit*. Göttingen : V. & R., 1981.

_____. *Der Brief an die Römer*. NTD 6. Göttingen : V. & R., 1989. (=장흥길 역. 「페터 슈툴마허의 로마서 주석」. 서울 : 장로회신학대학교 출판부, [2]2005.)

Theissen, G. *The Social Setting of Pauline Christianity : Essays on Corinth*. Tr. by J. H. Schütz. Philadelphia : Fortress, 1982.

Theobald, M. *Römerbrief* Kapitel 1–11. SKK–NT 6/1. Stuttgart : Verlag Katholisches Bibelwerk, 1992.

Wilckens, U. *Der Brief an die Römer* Ⅰ(Röm 1–5) / Ⅱ(Röm 6–11) / Ⅲ(Röm 12–16). EKK Ⅵ. 1 / 2 / 3. Neukirchen–Vluyn : Neukirchener Verlag, 1978 / 1980 / 1982.

| 한국장로교총회창립 100주년기념 표준주석 |

구약

집필부분	집필자
창세기	김중은 박사
출애굽기	이종록 박사
레위기	정중호 박사
민수기	김진명 박사
신명기	김회권 박사
여호수아	강사문 박사
사사기/룻기	허성군 박사
사무엘상·하	김선종 박사
열왕기상·하	김태훈 박사
역대상	배희숙 박사
역대하	함 택 박사
에스라/느헤미야	민경진 박사
에스더	이미숙 박사
욥기	하경택 박사
시편	이승현 박사
잠언	천사무엘 박사
전도서	채은하 박사
아가	강승일 박사
이사야	조성욱 박사
예레미야	강성열 박사
예레미야애가	박동현 박사
에스겔	이은우 박사
다니엘	배정훈 박사
호세아/요엘	김정철 박사
아모스	최인기 박사
오바댜/요나	김유기 박사
미가	오택현 박사
나훔/하박국/스바냐	윤동녕 박사
학개/스가랴/말라기	김근주 박사

신약

집필부분	집필자
마태복음	최재덕 박사
마가복음	차정식 박사
누가복음	오덕호 박사
요한복음	김문경 박사
사도행전	이 달 박사
로마서	장흥길 박사
고린도전서	조광호 박사
고린도후서	박흥순 박사
갈라디아서	이종윤 박사
에베소서	석원식 박사
빌립보서/빌레몬서	김덕기 박사
골로새서	김철홍 박사
데살로니가전·후서	김형동 박사
디모데전·후서/디도서	박종기 박사
히브리서	소기천 박사
야고보서	이승호 박사
베드로전·후서	왕인성 박사
요한 1·2·3서/유다서	최흥진 박사
요한계시록	김춘기 박사

Presbyterian Church of Korea Standard Commentary

100
| 한국장로교총회창립 100주년기념 표준주석 |

로마서

초판인쇄 2014년 2월 5일
초판발행 2014년 2월 15일

기획·편찬 표준주석편찬위원회 이종윤
편 집 인 대한예수교장로회총회교육자원부
발 행 인 채형욱
발 행 소 한국장로교출판사
주 소 110-470 / 서울 종로구 연지동 135 한국교회100주년기념관 별관
전 화 (02)741-4381 / 팩스 741-7886
영 업 국 (031)944-4340 / 팩스 944-2623
등 록 No. 1-84(1951. 8. 3.)

ISBN 978-89-398-9986-5 / 978-89-398-0681-8(세트)
Printed in Korea

값 19,000원

편 집 장 정현선
교정·편집 이슬기 김효진 이성신
업무차장 박호애
표지디자인 김보경
영업차장 박창원